Kirsch

Übungen zur internationalen
Rechnungslegung nach IFRS

www.nwb.de

NWB Studium Betriebswirtschaft

Übungen zur internationalen Rechnungslegung nach IFRS

Von
Professor Dr. Hanno Kirsch

3., vollständig überarbeitete Auflage

► **nwb** STUDIUM

ISBN 978-3-482-**54963**-2 – 3., vollständig überarbeitete Auflage 2009

© Verlag Neue Wirtschafts-Briefe GmbH & Co. KG, Herne 2006
  www.nwb.de

Satz und Druck: Griebsch & Rochol Druck GmbH & Co. KG, Hamm

VORWORT

Im Jahre 1994 veröffentlichten in Deutschland die ersten börsennotierten Unternehmen einen IAS-Konzernabschluss auf freiwilliger Basis parallel zum HGB-Abschluss. 1999 wurde durch das Kapitalaufnahmeerleichterungsgesetz die Möglichkeit geschaffen, dass unter bestimmten Voraussetzungen deutsche Unternehmen ihren Konzernabschluss nach internationalen Rechnungslegungsvorschriften statt nach HGB aufstellten. Durch die EU-Verordnung 2002 hat die IFRS-Rechnungslegung zuletzt einen signifikanten Bedeutungszuwachs erfahren. Danach haben grundsätzlich sämtliche kapitalmarktorientierten Unternehmen mit Sitz in der EU ab 2005 ihren Konzernabschluss nach IFRS aufzustellen. Durch die Umsetzung der EU-Verordnung in deutsches Recht sind nach § 315a Abs. 1 und Abs. 2 HGB neben den kapitalmarktorientierten Unternehmen auch solche Unternehmen zur Konzernrechnungslegung nach IFRS verpflichtet, welche die Zulassung eines Wertpapiers zum Handel an einem organisierten Kapitalmarkt beantragt haben. Für die nicht kapitalmarktorientierten Unternehmen sieht § 315a Abs. 3 HGB ein Wahlrecht zur Aufstellung eines IFRS-Konzernabschlusses vor. Durch § 325 Abs. 2a HGB wird sogar der Einzelabschluss von der Internationalisierung erfasst. Im Februar 2007 veröffentlichte der IASB einen Exposure Draft „IFRS für kleine und mittlere Unternehmen" und wandte sich damit einem bislang vernachlässigten Bereich von Unternehmen zu. Damit ist der Zug in Richtung „Internationalisierung der externen Rechnungslegung" in Deutschland abgefahren und voll in Gang gekommen, aber hat mit Sicherheit sein Ziel noch nicht erreicht. Jüngstes Beispiel hierfür ist das Bilanzrechtsmodernisierungsgesetz, welches eine maßvolle Annhäherung der handelsrechtlichen Rechnungslegungsvorschriften an die IFRS-Rechnungslegung vorsieht.

Die vorliegenden „Übungen zur internationalen Rechnungslegung nach IFRS" sind aus der Erkenntnis entstanden, dass in der Praxis akademischer Lehrveranstaltungen und von Fortbildungsveranstaltungen Teilnehmer sich die Kenntnisse, die für den sicheren Umgang mit Bilanzierungsproblemen der internationalen Rechnungslegung erforderlich sind, insbesondere durch die Bearbeitung von Übungsaufgaben aneignen.

Die „Übungen zur internationalen Rechnungslegung nach IFRS" verstehen sich als ideale Ergänzung meines Lehrbuchs „Einführung in die internationale Rechnungslegung nach IFRS", welches Anfang 2009 in der 6. Auflage, ebenfalls beim NWB Verlag, erschienen ist. Dennoch sind Lehrbuch sowie Übungsbuch voneinander unabhängig, so dass das Übungsbuch auch in Kombination mit anderen Lehrbüchern zur internationalen Rechnungslegung verwendbar ist.

Die „Übungen zur internationalen Rechnungslegung" geben dem Leser die Möglichkeit, sein erworbenes Wissen zu überprüfen und auf neue Problemstellungen anzuwenden. Das Buch richtet sich gleichermaßen an Studierende von Universitäten, Fachhochschulen und Berufsakademien sowie an Praktiker, die sich das Gebiet der internationalen Rechnungslegung vertieft erarbeiten wollen.

Die „Übungen zur internationalen Rechnungslegung nach IFRS" gliedern sich sowohl im Aufgabenteil als auch im Lösungsteil in drei Bestandteile:

Teil A: Wiederholungsfragen
Teil B: Übungsaufgaben
Teil C: Klausurthemen

Wiederholungsfragen und Übungsaufgaben sind nach den entsprechenden Kapiteln des Lehrbuchs „Einführung in die internationale Rechnungslegung nach IFRS" zusammengestellt; sie stehen jedoch jeweils unabhängig unter einem thematischen Schwerpunkt. Die Wiederholungsfragen dienen in erster Linie der Selbstüberprüfung des erreichten Wissensstands. Aus didaktischer Sicht empfiehlt sich die Bearbeitung der Wiederholungsfragen unmittelbar nach dem Studium der entsprechenden Teilgebiete sowie zur Auffrischung des Wissens über die internationale Rechnungslegung. Vor allem die in den Wiederholungsfragen eingebetteten Multiple-Choice-Übungen eignen sich zur effizienten Wissensüberprüfung und stellen aus studentischer Sicht eine ideale Vorbereitung auf mündliche Examina dar. Die Übungsaufgaben bilden den Schwerpunkt des vorliegenden Übungsbuchs. Sie dienen der Vertiefung des Wissens durch Anwendung auf neue Problemstellungen. Die Bearbeitung der Übungsaufgaben empfiehlt sich im Anschluss an die Bearbeitung der zu dem jeweiligen Kapitel gehörenden Wiederholungsfragen. Die Klausurthemen behandeln umfassende Themen aus der internationalen Rechnungslegung, die sich im Regelfall nicht einem einzelnen Kapitel zuordnen lassen. Es handelt sich bei ihnen um ausgewählte Themen für mehrstündige Klausuren im Rahmen von Diplom-, Master- oder Bachelorprüfungen. Die Bearbeitung der Klausurthemen sollte zweckmäßigerweise erst nach Bearbeitung sämtlicher Wiederholungsfragen und Übungsaufgaben erfolgen. Während Wiederholungsfragen und Übungsaufgaben mit ausführlichen Lösungen versehen sind, wird bei den Klausurthemen davon abgesehen „Musteraufsätze" zu präsentieren, welche stets die Gefahr eines unreflektierten „auswendig Lernens" in sich bergen. Stattdessen ist für jedes Klausurthema eine Lösungsskizze mit einer „Mustergliederung" und einem ausführlichen „Erwartungshorizont" niedergelegt, wobei letztgenannter teilweise auch in Abhängigkeit der Zeitvorgabe für das jeweilige Klausurthema differenziert ist.

Ich wünsche allen Leserinnen und Lesern viel Erfolg bei der Arbeit mit diesem Buch. Über Anregungen und Verbesserungsvorschläge würde ich mich freuen.

Heide, im Januar 2009   *Hanno Kirsch*

INHALTSVERZEICHNIS

Teil 1: Aufgabenteil

A. Wiederholungsfragen

Kapitel 1: Entwicklung und Bedeutung der internationalen Rechnungslegung

FRAGEN

1. Was ist Inhalt des Konvergenzprojekts zwischen IASB und FASB?

2. Welche Aufgaben hat der Board innerhalb des IASB?

3. Welche Aufgaben hat das IFRIC?

4. Erläutern Sie die Begriffe „Diskussionspapier" und „Exposure Draft" als Entwicklungsstufen bei der Generierung neuer IFRS-Standards.

5. Welche Bedeutung hat die IFRS-Rechnungslegung für den Konzernabschluss in Deutschland?

6. Welche Bedeutung hat die IFRS-Rechnungslegung für den Einzelabschluss in Deutschland?

Kapitel 2: Allgemeine Grundsätze der IFRS

FRAGEN

1. Welche Funktionen hat der IFRS-Abschluss?

2. Warum bezeichnet man die IFRS-Rechnungslegung auch als investorenorientierte Rechnungslegung?

3. Nennen Sie die primären qualitativen Anforderungen an die IFRS-Rechnungslegung.

4. Wie ist der Jahresabschluss nach IFRS aufzustellen und welche Angaben sind im Jahresabschluss erforderlich, falls die Annahme der Unternehmensfortführung nicht aufrechterhalten werden kann?

5. Dürfen unter Bezugnahme auf den Grundsatz der Verständlichkeit von Informationen komplizierte Sachverhalte weggelassen werden?

6. Nennen Sie die allgemeinen Definitionskriterien und die speziellen Ansatzkriterien für Vermögenswerte in der IFRS-Rechnungslegung.

7. Nennen Sie die in der IFRS-Rechnungslegung auftretenden Bewertungsmaßstäbe für Abschlussposten.

8. Zählen Sie die in der IFRS-Rechnungslegung vorhandenen Bilanzierungs- und Bewertungswahlrechte auf.

9. Warum können Ermessensspielräume auch als verdeckte Wahlrechte bezeichnet werden?

10. Erläutern Sie die Vorgehensweise in der IFRS-Rechnungslegung, wenn die IAS/IFRS-Standards sowie SIC/IFRIC-Interpretationen keine Bilanzierungs- oder Bewertungsvorschriften für einen speziellen Geschäftsvorfall enthalten.

11. Multiple-Choice-Übungen

		falsch	richtig
a)	Der Grundsatz der Verlässlichkeit von Informationen wird durch die Grundsätze der glaubwürdigen Darstellung, der wirtschaftlichen Betrachtungsweise, der Neutralität, der Vorsicht und der Vollständigkeit präzisiert.		
b)	Der Grundsatz der Vorsicht in der IFRS-Rechnungslegung stimmt inhaltlich mit dem Vorsichtsprinzip der HGB-Rechnungslegung überein.		
c)	Der Grundsatz der Vergleichbarkeit beinhaltet auch das Stetigkeitsgebot für die einmal angewandten Bilanzierungs- und Bewertungsprinzipien.		
d)	Abschlussposten im Sinne der IFRS-Rechnungslegung sind Vermögenswerte, Schulden, Rechnungsabgrenzungsposten, Eigenkapital, Erträge und Aufwendungen.		
e)	Die Ansatzkriterien für das Vorliegen von Aufwendungen lauten: ▶ Möglichkeit, dass der mit den Aufwendungen verknüpfte wirtschaftliche Nutzen aus dem Unternehmen tatsächlich abfließt, und ▶ verlässliche Wertbestimmung für die Aufwendungen.		
f)	Der erzielbare Wert eines Vermögenswerts ist definiert als das Maximum aus Nutzungswert und beizulegendem Zeitwert abzüglich der Verkaufskosten.		
g)	Die Differenzierung zwischen Benchmark- und alternativ zulässiger Methode ist in der IFRS-Rechnungslegung vollständig aufgegeben.		
h)	Das Wahlrecht für die Bewertung von Beteiligungen im separaten IFRS-Einzelabschluss besteht zwischen folgenden Wertansätzen: ▶ fortgeführte Anschaffungskosten, ▶ Bewertung in Übereinstimmung mit IAS 39 und ▶ Equity-Bewertung.		
i)	Hinsichtlich der Bilanzierung von Vermögenswerten in der IFRS-Rechnungslegung liegen Ermessensspielräume bei der Aktivierung selbst geschaffener immaterieller Vermögenswerte und latenter Steuern vor.		

Kapitel 3: Ausgewählte Bilanzierungs- und Bewertungsvorschriften für den Einzelabschluss nach IFRS

FRAGEN

1. Welche Größen sind bei der Ermittlung des Nutzungswerts eines Vermögenswerts im Einzelnen zu prognostizieren?

2. Welche Komponenten zählen – unter der Voraussetzung des Vorliegens der Kriterien nach IAS 38.57 – zu den aktivierungsfähigen und -pflichtigen Herstellungskosten eines selbst geschaffenen immateriellen Vermögenswerts?

3. Welche Prüfungen bzw. Tests sind bei immateriellen Vermögenswerten mit unbestimmter Nutzungsdauer mindestens einmal pro Jahr vorzunehmen?

4. Welche Faktoren bestimmen die Festlegung der Nutzungsdauer von immateriellen Vermögenswerten?

5. Was versteht man unter einer zahlungsmittel-generierenden Einheit? Nennen Sie Beispiele.

6. Wie wird ein Wertminderungsaufwand, der auf eine zahlungsmittel-generierende Einheit entfällt, auf die einzelnen Vermögenswerte der Einheit verteilt?

7. Welche verdeckten Bewertungswahlrechte (Ermessensspielräume) bestehen beim Asset Impairment von Vermögenswerten und zahlungsmittel-generierenden Einheiten?

8. Multiple-Choice-Übungen

		falsch	richtig
a)	Selbst geschaffene immaterielle Vermögenswerte sind bei Vorliegen der in IAS 38.10 genannten Ansatzkriterien stets zu aktivieren.		
b)	Selbst geschaffene Software, patentierte Erfindungen sowie selbst geschaffene Markennamen sind bei Vorliegen der Voraussetzungen des IAS 38.57 stets zu aktivieren.		
c)	Forschungskosten dürfen immer dann aktiviert werden, wenn das aus der Forschung hervorgehende Entwicklungsprojekt die Kriterien für die Aktivierung erfüllt.		
d)	Eine zeitlich unbestimmte Nutzungsdauer liegt bei immateriellen Vermögenswerten vor, falls unter Berücksichtigung aller relevanter Faktoren für die Generierung von Cashflows aus dem immateriellen Vermögenswert kein vorsehbarer begrenzter Zeithorizont existiert.		
e)	Eine Erhöhung der Marktzinssätze kann ein Indikator für ein Asset Impairment sein.		
f)	Bei Geschäfts- oder Firmenwerten und immateriellen Vermögenswerten mit unbestimmter Nutzungsdauer dürfen keine Wertaufholungen erfasst werden.		
g)	In der Folgebewertung immaterieller Vermögenswerte besteht ein uneingeschränktes Wahlrecht zwischen der Bewertung zu fortgeführten Anschaffungs- oder Herstellungskosten und Neuwerten.		

9. Nach welchen Standards können die im Unternehmensvermögen vorhandenen Immobilien bewertet werden? An welche Voraussetzung ist die Anwendung des jeweiligen Standards geknüpft?

10. Aus welchen Komponenten setzen sich die Anschaffungskosten eines Vermögenswerts des Sachanlagevermögens zusammen?

11. Wie werden öffentliche Zuschüsse zum Erwerb von Vermögenswerten in der IFRS-Rechnungslegung bilanziell abgebildet?

12. Nennen Sie die Unterschiede zwischen der Zeitbewertung für Finanzinvestitionen und der Neubewertungsmethode für Grundstücke und Gebäude.

13. Welche Kriterien müssen für ein Finanzierungs-Leasing in der IFRS-Rechnungslegung vorliegen?

14. Erläutern Sie die Regeln zur Gewinn- und Verlustrealisierung bei Sale-and-Lease-back-Transaktionen, sofern im Anschluss an den Veräußerungsakt ein Finanzierungs-Leasing vorliegt.

15. Multiple-Choice-Übungen

		falsch	richtig
a)	Vermögenswerte von geringem Wert dürfen in der IFRS-Rechnungslegung nicht in der Periode ihrer Anschaffung oder Herstellung vollständig abgeschrieben werden.		
b)	In der IFRS-Rechnungslegung ist für die planmäßige Abschreibung von Sachanlagen nur die lineare Methode zulässig.		
c)	Die Anwendung der Neubewertungsmethode bei Sachanlagen setzt nicht zwingend eine jährlich aktualisierte Bewertung der der Neubewertung unterliegenden Vermögenswerte voraus.		
d)	Ein Finanzierungs-Leasing nach IAS 17 liegt seltener vor als nach steuerlichen Leasingerlassen.		
e)	Beim Finanzierungs-Leasing sind zur Berechnung des Barwerts der Mindestleasingraten die Mindestleasingraten stets mit dem Grenzfremdkapitalzinssatz des Leasingnehmers abzuzinsen.		
f)	In die Mindestleasingraten ist die Kaufpreiszahlung am Ende der Laufzeit des Leasingverhältnisses einzubeziehen, wenn auf Grund einer günstigen Kaufoption die Ausübung derselben wahrscheinlich ist.		
g)	Beim Leasinggeber stellen die Einnahmen aus einem Operating-Leasingverhältnis Erträge (Mieterträge) derselben Periode dar.		
h)	Schließt sich an ein Sale-and-Lease-back ein Operating-Leasingverhältnis an, so sind beim Sale-and-Lease-back entstandene Gewinne in der Periode der Veräußerung zu realisieren.		

16. Welche Kriterien müssen erfüllt sein, damit von einem maßgeblichen Einfluss gesprochen werden kann?

17. Was versteht man unter gemeinschaftlich geführten Tätigkeiten und unter Vermögenswerten unter gemeinschaftlicher Führung? Wie werden diese Aktivitäten bilanziell im Einzel- und Konzernabschluss nach IFRS erfasst?

18. Welche Kostenfaktoren gehen in die aktivierten Herstellungskosten eines produzierten Fertigerzeugnisses ein?

   a) Kosten für die Lagerung der Roh-, Hilfs- und Betriebsstoffe, der unfertigen Erzeugnisse und der Fertigerzeugnisse.

   b) Grundsteuer, soweit sie auf die im Herstellungsprozess genutzten Grundstücke zurechenbar ist.

   c) Grunderwerbsteuer für den Kauf eines neuen Produktionsgeländes

   d) Wertminderungsaufwand auf die in der Produktion eingesetzten Maschinen

   e) Kosten des Rechnungswesens

   f) Fremdkapitalzinsen für die Durchführung der Produktion

   g) Zusätzliche Kosten infolge einer überplanmäßigen Produktionsdauer auf Grund eines Streiks.

19. Erläutern Sie die Ausgestaltung des Niederstwertprinzips für das Vorratsvermögen.

20. Was versteht man unter einem Kostenzuschlagsvertrag, was unter einem Festpreisvertrag im Zusammenhang mit Fertigungsaufträgen?

21. Inwiefern ist die Unterscheidung zwischen Kostenzuschlagsvertrag und Festpreisvertrag für die Bilanzierung von Fertigungsaufträgen relevant?

22. Welche Methoden lassen sich zur Feststellung des Projektfertigstellungsgrads von Fertigungsaufträgen unterscheiden?

23. Wie werden die Finanzinstrumente in der IFRS-Rechnungslegung bewertet?

24. Warum liegt in den Vorschriften über den Nachweis einer Cashflow-Hedge-Beziehung ein verdecktes Wahlrecht („Nachweiswahlrecht") begründet?

25. Wie ist der für ein Cashflow-Hedge erfolgsneutral erfasste Eigenkapitaleffekt aufzulösen?

26. Multiple-Choice-Übungen

		falsch	richtig
a)	Tochterunternehmen können auch bei einer Kapitalanteilsquote von unter 50% vorliegen.		
b)	Der Aktienkurs von Anteilen an Tochterunternehmen ist stets der relevante beizulegende Zeitwert, wenn die Beteiligung am Tochterunternehmen nach Maßgabe des IAS 39 bewertet wird.		
c)	IAS 11 kann als eine „lex specialis" für die Vorratsbewertung gesehen werden.		
d)	Als Bewertungsvereinfachungsverfahren lässt IAS 2 die Durchschnittskostenmethode und die Lifo-Methode zu.		
e)	Die Bewertung von Fertigungsaufträgen nach der Percentage-of-Completion-Methode setzt zu jedem Bilanzstichtag ein Gutachten über den Projektfortschritt voraus.		
f)	Der Wertansatz nach der Percentage-of-Completion-Methode eines Fertigungsauftrags ist größer oder gleich dem Wertansatz nach der Completed-Contract-Methode für diesen Fertigungsauftrag.		
g)	Eine Umklassifizierung von finanziellen Vermögenswerten aus der Kategorie Available-for-sale financial assets in die Kategorie der Financial assets at fair value through profit or loss ist bei Vorliegen einer nur noch kurzen Haltefrist infolge spekulativer Absichten möglich.		
h)	Grundsätzlich können bei der Erstverbuchung sämtliche finanzielle Vermögenswerte der Gruppe der Financial assets at fair value through profit or loss zugeordnet werden.		

27. In welche Bestandteile gliedert sich das Eigenkapital im IFRS-Einzelabschluss (Offenlegung in Bilanz oder Anhang)?

28. a) Welche Geschäftsvorfälle werden ergebnisneutral mit den Gewinnrücklagen verrechnet?

b) Durch welche Geschäftsvorfälle verändert sich die Neubewertungsrücklage?

29. Aus welchen Komponenten besteht der Altersversorgungsaufwand nach IAS 19?

30. Nennen Sie die versicherungsmathematischen Annahmen, die zur Kalkulation der Pensionsverpflichtung nach IAS 19 erforderlich sind.

31. Welches Bewertungswahlrecht besteht hinsichtlich versicherungsmathematischer Gewinne und Verluste aus Pensionsverpflichtungen? Besteht dieses Wahlrecht auch für Jubiläumsverpflichtungen?

32. Vergleichen Sie die Bilanzierung von echten und virtuellen Eigenkapitalinstrumenten.

33. Welche Sachverhalte werden als Rückstellungen in der HGB-Rechnungslegung, nicht jedoch als Rückstellungen in der IFRS-Rechnungslegung erfasst?

34. Warum bildet der wahrscheinlichste Wert einer Wahrscheinlichkeitsverteilung nicht immer einen verlässlichen Wertansatz für die Bewertung eines einzelnen Risikos in der IFRS-Rechnungslegung?

35. Erläutern Sie das Abgrenzungskonzept der latenten Steuern aus temporären Differenzen in der IFRS-Rechnungslegung.

36. Nennen Sie Beispiele, in denen latente Steuern im IFRS-Einzelabschluss erfolgsneutral im sonstigen Gesamtergebnis verrechnet werden.

37. Nennen Sie Beispiele, in denen latente Steuern im IFRS-Einzelabschluss ergebnisneutral (unmittelbar) gegen das Eigenkapital verrechnet werden.

38. Welche Prognosen sind für Ansatz und Bewertung latenter Steuern aus steuerlichen Verlustvorträgen in der IFRS-Bilanz anzustellen?

39. Welche Steuerarten gehen in Deutschland in die Berechnung des anzuwendenden Steuersatzes bei Körperschaften und bei Personenhandelsgesellschaften ein?

40. Multiple-Choice-Übungen

		falsch	richtig
a)	Verpflichtungen aus beitragsorientierten Versorgungsplänen werden in der IFRS-Bilanz im Regelfall unter den sonstigen Verbindlichkeiten ausgewiesen.		
b)	Wandelschuldverschreibungen sind, da sie langfristig in Eigenkapital gewandelt werden, in der Bilanz des Emittenten bei Begebung im Eigenkapital auszuweisen.		
c)	Anpassungseffekte bei Erstellung der IFRS-Eröffnungsbilanz, die aus dem Übergang zur IFRS-Rechnungslegung resultieren, sind stets im Anfangsbestand der Gewinnrücklagen zu erfassen.		
d)	Die Steuerminderungen, die aus der Abzugsfähigkeit von Eigenkapitalbeschaffungskosten resultieren, sind in der IFRS-Rechnungslegung gesamtergebnisneutral dem Eigenkapital gutzuschreiben.		
e)	Die IFRS-Eigenkapitalstruktur ist nach Einziehung eigener Aktien identisch bei Anwendung der Cost-Methode und der Par-Value-Methode.		
f)	Die Ausgabe echter Eigenkapitalinstrumente an Arbeitnehmer ohne Zuzahlung der Begünstigten verändert (ohne Berücksichtigung von Steuereffekten) nicht das Eigenkapital des ausgebenden Unternehmens.		

		falsch	richtig
g)	Latente Steuern aus Verlustvorträgen, die voraussichtlich erst nach einer Reihe von Jahren realisiert werden, müssen für den bilanziellen Ansatz in der IFRS-Bilanz auf den Gegenwartswert zum jeweiligen Bilanzstichtag diskontiert werden.		
h)	Zu den accruals zählen beispielsweise Verpflichtungen für ausstehenden Urlaub oder ausstehende Tantiemezahlungen.		

Kapitel 4: Konzernabschluss nach IFRS

FRAGEN

1. Unter welchen Voraussetzungen ist ein Mutterunternehmen nach IFRS von der Konzernrechnungslegungspflicht befreit?

2. Nennen Sie die Stufen der Währungsumrechnung eines in einen IFRS-Konzernabschluss einzubeziehenden Jahresabschlusses.

3. Welche Möglichkeiten der Einbeziehung eines Tochterunternehmens in den IFRS-Konzernabschluss bestehen, wenn das Tochterunternehmen seinen Jahresabschluss zum 30. 09. aufstellt, während das Mutterunternehmen seinen Jahresabschluss zum 31. 12. aufstellt?

4. Welche Gestaltungsspielräume bestehen beim Asset-Impairment-Only Approach?

5. a) Erläutern Sie die Schritte bei der Erstkonsolidierung von Tochterunternehmen ohne Minderheitsanteile.

   b) Erläutern Sie die Schritte bei der Folgekonsolidierung von Tochterunternehmen ohne Minderheitsanteile.

6. a) Erläutern Sie den allgemeinen Ansatzgrundsatz für die im Rahmen des Unternehmenszusammenschlusses für das Tochterunternehmen angesetzten identifizierbaren Vermögenswerte und übernommenen Schulden.

   b) Welche Ausnahmen gibt es vom allgemeinen Ansatzgrundsatz?

7. Nennen Sie den allgemeinen Bewertungsgrundsatz für die im Rahmen des Unternehmenszusammenschlusses für das Tochterunternehmen angesetzten identifizierbaren Vermögenswerte und übernommenen Schulden und zeigen Sie die Ausnahmen vom allgemeinen Bewertungsgrundsatz auf.

8. a) Erläutern Sie die Schritte bei der Erstkonsolidierung von Tochterunternehmen mit Minderheitsanteilen.

   b) Erläutern Sie die Schritte bei der Folgekonsolidierung von Tochterunternehmen mit Minderheitsanteilen.

9. a) Erläutern Sie die Schritte bei der Erstkonsolidierung von Gemeinschaftsunternehmen.

   b) Erläutern Sie die Schritte bei der Folgekonsolidierung von Gemeinschaftsunternehmen.

10. In welchen Fällen kann es zu einer nachträglichen Anpassung des Bruttowerts für den Good-will (nach dem Zeitpunkt der Erstkonsolidierung) aus einem Unternehmenserwerb kommen?

11. Multiple-Choice-Übungen

		falsch	richtig
a)	Verpflichtungen für im Zusammenhang mit dem Unternehmenserwerb beabsichtigte Restrukturierungen sind als Schulden bei der Ermittlung des Goodwills aus dem Unternehmenserwerb zu berücksichtigen.		
b)	Im Gegensatz zu den Finanzierungs-Leasingverhältnissen werden Operating-Leasingverhältnisse, in welche der Erwerber im Rahmen von Unternehmenszusammenschlüssen eintritt, bilanziell bei Unternehmenszusammenschlüssen nicht erfasst.		
c)	Im Rahmen von Unternehmenszusammenschlüssen können Schulden auch für bestehende Verpflichtungen anzusetzen sein, für die die Wahrscheinlichkeit des Abflusses von Ressourcen mit wirtschaftlichem Nutzen auf weniger als 50% geschätzt wird.		
d)	An den auf das Akquisitionsdatum folgenden Bilanzstichtagen sind die im Rahmen von Unternehmenszusammenschlüssen angesetzten Eventualschulden nach Maßgabe des ansonsten anzuwendenden IAS 37 zu bewerten.		
e)	Sofern ein Erwerber im Rahmen eines Unternehmenszusammenschlusses ein Tochterunternehmen erwirbt, welches über einen steuerlichen Verlustvortrag verfügt, der im IFRS-Jahresabschluss jedoch auf Grund der beim Tochterunternehmen nicht hinreichend erfüllten Realisierungswahrscheinlichkeit nicht als aktive latente Steuer abgegrenzt wurde, so ist auch im IFRS-Konzernabschluss des Erwerbers die Aktivierung einer latenten Steuer aus diesem steuerlichen Verlustvortrag zu unterlassen.		
f)	Ein (noch vorhandener) negativer Unterschiedsbetrag aus der Kapitalkonsolidierung, der aus einem Unternehmenserwerb vor dem 31.03.2004 entstanden ist, ist im ersten Geschäftsjahr, welches frühestens am 31.03.2004 beginnt, erfolgswirksam aufzulösen.		
g)	Bei einem in mehreren Stufen erfolgenden Unternehmenserwerb löst jeder Erwerbsschritt eine separate Kapitalkonsolidierung aus.		
h)	Der nach der IFRS-Rechnungslegung Bilanzierende hat für Tochterunternehmen, welche vor dem 01. Juli 2009 erworben wurden, das Wahlrecht für diese Unternehmen die Full-Goodwill-Methode anzuwenden, um eine Stetigkeit der Konsolidierungsmethoden zu erreichen.		
i)	Die Anwendung der Full-Goodwill-Methode anstelle der Neubewertungsmethode bei der Kapitalkonsolidierung von Tochterunternehmen kann nie zu einem geringeren Konzerneigenkapital führen.		
j)	Bei der Anwendung der Full-Goodwill-Methode zur Konsolidierung von Tochterunternehmen mit Minderheiten stimmt der Minderheitsanteil stets mit dem beizulegenden Zeitwert der Minderheitsanteile überein.		

12. a) Definieren Sie echte und unechte Aufrechnungsdifferenzen bei der Schuldenkonsolidierung.

    b) Geben Sie Beispiele für die beiden Kategorien von Aufrechnungsdifferenzen.

c) Wie können Aufrechnungsdifferenzen bei der Schuldenkonsolidierung im Vorfeld der Erstellung des Konzernabschlusses vermieden werden?

13. Was ist Gegenstand der Aufwands- und Ertragskonsolidierung?

14. Welche Positionen gehen in die Fortschreibung des Equity-Buchwerts eines at equity bewerteten Unternehmens ein?

15. a) Auf welche Geschäftsvorfälle können latente Steuern in einem IFRS-Konzernabschluss,
nicht jedoch in einem IFRS-Einzelabschluss, abgegrenzt werden?

b) Bei welchen unter a) genannten Geschäftsvorfällen findet eine erfolgsneutrale Abgrenzung latenter Steuern statt?

16. Multiple-Choice-Übungen

		falsch	richtig
a)	Werden innerhalb eines Zeitraums von 12 Monaten nach dem Unternehmens-erwerb die vorläufigen Schätzungen der beizulegenden Zeitwerte der erworbe-nen identifizierbaren Vermögenswerte angepasst, so haben diese Anpassun-gen keine Rückwirkungen auf den Goodwill zum Akquisitionsdatum.		
b)	Falls das erwerbende Unternehmen als Gegenleistung für das erworbene Un-ternehmen Aktien an die ehemaligen Eigentümer des erworbenen Unterneh-mens ausgibt und infolge einer abgegebenen Kursgarantie für diese Aktien am Ende des Garantiezeitraums zusätzliche Aktien ausgegeben werden müssen, erhöht sich rückwirkend die Gegenleistung für den Unternehmenserwerb.		
c)	Die Vereinheitlichung der Bilanzierungs- und Bewertungsmethoden verlangt die konzernweite Vorgabe einheitlicher Abschreibungszeiträume für Maschi-nen eines bestimmten Typs.		
d)	Der Buchwert einer at equity bewerteten Beteiligung kann nie negativ sein.		
e)	Liefert ein Gemeinschaftsunternehmen (Konzernanteil: 40%) mit Gewinn ei-nen Vermögenswert an ein assoziiertes Unternehmen (Konzernanteil: 20%), so ist die Hälfte des beim Gemeinschaftsunternehmen entstandenen Gewinns beim assoziierten Unternehmen zu eliminieren.		
f)	Falls das Mutterunternehmen an ein Tochterunternehmen einen von einem Konzernfremden erworbenen Vermögenswert weiterveräußert, stimmen die im Konzernabschluss angesetzten Anschaffungskosten stets mit den Anschaf-fungskosten des Mutterunternehmens im Einzelabschluss überein.		
g)	Eine reverse acquisition liegt beispielsweise vor, wenn die früheren Anteilseig-ner des erworbenen Unternehmens auf Grund der Ausgabe von Eigenkapital-instrumenten des erwerbenden Unternehmens als Gegenleistung für den Un-ternehmenszusammenschluss nach dem Unternehmenszusammenschluss das erwerbende Unternehmen beherrschen.		
h)	Ein Ergebniseffekt aus der Bewertung einer vor dem Akquisitionsdatum gehal-tenen Beteiligung, die im Zuge des Unternehmenszusammenschlusses zu ei-ner kontrollierenden Mehrheitsbeteiligung aufgestockt wird, kann sich nur dann ergeben, wenn diese Beteiligung bislang zu fortgeführten Anschaffungs-kosten bilanziert wurde.		

Kapitel 5:   Aufstellung der IFRS-Eröffnungsbilanz

FRAGEN

1. Erläutern Sie den Grundsatz für die Aufstellung der IFRS-Eröffnungsbilanz.

2. In welchen Fällen untersagt IFRS 1 die rückwirkende Anwendung der IFRS-Bilanzierungs- und Bewertungsmethoden bei Erstellung der IFRS-Eröffnungsbilanz?

3. In welchen Fällen gewährt IFRS 1 ein Wahlrecht der rückwirkenden Anwendung der IFRS-Bilanzierungs- und Bewertungsmethoden bei Erstellung der IFRS-Eröffnungsbilanz?

4. Erläutern Sie die speziellen Erleichterungen, die IFRS 1 bei erstmaliger Aufstellung eines IFRS-Konzernabschlusses gewährt.

5. Warum ist es sinnvoll in der IFRS-Eröffnungsbilanz die Zeitwertanpassungen für Available-for-sale financial assets in einer Rücklage für Zeitbewertung (bzw. in den Bewertungsergebnissen aus zur Veräußerung verfügbaren finanziellen Vermögenswerten) und nicht im Anfangsbestand der Gewinnrücklagen abzubilden?

6. Aus welchen Gründen ist die Bilanzierung von verschiedenen zu einem bestimmten Stichtag auf die IFRS-Rechnungslegung umstellenden Unternehmen nicht miteinander vergleichbar?

7. Aus welchen Gründen hat der IASB in einigen Fällen Verbote der retrospektiven Anwendung der IFRS-Bilanzierungs- und Bewertungsvorschriften ausgesprochen?

8. Welche besonderen Offenlegungspflichten sind im ersten IFRS-Abschluss – im Zusammenhang mit der Umstellung auf die IFRS-Rechnungslegung – zu erfüllen?

9. Warum wirken sich die landesrechtlichen Vorschriften zur Goodwillbilanzierung auch auf die Goodwillbilanzierung nach IFRS aus?

10. Multiple-Choice-Übungen

		falsch	richtig
a)	Die Inanspruchnahme des Wahlrechts nach IFRS 1.23 führt zu keinem anderen Eigenkapital als die retrospektive Anwendung der IFRS-Bilanzierungsmethoden, möglicherweise aber zu einer anderen Zusammensetzung der Eigenkapitalbestandteile.		
b)	Die Aufstellung der IFRS-Eröffnungsbilanz gewährt dem Bilanzierenden bei der Klassifizierung der Finanzinstrumente einen Ermessensspielraum bei der Zuordnung von Wertpapieren.		
c)	Stellt das Tochterunternehmen bereits vor dem Mutterunternehmen auf die IFRS-Rechnungslegung um, hat das Mutterunternehmen bei Aufstellung des IFRS-Konzernabschlusses das Wahlrecht, die fortgeführten IFRS-Buchwerte des Tochterunternehmens für die IFRS-Konzerneröffnungsbilanz zu übernehmen oder eigene Eröffnungswerte für die IFRS-Konzerneröffnungsbilanz zu ermitteln.		
d)	Das Wahlrecht der Behandlung von Entsorgungs-, Wiederherstellungs- und ähnlichen Verpflichtungen im Zusammenhang mit Sachanlagen (IFRS 1.25 E) liefert für den Wert der Entsorgungsverpflichtung denselben Wert wie die retrospektive Anwendung der IFRS-Rechnungslegungsvorschriften.		

		falsch	richtig
e)	Aus dem Übergang von der landesrechtlichen Rechnungslegung zur IFRS-Eröffnungsbilanz können latente Steuern resultieren. Diese sind in der IFRS-Eröffnungsbilanz stets ergebnisneutral einzubuchen.		
f)	Bei Inanspruchnahme des Wahlrechts des IFRS 1.20 stimmen – bei Fehlen einer externen Fondsfinanzierung – die Pensionsrückstellungen in der IFRS-Eröffnungsbilanz mit dem Barwert der Pensionsverpflichtung zu diesem Stichtag überein.		
g)	Der Grundsatz der Stetigkeit der IFRS-Bilanzierungsmethoden gilt ausnahmslos für alle im ersten IFRS-Abschluss dargestellten Berichtsperioden.		
h)	Für die Erstellung der IFRS-Konzerneröffnungsbilanz kann das die Konzernbilanz aufstellende Mutterunternehmen für jedes Konzernunternehmen entscheiden, ob es die Vereinfachung des IFRS 1.15 i. V. m. Appendix B in Anspruch nimmt oder hierauf verzichtet.		

Kapitel 6: Gewinn- und Verlustrechnung und Gesamtergebnisrechnung nach IFRS

FRAGEN

1. Nennen Sie die in der IFRS-Gesamtergebnisrechnung mindestens aufzuführenden Posten.

2. In welcher GuV-Position können bei Anwendung des Gesamtkostenverfahrens Wertminderungsaufwendungen auf Sachanlagen und immaterielle Vermögenswerte ausgewiesen werden?

3. a) Nennen Sie die Voraussetzungen für das Vorliegen eines aufgegebenen Geschäftsbereichs.

   b) Erläutern Sie, ob und inwiefern Abgrenzungsschwierigkeiten bei der Identifikation eines aufgegebenen Geschäftsbereichs vorliegen können.

   c) Zeigen Sie die Komponenten des unter IAS 1.82 e auszuweisenden Ergebnisses auf.

4. Prüfen Sie, welche Aufwendungen in den Umsatzkosten nach IAS 1.103 ausweispflichtig sind:

   a) steuerliche Sonderabschreibungen auf das Produktionsgebäude,

   b) Grundsteuer, soweit auf das Produktionsgelände entfallend,

   c) Mineralölsteuer beim Verkauf von Mineralölerzeugnissen,

   d) Wertminderungsaufwendungen auf in der Produktion eingesetzte Maschinen,

   e) Leerkosten der Produktion,

   f) Herstellungskosten für vom Lager genommene Fertigerzeugnisse, die in der laufenden Berichtsperiode veräußert werden,

   g) Fremdkapitalkosten für das in der Produktion gebundene Kapital und

h) Forschungs- und Entwicklungskosten.

5. a) Was beinhaltet das Restatement bei Aufgabe von Geschäftsbereichen?

    b) Warum erhält man trotz Restatement für die Vergangenheit keine aussagekräftigen Vermögens- und Kapitalrentabilitätskennzahlen für die fortzuführenden Bereiche?

6. In welchen Positionen des IFRS-GuV-Gliederungsschemas (IAS 1.82 i.V. m. 1.102) ist ein außerordentliches Ergebnis nach HGB auszuweisen?

7. Multiple-Choice-Übungen

		falsch	richtig
a)	Das Wahlrecht zwischen Gesamtkosten- und Umsatzkostenverfahren stellt ein Bewertungswahlrecht in der IFRS-Rechnungslegung dar.		
b)	Da Erträge aus selbst erstellten Eigenleistungen weder im Gesamtkosten- noch im Umsatzkostenverfahren vorkommen, sind die Erträge mit den hierfür angefallenen Aufwendungen aufzurechnen.		
c)	Da die Finanzerträge nicht als eigenständiger Posten in der IFRS-GuV-Rechnung vorkommen, sind diese mit den Finanzierungsaufwendungen aufzurechnen.		
d)	Sämtliche erfolgswirksam verrechneten Ertragsteuern werden in der GuV-Rechnung im offenlegungspflichtigen Posten IAS 1.82 d ausgewiesen.		
e)	Sofern der Konzern an einer Beteiligung weniger als 100% der Anteile hält, sind in der IFRS-Konzern-GuV-Rechnung die Ergebnisanteile, die auf die übrigen Gesellschafter entfallen, unter den Minderheitsanteilen auszuweisen.		
f)	Angenommen ein von der HGB-Rechnungslegung auf die IFRS-Rechnungslegung umstellendes Unternehmen geht zum 01. 01. 2007 (Stichtag der IFRS-Eröffnungsbilanz) auf die IFRS-Rechnungslegung über. In diesem Fall muss bei einem mit dem Kalenderjahr identischen Wirtschaftsjahr die GuV-Rechnung für das vom 01. 01. 2008-31. 12. 2008 laufende Wirtschaftsjahr sowohl nach HGB als auch IFRS aufgestellt werden.		
g)	Sämtliche im sonstigen Gesamtergebnis erfasste Aufwendungen und Erträge sind bei Realisierung mittels Reklassifizierungsbuchung aus dem sonstigen Gesamtergebnis herauszunehmen und erfolgswirksam in der GuV-Rechnung zu erfassen.		
h)	Die Wertminderung eines neu bewerteten Vermögenswerts, für den vor Wertminderung noch eine Neubewertungsrücklage vorhanden ist, wird stets im sonstigen Gesamtergebnis erfasst.		

8. Welche Sachverhalte fallen unter den Postenausweis des IAS 1.82 g?

Kapitel 7:   Kapitalflussrechnung nach IFRS

FRAGEN

1. Welche zentrale Aufgabe nimmt eine Kapitalflussrechnung wahr?

2. Erläutern Sie den Aufbau der Kapitalflussrechnung nach IAS 7.

3. Welche Ein- und Auszahlungen werden

a) im Cashflow aus betrieblicher Tätigkeit,

b) im Cashflow aus Investitionstätigkeit und

c) im Cashflow aus Finanzierungstätigkeit erfasst?

4. Erläutern Sie die Formen der Aufstellung einer Konzern-Kapitalflussrechnung.

5. Wie setzt sich der Fonds „Liquide Mittel" in der Kapitalflussrechnung zusammen?

6. Auf welche Ursachen ist der Ausweis „Änderungen des Konsolidierungskreises" in der Konzern-Kapitalflussrechnung zurück zu führen?

7. Multiple-Choice-Übungen

		falsch	richtig
a)	Für die Erstellung der Kapitalflussrechnung nach IAS 7 besteht ein Zuordnungswahlrecht bei den an die Anteilseigner gezahlten Dividenden.		
b)	Erwirbt ein Unternehmen eine Beteiligung, so ist in der Konzern-Kapitalflussrechnung des erwerbenden Unternehmens die Kaufpreiszahlung für den Beteiligungserwerb als Auszahlungen im Cashflow aus Investitionstätigkeit darzustellen.		
c)	Kontokorrentkredite können unter bestimmten Umständen in den Fonds „Liquide Mittel" der Kapitalflussrechnung nach IAS 7 einbezogen werden.		
d)	Sofern die Konzern-Kapitalflussrechnung ausgehend von Konzernbilanz und Konzern-GuV-Rechnung derivativ ermittelt wird, sind keine Anpassungen für die Währungsumrechnung vorzunehmen, da die Währungsumrechnung bereits bei Erstellung der Konzernbilanz und Konzern-GuV-Rechnung erfolgte.		
e)	Der Erwerb eines Grundstücks bei gleichzeitiger Stundung des Kaufpreises ist ein Beispiel für eine nicht zahlungswirksame Transaktion.		
f)	Der Verkauf von Erzeugnissen auf Ziel schlägt sich in der nach der indirekten Methode erstellten Kapitalflussrechnung innerhalb des Cashflows aus betrieblicher Tätigkeit in zwei betragsgleichen Positionen nieder, die gegensätzliches Vorzeichen aufweisen. Dagegen hat der Verkauf von Erzeugnissen auf Ziel keine Auswirkungen auf die nach der direkten Methode erstellte Kapitalflussrechnung.		

Kapitel 8: Eigenkapitalveränderungsrechnung nach IFRS

FRAGEN

1. Welche Bedeutung hat die Eigenkapitalveränderungsrechnung nach IAS 1 (revised 2007) innerhalb des IFRS-Abschlusses?

2. Unter welchen Umständen wird vor Erstanwendung des IAS 1 (revised 2007) die Eigenkapitalveränderungsrechnung durch die Gesamtergebnisrechnung ersetzt?

3. Welche Informationen sind in einer Eigenkapitalveränderungsrechnung nach IAS 1 (revised 2007) darzustellen?

4. Welche Bestandteile des Eigenkapitals sind in der IFRS-Bilanz auszuweisen?

5. Welche Geschäftsvorfälle bzw. Posten gehen in die Fortschreibung der Gewinnrücklagen in der Eigenkapitalveränderungsrechnung nach IFRS ein?

6. Multiple-Choice-Übungen

		falsch	richtig
a)	Besonderheiten der Konzern-Eigenkapitalveränderungsrechnung sind insbesondere die Eigenkapitalbestandteile Minderheitsanteile und die Translationsanpassung.		
b)	Der Rückkauf eigener Aktien schlägt sich je nach der zur Bilanzierung der eigenen Aktien angewendeten Methode in unterschiedlichen Posten der Eigenkapitalveränderungsrechnung nieder.		
c)	Die Eigenkapitalveränderungsrechnung sieht für den Ausweis latenter Steuereffekte auf die unmittelbar mit dem Eigenkapital verrechnete Posten eine gesonderte Position vor.		
d)	Registergebühren, Beratungshonorare für Wirtschaftsprüfer und Steuerberater, Provisionen an Banken, Druckkosten für Aktien sowie die anteiligen Kosten für die eigene Finanz-, Rechts- und Steuerabteilung im direkten Zusammenhang mit einer erfolgreich durchgeführten Kapitalerhöhung werden in der Eigenkapitalveränderungsrechnung abgebildet.		
e)	Sofern ein Unternehmen seinen Mitarbeitern echte Eigenkapitalinstrumente zusagt, dann hat dies – ein positiver Wert für die Eigenkapitalinstrumente am Zusagetag und ein Fehlen von Steuereffekten vorausgesetzt – während des Erdienungszeitraums Auswirkungen auf die Eigenkapitalveränderungsrechnung, aber nicht auf die Höhe des Eigenkapitals des Unternehmens.		
f)	Nach IAS 1 (revised 2007) sind in der Eigenkapitalveränderungsrechnung die Dividenden je Aktie und in der Gesamtergebnisrechnung das Gesamtergebnis je Aktie offen zu legen.		

Kapitel 9: Anhang nach IFRS

FRAGEN

1. Welche Funktionen hat der Anhang in der IFRS-Rechnungslegung?

2. Wie sieht die Gliederungsstruktur aus, nach welcher der Anhang nach IFRS aufzustellen ist?

3. Nennen Sie die wesentlichen Angabepflichten, denen ein nach IFRS bilanzierendes Unternehmen im Falle des Vorliegens von Leasingverhältnissen aus Sicht des Leasingnehmers bzw. des Leasinggebers nachkommen muss.

4. Nennen Sie die wesentlichen Angabepflichten im Zusammenhang mit der steuerlichen Berichterstattung nach IAS 12.

5. a) Was versteht man unter dem Management Approach im Rahmen der Segmentberichterstattung?

   b) Wie wirkt sich der Management Approach im Rahmen der Segmentberichterstattung auf dieselbe aus?

c) Welche Berichtsgrößen müssen für die operativen Segmente unabhängig von der Ausgestaltung der internen Finanzberichterstattung stets berichtet werden?

6. Welche Angaben hat ein nach IFRS bilanzierendes Unternehmen für Eventualschulden und Eventualforderungen im Anhang offen zu legen?

7. a) Welchem Zweck dient die steuerliche Überleitungsrechnung nach IAS 12.81 c?

    b) Erläutern Sie die generelle Struktur der steuerlichen Überleitungsrechnung nach IAS 12.81 c.

8. Multiple-Choice-Übungen

		falsch	richtig
a)	Die IFRS-Rechnungslegung sieht Sensitivitätsrechnungen für die Berichterstattung über Finanzinstrumente, über leistungsorientierte Pensionsverpflichtungen, für Rückversicherungsunternehmen und die allgemeine Auswirkung von Schätzungsunsicherheiten auf Jahresabschlussposten vor.		
b)	Das verwässerte Ergebnis je Aktie kann nie höher sein als das unverwässerte Ergebnis je Aktie.		
c)	Die Steuereffekte auf temporär steuerfreie Erträge und temporär steuerlich nicht abzugsfähige Aufwendungen sind Überleitungsposten innerhalb der steuerlichen Überleitungsrechnung nach IAS 12.81 c.		
d)	Typische Überleitungsposten in den Überleitungsrechnungen der Segmentberichterstattung gemäß IFRS 8.28 können nur entweder Segmentdaten nicht berichtspflichtiger Segmente oder Konsolidierungseffekte sein.		
e)	Angaben über Beziehungen des nach IFRS berichtenden Unternehmens zu anderen, nahe stehenden Unternehmen und Personen sind nach Auffassung des IASB notwendig, da die Möglichkeit besteht, dass nahe stehende Unternehmen und Personen Geschäfte tätigen, die fremde Dritte nicht eingehen oder in anderer Höhe abwickeln würden.		
f)	Das Körperschaftsteuerguthaben nach § 37 Abs. 2 Satz 3 KStG ist nicht zu bilanzieren, aber im Anhang offen zu legen.		

Kapitel 10: Umstellung der Rechnungslegung von HGB auf IFRS

FRAGEN

1. Nennen Sie die typischerweise bei einer Umstellung auf IFRS auftretenden Phasen der Umstellung.

2. Welche Methoden können zur Generierung des Informationsbedarfs für den IFRS-Anhang eingesetzt werden?

3. Welches sind die Vorteile einer originären Buchführung nach IFRS im Vergleich zu einer originären Buchführung nach HGB?

4. a) Erläutern Sie die die Methode der Buchung von Originalwerten zur Überleitung zwischen HGB- und IFRS-Rechnungslegung.

    b) Welche Vor- und Nachteile hat diese Form der Überleitung?

5. Definieren Sie die Begriffe Konzernkontenplan, Konzernkontenrahmen und Konzernkonten-richtlinie.

6. Nennen Sie typische Bereiche, in denen Kontenplanerweiterungen eingesetzt werden kön-nen, um quantitative Angabepflichten des IFRS-Abschlusses zu erfüllen.

Kapitel 11: IFRS-Rechnungslegung für kleine und mittelgroße Unternehmen

FRAGEN

1. Was versteht man unter SMEs im Sinne des ED-SME-Standards?

2. Warum hält der IASB gesonderte Rechnungslegungsvorschriften für Kleinstunternehmen (Micros) für verzichtbar?

3. Welche Zielsetzungen soll der SME-Abschluss erfüllen?

4. Nennen Sie Beispiele, in denen Kosten-Nutzen-Überlegungen bei SMEs zu Bilanzierungs-und Bewertungswahlrechten führen, welche die IFRS-Rechnungslegung nicht enthält? (Er-läutern Sie die durch die Bilanzierungs- und Bewertungswahlrechte geschaffenen Verein-fachungen für SMEs.)

5. Erläutern Sie die Schließung von Regelungslücken in der ED-SME-Rechnungslegung im Falle fehlender Bilanzierungs- und Bewertungsvorschriften.

6. Unter welchen Voraussetzungen kann ein SME eine kombinierte GuV-Rechnung sowie Ge-winnrücklagenentwicklungsrechnung aufstellen?

7. Welches sind die Bestandteile eines vollständigen SME-Abschlusses?

8. Multiple-Choice-Übungen

		falsch	richtig
a)	Zu den SMEs zählen sämtliche Unternehmen mit einer Mindestarbeitnehmerzahl von 50.		
b)	Sofern ein IAS/IFRS-Standard künftig überarbeitet wird, soll dieser zeitgleich auch für SMEs angewendet werden, ausgenommen der IASB erklärt diesen auf Grund von Besonderheiten der SMEs für diese Unternehmen als nicht anwendbar.		
c)	Der ED-SME-Standard hat den Charakter eines Stand-alone-Dokuments, d. h. sämtliche für SMEs anwendbare Rechnungslegungsvorschriften werden innerhalb dieses Standards geregelt.		
d)	Die ED-SME-Rechnungslegung basiert auf demselben Rechnungslegungskonzept wie die IFRS-Rechnungslegung.		
e)	Der ED-SME-Standard enthält weniger Bewertungsmaßstäbe als die IFRS-Rechnungslegung.		
f)	ED-SME 2 „Konzept und grundlegende Prinzipien" berücksichtigt auch die durch das Conceptual Framework beabsichtigten Veränderungen bei der Struktur und Zusammensetzung der qualitativen Anforderungen.		
g)	Ein vollständiger SME-Abschluss besteht immer aus Bilanz, GuV-Rechnung, Eigenkapitalveränderungsrechnung, Kapitalflussrechnung und Anhang.		
h)	Der Mindestausweis in der SME-GuV-Rechnung stimmt mit demjenigen einer IFRS-GuV-Rechnung überein.		

9. Welche in der laufenden ED-SME-Rechnungslegung enthaltenen Bilanzierungs- und Bewertungswahlrechte sind auch in der laufenden IFRS-Rechnungslegung (d. h. ausgenommen Wahlrechte im Zusammenhang mit dem Übergang zum jeweiligen Rechnungslegungsstandard) vorhanden?

10. Welche in der laufenden IFRS-Rechnungslegung vorhandenen Wahlrechte enthält die laufende ED-SME-Rechnungslegung (d. h. ausgenommen Wahlrechte im Zusammenhang mit dem Übergang zum jeweiligen Rechnungslegungsstandard) nicht?

11. Welches sind die zwingenden Abweichungen in der laufenden Rechnungslegung zwischen der ED-SME-Rechnungslegung und der IFRS-Rechnungslegung (d. h. ausgenommen Abweichungen im Zusammenhang mit dem Übergang zum jeweiligen Rechnungslegungsstandard)?

12. Welches sind – verglichen mit einem IFRS-Konzernabschluss – die Besonderheiten eines nach dem ED-SME-Standard erstellten Konzernabschlusses?

13. Vergleichen Sie die Wahlrechte bei Aufstellung der SME-Eröffnungsbilanz mit denjenigen bei Aufstellung der IFRS-Eröffnungsbilanz?

14. Worin liegen die Vereinfachungen in Bilanzierung und Bewertung von Finanzinstrumenten nach ED-SME 11 gegenüber IAS 39?

15. Multiple-Choice-Übungen

		falsch	richtig
a)	Die ED-SME-Rechnungslegung enthält ebenso wie die IFRS-Rechnungslegung ein Aktivierungswahlrecht für Fremdkapitalzinsen, die direkt dem Erwerb, dem Bau oder der Herstellung eines qualifizierten Vermögenswerts zurechenbar sind.		
b)	Der beim Asset-Impairment-Test nicht finanzieller Vermögenswerte (ausgenommen Vorräte) zum Vergleich mit dem Buchwert herangezogene Vergleichswert ist in der ED-SME-Rechnungslegung entweder gleich oder größer als der in der IFRS-Rechnungslegung verwendete erzielbare Betrag.		
c)	Die Bilanzierung von Finanzierungs-Leasingverhältnissen beim Leasingnehmer in der ED-SME-Rechnungslegung stellt eine wesentliche Vereinfachung dar, da die dem Leasingnehmer zugerechneten Vermögenswerte und Schulden mit dem beizulegenden Zeitwert zuzüglich anfänglicher direkter Kosten des Leasingnehmers angesetzt werden; hierdurch entfällt die aufwendige Bestimmung des Effektivzinssatzes des Leasingverhältnisses, welche andernfalls zur Ermittlung des Barwerts der Leasingraten erforderlich wäre.		
d)	In der ED-SME-Rechnungslegung existieren nur zwei Kategorien von Finanzinstrumenten, nämlich die zu Anschaffungskosten bzw. zu fortgeführten Anschaffungskosten abzüglich Wertminderungen bewerteten Finanzinstrumente und die erfolgswirksam zum beizulegenden Zeitwert bewerteten Finanzinstrumente.		
e)	Nicht öffentlich gehandelte Eigenkapitalinstrumente, für die sich auch der beizulegende Zeitwert nicht verlässlich ermitteln lässt, werden einzeln auf das Vorliegen einer Wertminderung überprüft.		
f)	Versicherungsmathematische Gewinne und Verluste sind in der ED-SME-Rechnungslegung stets in der Periode ihres Auftretens erfolgswirksam über die GuV-Rechnung zu erfassen.		
g)	Das „Timing differences plus"-Konzept der ED-SME-Rechnungslegung erlaubt die Abgrenzung latenter Steuern nur auf solche Differenzen, die sich in einem bestimmten Zeitraum ausgleichen.		
h)	Da der ED-SME-Standard für Goodwillbeträge keine regelmäßige jährliche Wertüberprüfung vorschreibt, sind Goodwillbeträge in der ED-SME-Rechnungslegung über ihre voraussichtliche wirtschaftliche Nutzungsdauer abzuschreiben.		

B. Übungsaufgaben

Kapitel 3: Ausgewählte Bilanzierungs- und Bewertungsvorschriften für den Einzelabschluss nach IFRS

AUFGABEN

1. Ein nach IFRS bilanzierendes Unternehmen verfügt am 31.12.01 über eine Produktionslizenz, deren Buchwert zu diesem Stichtag 150 Mio.€ beträgt. Auf Grund der Entwicklung von Prototypen für künftige Substitutionsprodukte des mittels der Produktionslizenz hergestellten Erzeugnisses rechnet das Unternehmen nur noch bis zum Jahr 4 mit leicht steigenden Umsätzen, anschließend aber mit deutlich sinkenden Umsätzen. Die Restnutzungsdauer der Produktionslizenz wird auf 6 Jahre geschätzt. Das Unternehmen prognostiziert für die Jahre 02-07 folgende Umsätze und Kosten:

In Mio. €	Jahr 2	Jahr 3	Jahr 4	Jahr 5	Jahr 6	Jahr 7
Umsatzerlöse	105	110	120	100	80	60
Herstellungskosten	50	55	60	55	45	35
Vertriebskosten	10	12	14	11	8	8
Verwaltungskosten	5	5	5	5	5	3

Zur Produktion des Fertigerzeugnisses sind Investitionen in Sachanlagen im Jahr 2 (25 Mio.€) und im Jahr 3 (20 Mio.€) erforderlich. Der Schrottwert der Anlagen bei Aufgabe der Produktion zum 31.12.07 wird auf 5 Mio.€ geschätzt. Weiterhin nimmt das Unternehmen an, dass im Jahr 2 je 5 Mio.€ in den Aufbau eines Vorratsbestands und Forderungsbestands und noch einmal 10 Mio.€ im Jahr 3 in den Aufbau des Vorratsbestands fließen. Das Unternehmen erwartet, dass am Ende der Produktionsphase die Vorratsbestände abgebaut werden können und hieraus zusätzliche Erlöse von 10 Mio.€ resultieren. Der Forderungsbestand aus der Produktion des betrachteten Erzeugnisses löst sich in 06 und 07 gleichmäßig auf und führt in beiden Jahren zu einer Kapitalfreisetzung von jeweils 2 Mio.€.

Das Unternehmen hat alternativ auch die Möglichkeit die Produktionslizenz an einen Dritten weiterzuverkaufen. Der Nettoveräußerungspreis soll zum 31.12.01 80 Mio.€ betragen. Der (risikoadäquate) Diskontierungssatz beträgt 10% p.a. Aus Vereinfachungsgründen kann unterstellt werden, dass die Cashflows jeweils am Periodenende anfallen.

Ermitteln Sie den Buchwert der Produktionslizenz zum 31.12.01.

2. Das nach IFRS bilanzierende Unternehmen wendet zum 31.12.01 erstmals die Neubewertungsmethode zur Bewertung der Betriebsgrundstücke an. Zum Bewertungsstichtag 31.12.01 ergaben sich folgende Wertansätze:

Bewertung 31.12.01	Neuwert	Planmäßig fortgeführte Anschaffungs- oder Herstellungskosten	Restnutzungsdauer
Grundstück 1	2,5 Mio. €	1,0 Mio. €	-
Grundstück 2	4,0 Mio. €	4,5 Mio. €	-
Grundstück 3	5,0 Mio. €	3,0 Mio. €	-
Gebäude 1	4,0 Mio. €	6,0 Mio. €	10 Jahre
Gebäude 2	1,8 Mio. €	1,2 Mio. €	12 Jahre

Das Unternehmen schreibt die neubewerteten Gebäude stets von den Neuwerten über die Restnutzungsdauer ab. Zum 31.12.02 verkauft das Unternehmen Grundstück 3 zu 5,2 Mio. €. Zum 31.12.04 findet die planmäßige Neubewertung der Grundstücke und Gebäude statt. Hierbei ergeben sich folgende Wertansätze:

Bewertung 31.12.04	Neuwert	Planmäßig fortgeführte Anschaffungs- oder Herstellungskosten	Restnutzungsdauer
Grundstück 1	2,8 Mio. €	1,0 Mio. €	-
Grundstück 2	3,3 Mio. €	4,5 Mio. €	-
Gebäude 1	4,3 Mio. €	4,2 Mio. €	7 Jahre
Gebäude 2	0,8 Mio. €	0,9 Mio. €	9 Jahre

a) Ermitteln Sie zu den Bilanzstichtagen 31.12.01, 31.12.02, 31.12.03 und 31.12.04 die Bilanzwerte für die Grundstücke und Gebäude sowie für die Neubewertungsrücklage. Bilden Sie die Veränderungen mittels Buchungssätzen ab. Von Besteuerung sei abgesehen.

b) Lösen Sie Aufgabe a) unter der Voraussetzung, dass in der Steuerbilanz eine Bewertung zu fortgeführten Anschaffungs- oder Herstellungskosten (planmäßig fortgeführte Anschaffungs- oder Herstellungskosten abzüglich Wertminderungen und zuzüglich Wertaufholungen) erfolgt und der anzuwendende Steuersatz 30% beträgt.

3. Ein Unternehmen erstellt einen Teil seiner Produktionsanlagen (qualifizierte Vermögenswerte) in Eigenfertigung. Jeweils zu Beginn der Kalenderjahre 01 und 02 werden die neuen Produktionsanlagen fertiggestellt und dann auch zur Produktion eingesetzt. Die Herstellungskosten (ohne Fremdkapitalzinsen) der selbsterstellten Produktionsanlagen belaufen sich zu:

Zugänge selbsterstellter Anlagen 01 (A)   500.000 €

Zugänge selbsterstellter Anlagen 02 (B)   1.000.000 €

Zugänge selbsterstellter Anlagen 02 (C)   800.000 €

Die Nutzungsdauer dieser Produktionsanlagen beträgt jeweils 5 Jahre. Zum 01.01.03 verkauft das Unternehmen die zu Beginn von 02 erstellte Produktionsanlage C zu einem Verkaufspreis von 650 000 €.

Die Fertigungsdauer für die Produktionsanlage A beträgt 6 Monate, für die Produktionsanlage B 18 Monate und für die Produktionsanlage C 12 Monate. Gehen Sie weiterhin davon aus, dass über den Projekterstellungszeitraum der Projektfortschritt und damit einhergehend auch der Kapitalbedarf linear über die Zeit zunehmen (gleichmäßiger Projektfortschritt).

In der Periode 00 beträgt der Fremdkapitalzinssatz 10% p. a., in der Periode 01 8% p. a. Der erzielbare Betrag für die Produktionsanlage A beträgt am 31.12.03 202.000 €.

a) Entwickeln Sie für die selbst erstellten Anlagen den Buchwert zu den Stichtagen 31.12.00, 31.12.01, 31.12.02 und 31.12.03 unter der Voraussetzung, dass für die Finanzierung der Erstellung dieser Produktionsanlagen kein zusätzliches Fremdkapital aufgenommen wurde (Finanzierung aus laufendem Cashflow).

b) Ermitteln Sie die Auswirkungen auf die GuV-Rechnung der Perioden 00, 01, 02 und 03 unter der Voraussetzung, dass für die Finanzierung der Erstellung dieser Produktionsanlage kein zusätzliches Fremdkapital aufgenommen wurde (Finanzierung aus laufendem Cashflow).

c) Lösen Sie Aufgabe a) und b) unter der Voraussetzung, dass für die Finanzierung der Erstellung dieser Produktionsanlagen jeweils in vollem Umfang Fremdkapital (parallel zum jeweiligen Projektfortschritt) aufgenommen wurde.

4. Eine Druckerei beschafft eine neue Druckmaschine zu Beginn des Jahres 01. Vor Anschaffung ist eine Investitionsplanung erstellt worden. Die Anschaffungsausgaben des Investitionsprojekts betragen 5,2 Mio. €. Der Diskontierungssatz ist 10% p. a. Es kann (vereinfachend) unterstellt werden, dass die Zahlungsströme jeweils am Ende der Periode anfallen. Die maximale technische Nutzungsdauer wird auf 12 Jahre geschätzt.

Nutzungsdauer	Einzahlungen (in Mio. €)	Auszahlungen (in Mio. €)	Restverkaufserlös (in Mio. €)
1	2,000	1,000	4,800
2	2,200	1,100	4,350
3	2,400	1,200	3,900
4	2,500	1,300	3,450
5	2,300	1,400	3,000
6	2,200	1,400	2,550
7	2,100	1,500	2,100
8	2,000	1,500	1,650
9	1,900	1,600	1,200
10	1,800	1,600	0,750
11	1,800	1,700	0,300
12	1,700	1,700	0

Ermitteln Sie die investitionstheoretisch fundierte optimale wirtschaftliche Nutzungsdauer und den sich dabei ergebenden Restwert.

5. Ein nach IFRS bilanzierendes Unternehmen hat für eine Maschine mit Anschaffungskosten 50.000 € am 1.1.01 eine Nutzungsdauer von 10 Jahren und einen degressiven Nutzungsverlauf (geometrisch-degressive Abschreibung mit 20%) geschätzt. Am Ende des vierten Jahres stellt das Unternehmen fest, dass die tatsächliche wirtschaftliche Nutzungsdauer voraus-

sichtlich 8 Jahre beträgt und weiterhin die lineare Abschreibungsmethode den Nutzungsverlauf am besten widerspiegelt. Der erzielbare Betrag soll sich zum 31. 12. 04 auf a) 25.000 € bzw. b) 18.000 € belaufen.

6. Die planmäßig fortgeführten Anschaffungskosten einer Maschine mit einer voraussichtlichen wirtschaftlichen Restnutzungsdauer von 4 Jahren beträgt zum Bilanzstichtag 1.400 GE und der Einzelveräußerungspreis 1.000 GE. Das Unternehmen erwartet eine jährliche Ausbringungs- und Absatzmenge von 1.000 Stück bei einem Verkaufspreis von 9,5 GE/Stück. Es wird eine jährliche Steigerungsrate des Verkaufspreises von 2% p. a. geschätzt. Die Materialeinzelkosten belaufen sich auf 4 GE/Stück und die Lohneinzelkosten auf 3 GE/Stück. Weiterhin wird eine Lohnsteigerungsrate von 4% p. a. erwartet. Der Materialgemeinkostenzuschlag beträgt 25% auf die Materialeinzelkosten und für die sonstigen ausgabewirksamen Gemeinkosten 15% auf die gesamten auszahlungswirksamen Herstellungskosten. Der Diskontierungsfaktor ist 10% p. a. (Aus Vereinfachungsgründen sei unterstellt, dass sämtliche Ein- und Auszahlungsströme jeweils am Periodenende anfallen.) Ermitteln Sie auf Basis der Angaben den erzielbaren Betrag zum Bilanzstichtag sowie die künftigen planmäßigen Abschreibungen bei linearer Abschreibungsmethode.

7. Bestimmen Sie die Herstellungskosten für folgendes Kraftwerk (01. 01. 01):

   ► Material- und Herstellungsaufwendungen   550,0 Mio. €

   ► Projektierungs- und Entwurfskosten   7,5 Mio. €

   ► Kosten für Testaufbauten   12,5 Mio. €

   ► Kosten für die Demontage und ordnungsgemäße
     Entsorgung nach Ende der Betriebszeit in 30 Jahren   30,0 Mio. €

   ► Kapitalkosten während der Fertigungszeit
     (finanziert über Cashflows aus operativer Tätigkeit)   15,0 Mio. €

   Das Unternehmen nimmt einen langfristigen Fremdfinanzierungszinssatz von 6% p. a. an.

8. Ein nach IFRS bilanzierender Spediteur verkauft zum 01. 01. 01 einen LKW an einen Leasinggeber und least diesen LKW zum gleichen Zeitpunkt für einen Zeitraum von 6 Jahren zurück. Die wirtschaftliche Nutzungsdauer des LKW beträgt zum 01. 01. 01 noch 8 Jahre. Der Leasingnehmer hat in jedem Jahr eine Leasingrate von 38.000 €, jeweils nachschüssig, zu entrichten. Der beizulegende Zeitwert des LKW und Verkaufspreis des LKW am 01. 01. 01 beträgt 200.000 €, der Buchwert in der Bilanz des Spediteurs zum 31. 12. 00 185.000 €. Es besteht keine Kauf- oder Mietverlängerungsoption für den Leasingnehmer am Ende der Grundmietzeit. Der übliche Fremdkapitalzinssatz des Leasingnehmers ist 6% p. a.

   a) Klassifizieren Sie das Leasingverhältnis nach IFRS und HGB.

   b) Welche Auswirkungen ergeben sich auf die Bilanzstruktur und das Ergebnis nach IFRS im vorliegenden Falle?

9. a) In Abwandlung zu Aufgabe 8 hat der Leasingnehmer das Recht am Ende der Grundmietzeit den LKW zum Preis von 25.000 € zu erwerben. Der prognostizierte beizulegende Zeitwert liegt zu diesem Zeitpunkt bei 40.000 €.

   b) In Abwandlung zu Aufgabe 8 soll die Grundmietzeit nur 5 Jahre betragen.

c) In Abwandlung zu Aufgabe 8 soll die Grundmietzeit nur 5 Jahre und der Verkaufspreis für den LKW nur 170.000 € betragen.

10. Die Elektromotoren AG stellt für ihre Motoren folgende Selbstkostenkalkulation auf. Ermitteln Sie die Herstellungskosten nach IFRS:

a)	Rohmaterial	240 €
b)	fremdbezogene Fertigteile	180 €
c)	Hilfsmaterialien (Klebstoffe)	35 €
d)	Fertigungslöhne	842 €
e)	Hilfslöhne (Werkstattmeister)	410 €
f)	Schmier- und Betriebsstoffe für eingesetzte Maschinen	68 €
g)	Heizung, Beleuchtung, Reinigung Produktionsstätten	25 €
h)	planmäßige Abschreibungen auf Maschinen	283 €
i)	planmäßige Abschreibungen auf das Verwaltungsgebäude	300 €
	davon anteilige Abschreibungen auf Lohnbuchhaltung	10 €
j)	steuerliche Sonderabschreibungen	57 €
k)	Fertigungslizenzen	28 €
l)	Finanzbuchhaltung, Geschäftsleitung	200 €
m)	Lagerhaltung, Material	250 €
	Lagerhaltung, Auslieferung	80 €
n)	Kalkulatorische Zinsen auf Eigenkapital	100 €
o)	sonstige Vertriebskosten	120 €

11. Ermitteln Sie für folgenden Vorratsbestand die zum Bilanzstichtag 31.12. alternativ möglichen Wertansätze nach IFRS:

Anfangsbestand	01.01.	2.000 Mengeneinheiten	12,- €
Zugang	16.04.	1.000 Mengeneinheiten	13,50 €
Abgang	30.05.	1.500 Mengeneinheiten	
Zugang	18.10.	1.200 Mengeneinheiten	14,- €
Abgang	22.10.	1.000 Mengeneinheiten	
Zugang	29.11.	800 Mengeneinheiten	13,- €

Der Nettoveräußerungswert am 31. 12. beträgt 13,50 € pro Stück.

12. Die Produktionsperiode für eine Eisenbahnbrücke beträgt 4 Jahre. Der Erlös ist auf 300 Mio. € festgelegt. Die jährlichen Projektkosten verteilen sich gleichmäßig über den Produktionszeitraum von 4 Jahren und betragen in jedem Jahr 70 Mio. €. Der anzuwendende Steuersatz beläuft sich auf 30%. In der Steuerbilanz werden Fertigungsaufträge nach der Completed-Contract-Methode bewertet. Der Auftraggeber leistet im Rahmen von Teilabrechnungen im Jahr 1 Zahlungen von 100 Mio. €, in den Jahren 2 und 3 jeweils 50 Mio. €. Die verbleibenden 100 Mio. € sind bei Endabnahme am 31. 12. 04 fällig.

a) Es kann unterstellt werden, dass der Projektfortschritt sich direkt proportional zum Kostenanfall verhält. Zeigen Sie die Auswirkungen auf die Bilanz und die GuV-Rechnung auf.

b) In Abweichung zu dem unter a) geschilderten Sachverhalt wird eine direkte Schätzung des Projektfertigstellungsgrads durch externe Gutachter vorgenommen. Die Ergebnisse der direkten Schätzung des Projektfertigstellungsgrads sind ebenso wie die im jeweiligen Jahr angefallenen Auftragskosten sowie die zum jeweiligen Jahresende geschätzten Restkosten in der nachstehenden Tabelle enthalten:

	Jahr 1	Jahr 2	Jahr 3	Jahr 4
Kumulierter Projektfertigstellungsgrad zum Jahresende	25%	40%	70%	100%
Projektkosten der Periode	70 Mio. €	70 Mio. €	85 Mio. €	73 Mio. €
Geschätzte ausstehende Restkosten zum Jahresende	210 Mio. €	160 Mio. €	80 Mio. €	0 Mio. €

Zeigen Sie die Auswirkungen auf die Bilanz und die GuV-Rechnung auf.

c) Die Fertigung der unter a) und b) erwähnten Eisenbahnbrücke zergliedert sich in verschiedene Teilprojekte (TP):

	Budgetkosten
Projektierung (TP 1)	10 Mio. €
Fundamente für Brückenpfeiler (TP 2)	40 Mio. €
Fertigung und Aufstellung der Brückenpfeiler (TP 3)	150 Mio. €
Verbindung der Brückenpfeiler (TP 4)	60 Mio. €
Fertigung und Verlegung der Schienen (TP 5)	20 Mio. €
Summe	280 Mio. €

Die nachfolgende Tabelle enthält zu den einzelnen Bilanzstichtagen die Fertigstellungsgrade der einzelnen Teilprojekte:

	31.12.01	31.12.02	31.12.03	31.12.04
TP 1	90%	100%	100%	100%
TP 2	80%	100%	100%	100%
TP 3	20%	60%	90%	100%
TP 4	0%	40%	75%	100%
TP 5	0%	0%	20%	100%

Ermitteln Sie den Projektfertigstellungsgrad zu den einzelnen Bilanzstichtagen.

13. Ein nach IFRS rechnungslegendes Unternehmen erwirbt am 02.01.01 Aktien mit Anschaffungskosten von 95 €. Zum 31.12.01 beläuft sich der Kurswert der Aktien auf 108 €.

a) Welche Möglichkeiten der Bewertung hat das Unternehmen? Bilden Sie die zugehörigen Buchungssätze (ohne Steuerabgrenzungen).

b) Angenommen es handelt sich im Beispiel nicht um eine Aktie, sondern um eine Schuldverschreibung mit Fälligkeit 31.12.04 (Rückzahlungskurs: 100 €, Nominalverzinsung:

6% p. a., Zinszahlung jeweils nachschüssig am Jahresende). Gibt es noch zusätzliche Bewertungsmöglichkeiten? Bilden Sie den zugehörigen Buchungssatz.

14. Die für März 01 erwarteten Einnahmen aus Umsatzerlösen in den US-$-Raum in Höhe von 100 Mio. US-$ sollen gesichert werden. Zu diesem Zweck schließt das nach IFRS bilanzierende Unternehmen ein Devisenoptionsgeschäft ab. Die Anschaffungskosten des Optionsgeschäfts betragen am 15. 10. 00 1,5 Mio. €, der Optionspreis beträgt US-$/€ 1,00. Der Marktwert der Option beträgt am 31. 12. 00 1,8 Mio. €. Bilden Sie die Buchungssätze in 00 und 01 für den unter a) bzw. b) geschilderten Sachverhalt. Die Voraussetzungen für eine Sicherungsbeziehung i. S. des IAS 39.88 liegen vor.

    a) Der tatsächliche Durchschnittskurs im März 01 beläuft sich auf US-$/€ 1,03. Die Option wird demgemäß ausgeübt.

    b) Der tatsächliche Durchschnittskurs im März 01 beläuft sich auf US-$/€ 0,99. Die Option wird demgemäß nicht ausgeübt.

15. Das nach IFRS bilanzierende Unternehmen vereinbart am 01. 01. 01 mit seinen 100 Führungskräften die Einräumung von jeweils 1.000 Aktienoptionen je Führungskraft. Der innere Wert der Aktienoption beträgt am 01. 01. 01 10 € je Aktienoption. Voraussetzung für die Gewährung ist die Aufrechterhaltung des Dienstverhältnisses über 3 Jahre hinweg. Die Option ist durch die Beschäftigten am 01. 01. 04 auszuüben. Das Unternehmen rechnet mit einer jährlichen Fluktuation von 4% p. a. Der Bezugspreis am 01. 01. 04 beträgt 20 € pro Aktie, der Nennwert 1 € je Aktie. Bilden Sie für die Sachverhalte unter a)-c) die Buchungssätze.

    a) Am 01. 01. 04 beträgt der Aktienkurs 23 € je Aktie. Es werden 90.000 Aktienoptionen ausgeübt.

    b) Am 01. 01. 04 beträgt der Aktienkurs 50 € je Aktie. Es werden 90.000 Aktienoptionen ausgeübt.

    c) Am 01. 01. 04 beträgt der Aktienkurs 18 € je Aktie. 80 Führungskräfte wären grundsätzlich anspruchsberechtigt; es werden jedoch keine Aktienoptionen ausgeübt.

16. Das Eigenkapital eines nach IFRS bilanzierenden Unternehmens setzt sich aus folgenden Zugängen (bzw. Kapitalerhöhungsschritten) zusammen:

	01. 01. 00	15. 04. 05	10. 05. 18
Anzahl Aktien (zu Nennwert 1 €)	1.000.000	800.000	500.000
Erlös	3.500.000	4.000.000	5.000.000
Kapitalbeschaffungskosten nach IAS 32.37	175.000	200.000	300.000
anzuwendender Steuersatz	30%	40%	35%

Das Unternehmen erwirbt zum 10. 01. 20 100.000 Stück eigene Aktien zu einem Rückkaufpreis von 11 € je Stück.

Wie lautet der Buchungssatz bei Rückkauf eigener Aktien bei Bilanzierung nach der Cost-Method bzw. Bilanzierung nach der Par-Value-Method?

17. a) In Ergänzung der Daten zu Übungsaufgabe 7 schätzt das Unternehmen Anfang 04 die Demontagekosten nunmehr auf 25 Mio. € und die gesamte Betriebszeit auf insgesamt 33 Jahre. Nehmen Sie die Buchungssätze im IFRS-Abschluss per 31. 12. 04 vor.

b) In Abwandlung zu den Daten unter a) werden die Demontagekosten bei unveränderter Betriebszeit (gegenüber Übungsaufgabe 7) nunmehr auf 60 Mio. € geschätzt. Der beizulegende Zeitwert abzüglich Verkaufskosten des Kraftwerks soll per 01. 01. 04 500 Mio. € und der Nutzungswert zu diesem Zeitpunkt 520 Mio. € betragen.

18. Ein nach IFRS bilanzierendes und zum 01. 01. 01 gegründetes Unternehmen rechnet mit Garantieverpflichtungen von durchschnittlich 4% des Umsatzes. Die vom Unternehmen abgegebene Garantieverpflichtung beträgt 2 Jahre nach Ablauf des Kalenderjahres, in welchem der Verkauf getätigt wird. Dabei wird für den Anfall an Garantieverpflichtungen folgende Verteilung erwartet:

	Jahr des Umsatzakts	Folgejahr des Umsatzakts	Zweites Folgejahr des Umsatzakts
Garantieverpflichtungen in % des Umsatzes	1%	2%	1%

Die nachfolgende Tabelle enthält die vom Unternehmen in den einzelnen Jahren getätigten Umsätze sowie die aufgetretenen Garantieaufwendungen:

In €	Umsätze	Garantieaufwendungen
01	2.000.000	25.000
02	4.500.000	80.000
03	5.000.000	100.000
04	5.500.000	95.000
05	5.400.000	120.000
06	6.000.000	220.000

a) Ermitteln Sie die Höhe der Garantierückstellung in den Jahren 01-05. Der Zinssatz beträgt 6% p. a. Ein kontinuierlicher Anfall der Verpflichtungen innerhalb der einzelnen Perioden kann unterstellt werden.

b) Am Ende der Periode 06 überprüft das Unternehmen die Höhe der Garantieverpflichtungen auf Basis der bislang gewonnenen Erfahrungswerte. Die Annahme, dass 50% der auftretenden Garantiefälle im Folgejahr des Umsatzaktes und jeweils 25% im Jahr des Umsatzaktes und 25% in dem zweiten dem Jahr des Umsatzakts folgenden Jahr anfallen, wird aufrechterhalten. Ermitteln Sie die Höhe der Garantierückstellung auf Basis der Erkenntnisse zum 31. 12. 06.

19. Eine Gesellschaft hat auf ein in 01 erworbenes unbebautes Grundstück mit Anschaffungskosten 1.000.000 € zulässigerweise eine § 6b-EStG-Rücklage von 200.000 € übertragen. Im Jahr 10 wird das Grundstück zu 1.500.000 € veräußert. Der Steuersatz beträgt 30%. Das Ergebnis vor Steuern beläuft sich (ohne Sonderabschreibungen im Jahr 01 und ohne Veräußerungsgewinn im Jahr 10) auf jeweils 500.000 €. Stellen Sie den entsprechenden Ausschnitt der GuV-Rechnung in den Jahren 01 und 10 dar. Zeigen Sie – unter Bezugnahme auf die steuerliche Gewinnermittlung – insbesondere die effektiven und latenten Steuern in beiden Perioden auf.

20. Das IFRS-Ergebnis vor Steuern beträgt 15 Mio. € im Jahr 01. Das steuerliche Ergebnis beläuft sich auf 4,1 Mio. € (Börseneinführungskosten: 10 Mio. €, Bildung einer § 6b-EStG-Rücklage:

1 Mio. € und nicht abzugsfähige Betriebsausgaben: 0,1 Mio. €). Der Ertragsteueraufwand errechnet sich bei einem anzuwendenden Steuersatz von 30% auf 1,23 Mio. €.

a) Buchen Sie die Börseneinführungskosten und die hiermit im Zusammenhang stehenden Ertragsteuern im geschilderten Sachverhalt. Aus welchen Komponenten setzen sich die Ertragsteuern im Beispiel zusammen?

b) Erstellen Sie die steuerliche Überleitungsrechnung nach IAS 12.81 c.

21. In Abwandlung zu Übungsaufgabe 20 beträgt das IFRS-Ergebnis vor Steuern 5 Mio. € im Jahr 01. Das steuerliche Ergebnis beläuft sich im Jahr 01 auf -5,9 Mio. € (Börseneinführungskosten: 10 Mio. €, Bildung einer § 6b-EStG-Rücklage: 1 Mio. € und nicht abzugsfähige Betriebsausgaben: 0,1 Mio. €). Der effektive Ertragsteueraufwand ist Null. Für die Zukunft ist mit einem nachhaltigen Ergebnis von 4 Mio. € pro Jahr zu rechnen. Ein steuerlicher Verlustrücktrag ist ausgeschlossen, der steuerliche Verlust des Jahres 01 geht in den steuerlichen Verlustvortrag ein.

22. Ermitteln Sie den anzuwendenden Steuersatz für eine deutsche Kapitalgesellschaft in 2009, wenn der Hebesatz für die Gewerbesteuer 450% beträgt.

Kapitel 4: Konzernabschluss nach IFRS

AUFGABE

1. Das im Euro-Währungsraum ansässige Mutterunternehmen erwirbt ein dänisches Unternehmen (100%) zum 31. 12. 01 zu einem Preis von 200 Mio. € (7,5 DKR/€ zum 31. 12. 01). Von Besteuerung sei abgesehen.

Bilanz zum 31. 12. 01 in DKR			
Grundstücke	75	Gezeichnetes Kapital	600
Gebäude	225	Rückstellungen	60
Technische Anlagen	450	Finanzschulden	450
Vorräte	150	Verbindlichkeiten LuL	90
Forderungen LuL, Bank	300		
Bilanzsumme	1200	Bilanzsumme	1200

Am 31. 12. 02 sieht die Bilanz des dänischen Tochterunternehmens wie folgt aus:

Bilanz zum 31. 12. 02 in DKR			
Grundstücke	75	Gezeichnetes Kapital	600
Gebäude	210	Jahresüberschuss	60
Technische Anlagen	480	Rückstellungen	80
Vorräte	100	Finanzschulden	350
Forderungen LuL, Bank	300	Verbindlichkeiten LuL	75
Bilanzsumme	1165	Bilanzsumme	1165

Die GuV-Rechnung für die Zeit vom 01. 01. 02-31. 12. 02 hat folgendes Aussehen:

	Umsatzerlöse	700 Mio. DKR
−	Personalaufwand	300 Mio. DKR
−	Materialaufwand	150 Mio. DKR
−	Abschreibungen	80 Mio. DKR
−	Sonstige Aufwendungen	20 Mio. DKR
=	Betriebsergebnis	150 Mio. DKR
−	Zinsaufwand	40 Mio. DKR
=	Ergebnis vor Steuern	110 Mio. DKR
−	Ertragsteuern	50 Mio. DKR
=	Jahresüberschuss	60 Mio. DKR

Die Abschreibungen von 80 Mio. DKR verteilen sich zu 15 Mio. DKR auf die Gebäude und zu 65 Mio. DKR auf die Technischen Anlagen. Die sonstige Veränderung des Anlagebuchwerts der Maschinen ist ausschließlich auf Investitionen in den Maschinenbestand (95 Mio. DKR), die näherungsweise mit dem Periodendurchschnittskurs bewertet werden können, zurückzuführen. Die Abschreibungen auf die in 02 erworbenen Technischen Anlagen betragen 15 Mio. DKR.

Die funktionale Währung der dänischen Tochtergesellschaft ist der Euro. Der Perioden-Durchschnittskurs in 02 beträgt 7,30 DKR/€ und der Stichtagskurs zum 31. 12. 02 7,20 DKR/€. Stille Reserven sind bei Erwerb des Tochterunternehmens nicht vorhanden.

Ermitteln Sie die in € umgerechnete Bilanz per 31. 12. 02 und die GuV-Rechnung für die Zeit vom 01. 01. 02-31. 12. 02 der dänischen Tochtergesellschaft.

2. Ermitteln Sie unter der Annahme, dass die dänische Tochtergesellschaft aus Übungsaufgabe 1 Teil eines US-amerikanischen Konzerns und die Berichtswährung der US-$ ist, die in US-$ umgerechnete Bilanz per 31. 12. 02 der dänischen Tochtergesellschaft. Gehen Sie davon aus, dass der Stichtagskurs zum 31. 12. 01 1,00 US-$/€ und zum 31. 12. 02 1,20 US-$/€ und der Durchschnittskurs in Periode 02 1,15 US-$/€ beträgt.

3. In Abweichung zu der Aufgabenstellung unter Übungsaufgabe 1 führt das dänische Tochterunternehmen zum 31. 12. 02 erstmals eine Neubewertung durch. Die Neubewertung beschränkt sich auf die Grundstücke und Gebäude. Danach ergeben sich folgende Werte per 31. 12. 02:

Grundstück: 78 Mio. DKR

Gebäude: 215 Mio. DKR

Der anzuwendende Steuersatz beträgt: 50%.

a) Stellen Sie mit dieser Anpassung zunächst die Bilanz des dänischen Tochterunternehmens in DKR per 31. 12. 02 auf.

b) Ermitteln Sie die in € umgerechnete Bilanz und GuV-Rechnung für die dänische Tochtergesellschaft.

4. Prüfen Sie das Vorliegen und die Höhe eines Asset Impairments für folgende zahlungsmittel-generierende Einheit (Tochterunternehmen T), an der das Mutterunternehmen einen Anteil von 100% hält.

in GE	Buchwert	Zeitwert
Goodwill	800	
Sonstige langfristige Vermögenswerte	1.200	1.500
Kurzfristige Vermögenswerte	1.800	1.800
Fremdkapital	1.400	1.500

a) Der Fair Value der zahlungsmittel-generierenden Einheit beträgt 2.700 GE.

b) Der Fair Value der zahlungsmittel-generierenden Einheit beträgt 2.200 GE.

5. Lösen Sie Übungsaufgabe 4b) unter der Annahme, dass das Mutterunternehmen nur 75% an der zahlungsmittel-generierenden Einheit (Tochterunternehmen T) hält.

6. Das Mutterunternehmen M erwirbt am 31.12.01 die Tochter T. Die IFRS-Bilanzen von Mutter (M) und Tochter (T) besitzen zum 31.12.01 die unten angegebene Struktur.

Bilanz des Mutterunternehmens zum 31.12.01

Grundstücke	1.000	Gezeichnetes Kapital	4.000
Technische Anlagen	1.800	Neubewertungsrücklage	1.600
Finanzanlagen	4.400	Gewinnrücklagen (ohne JÜ)	1.000
davon Beteiligung Tochter	4.000	Jahresüberschuss	400
Vorräte	3.000	Langfristiges Fremdkapital	1.800
Wertpapiere	200	Kurzfristiges Fremdkapital	3.200
Sonstiges kurzfristiges Vermögen	1.600		
Bilanzsumme	12.000	Bilanzsumme	12.000

Bilanz des Tochterunternehmens zum 31.12.01

Grundstücke	650	Gezeichnetes Kapital	1.200
Technische Anlagen	850	Kapitalrücklage	700
Vorräte	1.500	Gewinnrücklagen (ohne JÜ)	500
Wertpapiere	1.400	Jahresüberschuss	500
Sonstiges kurzfristiges Vermögen	1.000	Langfristiges Fremdkapital	1.000
		Kurzfristiges Fremdkapital	1.500
Bilanzsumme	5.400	Bilanzsumme	5.400

In den Vermögenswerten des Tochterunternehmens sind zum 31.12.01 folgende stille Reserven enthalten:

	Buchwert	beizulegenden Zeitwert	Nutzungsdauer Jahre
Grundstücke	650	1.000	-
Technische Anlagen	850	1.400	11
Vorräte	1.500	2.000	2
Wertpapiere	1.400	1.800	-
Sonstiges kurzfristiges Vermögen	1.000	1.000	

Das Mutterunternehmen hat die Neubewertungsmethode bislang in seiner IFRS-Rechnungslegung für Grundstücke und Technische Anlagen angewendet, das Tochterunternehmen hingegen nicht. Es ist eine konzerneinheitliche Bewertung nach IAS 27.24 auf Basis der Bewertungsmethoden des Mutterunternehmens durchzuführen. Der anzuwendende Ertragsteuersatz beträgt 30%. Die Buchwerte des Einzelabschlusses entsprechen auch den Buchwerten der Steuerbilanz.

Führen Sie die Kapitalkonsolidierung zum 31.12.01 durch und ermitteln Sie aus diesen Angaben die Konzernbilanz zum 31.12.01.

7. Führen Sie die Folgekonsolidierung zum 31.12.02 für das Beispiel in Übungsaufgabe 6 durch. Für die Bilanz des Tochterunternehmens gelten noch folgende Annahmen:

   ► Der Vorratsbestand hat sich halbiert.

   ► Der Bestand an Wertpapieren wurde vollständig abgebaut.

   ► Das sonstige kurzfristige Vermögen hat sich auf 3.650 GE und der Jahresüberschuss auf 1.000 GE erhöht.

   ► Es gab keine Veränderung der übrigen Bilanzzahlen.

   ► Es fand keine Neubewertung zum 31.12.02 statt.

   Das Mutterunternehmen hat den letztjährigen Jahresüberschuss in den Gewinnrücklagen thesauriert. Das sonstige kurzfristige Vermögen hat im Vergleich zur Bilanz zum 31.12.01 um 400 GE zugenommen; ansonsten stimmen die Bilanzzahlen zum 31.12.01 mit denjenigen zum 31.12.02 überein. In den Beteiligungserträgen und damit im Jahresüberschuss des Mutterunternehmens ist die Ausschüttung des gesamten Jahresüberschusses der Tochter des Jahres 01 eingeschlossen.

8. Führen Sie die Erstkonsolidierung zum 31.12.01 in Übungsaufgabe 6 unter der Voraussetzung durch, dass der Beteiligungsbuchwert nur 60% der Anteile am Tochterunternehmen T repräsentiert. Der Kaufpreis von 4.000 GE entspricht dem anteiligen beizulegenden Zeitwert des Tochterunternehmens T zum Akquisitionsdatum.

9. Führen Sie die Erstkonsolidierung zum 31.12.01 in Übungsaufgabe 6 unter der Voraussetzung durch, dass der Beteiligungsbuchwert nur 60% der Anteile am Tochterunternehmen T repräsentiert. Der Kaufpreis von 4.000 GE schließt eine Beherrschungsprämie von 400 GE ein, die für den Erwerb einer beherrschenden Beteiligung an T bezahlt wurde.

10. Führen Sie die Folgekonsolidierung zum 31.12.02 in Übungsaufgabe 8 unter folgenden zusätzlichen Voraussetzungen durch:

   ► Die Anschaffungskosten der Beteiligung von 4.000 GE repräsentieren 60% der Anteile am Tochterunternehmen. Der Kaufpreis von 4.000 GE entspricht dem anteiligen beizulegenden Zeitwert des Tochterunternehmens T zum Akquisitionsdatum.

   ► Das sonstige kurzfristige Vermögen der Mutter hat zum 31.12.02 um 600 GE gegenüber dem 31.12.01 zugenommen.

   ► Der Beteiligungsbuchwert an T ist im Einzelabschluss des Mutterunternehmens um 200 GE gemindert worden. Der Wertminderungsaufwand im IFRS-Abschluss ist steuerlich nicht anerkannt.

   ► Der Fair Value des Tochterunternehmens T soll per 31.12.02 6.500 GE betragen.

11. Führen Sie die Folgekonsolidierung zum 31.12.02 in Übungsaufgabe 9 unter folgenden zusätzlichen Voraussetzungen durch:

   ► Die Anschaffungskosten der Beteiligung von 4.000 GE repräsentieren 60% der Anteile am Tochterunternehmen. Der Kaufpreis von 4.000 GE schloss eine Beherrschungsprämie von 400 GE ein, die für den Erwerb der beherrschenden Beteiligung an T bezahlt wurde.

   ► Das sonstige kurzfristige Vermögen der Mutter hat zum 31.12.02 um 600 GE gegenüber dem 31.12.01 zugenommen.

   ► Der Beteiligungsbuchwert an T ist im Einzelabschluss des Mutterunternehmens um 200 GE gemindert worden. Der Wertminderungsaufwand im IFRS-Abschluss ist steuerlich nicht anerkannt.

   ► Der Fair Value des Tochterunternehmens T soll per 31.12.02 6.500 GE betragen und schließt eine Beherrschungsprämie von 400 GE für eine beherrschende Beteiligung ein.

12. Am 01.01.03 erwirbt das Mutterunternehmen weitere 10% der Anteile an T für die unter Übungsaufgabe 10 dargestellte Konstellation zu 650 GE.

13. Das Mutterunternehmen erwirbt 100% der Anteile an der künftigen Tochtergesellschaft gegen Gewährung neuer Aktien des Mutterunternehmens (Stichtag 31.12.01). Die IFRS-Bilanzen von Mutter- und Tochterunternehmen haben unmittelbar vor der für den Zusammenschluss erforderlichen Kapitalerhöhung die unten angegebene Gestalt. Beim Tochterunternehmen sind stille Reserven in den Vorräten in Höhe von 300 T€ und in den Technischen Anlagen in Höhe von 100 T€ enthalten. Der anzuwendende Ertragsteuersatz des Tochterunternehmens beträgt 25%.

Bilanz des Mutterunternehmens zum 31.12.01 (T€)

Grundstücke	500	Gezeichnetes Kapital	8.000
Technische Anlagen	5.000	Kapitalrücklage	0
Vorräte	2.000	Gewinnrücklagen (ohne JÜ)	600
Sonstiges kurzfristiges Vermögen	5.500	Jahresüberschuss	-100
		Kurzfristiges Fremdkapital	4.500
Bilanzsumme	13.000	Bilanzsumme	13.000

Bilanz des Tochterunternehmens zum 31.12.01 (T€)

Grundstücke	100	Gezeichnetes Kapital	1.000
Technische Anlagen	500	Kapitalrücklage	800
Vorräte	1.500	Gewinnrücklagen (ohne JÜ)	200
Sonstiges kurzfristiges Vermögen	1.400	Jahresüberschuss	200
		Kurzfristiges Fremdkapital	1.300
Bilanzsumme	3.500	Bilanzsumme	3.500

Das beim Unternehmenszusammenschluss zu ermittelnde Austauschverhältnis soll auf dem inneren Wert der Aktien beruhen.

	Mutterunternehmen	Tochterunternehmen
Gesamtwert (laut Bewertungs-gutachten)	12,0 Mio. €	3,0 Mio. €
Höhe des gezeichneten Kapitals	8,0 Mio. €	1,0 Mio. €

Führen Sie die Erstkonsolidierung zum 31.12.01 durch.

14. Übungsaufgabe 13 mit folgender Variante. Das Mutterunternehmen hatte bereits vor dem 31.12.01 einen 10%-Anteil am Tochterunternehmen T zu einem Kaufpreis von 200 T€ erworben. Da weder ein aktiver Markt für Anteile an T vorhanden war noch der beizulegende Zeitwert für solche Anteile verlässlich bestimmt werden konnte, wurden die Anteile bislang zu historischen Anschaffungskosten bewertet. Die Bilanz des Mutterunternehmens stellt sich abweichend von derjenigen in Übungsaufgabe 13 wie folgt dar:

Bilanz des Mutterunternehmens zum 31.12.01 (in T€)

Grundstücke	500	Gezeichnetes Kapital	8.000
Technische Anlagen	5.000	Kapitalrücklage	0
Beteiligungen	200	Gewinnrücklagen (ohne JÜ)	600
Vorräte	2.000	Jahresüberschuss	-100
sonstiges kurzfristiges		kurzfristiges Fremdkapital	4.500
Vermögen	5.300		
Bilanzsumme	13.000	Bilanzsumme	13.000

Führen Sie die Erstkonsolidierung zum 31.12.01 durch.

15. Das Gesellschafterunternehmen G erwirbt zum 30.12.01 40% der Anteile des mit anderen Partnern geführten Joint Ventures J zu Anschaffungskosten von 1.200 T€. Die Bilanzen zum 31.12.01 haben die unten angegebene Gestalt:

Bilanz des Gesellschafters zum 31.12.01 (T€)

Grundstücke	1.400	Gezeichnetes Kapital	4.000
Technische Anlagen	1.800	Kapitalrücklage	2.200
Beteiligungen	3.500	Jahresüberschuss	800
Vorräte	1.550	Langfristiges Fremdkapital	1.200
Sonstiges kurzfristiges Vermögen	1.750	Kurzfristiges Fremdkapital	1.800
Bilanzsumme	10.000	Bilanzsumme	10.000

Bilanz des Joint Ventures zum 31.12.01 (T€)

Grundstücke	550	Gezeichnetes Kapital	900
Technische Anlagen	800	Kapitalrücklage	750
Vorräte	900	Jahresüberschuss	350
Sonstiges kurzfristiges Vermögen	1.150	Langfristiges Fremdkapital	750
		Kurzfristiges Fremdkapital	650
Bilanzsumme	3.400	Bilanzsumme	3.400

Beim Joint Venture sind zum Erwerbsstichtag stille Reserven in den Grundstücken in Höhe von 100 T€, in den Technischen Anlagen in Höhe von 300 T€ (geschätzte wirtschaftliche Restnutzungsdauer: 6 Jahre) und in den Vorräten in Höhe von 200 T€ (Abbau der stillen Reserven bis 31.12.02) vorhanden. Beim Joint Venture liegen von G an das Joint Venture am 31.12.01 gelieferte, noch nicht bezahlte Waren mit Anschaffungskosten beim Joint Venture von 500 T€ auf Lager, die einen Zwischengewinn vor Steuern von 100 T€ einschließen. Der anzuwendende Steuersatz sowohl beim Gesellschafterunternehmen als auch beim Joint Venture beträgt jeweils 30%. Führen Sie die Quotenkonsolidierung zum 31.12.01 durch.

16. Führen Sie die Quotenkonsolidierung zum 31.12.02 für das Beispiel in Übungsaufgabe 15 unter folgenden ergänzenden Annahmen durch:

   ▶ Die Bilanzwerte des Gesellschafterunternehmens haben sich nicht gegenüber dem 31.12.01 verändert.

   ▶ Das Joint Venture hat den Jahresüberschuss aus dem Geschäftsjahr 01 in die Gewinnrücklagen eingestellt. Die stillen Reserven haben sich – wie in Übungsaufgabe 15 beschrieben – planmäßig entwickelt. Der Jahresüberschuss 02 beträgt 600 GE, das Vorratsvermögen hat sich auf 1.500 GE erhöht. Ansonsten haben sich die übrigen Bilanzwerte per 31.12.02 nicht gegenüber dem 31.12.01 verändert.

   ▶ Beim Joint Venture liegen am 31.12.02 vom Gesellschafterunternehmen gelieferte Vorräte in Höhe von 800 T€, der beim Gesellschafterunternehmen hierfür im Ergebnis vor Steuern enthaltene Gewinn beträgt 160 T€.

   ▶ Der anzuwendende Steuersatz beträgt ab Periode 02 beim Gesellschafterunternehmen 40% und beim Joint Venture weiterhin 30%.

   ▶ Der erzielbare Betrag für das Joint Venture (zahlungsmittel-generierende Einheit) beträgt per 31.12.02 3.000 T€.

17. Bestimmen Sie den Goodwill eines at-equity bewerteten Unternehmens (A-AG) auf Basis folgender Angaben zum Erwerbszeitpunkt:

Erwerbszeitpunkt:	01.01.01
erworbener Anteil:	10%
Eigenkapital zu Buchwerten 01.01.01:	10.000 GE
stille Reserven im Erwerbszeitpunkt:	8.000 GE

davon 5.000 GE in Technischen Anlagen und Maschinen

davon 2.000 GE in Vorräten

davon 1.000 GE in Beteiligungen (B-GmbH; Anteil: 16%)

anzuwendender Ertragsteuersatz   30%

Kaufpreis: 1.700 GE

18. a) Ermitteln Sie den Equity-Buchwert zum 31.12.01 (Übungsaufgabe 17) bei Gültigkeit folgender Annahmen:

   ► Lagerumschlag der zum 01.01.01 erworbenen Vorräte: < 1 Jahr

   ► Nutzungsdauer der zum 01.01.01 erworbenen Technischen Anlagen: 5 Jahre

   ► Nutzungsdauer eines Geschäfts- oder Firmenwerts: 10 Jahre

   ► Die Beteiligung an der B-GmbH wurde in 01 verkauft.

   ► Der Jahresüberschuss der A-AG in der Periode 01 beträgt 4.500 GE.

   Der erzielbare Betrag der A-AG (zahlungsmittel-generierende Einheit) per 31.12.01 beträgt 18.000 GE.

   b) Wie hoch ist das Equity-Ergebnis der A-AG in Periode 01? Bilden Sie den Buchungssatz zur Equity-Bewertung der A-AG beim Gesellschafterunternehmen.

   c) Wie hoch sind der Equity-Buchwert zum 31.12.01 und das Equity-Ergebnis in Periode 01 für die A-AG, wenn die A-AG eine Dividende in Höhe von 800 GE an die Anteilseigner in Periode 01 ausgeschüttet hat? Der erzielbare Betrag der A-AG soll nach Ausschüttung 17.700 GE betragen. Bilden Sie weiterhin den Buchungssatz zur Equity-Bewertung der A-AG beim Gesellschafterunternehmen.

19. Im Rahmen der Zwischenergebniskonsolidierung stehen sich in dem in Periode 01 aufgebauten Konzern folgende Zwischengewinne und Zwischenverluste aus Lieferungen gegenüber:

in GE	31.12.01	31.12.02	31.12.03	31.12.04
Zwischengewinne				
► zwischen Konzernunternehmen	200	220	150	100
► zwischen Konzern- und Gemeinschaftsunternehmen		60	100	
Zwischenverluste				
► zwischen Konzernunternehmen			30	40
► zwischen Konzern- und Gemeinschaftsunternehmen				

Die retrograde Bewertung der Vorräte nach IAS 2.9 der mit einem Zwischenverlust verkauften Vorräte in Periode 03 würde zum gleichen Wertansatz führen; dagegen würde die retrograde Bewertung der mit einem Zwischenverlust verkauften Vorräte in Periode 02 zu einem um 60 GE höheren Wertansatz führen.

Bei den Konzernunternehmen handelt es sich um das Mutterunternehmen und Tochtergesellschaften, an denen das Mutterunternehmen jeweils 100% hält. Der Konzern besitzt an sämtlichen Gemeinschaftsunternehmen eine Anteilsquote von 50%.

Gehen Sie davon aus, dass in der Summen-GuV-Rechnung das Ergebnis vor Steuern in jeder Periode 600 GE und das Ergebnis nach Steuern in jeder Periode 420 GE beträgt. Der anzuwendende Steuersatz ist in allen Perioden 30%.

Ermitteln Sie aufbauend auf den Ergebnissen der Summen-GuV-Rechnung und den hier enthaltenen Angaben die Konzernjahresüberschüsse und die Konzern-Gewinnrücklagen unter der Voraussetzung einer konstanten Ausschüttung von 200 GE ab Periode 02.

Kapitel 5: Aufstellung der IFRS-Eröffnungsbilanz

AUFGABE

1. Ein bislang nach HGB bilanzierendes Unternehmen (U-AG) geht zum 01.01.06 von der HGB-Rechnungslegung auf die IFRS-Rechnungslegung über und erstellt auf diesen Stichtag seine IFRS-Eröffnungsbilanz. Prüfen Sie, ob für die nachfolgenden Sachverhalte Anpassungen der zum 31.12.05/01.01.06 erstellten HGB-Bilanz erforderlich sind. Bilden Sie die gegebenenfalls erforderlichen Anpassungsbuchungen zur Überleitung der Bilanzansätze von der HGB-auf die IFRS-Rechnungslegung. Der anzuwendende Steuersatz beträgt 30%.

   a) Die U-AG hält Schuldverschreibungen im Bestand, deren Bonität zweifelsfrei ist. Die U-AG beabsichtigt diese Schuldverschreibungen bis zur Fälligkeit am 31.12.10 zu halten. Die Anschaffungskosten der Wertpapiere betragen 100.000 GE, der Rückzahlungskurs ebenfalls 100.000 GE. Auf Grund des aktuell gesunkenen Zinsniveaus ist der Kurswert der Schuldverschreibungen am 31.12.05 110.000 GE.

   b) Darüber hinaus hat die U-AG zur kurzfristig rentierlichen Geldanlage im November 05 weitere Schuldverschreibungen erworben, die sie in 06 wieder verkaufen will, da sie das Geld für anstehende Investitionen benötigt. Die Anschaffungskosten betrugen 80.000 GE, der Kurswert am 31.12.05 95.000 GE.

   c) Die U-AG hat ihr Maschinenvermögen sowohl nach HGB als auch steuerlich bislang degressiv mit 20% über eine Nutzungsdauer von 10 Jahren abgeschrieben (mit Übergang von der degressiven zur linearen Abschreibung zu Beginn des sechsten Nutzungsjahres). Die Maschinen wurden stets zu Anfang des jeweiligen Jahres erworben.

Anschaffungsjahr	Anschaffungskosten	HGB-Restbuchwert
00	180.000	47.186
01	250.000	81.920
02	400.000	163.840
03	450.000	230.400
04	350.000	224.000
05	500.000	400.000
Summe	2.130.000	1.147.346

Nach den Grundsätzen des IAS 16 ist dagegen die lineare Abschreibung über eine wirtschaftliche Nutzungsdauer von 12 Jahren angemessen.

d) Die Vorräte an unfertigen Erzeugnissen sind handelsrechtlich zu Einzelkosten in Höhe von 50.000 GE bewertet, der steuerliche Wertansatz beträgt 70.000 GE. Die Vollkosten nach IAS 2 ermitteln sich ebenfalls zu 70.000 GE. Die U-AG hat nicht vom Aktivierungs- wahlrecht des § 274 Abs. 2 HGB Gebrauch gemacht.

e) Die U-AG hat Anfang 05 in Übereinstimmung mit § 269 HGB Aufwendungen für die Er- weiterung des Geschäftsbetriebs in Höhe von 600.000 GE aktiviert und hierfür eine pas- sive latente Steuer abgegrenzt. Zum 31. 12. 05 betragen der fortgeführte HGB-Bilanz- wert der Erweiterungsaufwendungen 450.000 GE und die korrespondierenden passiven latenten Steuern 135.000 GE.

f) Die HGB-Bilanz per 31. 12. 05 enthält weiterhin eine Rückstellung für drohende Verluste aus schwebenden Geschäften (200.000 GE) und eine Rückstellung für unterlassene In- standhaltung, die innerhalb der ersten drei Monate des folgenden Geschäftsjahres nachgeholt werden soll (150.000 GE). Nach § 5 Abs. 4 a EStG ist die Rückstellung für dro- hende Verluste steuerlich nicht anerkannt. Die U-AG verzichtete in der HGB-Bilanz auf die Abgrenzung einer aktiven Steuerabgrenzung für die Drohverlustrückstellung.

2. Gegeben sei die unten stehende HGB-Bilanz per 31. 12. 05 der X-GmbH. Erstellen Sie unter Beachtung der ergänzenden Erläuterungen die IFRS-Eröffnungsbilanz der X-GmbH per 01. 01. 06. Beachten Sie dabei, dass die X-GmbH nach dem Übergang auf die IFRS-Rech- nungslegung möglichst hohe Ergebnisse in der IFRS-Rechnungslegung anstrebt. Der anzu- wendende Steuersatz beträgt 30%. Die Wertansätze der HGB-Bilanz sind auch steuerlich anerkannt (Einheitsbilanz).

HGB-Bilanz der X-GmbH zum 31. 12. 05

A. Anlagevermögen		A. Eigenkapital	
1. Grundstücke und Bauten	500.000	1. Gezeichnetes Kapital	800.000
2. Technische Anlagen und Ma- schinen	1.000.000	2. Gewinnrücklagen	1.000.000
3. Andere Anlagen, Betriebs- und Geschäftsausstattung	200.000	B. Sonderposten mit Rücklageanteil	200.000
4. Wertpapiere des Anlagever- mögens	100.000	C. Rückstellungen Rückstellungen für Pensionen	500.000
B. Umlaufvermögen		D. Verbindlichkeiten	
1. Roh-, Hilfs- und Betriebsstoffe	300.000	1. Verbindlichkeiten ggü. Kreditinstituten	350.000
2. Fertige Erzeugnisse und Wa- ren	400.000	2. Verbindlichkeiten aus Lieferungen und Leistungen	150.000
3. Forderungen aus Lieferungen und Leistungen	450.000		
4. Schecks, Kassenbestand, Gut- haben b. Kreditinstituten	50.000		
Bilanzsumme	3.000.000	Bilanzsumme	3.000.000

Erläuterungen:

(1) Grundstücke und Gebäude: Die X-GmbH hat ein Gebäude selbst erstellt. Die Fertigstellung des Gebäudes erfolgte zum 31. 12. 05 (Herstellungszeitraum länger als ein Jahr). Die X-GmbH hat das Gebäude zu Herstellungskosten (300.000 GE) einschließlich Fremdkapital-

zinsen (20.000 GE) in der HGB-Bilanz aktiviert. Abschreibungsbeginn ist der 01.01.06. Die wirtschaftliche Nutzungsdauer wird auf 40 Jahre geschätzt.

(2) Die X-GmbH hat ihre Technischen Anlagen und Maschinen nach HGB über eine Nutzungsdauer von 10 Jahren linear abgeschrieben. Die Maschinen wurden stets zu Anfang des jeweiligen Jahres erworben. Die Abschreibungsmethode stimmt mit den Grundsätzen des IAS 16 überein. Parallel hat die X-GmbH die beizulegenden Zeitwerte der in den einzelnen Jahren beschafften Maschinen festgestellt (Anmerkung: in jedem Jahr hat die X-GmbH genau eine Maschine stets zu Beginn des Jahres erworben).

	Anschaffungskosten	Buchwerte (= fortgeführte Anschaffungskosten)	beizulegende Zeitwerte
01	250.000	125.000	115.000
02	200.000	120.000	110.000
03	300.000	210.000	200.000
04	400.000	320.000	335.000
05	250.000	225.000	240.000
Summe	1.400.000	1.000.000	1.000.000

(3) Bei den Wertpapieren des Anlagevermögens handelt es sich um Schuldverschreibungen, die zu Anschaffungskosten 100.000 GE angesetzt sind. Das Unternehmen beabsichtigt nicht diese Wertpapiere bis zur Fälligkeit im Jahre 15 zu halten. Der beizulegende Zeitwert am 31.12.05 beträgt 105.000 GE.

(4) Der Vorratsbestand ist nach der Lifo-Methode bewertet. Die durchschnittlichen Anschaffungskosten des Vorratsbestands betragen 315.000 GE, der Wertansatz nach der Fifo-Methode 335.000 GE. Die Wiederbeschaffungskosten betragen am Bilanzstichtag 330.000 GE, eine retrograde Bewertung vom Absatzmarkt würde zu einem Wertansatz von 320.000 GE führen.

(5) Der Sonderposten mit Rücklageanteil enthält eine zulässigerweise gebildete Rücklage für Ersatzbeschaffung (R 6.6-EStR-Rücklage).

(6) Das versicherungsmathematische Gutachten über die Pensionsrückstellung nach IAS 19 führt zu folgenden Wertansätzen per 31.12.05:

Barwert der Verpflichtung	620.000 GE
– nachzuverrechnender Dienstzeitaufwand	20.000 GE
– kumulierte nicht erfasste versicherungsmathematische Verluste	50.000 GE
= Pensionsrückstellung IAS 19 (Korridormethode)	550.000 GE

3. Erstellen Sie für die X-GmbH (siehe Übungsaufgabe 2) die Überleitungsrechnung für das Eigenkapital nach IFRS 1.39 a (i).

4. Ein Mutterunternehmen hat zum 01.01.1999 folgendes Tochterunternehmen (bilanzierend nach HGB) zu einem Preis von 23.000 GE erworben:

Werte zum 01.01.1999	Buchwert	beizulegender Zeitwert
Immaterielle Vermögenswerte	0	2.000
Sachanlagen	4.000	5.500
Vorräte	3.500	4.000
Forderungen aus LuL, Bank, Kasse	2.500	2.500
Bilanzsumme	10.000	14.000
Eigenkapital	4.000	8.000
Verbindlichkeiten und Rückstellungen	6.000	6.000

Auf Basis des HGB, welches zum Erwerbsstichtag eine Gegenüberstellung von Kaufpreis (23.000 GE) mit dem Saldo aus beizulegendem Zeitwert von Vermögensgegenständen (14.000 GE) und Schulden des erworbenen Unternehmens (6.000 GE) vornahm, ermittelte sich ein Geschäfts- oder Firmenwert in Höhe von 15.000 GE. Als Abschreibungsdauer wurden in der HGB-Konzernbilanz 4 Jahre gewählt (§ 309 Abs. 1 Satz 1 HGB), obwohl die geschätzte wirtschaftliche Nutzungsdauer 15 Jahren betragen hätte. Am 01.01.2004 erstellt der Konzern seine IFRS-Eröffnungsbilanz. Per 01.01.2004 stellen sich die konsolidierten Wertbeiträge für die HGB-Konzernbilanz sowie die steuerlichen Buchwerte des erworbenen Tochterunternehmens wie folgt dar:

Werte zum 01.01.2004	Konsolidierter Wertbeitrag (HGB)	Steuerlicher Buchwert
Immaterielle Vermögenswerte	1.000	0
Geschäfts- oder Firmenwert	0	0
Sachanlagen	7.500	7.500
Vorräte	5.000	5.000
Wertpapiere des Umlaufvermögens	3.000	3.000
Forderungen aus LuL, Bank, Kasse	9.500	9.500
Bilanzsumme	26.000	25.000
Eigenkapital (erworbenes)	23.000	4.000
Gewinnrücklagen	1.000	19.000
Verbindlichkeiten und Rückstellungen	2.000	2.000

Mit Ausnahme der in den immateriellen Vermögenswerten aufgedeckten stillen Reserven, die ab 01.01.1999 über einen Zeitraum von 10 Jahren linear aufzulösen sind, haben sich alle anderen im Erwerbszeitpunkt vorhandenen stillen Reserven bis zum 01.01.2004 aufgelöst.

Zum 01.01.2004 übersteigt der beizulegende Zeitwert der Wertpapiere des Umlaufvermögens den HGB-Buchwert um 2.000 GE. In den Verbindlichkeiten und Rückstellungen ist eine Rückstellung für unterlassene Instandhaltung nach § 249 Abs. 1 Satz 1 HGB enthalten (1.000 GE), die innerhalb der nächsten drei Monate nachgeholt wird.

Die im landesrechtlichen Konzernabschluss für das Sachanlagevermögen angewendeten Abschreibungsmethoden und Abschreibungsdauern entsprechen denjenigen des Anschaffungs- oder Herstellungskostenmodells nach IAS 16. Die beizulegenden Zeitwerte für das gesamte Sachanlagevermögen betragen per 01.01.2004 8.000 GE. Falls die einzelnen Vermögenswerte jeweils zum Maximum aus fortgeführten Anschaffungskosten und beizulegendem Zeitwert angesetzt würden, beträgt der über das gesamte Sachanlagevermögen kumulierte Wertansatz per 01.01.2004 8.500 GE.

Bei dem konsolidierten Wertbeitrag für den immateriellen Vermögenswert handelt es sich um einen identifizierbaren Vermögenswert, der einen vom Geschäfts- oder Firmenwert separierbaren künftigen wirtschaftlichen Nutzen beinhaltet. Der Ertragsteuersatz beträgt im Zeitraum zwischen 1999 und 2004 stets 40%. Für eine retrospektive Anwendung der IAS/IFRS liegen alle Daten vor. Der erzielbare Betrag für das Tochterunternehmen (separate zahlungsmittel-generierende Einheit) beträgt per 01.01.2004 40.000 GE.

a) Wie sehen die konsolidierten Wertbeiträge des Tochterunternehmens aus, wenn das Mutterunternehmen zum 01.01.2004 ein möglichst hohes Eigenkapital in der Konzernbilanz ausweisen will?

b) Wie sehen die konsolidierten Wertbeiträge des Tochterunternehmens aus, wenn das Mutterunternehmen ein möglichst hohes Ergebnis in der Konzern-GuV-Rechnung ab 2004 ausweisen will?

Kapitel 6: Gewinn- und Verlustrechnung und Gesamtergebnisrechnung nach IFRS

AUFGABEN

1. Bilden Sie für die nachfolgenden Geschäftsvorfälle Buchungssätze zur Erstellung des IFRS-Abschlusses für das Geschäftsjahr 01. Grenzen Sie hierbei auch gegebenenfalls anfallende latente Steuern ab. Sofern in den Einzelsachverhalten nichts weiter ausgesagt ist, beträgt der anzuwendende Steuersatz 30%.

a) Die als Available-for-sale financial assets klassifizierten A-Schuldverschreibungen sind gegenüber dem beizulegenden Zeitwert 31.12.00 (120 GE) zum 31.12.01 auf 105 GE gesunken. Die Anschaffungskosten betrugen 110 GE. Gründe für einen Wertminderungsaufwand sind nicht erkennbar. In der Steuerbilanz dürfen weiterhin nur die Anschaffungskosten aktiviert werden. Kursgewinne und -verluste bei Veräußerung sind steuerwirksam.

b) Die als Available-for-sale financial assets klassifizierten B-Schuldverschreibungen sind gegenüber dem beizulegenden Zeitwert 31.12.00 (90 GE) zum 31.12.01 auf 50 GE gesunken. Die Anschaffungskosten betrugen 100 GE. Der Wertrückgang bis 31.12.00 wurde in der Gesamtergebnisrechnung erfolgsneutral erfasst und bilanziell unter den Bewertungsergebnissen aus zur Veräußerung verfügbaren finanziellen Vermögenswerten ausgewiesen. Auf Grund des signifikanten Rückgangs ist jetzt allerdings eine Wertminderung anzunehmen. Der steuerliche Buchwert wird wegen der voraussichtlichen Nachhaltigkeit der Wertminderung von den Anschaffungskosten auf den beizulegenden Zeitwert am Bilanzstichtag am 31.12.01 (50 GE) reduziert.

c) Der beizulegende Zeitwert der als Financial assets at fair value through profit or loss klassifizierten C-Aktien ist gegenüber dem beizulegenden Zeitwert per 31.12.00 (120 GE) zum 31.12.01 auf 140 GE gestiegen. Veräußerungsgewinne und -verluste aus Aktien sind nach dem Halbeinkünfteverfahren für die Körperschaftsteuer irrelevant, das die Aktien haltende Unternehmen ist eine GmbH und unterliegt der Gewerbesteuer (kein gewerbesteuerliches Schachtelprivileg). Der Hebesatz für die Gewerbesteuer ist 500%.

d) Das nach IFRS bilanzierende Unternehmen hat per 31.12.01 die Projektfertigstellungsgrade seiner in Periode 01 begonnenen Fertigungsaufträge, die noch ausstehenden Erlöse und noch ausstehenden Kosten ermittelt:

in GE	Fertigungsauftrag 1	Fertigungsauftrag 2	Fertigungsauftrag 3
Gesamtes Projektvolumen	1.500	2.000	2.500
Angefallene Kosten	800	400	500
Geschätzte ausstehende Kosten	600	1.400	2.100
Projektfertigstellungs-grad am Bilanzstichtag	50%	25%	20%
Erfolgte Teilabnahmen	500	0	500

Die angefallenen Auftragskosten sind bereits in den Umsatzkosten gebucht. Die Zahlungen aus Teilabnahmen sind erfolgsneutral vereinnahmt und unter Verbindlichkeiten gegenüber Kunden (Verbindlichkeiten LuL) ausgewiesen. In der Steuerbilanz werden Fertigungsaufträge zu Herstellungskosten oder dem niedrigeren retrograd abgeleiteten Wert bewertet.

e) Das nach IFRS bilanzierende Unternehmen erstellt eine künftig zur Produktion verwendete Maschine. Hierfür sind folgende Aufwendungen angefallen:

Materialaufwand:	50 GE
Personalaufwand in der Produktion:	150 GE
anteiliger Personalaufwand für allgemeine Verwaltung:	20 GE
Abschreibungen auf Produktionseinrichtungen:	40 GE
anteilige Mietaufwendungen für Produktionsgebäude:	10 GE

Buchen Sie die Aktivierung der selbst erstellten Maschine im Gesamt- und Umsatzkostenverfahren.

f) Das nach IFRS bilanzierende Unternehmen entschließt sich einige Gruppen von Vermögenswerten zu veräußern. Die retrograde Bewertung ist steuerlich anerkannt.

	Buchwert	beizulegender Zeitwert abzüglich Veräußerungskosten
(1) Zahlungsmittel-generierende Einheit (aufgegebener Geschäftsbereich)	200	120
(2) langfristige Vermögenswerte (aber kein aufgegebener Geschäftsbereich)	60	50
(3) überschüssige Vorräte	50	35

2. Gegeben sei folgende vorläufige IFRS-GuV-Rechnung.

	01.01.02-31.12.02	01.01.01-31.12.01
Umsatzerlöse	14.000	13.600
Bestandsveränderungen an Fertigerzeugnissen und unfertigen Erzeugnissen	800	400
Materialaufwand	4.000	3.800
Personalaufwand	5.000	4.600
Abschreibungen	1.000	800
Sonstige Aufwendungen	4.600	2.800
Betriebsergebnis	200	2.000
Zinsaufwand	1.800	1.200
Ergebnis vor Steuern	-1.600	800
Steueraufwand	-480	240
Ergebnis nach Steuern	-1.120	560

Das Unternehmen entschließt sich während des Geschäftsjahres 02 einen nicht mehr profitablen Geschäftsbereich aufzugeben. Bis zum 31.12.02 konnte der Verkauf des Geschäftsbereichs nicht abgeschlossen werden. Die Kriterien für einen aufgegebenen Geschäftsbereich liegen jedoch seit Mitte des Geschäftsjahres 02 vor. Dem aufgegebenen Geschäftsbereich sind in 01 und 02 folgende GuV-Beiträge zuzuordnen:

	01.01.02-31.12.02	01.01.01-31.12.01
Umsatzerlöse	2.000	2.200
Bestandsveränderungen	-300	500
Materialaufwand	1.000	1.000
Personalaufwand	700	800
Abschreibungen	200	200
Sonstige Aufwendungen	900	800
Betriebsergebnis	-1.100	-100
Zinsaufwand	400	300
Ergebnis vor Steuern	-1.500	-400

Weiterhin hat das nach IFRS bilanzierende Unternehmen Wertminderungsaufwendungen für die dem aufgegebenen Geschäftsbereich zuzuordnenden Vermögenswerte und Schulden in 02 in Höhe von 1.400 GE vorgenommen. Diese Aufwendungen sind bislang in den sonstigen Aufwendungen – ohne Zuordnung auf den aufgegebenen Geschäftsbereich – ausgewiesen. Nach dem nationalen Steuerrecht sind die Verluste aus Aufgabe oder Veräußerung von Geschäftsbereichen nur zu 50% abzugsfähig. In der vorläufigen GuV-Rechnung ist bislang noch eine volle Abzugsfähigkeit unterstellt.

Weiterhin ist noch nicht im Steueraufwand berücksichtigt, dass in 02 steuerlich permanent nicht abziehbare Aufwendungen (z. B. Repräsentationsaufwand) angefallen sind. Diese betragen für die fortzuführenden Geschäftsbereiche 20 GE und für den aufgegebenen Geschäftsbereich 10 GE. Der allgemeine Ertragsteuersatz beträgt 30%.

a) Erstellen Sie die im Jahresabschluss 02 veröffentlichten GuV-Rechnungen für 01 und 02.

b) Welche Angabepflichten für aufgegebene Geschäftsbereiche sind aus den vorliegenden Informationen im Anhang darzustellen?

c) Welche Angabepflichten für IAS 12 sind aus den vorliegenden Informationen im Anhang darzustellen?

3. Ein Industrieunternehmen weist folgende Bestände an Halb- und Fertigfabrikaten auf:

in €	Anfangsbestand	Endbestand
Unfertige Erzeugnisse	100.000	115.000
Fertige Erzeugnisse	240.000	135.000

Die Umsatzerlöse der betrachteten Periode belaufen sich auf 1.350.000 €. Der Aufwand der Periode setzt sich aus folgenden vier Aufwandsarten zusammen, die teilweise in der Fertigungsstufe I, Fertigungsstufe II, in der Verwaltung oder im Vertrieb anfallen:

in €	Insgesamt	Stufe I	Stufe II	Verwaltung	Vertrieb
Materialaufwand	310.000	300.000			10.000
Personalaufwand	460.000	250.000	150.000	25.000	35.000
Planmäßige Abschreibungen	220.000	90.000	110.000	7.000	13.000
Mietaufwand	210.000	80.000	110.000	12.000	8.000

Erstellen Sie auf Basis dieser Angaben die Überleitung von den Umsatzerlösen zum Betriebsergebnis nach dem Gesamtkosten- und nach dem Umsatzkostenverfahren (IAS 1.91 und IAS 1.92).

4. Konzernunternehmen A produziert in 01 ein Zwischenprodukt (Materialaufwand 320 GE, Löhne 100 GE und Abschreibungen 70 GE), das zu einem Preis von 450 GE an Konzernunternehmen B geliefert wird. Der am 31.12.01 beizulegende Wert für das Zwischenprodukt beträgt 500 GE. Am 31.12.01 befindet sich dieses Zwischenprodukt noch im Bestand von B. In 02 wird dieses zum Endprodukt veredelt, wobei zusätzlich Abschreibungen von 60 GE und Gehälter von 140 GE anfallen, und an Konzernfremde zum Preis von 750 GE verkauft. Der anzuwendende Steuersatz beträgt 30%. Wie stellen sich die Konzern-GuV-Rechnungen für die Perioden 01 und 02 nach dem Gesamtkosten- und dem Umsatzkostenverfahren dar?

5. Konzernunternehmen A produziert in 01 eine Maschine (Materialaufwand 550 GE und Löhne 250 GE), die am 25.01.01 zum Preis von 1.000 GE an Konzernunternehmen B weiterveräußert und dort ab diesem Zeitpunkt zur Produktion von Fertigerzeugnissen eingesetzt wird (Vornahme der vollen Jahresabschreibung bei einer linearen Abschreibung über eine Nutzungsdauer von 10 Jahren ohne Restwert). Der anzuwendende Steuersatz beträgt 30%. Leiten Sie die Konzern-GuV-Rechnung für die Periode 01 bei Anwendung des Gesamtkosten- und des Umsatzkostenverfahrens ab.

6. Die X-GmbH (vgl. Übungsaufgaben, Kapitel 5, Aufgabe 2) hat zum 31.12.06 letztmalig noch einen HGB-Jahresabschluss aufgestellt. Leiten Sie aus dem HGB-Abschluss per 31.12.06, den unten stehenden ergänzenden Erläuterungen sowie der per 01.01.06 erstellten IFRS-Eröffnungsbilanz die IFRS-Bilanz per 31.12.06 und die IFRS-GuV-Rechnung für die Zeit vom 01.01.06-31.12.06 ab. Das Unternehmen erstrebt in 06 einen höchstmöglichen Gewinnausweis nach IFRS.

HGB-Bilanz der X-GmbH zum 31.12.06

A. Anlagevermögen		A. Eigenkapital	
1. Grundstücke und Bauten	492.000	1. Gezeichnetes Kapital	800.000
2. Technische Anlagen und Maschinen	860.000	2. Gewinnrücklagen	1.000.000
		3. Jahresfehlbetrag	90.000
3. Andere Anlagen, Betriebs- und Geschäftsausstattung	0	B. Rückstellungen	
		Rückstellungen für Pensionen	540.000
4. Wertpapiere des Anlagevermögens	0	C. Verbindlichkeiten	
B. Umlaufvermögen		1. Verbindlichkeiten ggü. Kreditinstituten	600.000
1. Roh-, Hilfs- und Betriebsstoffe	280.000	2. Verbindlichkeiten aus Lieferungen und Leistungen	150.000
2. Fertige Erzeugnisse und Waren	468.000		
3. Forderungen aus Lieferungen und Leistungen	400.000		
4. Schecks, Kassenbestand, Guthaben b. Kreditinstituten	500.000		
Bilanzsumme	3.000.000	Bilanzsumme	3.000.000

Die HGB-GuV-Rechnung vom 01.01.06-31.12.06 hat folgendes Aussehen:

	Umsatzerlöse	3.320.000
+	Bestandserhöhungen Fertigerzeugnisse	68.000
+	Sonstige Erträge	420.000
-	Personalaufwand	1.500.000
-	Materialaufwand	1.200.000
-	Abschreibungen	148.000
-	sonstige Aufwendungen	1.000.000
=	Betriebsergebnis	- 40.000
-	Zinsaufwand	50.000
=	Ergebnis vor Steuern	- 90.000
-	Ertragsteueraufwendungen	0
=	Jahresfehlbetrag	90.000

43

Erläuterungen

(1) Die X-GmbH hat in 06 den Sonderposten mit Rücklageanteil erfolgswirksam aufgelöst. Der Ertrag ist in den sonstigen Erträgen enthalten (200.000 GE).

(2) Die X-GmbH hat per 01. 01. 06 ihre Betriebs- und Geschäftsausstattung für 220.000 GE (entspricht dem beizulegenden Zeitwert) an eine Leasinggesellschaft verkauft. Der Ertrag ist in den sonstigen Erträgen (20.000 GE) enthalten. Gleichzeitig hat die X-GmbH die Betriebs- und Geschäftsausstattung zu einer jährlichen Mietrate (jeweils fällig am Jahresende) von 40.000 GE (enthalten in den sonstigen Aufwendungen) zurück geleast. Die Grundmietzeit beträgt 4 Jahre. Die wirtschaftliche Restnutzungsdauer der Betriebs- und Geschäftsausstattung wird auf 8 Jahre geschätzt. Am Ende der Grundmietzeit hat die X-GmbH die Option die Betriebs- und Geschäftsausstattung zu einem Preis von 80.000 GE zurück zu kaufen. Der voraussichtliche beizulegende Zeitwert wird zu diesem Zeitpunkt voraussichtlich noch 95.000 GE betragen. Der Fremdfinanzierungssatz der X-GmbH soll 6% p. a. betragen.

(3) Die X-GmbH hat die Wertpapiere in 06 zu einem Verkaufspreis von 110.000 GE verkauft. Der Veräußerungsgewinn ist in den sonstigen Erträgen enthalten.

(4) Der Vorratsbestand wird weiterhin nach der Lifo-Methode bewertet. Die durchschnittlichen Anschaffungskosten des Vorratsbestands betragen 300.000 GE, der Wertansatz nach der Fifo-Methode 305.000 GE. Die Wiederbeschaffungskosten – als Ersatz für die retrograde Bewertung vom Absatzmarkt – betragen am Bilanzstichtag 290.000 GE.

(5) Das versicherungsmathematische Gutachten über die Pensionsrückstellung weist folgende Wertansätze per 31. 12. 06 auf:

	Barwert der Verpflichtung	660.000 GE
-	nachzuverrechnender Dienstzeitaufwand	16.000 GE
+	nicht erfasste versicherungsmathematische Gewinne (in 06 entstanden)	6.000 GE
=	Pensionsrückstellung IAS 19 (Korridormethode)	650.000 GE

Da noch keiner der Arbeitnehmer und auch der ehemaligen Arbeitnehmer der X-GmbH Pensionsleistungen bezogen hat, ist die Erhöhung der Pensionsverpflichtung sowohl nach HGB als auch IFRS in vollem Umfang aufwandswirksam. Die Zuführung zur Pensionsrückstellung wird sowohl nach HGB als auch IFRS in vollem Umfang über den Personalaufwand verrechnet.

(6) In 06 sind keine Neuzugänge an Grundstücken, Gebäuden sowie Technischen Anlagen und Maschinen aufgetreten.

(7) Die handelsrechtlichen Wertansätze entsprechen jeweils den steuerlichen Wertansätzen. Der in 06 erwirtschaftete Verlust ist nicht rücktrags-, aber zeitlich unbegrenzt vortragsfähig.

7. Erstellen Sie für die X-GmbH (siehe Übungsaufgabe 6) die Überleitungsrechnung für das Eigenkapital nach IFRS 1.39 a (ii) und für das Periodenergebnis nach IFRS 1.39 b.

Kapitel 7:   Kapitalflussrechnung nach IFRS

1. Die X-GmbH (vgl. Übungsaufgaben, Kapitel 5, Aufgabe 2 und Kapitel 6, Aufgabe 6) erstellte zum 31. 12. 05 und 31. 12. 06 eine Bilanz und eine GuV-Rechnung für die Zeit vom 01. 01. 06 bis 31. 12. 06 auf Basis der IFRS-Vorschriften. Erstellen Sie auf Basis der Informationen über die X-GmbH die IFRS-Kapitalflussrechnung der X-GmbH für die Zeit vom 01. 01. 06 bis zum 31. 12. 06 nach der indirekten Methode.

2. Erstellen Sie für die X-GmbH (vgl. Übungsaufgaben, Kapitel 5, Aufgabe 2 und Kapitel 6, Aufgabe 6) aufbauend auf der in Übungsaufgaben, Kapitel 7, Aufgabe 1 abgeleiteten IFRS-Kapitalflussrechnung nach der indirekten Methode die IFRS-Kapitalflussrechnung nach der direkten Methode unter Berücksichtigung der IFRS-GuV-Rechnung sowie der sonstigen Angaben (vgl. Übungsaufgaben, Kapitel 5, Aufgabe 2 und Kapitel 6, Aufgabe 6).

3. Die M-AG erwirbt am 01. 01. 06 60% der Anteile an der T-GmbH (die M-AG war vor dem 01. 01. 06 nicht an der T-GmbH beteiligt) zu einem Kaufpreis von 430.000 € gegen Barzahlung. Im Erwerbszeitpunkt entsprechen bei der T-GmbH die Buchwerte den beizulegenden Zeitwerten. Die Bilanz der T-GmbH hat die unten angegebene Struktur:

IFRS-Bilanz der T-GmbH zum 01. 01. 06

A. Langfristiges Vermögen		A. Eigenkapital	
1. Grundstücke	50.000	1. Gezeichnetes Kapital	250.000
2. Technische Anlagen und Maschinen	500.000	2. Gewinnrücklagen	300.000
		3. Jahresüberschuss	10.000
3. Betriebs- und Geschäftsausstattung	250.000	B. Fremdkapital	
B. Kurzfristiges Vermögen		1. Steuerrückstellungen	150.000
1. Roh-, Hilfs- und Betriebsstoffe	100.000	2. sonstige Rückstellungen	100.000
2. Forderungen aus Lieferungen und Leistungen	200.000	3. Verbindlichkeiten ggü. Kreditinstituten	280.000
3. Schecks, Kassenbestand, Guthaben b. Kreditinstituten	210.000	4. Verbindlichkeiten aus Lieferungen und Leistungen	220.000
Bilanzsumme	1.310.000	Bilanzsumme	1.310.000

a) Wie wirkt sich dieser Erwerb auf die IFRS-Kapitalflussrechnung im separaten Einzelabschluss der M-AG aus?

b) Wie wirkt sich dieser Erwerb auf die IFRS-Konzern-Kapitalflussrechnung der M-AG aus?

Kapitel 11: IFRS-Rechnungslegung für kleine und mittelgroße Unternehmen

AUFGABEN

1. Ein bislang nach HGB bilanzierendes Unternehmen (SME-GmbH) geht zum 01.01.06 von der HGB-Rechnungslegung auf die ED-SME-Rechnungslegung über und erstellt auf diesen Stichtag seine SME-Eröffnungsbilanz. Prüfen Sie, ob für die nachfolgenden Sachverhalte Anpassungen der zum 31.12.05/01.01.06 erstellten HGB-Bilanz erforderlich sind. Zeigen Sie dabei insbesondere gegebenenfalls vorhandene Bilanzierungs- und Bewertungsspielräume auf:

   a) Die SME-GmbH hält festverzinsliche Schuldverschreibungen im Bestand (Nominalzins: 6% p.a., nachschüssige Zahlungsweise), deren Bonität zweifelsfrei ist. Die SME-GmbH beabsichtigt diese Schuldverschreibungen bis zur Fälligkeit am 31.12.08 zu halten. Die Anschaffungskosten der Wertpapiere (01.01.05) betragen 102.000 €, der Rückzahlungskurs 100.000 € (100,0). Auf Grund des aktuell gesunkenen Zinsniveaus beträgt der Kurswert der Schuldverschreibungen am 31.12.05 108.000 €.

   b) Die SME-GmbH hat ihr Maschinenvermögen sowohl nach HGB als auch steuerlich bislang degressiv mit 20% über eine Nutzungsdauer von 10 Jahren abgeschrieben (mit Übergang von der degressiven zur linearen Abschreibung zu Beginn des sechsten Nutzungsjahres). Die Maschinen (in jedem Jahr genau eine) wurden stets zu Anfang des jeweiligen Jahres erworben.

Anschaffungsjahr	Anschaffungskosten (€)	HGB-Restbuchwert (€)	beizulegender Zeitwert (€)
00	180.000	47.186	44.000
01	250.000	81.920	80.000
02	400.000	163.840	170.000
03	450.000	230.400	236.000
04	350.000	224.000	300.000
05	500.000	400.000	470.000
Summe	2.130.000	1.147.346	1.300.000

   Nach den Grundsätzen des ED-SME 16 ist dagegen die lineare Abschreibung über eine wirtschaftliche Nutzungsdauer von 12 Jahren angemessen.

   c) Die SME-GmbH hat Anfang 05 in Übereinstimmung mit § 269 HGB Aufwendungen für die Erweiterung des Geschäftsbetriebs in Höhe von 600.000 € aktiviert und hierfür eine passive latente Steuer abgegrenzt. Zum 31.12.05 betragen der fortgeführte HGB-Bilanzwert der Erweiterungsaufwendungen 450.000 € und die korrespondierenden passiven latenten Steuern 135.000 €.

   d) Die SME-GmbH hat mit einer anderen Kapitalgesellschaft zum 01.01.05 ein Joint Venture V-GmbH gegründet (Gründung durch Bareinlage). Die Beteiligung der SME-GmbH an der V-GmbH beträgt 50%. Die SME-konforme Bilanz des Joint Ventures zum 31.12.05 zeigt folgendes Bild:

Bilanz der V-GmbH zum 31. 12. 05

Sachanlagevermögen	1.200.000	Gezeichnetes Kapital	2.000.000
aktive latente Steuern	80.000	Verlustvortrag	120.000
Vorräte	400.000	Verbindlichkeiten	200.000
Forderungen aus LuL	300.000		
Bank, Kasse	100.000		
Bilanzsumme	2.080.000	Bilanzsumme	2.080.000

Der Verlustvortrag ist auf Anlaufverluste der V-GmbH während des ersten Geschäftsjahrs zurückzuführen. Der beizulegende Zeitwert der V-GmbH wird zum 31. 12. 05 auf 2.100.000 € geschätzt.

e) Die SME-GmbH hat eine patentierte Erfindung gemacht, die seit 01. 01. 04 zur Produktion genutzt wird. Die voraussichtliche wirtschaftliche Nutzungsdauer beträgt 10 Jahre. Ein linearer Nutzungsverlauf kann unterstellt werden. An Ausgaben in der Entwicklungsphase sind seinerzeit angefallen:

▶ Gehälter für Entwickler   550.000 €

▶ Materialien für Entwicklung   200.000 €

▶ externe Dienstleistungen   100.000 €

▶ Kosten für Patentanmeldung   50.000 €

Die übrigen in IAS 38.57 geforderten Nachweise sollen erbracht werden können.

f) Die SME-GmbH sichert die auf Grund eines Großauftrags zum 30. 06. 06 erwarteten Zahlungen von 5 Mio. US-$ durch Termingeschäft (Terminkurs: 1,33 US-$/€). Zum 31. 12. 05 hat der US-$ an Wert gewonnen und der Wert des Termingeschäfts beträgt -50.000 €.

2. Gegeben sei die unten stehende HGB-Bilanz per 31. 12. 05 der X-GmbH. Die Wertansätze der HGB-Bilanz sind auch steuerlich anerkannt (Einheitsbilanz). Der anzuwendende Steuersatz beträgt 30%.

HGB-Bilanz der X-GmbH zum 31. 12. 05

A. Anlagevermögen		A. Eigenkapital	
1. Grundstücke und Bauten	700.000	1. Gezeichnetes Kapital	800.000
2. Technische Anlagen und Maschinen	1.000.000	2. Gewinnrücklagen	1.200.000
3. Andere Anlagen, Betriebs- und Geschäftsausstattung	200.000	B. Sonderposten mit Rücklageanteil	200.000
4. Wertpapiere des Anlagevermögens	100.000	C. Rückstellungen Rückstellungen für Pensionen	500.000
B. Umlaufvermögen		D. Verbindlichkeiten	
1. Roh-, Hilfs- und Betriebsstoffe	300.000	1. Verbindlichkeiten ggü. Kreditinstituten	350.000
2. Fertige Erzeugnisse und Waren	400.000	2. Verbindlichkeiten aus Lieferungen und Leistungen	150.000
3. Forderungen aus Lieferungen und Leistungen	450.000		
4. Schecks, Kassenbestand, Guthaben bei Kreditinstituten	50.000		
Bilanzsumme	3.200.000	Bilanzsumme	3.200.000

Erläuterungen:

(1) Grundstücke und Gebäude: Die X-GmbH hat ein Gebäude selbst erstellt. Die Fertigstellung des Gebäudes erfolgte zum 31. 12. 05. Die X-GmbH hat das Gebäude zu Herstellungskosten (300.000 GE) einschließlich Fremdkapitalzinsen (20.000 GE) in der HGB-Bilanz aktiviert. Abschreibungsbeginn ist der 01. 01. 06. Die wirtschaftliche Nutzungsdauer wird auf 40 Jahre geschätzt.

(2) Grundstücke und Gebäude: In dem Bilanzposten ist weiterhin ein unbebautes Grundstück (Anschaffungskosten = Buchwert in der HGB-Bilanz : 200.000 GE; beizulegender Zeitwert zum 31. 12. 05: 400.000 GE) enthalten, welches aktuell als unbefestigter Kundenparkplatz an ein anderes Unternehmen vermietet wird. Die X-GmbH hält dieses Grundstück weiterhin im Bestand, da sie sich eine künftige Wertsteigerung erhofft.

(3) Die X-GmbH hat ihre Technischen Anlagen und Maschinen nach HGB über eine Nutzungsdauer von 10 Jahren linear abgeschrieben. Die Maschinen wurden stets zu Anfang des jeweiligen Jahres erworben. Die Abschreibungsmethode stimmt mit den Grundsätzen des ED-SME 16 überein. Parallel hat die X-GmbH die beizulegenden Zeitwerte der in den einzelnen Jahren beschafften Maschinen festgestellt (Anmerkung: in jedem Jahr hat die X-GmbH genau eine Maschine stets zu Beginn des Jahres erworben).

Anschaffungsjahr	Anschaffungskosten	Buchwerte (= fortgeführte Anschaffungskosten)	beizulegende Zeitwerte
01	250.000	125.000	115.000
02	200.000	120.000	110.000
03	300.000	210.000	200.000
04	400.000	320.000	335.000
05	250.000	225.000	240.000
Summe	1.400.000	1.000.000	1.000.000

(4) Bei den Wertpapieren des Anlagevermögens handelt es sich um festverzinsliche Schuldverschreibungen, die zu Anschaffungskosten 100.000 GE (Kurs: 100,0) angesetzt sind. Das Unternehmen beabsichtigt nicht diese Wertpapiere bis zur Fälligkeit im Jahre 15 zu halten (Rückzahlungskurs: 100,0). Der beizulegende Zeitwert am 31.12.05 beträgt 105.000 GE.

(5) Der Vorratsbestand ist nach der Lifo-Methode bewertet. Die durchschnittlichen Anschaffungskosten des Vorratsbestands betragen 315.000 GE, der Wertansatz nach der Fifo-Methode 335.000 GE. Die Wiederbeschaffungskosten betragen am Bilanzstichtag 330.000 GE, eine retrograde Bewertung vom Absatzmarkt würde zu einem Wertansatz von 320.000 GE führen.

(6) Der Sonderposten mit Rücklageanteil enthält eine steuerlich zulässigerweise gebildete Rücklage für Ersatzbeschaffung.

(7) Das versicherungsmathematische Gutachten über die Pensionsrückstellung nach IAS 19 enthält folgende Wertansätze per 31.12.05:

	Barwert der Verpflichtung	620.000 GE
-	nachzuverrechnender Dienstzeitaufwand	20.000 GE
-	kumulierte nicht erfasste versicherungsmathematische Verluste	50.000 GE
=	Pensionsrückstellung IAS 19 (Korridormethode)	550.000 GE

Erstellen Sie – unter Berücksichtigung der unter (1) – (7) gegebenen Erläuterungen – die SME-Eröffnungsbilanz der X-GmbH per 01.01.06 unter der Voraussetzung, dass die X-GmbH zum Übergangszeitpunkt ein möglichst hohes Eigenkapital ausweisen möchte. (Hinweis: Da die Steuerbilanz mit der HGB-Handelsbilanz der X-GmbH übereinstimmt, greift das Wahlrecht zum Verzicht auf die Bilanzierung latenter Steuern in der SME-Eröffnungsbilanz nach ED-SME 38.8 f nicht.)

3. Lösen Sie Übungsaufgabe 2 unter der Voraussetzung, dass die X-GmbH anstrebt nach ihrem Übergang zur ED-SME-Rechnungslegung möglichst hohe Periodenerfolge auszuweisen.

4. Erstellen Sie für die X-GmbH (siehe Übungsaufgabe 2 und 3) die jeweilige Überleitungsrechnung für das Eigenkapital zum Übergangszeitpunkt auf die ED-SME-Rechnungslegung (01.01.06) gemäß ED-SME 38.11 a (i).

C. Klausurthemen

1. Erläutern Sie Aufgaben und Inhalt des Anhangs in der IFRS-Rechnungslegung.

2. Schildern Sie Aufbau und Inhalt der IFRS-GuV-Rechnung.

3. Bilanzpolitik nach IFRS – Stellen Sie die bilanzpolitischen Möglichkeiten der IFRS-Rechnungslegung anhand der in der IFRS-Rechnungslegung vorhandenen Wahlrechte und Ermessensspielräume dar.

4. Die Gesamtergebnisrechnung als Bestandteil des IFRS-Abschlusses.

5. Die Eigenkapitalveränderungsrechnung als Bestandteil des IFRS-Abschlusses.

6. Die Kapitalflussrechnung als Bestandteil des IFRS-Abschlusses.

7. Erläutern Sie die Schritte zur Aufstellung eines IFRS-Konzernabschlusses.

8. Die Segmentberichterstattung als Basis eines kennzahlengestützten Bereichscontrollings.

9. Vergleichen Sie die latenten Steuern in der IFRS- und in der HGB-Rechnungslegung.

10. Erläutern Sie die Schritte der Umstellung von der HGB- auf die IFRS-Rechnungslegung.

11. Vergleichen Sie den Bilanzposten Sachanlagen in der IFRS- und der HGB-Rechnungslegung.

12. Vergleichen Sie Ausweis, Bilanzierung und Bewertung der Rückstellungen in der IFRS- und der HGB-Rechnungslegung.

13. Bilanzierung der Fertigungsaufträge in der deutschen und IFRS-Rechnungslegung.

14. Konzeption und Gestaltungsspielräume der Asset Impairment Tests in der IFRS-Rechnungslegung.

15. Perspektiven der steuerlichen Maßgeblichkeit bei Internationalisierung der Rechnungslegung.

16. Anforderungen an Kostenrechnung und Controlling durch die IFRS-Rechnungslegung.

17. Liquiditätsanalyse auf Basis eines IFRS-Abschlusses.

18. Reporting Comprehensive Income Projekt – Stand und Auswirkung auf Bilanzpolitik und Bilanzanalyse.

19. Bilanzpolitik nach dem ED-SME-Standard. Stellen Sie die bilanzpolitischen Möglichkeiten der ED-SME-Rechnungslegung dar und würdigen Sie diese aus Sicht des Bilanzerstellers.

20. Bilanzpolitik in IFRS-Abschlüssen zur Optimierung des Betriebsausgabenabzugs nach der Zinsschrankenregelung des Unternehmensteuerreformgesetzes 2008.

Teil 2: Lösungsteil

A. Wiederholungsfragen

Kapitel 1: Entwicklung und Bedeutung der internationalen Rechnungslegung

ANTWORTEN

1. Die **zwischen IFRS und US-GAAP** noch bestehenden **inhaltlichen Differenzen** werden aufgenommen, mit dem Ziel diese **weiter zu reduzieren**. Inhaltliche Differenzen zwischen den **künftigen IFRS** und US-GAAP sollen künftig schon **vor Veröffentlichung der Exposure Drafts vermieden** und damit die **Harmonisierung** zwischen IFRS und US-GAAP bereits im Entstehungszeitraum neuer Standards gesichert werden.

2. Die Aufgaben des Boards bestehen in:

    ▶ **Verabschiedung** von IFRS-Standards bzw. **Änderung** von IFRS/IAS-Standards sowie **Exposure Drafts**,

    ▶ **Genehmigung der IFRIC-Interpretationen**,

    ▶ Festlegung der **fachlichen Agenda**,

    ▶ Durchführung von **Projektarbeiten.**

3. Die Aufgaben des IFRIC bestehen in:

    ▶ **Stellungnahme zu** praktisch bedeutsamen **Interpretations- und Anwendungsfragen** auf Basis bestehender IAS/IFRS sowie des allgemeinen Framework,

    ▶ Abgabe von **Empfehlungen** an den Board **zur Ergänzung** bestehender oder zur **Entwicklung neuer Standards** bei Feststellung von **Regelungslücken.**

4. **Diskussionspapier**:

    Der IASB erarbeitet auf Grund des ersten Beratungs- und Koordinierungsprozesses zu einem Projekt ein Diskussionspapier, welches nach Zustimmung von mehr als der Hälfte der anwesenden Mitglieder des Boards der Öffentlichkeit zur Verfügung gestellt wird. In diesem Diskussionspapier sind bereits die präferierten und die verworfenen Lösungsvorschläge für die mit einem Projekt im Zusammenhang stehenden Rechnungslegungsprobleme dargestellt. Die Kommentierungsfrist dauert in der Regel 90 Tage.

    Exposure Draft:

    Auf Basis des Diskussionspapiers und der hierzu eingegangenen Stellungnahmen der Öffentlichkeit entwickelt der Board in der **nächsten Stufe** den Exposure Draft. Für die Verabschiedung des Exposure Drafts ist die Zustimmung von mindestens acht der 14 Mitglieder des Boards erforderlich. Der Exposure Draft wird der **Öffentlichkeit** mit einer **erneuten Kommentierungsfrist** von (in der Regel) 90 Tagen zugänglich gemacht. Die Auswertung der zum Exposure Draft eingehenden Stellungnahmen fließt in den Beratungsprozess bei Verabschiedung des endgültigen IFRS ein.

5. Eine Konzernrechnungslegungspflicht nach IFRS für deutsche Unternehmen (mit Sitz im Inland) besteht in folgenden Fällen:

   ▶ § 315a Abs. 1 HGB: **Konzernrechnungslegungspflicht für kapitalmarktorientierte Unternehmen** (Ausnahmen ergeben sich jedoch durch die Übergangsregel nach Art. 9 der EU-Verordnung vom 19.07.2002).

   Nach Art. 9 der EU-Verordnung können in folgenden zwei Fällen deutsche Unternehmen für die Erstellung ihres Konzernabschlusses bis spätestens 01.01.2007 zur IFRS-Rechnungslegung übergehen:

   – Unternehmen, von denen lediglich Schuldtitel zum Handel in einem geregelten Markt zugelassen sind, und

   – Unternehmen, deren Wertpapiere zum öffentlichen Handel in einem Nichtmitgliedstaat zugelassen sind und welche andere international anerkannte Standards (z. B. US-GAAP) vor Veröffentlichung der EU-Verordnung angewendet haben.

   ▶ § 315a Abs. 2 HGB sieht eine **Konzernabschlusspflicht** nach IFRS auch für diejenigen Unternehmen vor, die bis zum Abschlussstichtag die **Zulassung eines Wertpapiers zum Handel an einem organisierten Kapitalmarkt beantragt** haben (erstmals gültig für das nach dem 31.12.2006 beginnende Geschäftsjahr).

   Darüber hinaus sieht § 315a Abs. 3 HGB für die **nicht kapitalmarktorientierten Unternehmen** ein **Wahlrecht** zur Aufstellung eines **IFRS-Konzernabschlusses** vor.

6. Der Einzelabschluss ist in Deutschland auf Basis der **handelsrechtlichen Vorschriften** aufzustellen (§§ 242, 264 HGB).

   Allerdings ist es zulässig, zum Zweck der besseren Information einen **IFRS-Einzelabschluss** – anstelle eines HGB-Jahresabschlusses – zu **veröffentlichen** (§ 325 Abs. 2 a HGB). Das Aufstellungsgebot des HGB-Jahresabschlusses bleibt jedoch hiervon unberührt.

Kapitel 2: Allgemeine Grundsätze der IFRS

ANTWORTEN

1. Die Rechnungslegung nach IFRS hat primär eine **Informationsfunktion** zu erfüllen. Das Ziel der IFRS-Rechnungslegung besteht gemäß Framework.12 in der Bereitstellung von Informationen, die für die verschiedenen Abschlussadressaten bei deren spezifischen wirtschaftlichen Entscheidungen nützlich sind **(decision usefulness)**.

   Darüber hinaus erfüllen Abschlüsse nach der IFRS-Rechnungslegung auch eine **Rechenschaftslegungsfunktion**; sie zeigen die Ergebnisse der Führung des Unternehmens durch das Management und dessen Verantwortlichkeit für das ihm anvertraute Vermögen an (Framework.14 Satz 1).

2. Framework.10 Satz 2 vermutet, dass die **Informationsbedürfnisse der Investoren**, welche Risikokapital dem Unternehmen zur Verfügung stellen, den Informationsbedürfnissen der meisten anderen Jahresabschlussadressaten entsprechen. Hieraus folgt eine faktische Kon-

zentration auf die Informationsbedürfnisse der Eigenkapitalgeber **(investorenorientierte Rechnungslegung)**.

3. Die primären qualitativen Anforderungen an die IFRS-Rechnungslegung sind:

  ► **Verständlichkeit (understandability)**

  ► **Relevanz (relevance)**

  ► **Verlässlichkeit (reliability)**

  ► **Vergleichbarkeit (comparability)**

4. Sofern – auf Basis der Beurteilung der Unternehmensleitung – die Annahme der Unternehmensfortführung nicht aufrecht zu erhalten ist, haben sich **Ansatz, Bewertung und Darstellung** des IFRS-Jahresabschlusses hieran auszurichten (insbesondere Verwendung von Liquidationswerten zur Bewertung von Vermögenswerten). Der konkrete Ansatz und der Bewertungsmaßstab hängen in vielen Fällen von der Zerschlagungsintensität und der Zerschlagungsgeschwindigkeit ab.

  Im **Anhang** sind gemäß IAS 1.25 Satz 4 **folgende Informationen** offen zu legen:

  ► Tatsache, dass der Jahresabschluss nicht auf Basis der Unternehmensfortführung erstellt wurde,

  ► Grundlage, auf welcher Basis der Jahresabschluss beruht, und

  ► Grund, warum die Fortführung der Unternehmenstätigkeit nicht unterstellt werden kann.

5. Nein, auf Informationen darf nach Framework.25 Satz 3 nicht deshalb verzichtet werden, weil sie für bestimmte Adressaten zu schwer verständlich sein könnten. Ein solcher Informationsverzicht würde dem IFRS-Berichterstattungszweck entgegenstehen.

6. Auf der ersten Stufe zur Abgrenzung von Vermögenswerten stehen die **allgemeinen Definitionskriterien** (Framework. 49). Danach müssen Vermögenswerte folgende Kriterien kumulativ erfüllen:

  ► Verfügungsmacht des Unternehmens über eine Ressource,

  ► aus einem Ereignis der Vergangenheit resultierende Ressource und

  ► Erwartung des Zuflusses künftigen wirtschaftlichen Nutzens.

  Über die allgemeinen Definitionskriterien der assets hinaus müssen Vermögenswerte für ihren Ansatz in der Bilanz noch **zwei spezielle Ansatzkriterien** gemäß Framework.89 erfüllen:

  ► Wahrscheinlichkeit, dass der mit dem Vermögenswert verbundene wirtschaftliche Nutzen dem Unternehmen auch tatsächlich zufließt, und

  ► verlässliche Ermittlung der Anschaffungs- oder Herstellungskosten oder eines anderen Wertansatzes.

7. Die IFRS (Framework und spezielle IAS/IFRS-Standards) kennen im Einzelnen folgende Bewertungsmaßstäbe:

  ► historische Anschaffungs- oder Herstellungskosten (Framework.100 a),

  ► Tageswert (Framework.100 b),

  ► Veräußerungswert bzw. Erfüllungsbetrag (Framework.100 c),

  ► Barwert (Framework.100 d),

- ► fortgeführte Anschaffungs- oder Herstellungskosten (z. B. IAS 16.30),
- ► Nettoveräußerungswert (IAS 2.6),
- ► beizulegender Zeitwert abzüglich Verkaufskosten (z. B. IAS 36.6, IFRS 5.15),
- ► Nutzungswert (z. B. IAS 36.6),
- ► erzielbarer Betrag (z. B. IAS 36.6, IAS 16.6),
- ► Zeitwert (z. B. IAS 32.11).

8. Zu den Bilanzierungs- und Bewertungswahlrechten in der IFRS-Rechnungslegung zählen derzeit:

- ► Bewertung des Sachanlagevermögens und der immateriellen Vermögenswerte mit aktivem Markt zu **fortgeführten Anschaffungs- oder Herstellungskosten** oder zu **Neuwerten** (IAS 16.29, IAS 38.72),
- ► **Bewertung von Finanzinvestitionen** (IAS 40.30),
- ► Bewertung von **Beteiligungen im separaten Einzelabschluss** (IAS 27.37, IAS 28.35, IAS 31.46),
- ► **Verbrauchsfolgeverfahren im Vorratsvermögen** (IAS 2.25),
- ► Einstufung von **Firm Committments** (IAS 39.87),
- ► **Auflösung eines Cashflow-Hedges**, wenn aus der abgesicherten Transaktion ein nicht finanzieller Vermögenswert oder eine nicht finanzielle Schuld resultiert (IAS 39.98 f.),
- ► Behandlung **versicherungsmathematischer Gewinne und Verluste** (IAS 19.93-19.93 A) sowie
- ► **spezielle Wahlrechte** bei Erstellung der **IFRS-Eröffnungsbilanz** (IFRS 1.13).

9. Ermessensspielräume des Bilanzierenden wirken sich ebenso wie echte Bilanzierungs- und Bewertungswahlrechte auf die Bilanzierung der einzelnen Jahresabschlusspositionen aus (Unterscheidung zwischen Verfahrens- und Individualspielräumen). Da – im Unterschied zu echten Bilanzierungs- und Bewertungswahlrechten – bei den Ermessensspielräumen kein formales Wahlrecht des Bilanzierenden zwischen verschiedenen Alternativen (z. B. unterschiedliche Bewertungsvarianten, Ausweisalternativen) vorhanden ist, können Ermessensspielräume auch als verdeckte Wahlrechte bezeichnet werden.

10. Die Behandlung eines Geschäftsvorfalls bei Fehlen eines Standards oder einer Interpretation ergibt sich aus IAS 8.10-8.12:

Das Management hat eigene Bilanzierungs- und Bewertungsmethoden zu entwickeln, welche die allgemein umschriebenen Anforderungen in IAS 8.10 (Relevanz für wirtschaftliche Entscheidungsfindung und Verlässlichkeit der Bilanzierungs- und Bewertungsmethoden) erfüllen. Bei der Entscheidungsfindung zur Ableitung von Bilanzierungsmethoden für den Geschäftsvorfall hat das Management in absteigender Reihenfolge zu berücksichtigen (IAS 8.11 f.):

- ► IAS/IFRS-Standards und SIC/IFRIC-Interpretationen, die ähnliche und verwandte Fragen behandeln,
- ► Vorschriften über die Abschlussposten des IAS-Framework,
- ► aktuelle Verlautbarungen anderer Standardsetter, die auf einem ähnlichen konzeptionellen Rahmenkonzept wie die IFRS-Rechnungslegung aufbauen.

11. a) richtig, Framework 31-38.

b) falsch, im Gegensatz zur deutschen Rechnungslegung ist der Grundsatz der Vorsicht in der IFRS-Rechnungslegung keine Norm zu einer bewusst niedrigen Bewertung von Vermögenswerten und zu einer hohen Bewertung von Schulden, sondern eine **Regel zur Berücksichtigung von Unsicherheit bei der Abschlusserstellung** (vgl. Framework.37).

c) richtig, Framework.40 f.

d) falsch, Rechnungsabgrenzungsposten sind keine Elemente des IFRS-Abschlusses (Framework. 47).

e) falsch, nach Framework.83 und Framework.94 ist für Aufwendungen (Ansatzkriterien) erforderlich, dass es wahrscheinlich und nicht nur möglich ist, dass künftiger wirtschaftlicher Nutzen aus dem Unternehmen abfließt.

f) richtig, IAS 36.6.

g) richtig, mit IAS 23 (revised 2007) ist die zuletzt noch verbliebene Unterscheidung in Benchmark-Methode und alternativ zulässiger Methode entfallen.

h) falsch, die Equity-Methode darf im separaten IFRS-Einzelabschluss nicht angewendet werden (vgl. IAS 27.38, IAS 28.35, IAS 31.46),

i) richtig, vgl. hierzu IAS 38.57 und IAS 12.24 bzw. 12.34.

Kapitel 3: Ausgewählte Bilanzierungs- und Bewertungsvorschriften für den Einzelabschluss nach IFRS

ANTWORTEN

1. Im Einzelnen sind folgende Größen zu prognostizieren:

▶ **Einnahmen aus dem Verkauf von Gütern und Dienstleistungen** aus der Nutzung des Vermögenswerts sowie die Entwicklung dieser Einnahmen über die Restnutzungsdauer eines Vermögenswerts,

▶ **Ausgaben** für die mittels des Vermögenswerts **erstellten Güter und Dienstleistungen**,

▶ (technische und) **wirtschaftliche Lebensdauer des Vermögenswerts**,

▶ **Diskontierungszinssatz** (z. B. landesüblicher Zinssatz zuzüglich Risikozuschlag) sowie

▶ **Cashflows** aus dem **Abgang des Vermögenswertes** am **Ende der wirtschaftlichen Nutzungsdauer**.

2. Zu den **aktivierungspflichtigen Herstellungskosten** eines selbst geschaffenen immateriellen Vermögenswerts zählen gemäß IAS 38.66:

▶ Ausgaben für **Material und Dienstleistungen**,

▶ **Personalaufwendungen** für die direkt mit der Entwicklung beschäftigten Mitarbeiter,

▶ direkt der Erzeugung des immateriellen Vermögenswerts zurechenbare Ausgaben (z. B. **Registrierungsgebühren** sowie damit im Zusammenhang stehende **Rechts- und Beratungskosten**),

▶ **notwendigerweise anfallende** und zuordenbare **Gemeinkosten** (z. B. Abschreibungen und Miete).

Darüber hinaus sind **Fremdkapitalkosten**, sofern es sich bei dem immateriellen Vermögenswert um einen **qualifizierten Vermögenswert** handelt, gemäß IAS 23.1 Satz 1 **aktivierungspflichtig**.

3. Folgende Prüfungen bzw. Tests sind zumindest einmal jährlich durchzuführen:

   ▶ Vorliegen eines Wertminderungsaufwands (IAS 38.108 a),

   ▶ Überprüfung, ob die Annahme der unbestimmten Nutzungsdauer weiterhin gilt (IAS 38.109).

4. IAS 38.90 nennt **Faktoren**, die bei der Festlegung der Nutzungsdauer eines immateriellen Vermögenswerts zu beachten sind:

   ▶ effiziente Nutzung des immateriellen Vermögenswerts (auch unter einem anderen Management),

   ▶ veröffentlichte Information über geschätzte Nutzungsdauer oder typischer Produktlebenszyklus,

   ▶ technische und technologische Veralterung,

   ▶ Stabilität der Branche sowie Änderungen in der Gesamtnachfrage bei den mittels des immateriellen Vermögenswerts erstellten Produkten oder Dienstleistungen,

   ▶ voraussichtliche Wettbewerbsreaktionen,

   ▶ Umfang der Erhaltungsaufwendungen zur Sicherung des künftigen Nutzenpotenzials,

   ▶ rechtlicher und wirtschaftlicher Zeitraum der Verfügungsmacht sowie

   ▶ Abhängigkeit von der Nutzungsdauer anderer Vermögenswerte der Gesellschaft.

5. Eine zahlungsmittel-generierende Einheit ist die **kleinste identifizierbare Gruppe von Vermögenswerten**, die Mittelzuflüsse erzeugen, die **weitgehend unabhängig** sind von den Mittelzuflüssen anderer Vermögenswerte oder anderer Gruppen von Vermögenswerten (IAS 36.6).

   Beispiele:

   Patent mit Sachanlagevermögen zur Erstellung patentgeschützter Produkte sowie ganze Betriebe bei Verbundproduktion (z. B. Raffinerien).

6. Der Wertminderungsaufwand ist **vorrangig** auf einen gegebenenfalls vorhandenen **Geschäfts- oder Firmenwert** zuzuordnen; ein danach verbleibender Rest wird den übrigen Vermögenswerten der Einheit auf Basis des **Verhältnisses ihrer Buchwerte** anteilig zugerechnet (IAS 36.104). Hinsichtlich der Verteilung des Wertminderungsaufwands auf die einzelnen Vermögenswerte ist zudem die **Abwertungsschranke des IAS 36.105** zu beachten; danach sind die einzelnen Vermögenswerte zumindest mit dem Maximum aus beizulegendem Zeitwert abzüglich Verkaufskosten, Nutzungswert des betreffenden Vermögenswertes – soweit bestimmbar – und Null anzusetzen. Falls durch diese Begrenzung sich Teile des auf Basis der Buchwerte proportional zuzuordnenden Wertminderungsaufwands nicht auf einzelne Vermögenswerte verteilen lassen, werden die nach IAS 36.105 nicht zugeordneten Abstockungsbeträge den anderen Vermögenswerten der Einheit zugerechnet; hier gilt jedoch selbstverständlich abermals die Wertuntergrenze des IAS 36.105.

7. In folgenden Bereichen liegen verdeckte Wahlrechte bzw. Ermessensspielräume vor:

   ▶ Feststellung des Vorliegens von **Wertminderungsindikatoren** (IAS 36.12) bei Vermögens-werten und zahlungsmittel-generierenden Einheiten,

   ▶ Ermittlung des **Nutzungswerts** des Vermögenswerts bzw. der zahlungsmittel-generie-renden Einheit, insbesondere Planungshorizont, Prognose künftiger Cashflows, Diskon-tierungssatz sowie Berücksichtigung der Unsicherheit über künftige Cashflows,

   ▶ **Abgrenzung der zahlungsmittel-generierenden Einheit**, sowohl horizontale Abgrenzung (gegenüber anderen zahlungsmittel-generierenden Einheiten derselben Hierarchieebene innerhalb des Unternehmens) als auch vertikale Abgrenzung (Festlegung der hierar-chischen Ebene innerhalb des Unternehmens, auf der zahlungsmittel-generierende Ein-heiten identifiziert werden.)

8. a) falsch, zusätzlich müssen die **Voraussetzungen des IAS 38.57** vorliegen.

   b) falsch, selbst geschaffene Markennamen dürfen auch bei Vorliegen der Voraussetzun-gen des IAS 38.57 nicht aktiviert werden (vgl. IAS 38.63).

   c) falsch, generelles Aktivierungsverbot nach IAS 38.54; eine Nachaktivierung ist nicht möglich.

   d) richtig, IAS 38.88 Satz 2.

   e) richtig, IAS 36.12 c.

   f) falsch, für Geschäfts- oder Firmenwerte gilt ein Wertaufholungsverbot (IAS 36.124), al-lerdings nicht für immaterielle Vermögenswerte mit unbestimmter Nutzungsdauer.

   g) falsch, Voraussetzung für die Anwendung der Neubewertungsmethode bei immateriel-len Vermögenswerten ist das Vorliegen eines aktiven Marktes (IAS 38.72 i.V.m. 38.75).

9. IAS 16: **betrieblich genutzte Immobilien** (ausgenommen Finanzinvestitionen)
   IAS 40: Anwendung nur auf **Finanzinvestitionen**, d.h. zum Zwecke der Vermietung oder der Wertsteigerung gehaltene Immobilien
   IAS 2: Immobilien, die insbesondere bei Bauunternehmen zum Verkauf bestimmt sind und für die kein Fertigungsauftrag vorliegt (**Handelsbestand der Bauunternehmen**).
   IAS 11: Immobilien, die im Rahmen eines **Fertigungsauftrags** erstellt werden.

10. Die Bestandteile der Anschaffungskosten einer Sachanlage ergeben sich aus IAS 16.16:

   Anschaffungspreis
   +   Anschaffungsnebenkosten
   +   Entsorgungsverpflichtungen, als Rückstellungen passiviert
   -    Anschaffungskostenminderungen
   ___
   =   Anschaffungskosten

   ▶ Anschaffungsnebenkosten: z.B. Kosten der Standortvorbereitung, Kosten der Lieferung, Montagekosten, Honorare für Architekten und Ingenieure, Fremdkapitalzinsen bei quali-fizierten Vermögenswerten (IAS 23.1 Satz 1)

   ▶ Anschaffungskostenminderungen: z.B. Rabatte, Boni, Skonti

11. Bei Vermögenswerten, für deren Erwerb öffentliche Zuschüsse gewährt werden, besteht das **Wahlrecht** diese Zuschüsse entweder als **passiver Abgrenzungsposten** (bilanzieller Ausweis als sonstige Verbindlichkeit) oder als **Abzug von den ursprünglichen Anschaffungs- oder Herstellungskosten** des Vermögenswerts darzustellen (IAS 20.24).

Sofern ein unter den sonstigen Verbindlichkeiten auszuweisender Abgrenzungsposten ausgewiesen wird, ist dieser über die Nutzungsdauer des Vermögenswertes auf einer planmäßigen und vernünftigen Grundlage aufzulösen und als Ertrag zu erfassen (IAS 20.26).

12.

	Zeitbewertungsmethode	Neubewertungsmethode
Anwendungsbereich	Immobilien, die zum Zwecke der Vermietung und/oder Wertsteigerung gehalten werden.	für Betriebszwecke genutzte Grundstücke und Gebäude
Häufigkeit der Zeit-/ Neubewertung	jährlich (IAS 40.38)	nicht zwingend jährlich, abhängig von den Marktpreisschwankungen (IAS 16.34)
Erfolgswirksamkeit der Anpassungen auf Grund von Zeit- bzw. Neubewertung	erfolgswirksam über die GuV-Rechnung (IAS 40.35)	im Regelfall erfolgsneutral (IAS 16.39); Bestandteil des sonstigen Gesamtergebnisses – Ausnahme: Wertminderungen und Wertaufholungen bis zur Höhe der fortgeführten AHK
Offenlegung der fortgeführten AHK im Anhang	nein	ja (IAS 16.77 e)

13. Ein Finanzierungs-Leasing liegt nach IAS 17.10 insbesondere dann vor, wenn zumindest eines der nachstehenden Kriterien erfüllt ist:

▶ **Übertragung des Eigentums** am Vermögenswert am Ende des Leasingverhältnisses auf den Leasingnehmer,

▶ Kaufoption des Leasingnehmers zu einem erwartungsgemäß erheblich unterhalb des beizulegenden Zeitwerts liegenden Kaufpreis im Zeitpunkt der Ausübung der Option („günstige Kaufoption"),

▶ **Laufzeit** des Leasingverhältnisses umfasst den **überwiegenden Teil der wirtschaftlichen Nutzungsdauer** des Vermögenswertes,

▶ **Barwert der Mindestleasingraten** ist mindestens so hoch wie der **beizulegende Zeitwert des Leasinggegenstands** zu Beginn des Leasingverhältnisses oder

▶ **Spezialleasing.**

Darüber hinaus gibt es weitere **Indikatoren**, die bei einem entsprechenden Gesamtbild von Kriterien und Indikatoren ebenfalls zu einem Finanzierungs-Leasing führen (können), vgl. IAS 17.11:

▶ **Übernahme von Verlusten durch den Leasingnehmer** bei Auflösung des Leasingverhältnisses durch den Leasingnehmer,

▶ **Gewinne bzw. Verluste aus Schwankungen des Restwerts** am Ende des Leasingverhältnisses stehen dem Leasingnehmer zu, oder

▶ günstige Mietverlängerungsoption.

Obwohl für **Grundstücke und Gebäude** keine Spezialregelungen gelten, ist für die Zurechnung von Grundstücken und Gebäuden zum Leasingnehmer IAS 17.14 ff. zu beachten.

14. Nach IAS 17.59 Satz 1 darf ein **Überschuss der Verkaufserlöse** über den Buchwert nicht unmittelbar als Ertrag erfasst werden, sondern ist abzugrenzen und systematisch über die Laufzeit des Leasingverhältnisses aufzulösen. Aus **wirtschaftlicher Betrachtungsweise** (Framework.35) hat das (wirtschaftliche) Eigentum nicht gewechselt. Daher kann wegen des fehlenden „wirtschaftlichen Eigentumsübergangs" auch kein Akt der Erfolgsrealisierung vorliegen.

    Diese Gewinnabgrenzungsregel des IAS 17.59 gilt jedoch nur bei Erzielen eines Überschusses der Verkaufserlöse über die Buchwerte. Sofern der **Leasinggegenstand unterhalb des Buchwertes verkauft** wird, ist aus wirtschaftlicher Sicht zwar kein Veräußerungsverlust realisiert worden. Allerdings kann der „Veräußerungspreis" ein Indikator für eine möglicherweise vorliegende Wertminderung sein, sodass aus diesem Grund gegebenenfalls ein Verlust (bei Vorliegen der Bedingungen nach IAS 36) erfolgswirksam zu erfassen ist (IAS 17.64).

15. a) falsch, obwohl eine **Sofortabschreibung geringwertiger Vermögenswerte** explizit nicht nach IAS 16 gestattet ist, kann diese auf den im IAS-Framework niedergelegten Grundsatz der Wesentlichkeit (Framework.29 f.) gestützt und vorgenommen werden.

    b) falsch, nach IAS 16.50 ist das Abschreibungsvolumen (Anschaffungs- oder Herstellungskosten vermindert um den Restwert bei Ausscheiden aus dem Unternehmen) einer Sachanlage auf **systematischer Grundlage** über deren **wirtschaftliche Nutzungsdauer** zu verteilen. Dies muss nicht zwingend nur die lineare Abschreibungsmethode sein.

    c) richtig, vgl. IAS 16.34.

    d) falsch, das Gegenteil ist zumeist richtig. Beispielsweise ist Voraussetzung für die Zurechnung eines Vermögensgegenstandes nach dem steuerlichen Vollamortisationserlass, dass der Leasingnehmer während der Grundmietzeit die Anschaffungs- bzw. Herstellungskosten sowie die Nebenkosten (einschließlich Finanzierungskosten) des Leasinggegenstandes trägt und darüber hinaus entweder eine günstige Kaufoption, eine günstige Mietverlängerungsoption, ein Spezialleasing oder ein Leasingzeitraum von weniger als 40% bzw. von mehr als 90% der betriebsgewöhnlichen Nutzungsdauer vereinbart ist. Nach IAS 17 ist für das Vorliegen eines Finanzierungs-Leasing bereits hinreichend, dass der Barwert der Mindestleasingraten mindestens so hoch ist wie der beizulegende Zeitwert zu Beginn des Leasingverhältnisses (IAS 17.10 d) bzw. ein Vollamortisationsvertrag besteht.

    e) falsch, vgl. IAS 17.20 Satz 2.

    f) richtig, vgl. IAS 17.4.

    g) falsch, vgl. IAS 17.50. Beispielsweise sind Erträge aus Operating-Leasingverhältnissen auch den sogenannten „mietfreien" Perioden zuzurechnen. Die **Gesamteinnahmen** aus dem Leasingverhältnis sind vielmehr auf **systematischer Basis den einzelnen Perioden** (im Regelfall linear; vgl. IAS 17.50 Satz 1 und 2) **zuzurechnen**.

    h) falsch, vgl. 17.61 Satz 3.

16. Für das Vorhandensein eines maßgeblichen Einflusses sprechen beispielsweise, d. h. nicht abschließend, folgende Indikatoren (IAS 28.7):

▶ Zugehörigkeit des Anteilseigners zum **Geschäftsführungs- und/oder Aufsichtsorgan**,

▶ **Mitwirkung an der Geschäftspolitik** des assoziierten Unternehmens,

▶ **wesentliche Geschäftsvorfälle** zwischen Anteilseigner und assoziiertem Unternehmen, sowie

▶ **Austausch von Führungspersonal** und/oder **bedeutenden Informationen** zwischen Anteilseigner und assoziiertem Unternehmen.

17. **Gemeinschaftlich geführte Tätigkeiten** (jointly controlled operations) liegen vor, wenn Partner sich mit dem Ziel zusammenschließen, ihre **Ressourcen** und ihr **Know-How** zwecks Entwicklung und Vermarktung eines größeren Projekts **zusammenzuführen**. Die gemeinschaftlich geführten Tätigkeiten setzen weder eine eigens gegründete Gesellschaft noch zwingend die Existenz von Gemeinschaftsvermögen voraus. Jedes Partnerunternehmen trägt vielmehr seine eigenen Kosten und erhält einen zuvor festgelegten Anteil am gemeinsam anfallenden Erlös. Dementsprechend werden nur gemeinsam anfallende Aufwendungen und Erträge als Wesensmerkmal vorausgesetzt.

In den Einzel- und Konzernabschlüssen der Partnerunternehmen sind bei gemeinschaftlich geführten Tätigkeiten die für **eigene Rechnung angefallenen Aufwendungen** und die vertragsgemäß zustehenden **Ertragsanteile** enthalten.

Vermögenswerte unter gemeinschaftlicher Führung (jointly controlled assets) setzen ebenfalls keine eigens gegründete Gesellschaft voraus. Im Unterschied zu den gemeinschaftlich geführten Tätigkeiten liegt hier jedoch **gemeinschaftlich geführtes Vermögen** vor (IAS 31.20).

In den Einzel- und Konzernabschlüssen der Partnerunternehmen sind bei Vermögenswerten unter gemeinschaftlicher Führung neben den **anteiligen Aufwendungen** (IAS 31.21 e) **und Erträgen** (IAS 31.21 d) aus dem Joint Venture auch der **Anteil am gemeinschaftlich geführten Vermögen** (IAS 31.21 a) und an den **gemeinschaftlich eingegangen Schulden** (IAS 31.21 c) enthalten. IAS 31.21 b hat hingegen klarstellenden Charakter.

18. a) Kosten für die Lagerung der Roh-, Hilfs- und Betriebsstoffe und der unfertigen Erzeugnisse sind in die Herstellungskosten einzubeziehen, aber keine Lagerkosten für Fertigerzeugnisse (Vertriebskosten; Ansatzverbot nach IAS 2.16 d).

b) Einbeziehungspflicht, da herstellungsbezogen.

c) Einbeziehungsverbot, die Grunderwerbsteuer ist als Anschaffungsnebenkosten des Produktionsgeländes zu erfassen und geht nur über die **planmäßigen Abschreibungen auf die Produktionsgebäude** in die Herstellungskosten ein.

d) Einbeziehungsverbot, da es sich um **anormale Produktionskosten** handelt (IAS 2.16 a). Allerdings sind statt der um die Wertminderungen in den Folgeperioden geminderten „planmäßigen Abschreibungen" grundsätzlich die planmäßigen Abschreibungen ohne Vornahme von Wertminderungsaufwendungen in den aktivierten Herstellungskosten zu verrechnen.

e) Die Einbeziehung von Kosten des Rechnungswesens ist **abhängig von den konkreten Tätigkeiten.** Einbeziehungsgebot für Rechnungsprüfung, Kostenrechnung, Personalabrechnung für die Produktion, Vorrats- und Sachanlagenbuchhaltung als produktionsbezogene Verwaltungskosten; Einbeziehungsverbot für Umsatzsteuerabrechnung, Debitorenbuchhaltung (Vertriebskosten; IAS 2.16 d) und für Kosten der Abschlusserstellung und der Berichterstattung (allgemeine Verwaltungskosten; IAS 2.16 c).

f) Einbeziehung der Fremdkapitalzinsen nur bei Erstellung sogenannter qualifizierter Vermögenswerte (IAS 23.1 Satz 1); bei Vorräten nur in sehr seltenen Ausnahmefällen.

g) Einbeziehungsverbot nach IAS 2.16 a.

19. Hinsichtlich des Niederstwerttests folgt IAS 2 von der theoretischen Grundausrichtung einer **absatzmarktorientierten Betrachtungsweise.** Dementsprechend sind nach IAS 2.9 die Anschaffungs- oder Herstellungskosten mit dem Nettoveräußerungswert (IAS 2.6) zu vergleichen.

Eine Ausnahme von der absatzmarktorientierten Betrachtungsweise kann sich allenfalls für **Roh-, Hilfs- und Betriebsstoffe** ergeben; die retrograde Bewertung ist hier in vielen Fällen unzweckmäßig. Die **Wiederbeschaffungskosten** für Roh-, Hilfs- und Betriebsstoffe dürfen ausnahmsweise als Ersatz für den Nettoveräußerungswert verwendet werden, wenn ein Preisrückgang für diese Stoffe (gesunkene Wiederbeschaffungskosten) darauf hindeutet, dass die Herstellungskosten der Endprodukte, die diese Stoffe enthalten, über dem voraussichtlichen Nettoveräußerungswert der Endprodukte liegen werden (IAS 2.32).

20. Ein **Kostenzuschlagsvertrag** ist ein Fertigungsauftrag, bei dem die Auftragnehmer abrechenbare oder anderweitig festgelegte Kosten zuzüglich eines vereinbarten Prozentsatzes dieser Kosten oder eines festen Entgelts vergütet bekommen.

Ein **Festpreisvertrag** ist ein Fertigungsauftrag, der einen festen Preis bzw. einen festen Preis pro Outputeinheit vereinbart.

21. Die Anwendung der Percentage-of-Completion-Methode zur Bewertung von Fertigungsaufträgen ist an die Voraussetzung der **verlässlichen Schätzung** des **Ergebnisses des Fertigungsauftrags** gebunden (IAS 11.22). Je nach Vertragstyp (Festpreisvertrag vs. Kostenzuschlagsvertrag) müssen unterschiedliche Bedingungen (IAS 11.23 bzw. IAS 11.24) vorliegen, damit die verlässliche Schätzung des Ergebnisses angenommen werden kann.

22. Bei der Einteilung der Methoden, die zur Feststellung des Projektfertigstellungsgrades dienen, lassen sich zwei Dimensionen unterscheiden. Entweder kann der Projektfertigstellungsgrad in einem Zug (globale Feststellung) oder durch Aggregation der Projektfertigstellungsgrade der Teilprojekte (differenzierte Feststellung) ermittelt werden. Hinsichtlich des Beurteilungsmaßstabs zur Feststellung des Projektfertigstellungsgrads können output- und inputorientierte Verfahren unterschieden werden.

	Globale Feststellung	Differenzierte Feststellung
Outputorientierte Verfahren	direkte Schätzung des Projektfertigstellungsgrads	Zerlegung des Gesamtprojekts in Teilprojekte und direkte Schätzung der Fertigstellungsgrade der Teilprojekte
Inputorientierte Verfahren	Cost-to-Cost-Methode oder Effort-expensed-Methode	Zerlegung des Gesamtprojekts in Teilprojekte und indirekte Schätzung der Fertigstellungsgrade ► indirekte Schätzung über Zeitdauer ► indirekte Schätzung über Kosten

23. Die Bewertung der Finanzinstrumente hängt von der Klassifizierung der Finanzinstrumente ab:

Kategorien von Finanzinstrumenten	Bewertung
Held-to-maturity investments	fortgeführte Anschaffungskosten unter Anwendung der Effektivzinsmethode (IAS 39.46 b)
Loans and receivables	fortgeführte Anschaffungskosten (IAS 39.46 a)
Financial assets at fair value through profit or loss	beizulegender Zeitwert, erfolgswirksame Erfassung der Zeitwertschwankungen (IAS 39.55 a)
Available-for-sale financial assets	beizulegender Zeitwert, erfolgsneutrale Erfassung der Zeitwertschwankungen gem. IAS 39.55 b (Zeitwertanpassungen sind Bestandteil des sonstigen Gesamtergebnisses), aber erfolgswirksame Erfassung von Wertminderungen in der GuV-Rechnung (IAS 39.67 ff.)
Equity instruments without a reliable fair value	Anschaffungskosten (IAS 39.46 c)

24. Im Falle des Verzichts auf die Dokumentation der Voraussetzungen eines Hedges liegen bei den Sicherungsinstrumenten als derivativen Finanzinstrumenten stets Financial assets at fair value through profit or loss vor (IAS 39.9 Fall a (iii)), deren Zeitwertänderungen erfolgswirksam über die GuV-Rechnung erfasst werden (IAS 39.55 a). Falls das Sicherungsinstrument bei Nachweis der Sicherungsbeziehung als Cashflow-Hedge einzustufen gewesen wäre, müssten während der Laufzeit des Cashflow-Hedges die Zeitwertänderungen erfolgsneutral im sonstigen Gesamtergebnis erfasst werden, soweit das Hedge als effektiv gilt (IAS 39.95).

25. Für die Auflösung des aus einem Cashflow-Hedge stammenden Eigenkapitaleffekts ist folgende Fallunterscheidung zu treffen:

(1) aus der abgesicherten vorgesehenen Transaktion resultiert ein **finanzieller Vermögenswert** oder eine **finanzielle Schuld**: Umklassifizierung der im Eigenkapital enthaltenen Gewinne und Verluste, wenn die **Vermögenswerte und Schulden das Periodenergebnis beeinflussen** (IAS 39.97).

(2) aus der abgesicherten vorgesehenen Transaktion resultiert ein **nicht finanzieller Vermögenswert** oder eine **nicht finanzielle Schuld**: entweder Vorgehen wie bei (1) oder Einbeziehung des Bewertungseffekts nach Abwicklung des Grundgeschäfts in den **Buchwert zugegangener Vermögenswerte und Schulden (basis adjustment** (IAS 39.98).

(3) übrige Fälle: erfolgswirksame Erfassung über die GuV-Rechnung, wenn die **vorgesehene Transaktion das Periodenergebnis beeinflusst** (IAS 39.100).

26. a) richtig, entscheidend ist nicht der Kapitalanteil, sondern das Vorliegen der Beherrschung als Voraussetzung für ein Tochterunternehmen (IAS 27.4). Beispielsweise reicht ein Kapitalanteil von unter 50% aus, wenn diese Anteile alle stimmberechtigt sind und das Tochterunternehmen auch stimmrechtslose Anteile ausgegeben hat.

   b) falsch, da bei Anteilen an Tochterunternehmen der Mehrheitsbesitz sich im Regelfall beim Mutterunternehmen befindet und diese Anteile dem allgemeinen Handel entzogen sind, ist vielmehr zu prüfen, ob das am Aktienmarkt umgeschlagene Handelsvolumen hinreichend für die Annahme eines aktiven Marktes ist. Mit anderen Worten ist zu prüfen, ob es sich bei dem Aktienkurs um eine aussagekräftige Bewertung für die Anteile am Tochterunternehmen handelt.

   c) richtig, nach IAS 2.2 a sind unfertige Erzeugnisse im Rahmen von Fertigungsaufträgen aus dem Anwendungsbereich des IAS 2 ausgenommen. Hierfür gelten dann die spezielleren Vorschriften des IAS 11. Weiterhin sind Spezialregelungen für Finanzinstrumente und biologische Vermögenswerte vorgesehen (IAS 2.2 b und 2.2 c).

   d) falsch, nach IAS 2.25 besteht ein Wahlrecht zwischen dem **Fifo-Verfahren** und der **Durchschnittskostenbewertung**. Die Lifo-Methode ist nicht zulässig.

   e) falsch, ausreichend ist bei **Festpreisverträgen** eine **verlässliche Bewertung** (IAS 11.23 c), die auch eine Schätzung einschließen kann. Bei Kostenzuschlagsverträgen ist noch nicht einmal eine Schätzung des Projektfertigstellungsgrads erforderlich.

   f) richtig, eine Gleichheit ergibt sich bei Aufträgen, die voraussichtlich mit einem Verlust oder mit einem Ergebnis von Null abschließen werden. Ein höheres Ergebnis stellt sich nach der Percentage-of-Completion-Methode im Vergleich zur Completed-Contract-Methode stets ein, wenn aus dem Gesamtprojekt ein Gewinn zu erwarten ist.

   g) falsch, vgl. IAS 39.50.

   h) falsch, dies ist nach der eingeschränkten Fair-Value-Option nur möglich, wenn die Zuordnung der Finanzinstrumente in diese Kategorie entweder zu einer **Erhöhung der Relevanz der Abschlussinformation** (IAS 39.9 b (i) und (ii)), einer **Komplexitätsreduktion** oder einer **Erhöhung der Zuverlässigkeit der Bewertung** (IAS 39.11 A-13) führt.

27. In der IFRS-Bilanz eines Einzelunternehmens genügt der Ausweis eines Postens „Eigenkapital" in einem Betrag (IAS 1.54 r). Das Eigenkapital des IFRS-Abschlusses gliedert sich in folgende Bestandteile, die in der Eigenkapitalveränderungsrechnung ausgewiesen werden:

   ► gezeichnetes Kapital

   ► gezeichnetes Kapital, Korrektur durch Rückkauf eigener Aktien (bei Anwendung Par-Value-Methode)

   ► Kapitalrücklage

   ► Kapitalrücklage auf eigene Aktien (bei Anwendung Par-Value-Methode)

   ► angesammelte Gewinnrücklagen

   ► Neubewertungsrücklage

▶ Rücklage für Zeitbewertung, oder alternativ Aufspaltung in:

− Bewertungsergebnisse aus Available-for-sale financial assets

− Bewertungsergebnisse aus Cashflow-Hedges (effektiver Anteil)

▶ Eigene Aktien (bei Anwendung Cost-Methode)

28. a) ▶ **Umstellungseffekte auf die IFRS-Rechnungslegung** in der IFRS-Eröffnungsbilanz gemäß IFRS 1.11

     ▶ **Korrektur wesentlicher Bilanzierungs- und Bewertungsfehler** gemäß IAS 8.42

     ▶ **Änderung von Bilanzierungs- und Bewertungsmethoden** gemäß IAS 8.22

     ▶ **Eigene Aktien** (bei Cost-Methode im Falle der Einziehung; bei Par-Value-Methode bereits bei Rückkauf)

     ▶ Realisation von Gewinnrücklagen bei Abgrenzung neubewerteter Vermögenswerte des Sachanlagevermögens und des immateriellen Vermögens gemäß IAS 16.41 bzw. IAS 38.87

b) ▶ Erhöhung oder Verminderung der Neubewertungsrücklage auf Grund einer Neubewertung

     ▶ Abgang der Neubewertungsrücklage bei Veräußerung oder Abgang des neubewerteten Vermögenswerts

29. Der Altersversorgungsaufwand setzt sich aus folgenden Komponenten zusammen (IAS 19.61):

     Dienstzeitaufwand

+   Zinsaufwand

−   erwartete Vermögenserträge auf ausgelagerte Vermögenswerte

+   Abschreibung von „past service costs"
(nachzuverrechnender Dienstzeitaufwand, d. h. als versorgungsfähig anerkannte Dienstjahre auf Grund rückwirkender Neuzusagen)

−/+ Auflösung versicherungsmathematischer Gewinne/Verluste

−   Auswirkungen etwaiger Plankürzungen oder Abgeltungen

=   Altersversorgungsaufwand

30. Die Kalkulation der Pensionsverpflichtung nach IAS 19 basiert auf folgenden versicherungsmathematischen Annahmen:

Demografische Annahmen (im weiteren Sinne)

▶ Sterblichkeit der Begünstigten einschließlich der begünstigten Angehörigen (sowohl während des Arbeitsverhältnisses als auch nach dessen Beendigung),

▶ Fluktuationsraten,

▶ Invalidisierungsraten,

▶ Frühpensionierungsverhalten,

▶ Rate der Inanspruchnahme von Leistungen aus Plänen zur medizinischen Versorgung bei Zusage solcher Leistungen.

Finanzielle Annahmen

► langfristiger Kapitalmarktzinssatz,

► erwartete Erträge aus dem Planvermögen,

► künftige Lohn- und Gehaltssteigerungsraten,

► künftige Rentensteigerungsraten und

► künftige Kostensteigerungsraten für Leistungen der medizinischen Versorgung bei Zusage solcher Leistungen.

31. IAS 19 sieht für die Behandlung versicherungsmathematischer Gewinne und Verluste aus **leistungsorientierten Pensionsplänen** ein Wahlrecht zwischen folgenden drei Methoden vor:

► **Korridormethode:** IAS 19.92 gestattet, dass versicherungsmathematische Gewinne und Verluste solange nicht erfolgswirksam gebucht werden müssen, bis die aufgelaufenen noch ungetilgten Beträge der versicherungsmathematischen Gewinne und Verluste einen Korridor von 10% des Maximums, gebildet aus dem Barwert der (Brutto-)Verpflichtung und dem beizulegenden Zeitwert eines etwaigen Planvermögens, nicht übersteigen. Liegt die saldierte Auswirkung der versicherungsmathematischen Gewinne bzw. Verluste über 10% des Maximums, gebildet aus dem Barwert der (Brutto-)Verpflichtung und dem beizulegenden Zeitwert eines etwaigen Planvermögens, ist der 10% übersteigende Teil der versicherungsmathematischen Gewinne und Verluste gleichmäßig über die Restdienstzeit der Mitarbeiter in der GuV-Rechnung als Ertrags- bzw. Aufwandskomponente innerhalb der Altersversorgungsaufwendungen zu verrechnen.

► IAS 19.93 erlaubt – im Vergleich zu IAS 19.92 – auch eine **schnellere Tilgung der versicherungsmathematischen Gewinne und Verluste**, ohne dass eine bestimmte Methode hierfür vorgeschrieben ist. Demnach ist auch eine sofortige erfolgswirksame Erfassung der versicherungsmathematischen Gewinne und Verluste in der GuV-Rechnung zulässig.

► Durch die Ende 2004 veröffentlichten Amendments zu IAS 19 wurde noch zusätzlich die Möglichkeit eingeführt, Unterdeckungen und Überdeckungen bei Pensionsverpflichtungen aus versicherungsmathematischen Gewinnen und Verlusten erfolgsneutral, d. h. **als Bestandteil des sonstigen Gesamtergebnisses**, zu verrechnen. Im Gegensatz zu anderen Komponenten des sonstigen Gesamtergebnisses ist diese Verrechnung endgültig, d. h. es erfolgt kein Recycling. Bilanziell werden die erfolgsneutral verrechneten versicherungsmathematischen Gewinne und Verluste in den **Gewinnrücklagen** erfasst (IAS 19.93 B).

Bei **Jubiläumsverpflichtungen** sind die **versicherungsmathematischen Gewinne und Verluste in der Periode erfolgswirksam** zu erfassen, in der sie auftreten (IAS 19.127 a).

32. **Bilanzierung bei Zusage:**

► echte und virtuelle Eigenkapitalinstrumente: Bewertung im Zusagezeitpunkt (grant date) zum beizulegenden (Zeit-)Wert der als Entgelt gewährten Eigenkapitalinstrumente abzüglich einer gegebenenfalls fälligen Zuzahlung seitens der Arbeitnehmer

Bilanzierung während der Wartefrist:

► echte und virtuelle Eigenkapitalinstrumente: Verteilung des Personalaufwands über die Wartefrist, d. h. Ansammlungsperiode.

► echte Eigenkapitalinstrumente: Sofern die Gewährung von Optionen vom Erreichen bestimmter Ziele abhängig ist, muss zwischen kapitalmarktbezogenen und nicht kapitalmarktbezogenen Zielen unterschieden werden. Die nicht kapitalmarktbezogenen Ziele beeinflussen die **Mengenkomponente der auszugebenden Aktienoptionen** nach Ablauf der Sperrfrist. Die Mengenkomponente ist bei Zusage und an den darauf folgenden Bewertungsstichtagen zu schätzen. Änderungen dieser **Schätzungen** sind mit **direkter Auswirkung** auf den Personalaufwand zu berücksichtigen (IAS 8.32 ff.).

Eine **spätere Anpassung** der im Zusagezeitpunkt vorgenommenen Schätzung für die **kapitalmarktbezogenen Ziele** kommt hingegen **nicht in Betracht**.

▶ virtuelle Eigenkapitalinstrumente: Sowohl die **Mengen- als auch die Wertkomponente** der auszugebenden Optionen sind an jedem Bilanzstichtag neu zu schätzen. Auf Basis der **aktualisierten Schätzungen** ist der Personalaufwand entsprechend **anzupassen**.

Bilanzierung bei Ausgabe:

▶ echte Eigenkapitalinstrumente: Bewertung der tatsächlich ausgegebenen Optionen mit dem beizulegenden Zeitwert am grant date abzüglich einer gegebenenfalls erforderlichen Zuzahlung,

▶ virtuelle Eigenkapitalinstrumente: Bilanzierung einer Rückstellung für die tatsächlich ausgegebenen virtuellen Optionen, bewertet mit dem beizulegenden Zeitwert zum Tage der Abrechnung der virtuellen Optionen.

33. ▶ **Abgegrenzte Schulden** (Accruals) zählen in der IFRS-Rechnungslegung nicht zu den Rückstellungen, sondern zu den sonstigen Verbindlichkeiten (IAS 37.11).

▶ Bedingung für den Ansatz von Rückstellungen in der IFRS-Rechnungslegung ist, dass der Abfluss von Ressourcen mit wirtschaftlichem Nutzen wahrscheinlich ist (IAS 37.14 a); somit dürfen **keine Rückstellungen aus kaufmännischer Vorsicht** gebildet werden bzw. keine Rückstellungen gebildet werden, wenn nur die Möglichkeit des Abflusses von Ressourcen besteht (Vgl. §§ 252 Abs. 1 Nr. 4, 253 Abs. 4 HGB).

▶ **keine Bildung von Aufwandsrückstellungen** (§ 249 Abs. 2 HGB) oder Rückstellungen für unterlassene Instandhaltung (§ 249 Abs. 1 Satz 2 f. HGB) in der IFRS-Rechnungslegung.

34. Wenn eine einzelne Verpflichtung bewertet wird, dürfte das jeweils wahrscheinlichste Ergebnis im Regelfall die bestmögliche Schätzung der Schuld darstellen (IAS 37.40 Satz 1). Allerdings ist, falls andere mögliche Ereignisse zum größten Teil oberhalb oder unterhalb des wahrscheinlichsten Werts liegen, die bestmögliche Schätzung ein höherer bzw. geringerer Betrag (IAS 37.40 Satz 3). In solchen Fällen kann insbesondere der **Medianwert der Verpflichtung** als Rückstellungsbetrag verwendet werden. Dieser ist definiert als jener Betrag, für den mit einer Wahrscheinlichkeit von jeweils weniger als 50% ein höherer sowie ein geringerer Betrag (Verlust) erwartet wird.

35. Die Ermittlung der abgrenzungsfähigen temporären Differenzen aus latenten Steuern erfolgt in mehreren Stufen:

Stufe 1: Feststellung des **Vorliegens einer Differenz** zwischen IFRS- und Steuerbilanz

	IFRS-Buchwert > Steuerbilanzbuchwert	IFRS-Buchwert < Steuerbilanzbuchwert
Vermögenswerte	Passive Differenzen	Aktive Differenzen
Schulden	Aktive Differenzen	Passive Differenzen

Stufe 2: Feststellung, ob die in Stufe 1 ermittelten Differenzen **temporärer oder permanenter Natur** sind.

Stufe 3: Prüfung, ob für die nach Stufe 2 verbliebenen **temporären Differenzen kein IFRS-spezifisches Abgrenzungsverbot** besteht (IAS 12.15, 12.24, 12.39 und 12.44).

36. Nach IAS 12.61 A a) sind latente Steuern unmittelbar dem sonstigen Gesamtergebnis zu belasten oder gutzuschreiben, wenn sich die Steuer auf Posten bezieht, die im sonstigen Gesamtergebnis erfasst werden. Dies ergibt sich aus dem Grundsatz, dass die Erfassung der latenten Steuern nach der Behandlung der ihnen zugrunde liegenden Sachverhalte erfolgt. Daraus folgt:

► Neubewertung von Sachanlagen und immateriellen Vermögenswerten nach IAS 16.31 bzw. IAS 38.75,

► Bewertung der zur Veräußerung verfügbaren Finanzinstrumente zu beizulegenden Zeitwerten (IAS 39.55 b),

► effektiver Teil eines Cashflow-Hedges (IAS 39.95 a),

► Verrechnung versicherungsmathematischer Gewinne und Verluste gegen die Gewinnrücklagen (IAS 19.93 A und 19.93 B).

37. Nach IAS 12.61 A b) sind latente Steuern in folgenden Fällen unmittelbar mit dem Eigenkapital (ohne Berührung des sonstigen Gesamtergebnisses) zu verrechnen:

► retrospektive Korrektur wesentlicher Bilanzierungs- und Bewertungsfehler (IAS 8.42),

► retrospektive Änderung von Bilanzierungs- und Bewertungsmethoden (IAS 8.22),

► Effekt aus dem Übergang zur IFRS-Rechnungslegung (IFRS 1.11) und

► Verrechnung von Eigenkapitalbeschaffungskosten (IAS 32.35).

38. Sowohl bei zeitlich begrenztem als auch zeitlich unbegrenztem Verlustvortragszeitraum bedarf es einer Prognose des **künftig zu versteuernden Einkommens**. Diese Prognose ist bei zeitlich begrenztem Verlustvortragszeitraum über die Dauer des steuerlichen Verlustvortrags durchzuführen.

Voraussetzung für die Realisierbarkeit der Steuervorteile aus einem steuerlichen Verlustvortrag ist jedoch, dass das Unternehmen fortgeführt wird. Da Zahlungsunfähigkeit oder Überschuldung zur **Insolvenz** führen, bedarf es daher ergänzend einer Prognose der Entwicklung der **künftigen Liquidität** sowie des **Eigenkapitals nach Landesrecht**.

39. Körperschaften: Körperschaftsteuer, Gewerbesteuer und Solidaritätszuschlag

Personenhandelsgesellschaften: nur Gewerbesteuer

40. a) richtig, es handelt sich um die Erfassung fälliger, aber noch nicht abgeflossener Beiträge an den Fonds. Eine Unsicherheit – wie bei leistungsorientierten Pensionsplänen – ist hier nicht vorhanden.

b) falsch, es handelt sich bei Wandelschuldverschreibungen um ein sogenanntes **strukturiertes Finanzinstrument**, das beim Emittenten in seine Eigen- und Fremdkapitalbestandteile zu zerlegen ist (IAS 32.29).

c) falsch, der kumulierte Eigenkapitaleffekt aus dem Übergang zu IFRS ist **grundsätzlich** als Anpassung des Eröffnungswerts der angesammelten Gewinnrücklagen der ersten nach IFRS dargestellten Periode zu behandeln, sofern nicht der Ausweis in einer anderen Eigenkapitalkategorie sachgerecht wäre (IFRS 1.11). Beispielsweise ist es sachgerecht, die kumulierten Zeitwertanpassungen für Available-for-sale financial assets in der Rücklage für Zeitbewertung bzw. in den Bewertungsergebnissen aus zur Veräußerung verfügbaren finanziellen Vermögenswerten in der IFRS-Eröffnungsbilanz abzubilden.

d) richtig, Eigenkapitalbeschaffungskosten sind nach IAS 32.35 erfolgs- und gesamtergebnisneutral mit dem Eigenkapital zu verrechnen. Dementsprechend sind **Steuerminderungen**, die aus der **steuerlichen Abzugsfähigkeit der Eigenkapitalbeschaffungskosten** herrühren, gesamtergebnisneutral mit dem Grundsachverhalt (Eigenkapitalkürzung) zu verrechnen (IAS 12.61 A b)), d. h. der Steuervorteil ist dem **Eigenkapital gutzuschreiben**.

e) richtig, da die Cost-Methode dann auch die Aufrechnung gegen die einzelnen Kapitalbestandteile endgültig durchführt. Die Par-Value-Methode löst die „Korrekturkonten" im Eigenkapital „Gezeichnetes Eigenkapital, Korrektur" und „Kapitalrücklage auf eigene Aktien" zulasten des Gezeichneten Kapitals bzw. zugunsten der Kapitalrücklage auf.

f) richtig, der Buchungssatz lautet: Personalaufwand an gezeichnetes Kapital und Kapitalrücklage. Da der Personalaufwand den Jahresüberschuss und damit die Gewinnrücklagen verringert, steht der Verringerung der Gewinnrücklagen in gleicher Höhe eine Zunahme von gezeichnetem Kapital und Kapitalrücklage gegenüber.

g) falsch, Diskontierungsverbot nach IAS 12.53.

h) richtig, vgl. Definition in IAS 37.11 b.

Kapitel 4: Konzernabschluss nach IFRS

ANTWORTEN

1. Ein nach IFRS bilanzierendes Mutterunternehmen ist unter folgenden Voraussetzungen von der Konzernrechnungslegungspflicht befreit:

   a. Befreiung nach dem „**Tannenbaumprinzip**" (IAS 27.10). Hierfür ist erforderlich:

      ► Mutterunternehmen ist selbst ein 100%iges Tochterunternehmen oder ein teilweise im Besitz stehendes Tochterunternehmen und die anderen Anteilseigner einschließlich der nicht stimmberechtigten Gesellschafter sind darüber informiert, dass das Mutterunternehmen keinen Konzernabschluss aufstellt, und erheben dazu keine Einwendungen.

      ► die Schuld- oder Eigenkapitalinstrumente des Mutterunternehmens werden an keiner Börse gehandelt,

      ► das Mutterunternehmen hat bei keiner Börsenaufsichtsbehörde oder sonstigen Aufsichtsbehörde ihre Abschlüsse zum Zweck der Emission von Finanzinstrumenten jeglicher Klasse von Finanzinstrumenten an einer Wertpapierbörse eingereicht oder beabsichtigt dies, und

▶ das oberste oder ein zwischengeschaltetes Mutterunternehmen stellt einen Konzern-abschluss auf, der veröffentlicht wird, und den IFRS entspricht.

b. Befreiung von der Konzernrechnungslegungspflicht, wenn für sämtliche Tochterunter-nehmen ein faktisches Einbeziehungswahlrecht (gestützt auf Framework.29 oder Frame-work.43 f.) besteht.

2. Bei der Währungsumrechnung nach IFRS können maximal drei Stufen unterschieden wer-den:

Stufe 1: Bestimmung der **funktionalen Währung** (IAS 21.9-21.14)

Stufe 2: Umrechnung von **Fremdwährungstransaktionen in die funktionale Währung** und Ermittlung des Jahresabschlusses auf Basis der funktionalen Währung (IAS 21.20-21.34)

Stufe 3: Umrechnung des auf Basis der funktionalen Währung erstellten Jahresabschlusses in die **Berichtswährung** (IAS 21.38-21.43)

3. Nach IAS 27.22 i.V. m. IAS 27.23 Satz 1 f. hat das den IFRS-Konzernabschluss aufstellende Mutterunternehmen das **Wahlrecht** entweder

▶ das Tochterunternehmen auf Basis eines zum 31. 12. (Konzernabschlussstichtag ist stets der Abschlussstichtag des Mutterunternehmens gem. IAS 27.22 Satz 1) erstellten Zwi-schenabschlusses einzubeziehen oder

▶ das Tochterunternehmen auf Basis des zum 30. 09. erstellten Jahresabschlusses in den zum 31. 12. erstellten Konzernabschluss einzubeziehen. Im letztgenannten Fall sind je-doch die **signifikanten Transaktionen und Ereignisse**, die zwischen dem Stichtag des Ab-schlusses des Tochterunternehmens (30. 09.) und dem Konzernabschlussstichtag statt-fanden (31. 12.), zu berücksichtigen.

4. Bei der Anwendung des Asset-Impairment-Only Approach sind sowohl bei **erstmaliger Er-mittlung** als auch bei der **Folgebewertung des Goodwills** zahlreiche **Gestaltungsspielräume** vorhanden. Die Gestaltungsspielräume bei erstmaliger **Ermittlung des Goodwills** liegen ins-besondere in:

▶ **Abgrenzung der zahlungsmittel-generierenden Einheiten**, insbesondere (Hierarchie-)Ebe-ne, auf der zahlungsmittel-generierende Einheiten gebildet werden.

▶ **Aufteilung des Kaufpreises** auf die erworbenen zahlungsmittel-generierenden Einheiten,

▶ **Zuordnung von Vermögenswerten und Schulden** auf die zahlungsmittel-generierenden Einheiten

▶ bei Vorhandensein von Minderheiten und Anwendung der Full-Goodwill-Methode: **Schätzung** des **beizulegenden Zeitwerts** der **Minderheitsanteile** bzw. der **Beherrschungs-prämie** für den Konzernanteil

In der **Folgekonsolidierung** bestehen folgende Gestaltungsspielräume:

▶ Ermittlung des **erzielbaren Betrags der zahlungsmittel-generierenden Einheit**, insbeson-dere bei Bestimmung des Nutzungswerts mittels eines **Discounted-Cashflow-Modells** (u. a. Länge und Phasen des Prognosehorizontes, Schätzung der künftigen Cashflows, Be-rücksichtigung der Unsicherheit über künftige Cashflows, Diskontierungsfaktor)

▶ **Umstrukturierung zwischen zahlungsmittel-generierenden Einheiten** (beispielsweise Zusammenfassung potenziell wertminderungsgefährdeter zahlungsmittel-generierender Einheiten mit solchen Einheiten, welche einen hohen originären Goodwill aufweisen)

▶ **Quantifizierung von Synergiepotenzialen** aus früheren Unternehmensakquisitionen.

▶ bei Vorhandensein von Minderheiten und Anwendung der Full-Goodwill-Methode: **Schätzung** des **beizulegenden Zeitwerts** der **Minderheitsanteile** bzw. der **Beherrschungsprämie** für den Konzernanteil

5. a) Die Vollkonsolidierung von Tochterunternehmen ohne Minderheitsanteile läuft nach der Akquisitionsmethode in folgenden Stufen ab (IFRS 3.5):

▶ **Identifizierung des Erwerbers**

▶ Bestimmung des **Akquisitionsdatums**

▶ **Ansatz und Bewertung** der erworbenen **identifizierbaren Vermögenswerte und übernommenen Schulden nach Maßgabe der IFRS 3.10-3.31**

▶ Ermittlung des **beizulegenden Zeitwerts des Tochterunternehmens** gem. IFRS 3.32 a (Kaufpreis für die Anteile am erworbenen Tochterunternehmen zuzüglich des am Akquisitionsdatum beizulegenden Zeitwerts einer bereits zuvor am Tochterunternehmen bestehenden Beteiligung)

▶ **Aufrechnung** des **beizulegenden Zeitwerts** des Tochterunternehmens mit den nach Maßgabe der IFRS 3.10-3.31 angesetzten und bewerteten erworbenen identifizierbaren Vermögenswerten und übernommenen Schulden zum Akquisitionsdatum

▶ Ausweis einer **positiven Differenz** aus der Aufrechnung als **Goodwill**

▶ Entstehen einer **negativen Differenz** aus der Aufrechnung: erneute Beurteilung des beizulegenden Zeitwerts des Tochterunternehmens sowie der Ansätze und der Bewertungen für die identifizierbaren Vermögenswerte und übernommenen Schulden nach IFRS 3.10-3.31 (**Re-Assessment**) vor Ausweis eines Gewinns aus einer vorteilhaften Akquisition („**bargain purchase**") gem. IFRS 3.36.

b) ▶ **Herstellung der Eigenkapitalstruktur beim Tochterunternehmen** sowie der **Anschaffungskosten beim Mutterunternehmen** jeweils zum Zeitpunkt der Erstkonsolidierung

▶ **Wiederholung der Erstkonsolidierungsbuchungen** und aller **vorangegangenen Folgekonsolidierungsbuchungen**

▶ **Folgebilanzierung und -bewertung** der beim Unternehmenszusammenschluss erworbenen identifizierbaren Vermögenswerte und übernommenen Schulden; diese richten sich **grundsätzlich nach den entsprechend anwendbaren IFRS** (IFRS 3.54). Ausnahmen ergeben sich bei zurück erworbenen Rechten des Erwerbers, den zum Akquisitionsdatum angesetzten Eventualschulden, Erstattungsansprüchen und bedingten Gegenleistungen. Insbesondere sind im Rahmen der Folgebilanzierung und -bewertung die im Zeitpunkt der Erstkonsolidierung **aufgedeckten Unterschiedsbeträge** zwischen den beizulegenden Zeitwerten der identifizierbaren Vermögenswerte und übernommenen Schulden und den Buchwerten des Einzelabschlusses des Tochterunternehmens fortzuschreiben bzw. aufzulösen.

► **Prüfung der Werthaltigkeit sämtlicher Goodwillbeträge** nach dem **Asset-Impairment-Only Approach** gemäß IAS 36:

Erfassung einer positiven Differenz aus Buchwert des Goodwills und erzielbarem Betrag des Goodwills als Wertminderungsaufwand (IAS 36.104).

6. a) Die erworbenen identifizierbaren Vermögenswerte und übernommenen Schulden im Rahmen von Unternehmenszusammenschlüssen müssen die **Definitionskriterien von Vermögenswerten und Schulden nach dem IAS-Framework** erfüllen und gleichzeitig **Teil des Unternehmenszusammenschlusses** sein (IFRS 3.11 f.).

Dies bedeutet, dass die Voraussetzungen für den Ansatz von Vermögenswerten und Schulden im Regelfall niedriger sind oder sein können als bei Ansatz von Vermögenswerten und Schulden außerhalb von Unternehmenszusammenschlüssen. Ziel ist somit **möglichst viel identifizierbare Vermögenswerte und Schulden** anzusetzen, so dass ein möglichst geringer Residualbetrag (im Regelfall Goodwill) angesetzt werden muss.

Im Gegensatz zu den Vorgängerregelungen betont IFRS 3 (revised 2008), dass die Vermögenswerte und Schulden Teil des Unternehmenszusammenschlusses sein müssen. Dementsprechend legt IFRS 3 großen Wert auf die **Abgrenzung zwischen Unternehmenszusammenschlüssen und hiervon unabhängigen separaten Transaktionen** (IFRS 3.12 i.V.m. 3.51-3.53).

b) Von dem allgemeinen Ansatzgrundsatz des IFRS 3.11 f. enthält IFRS 3 folgende Ausnahmen:

► **Operating-Leasing**: Der im Rahmen eines Unternehmenszusammenschlusses in ein Operating-Leasingverhältnis als Leasingnehmer eintretende Erwerber erfasst für das Operating-Leasingverhältnis einen **immateriellen Vermögenswert**, wenn aus Sicht des Leasingnehmers die **Konditionen des Operating-Leasingverhältnisses im Vergleich zu den Marktkonditionen vorteilhaft** sind. Im **umgekehrten Fall** wird eine **Verbindlichkeit** für das Leasingverhältnis aus dem Unternehmenszusammenschluss aufgenommen (IFRS 3.14 i.V.m. IFRS 3. Appendix B 28-30).

► **Immaterielle Vermögenswerte**: IFRS 3.14 i.V.m. IFRS 3. Appendix B 31- B 33 präzisiert für den Ansatz immaterieller Vermögenswerte das Kriterium der **Identifizierbarkeit**. Identifizierbarkeit für im Rahmen eines Unternehmenszusammenschlusses anzusetzende immaterielle Vermögenswerte ist entweder gegeben, wenn der immaterielle Vermögenswert **separierbar** ist oder er (selbst bei nicht möglicher separater Transferierbarkeit) durch **vertragliche oder andere Rechte gesichert** ist.

► **Eventualschulden**: Nach IFRS 3.23 sind Eventualschulden bereits dann im Rahmen eines Unternehmenszusammenschlusses als Schulden anzusetzen, wenn eine **gegenwärtige Verpflichtung aus vergangenen Ereignissen** vorliegt und der **beizulegende Zeitwert der Eventualschuld verlässlich ermittelt** werden kann; auf die Wahrscheinlichkeit des künftigen Abflusses von Ressourcen kommt es somit für den Ansatz von Schulden im Rahmen eines Unternehmenszusammenschlusses nicht an.

► **Latente Steuern**, die aus erworbenen Vermögenswerten und übernommenen Schulden resultieren, sind nach Maßgabe des IAS 12 zu bilanzieren (IFRS 3.24 f.).

► Schulden (oder im Einzelfall auch Vermögenswerte) aus **leistungsorientierten Versorgungsplänen** sind in Übereinstimmung mit IAS 19 zu bilanzieren (IFRS 3.26).

▶ **Erstattungsansprüche**, die daraus resultieren, dass der Verkäufer dem Erwerber eine **Absicherung für ein bestimmtes Ereignis** (z.B. Schadensersatzrisiko) gewährt, sind erst zu dem Zeitpunkt zu bilanzieren, zu dem auch der abgesicherte Grundsachverhalt in der Bilanz erfasst wird (IFRS 3.27).

7. Nach dem in IFRS 3.18 verankerten **allgemeinen Bewertungsgrundsatz** soll der Erwerber die anzusetzenden identifizierbaren Vermögenswerte und übernommenen Schulden grundsätzlich zu den am Akquisitionsdatum **beizulegenden Zeitwerten** bewerten.

IFRS 3 enthält folgende Ausnahmen vom allgemeinen Bewertungsgrundsatz:

▶ **Zurück erworbene Rechte des Erwerbers**: Sofern im Rahmen des Unternehmenszusammenschlusses ein Erwerber ein Recht zurück erwirbt, das er zuvor innehatte, dann ist das zurück erworbene Recht ein **immaterieller Vermögenswert**, der ausschließlich auf Basis der **verbleibenden Vertragslaufzeit** zu bewerten ist. (IFRS 3.29).

▶ **Aktienoptionsprogramme**: Bei Ersatz von Aktienoptionsprogrammen des erworbenen Unternehmens durch entsprechende Aktienoptionsprogramme des erwerbenden Unternehmens sind diese nach Maßgabe des IFRS 2 zu bewerten (IFRS 3.30).

▶ **Zur Veräußerung gehaltene Vermögenswerte oder Veräußerungsgruppen**: Sofern der Erwerber zum Akquisitionsdatum langfristige Vermögenswerte und Gruppen von langfristigen Vermögenswerten und ggfs. diesen zugeordneten Schulden als zur Veräußerung gehaltene langfristige Vermögenswerte bzw. Veräußerungsgruppen klassifiziert, sind diese nach Maßgabe des IFRS 5 (vgl. die Bewertungsvorschrift des IFRS 5.15) zu bewerten (IFRS 3.31).

▶ **Bewertung latenter Steuern**, die aus erworbenen Vermögenswerten und übernommenen Schulden resultieren, nach Maßgabe des IAS 12 (IFRS 3.24 f.).

▶ Bewertung von Schulden (oder im Einzelfall auch von Vermögenswerten) aus **leistungsorientierten Versorgungsplänen** nach Maßgabe des IAS 19 (IFRS 3.26).

▶ **Bewertung der Erstattungsansprüche**, die daraus resultieren, dass der Verkäufer dem Erwerber eine **Absicherung für ein bestimmtes Ereignis** (z.B. Schadensersatzrisiko) gewährt, sind auf derselben Bewertungsbasis wie der abgesicherte Grundsachverhalt zu bewerten (IFRS 3.27).

8. a) Die Erstkonsolidierung von Tochterunternehmen mit Minderheitsanteilen läuft nach der Akquisitionsmethode in folgenden Stufen ab (IFRS 3.5):

▶ **Identifizierung des Erwerbers**

▶ Bestimmung des **Akquisitionsdatums**

▶ **Ansatz und Bewertung** der erworbenen **identifizierbaren Vermögenswerte und übernommenen Schulden nach Maßgabe der IFRS 3.10-3.31** (einschließlich des Anteils der auf die Minderheiten entfällt)

▶ Ermittlung des **Werts für das Tochterunternehmen** gem. IFRS 3.32 a (**Kaufpreis** für die vom Mutterunternehmen erworbenen Anteile am Tochterunternehmen zuzüglich des am Akquisitionsdatum **beizulegenden Zeitwerts** einer **zuvor bereits** am Tochterunternehmen **bestehenden Beteiligung** sowie zuzüglich des **Minderheitsanteils nach IFRS 3**)

Bei der Bewertung des Minderheitsanteils hat der nach der IFRS-Rechnungslegung Bilanzierende gem. IFRS 3.19 das **Wahlrecht** den Minderheitsanteil entweder mit dem **beizulegenden Zeitwert** (Full-Goodwill-Methode) oder mit dem den Minderheiten zustehenden **Anteil am identifizierbaren Nettovermögen** (Neubewertungsmethode) zu bewerten.

► **Aufrechnung** des **Werts für das Tochterunternehmen** gem. IFRS 3.32 a (im Falle der Anwendung der Full-Goodwill-Methode: beizulegender Zeitwert des Tochterunternehmens) gegen die nach Maßgabe der IFRS 3.10-3.31 angesetzten und bewerteten erworbenen identifizierbaren Vermögenswerte und übernommenen Schulden zum Akquisitionsdatum,

► bei Anwendung der **Full-Goodwill-Methode**: Ausweis einer **positiven Differenz** aus der Aufrechnung als **Goodwill**, mit **separater Zurechnung des Goodwills auf den Konzernanteil** (Differenz zwischen beizulegendem Zeitwert des Konzernanteils am Tochterunternehmen und dem Konzernanteil am identifizierbaren Nettovermögen zum Akquisitionsdatum) und den **Minderheitsanteil** (Differenz zwischen beizulegendem Zeitwert der Minderheitsanteile und dem Minderheitsanteil am identifizierbaren Nettovermögen zum Akquisitionsdatum),

bei Anwendung der **Neubewertungsmethode**: Ausweis einer **positiven Differenz** aus der Aufrechnung als **Goodwill** mit ausschließlicher Zurechnung des Goodwills auf das Mutterunternehmen (bzw. den Konzernanteil!)

► Entstehen einer **negativen Differenz** aus der Aufrechnung: erneute Überprüfung des beizulegenden Zeitwerts des Tochterunternehmens (einschließlich beizulegender Zeitwert des Minderheitsanteils) sowie der Ansätze und der Bewertungen für die identifizierbaren Vermögenswerte und übernommenen Schulden nach IFRS 3.10-3.31 **(Re-Assessment)** vor **Ausweis eines Gewinns aus einer vorteilhaften Akquisition** (**„bargain purchase")** gem. IFRS 3.36,

bei Anwendung der **Full-Goodwill-Methode: Aufteilung des Gewinns** auf den **Konzernanteil und den Minderheitsanteil** durch separate Gegenüberstellung des diesen Anteilen jeweils zuzurechnenden beizulegenden Zeitwerts der Gegenleistung und des diesen Anteilen jeweils zuzuordnenden identifizierbaren Nettovermögens, bewertet nach IFRS 3.10-3.31,

bei Anwendung der **Neubewertungsmethode: ausschließliche Zuordnung des Gewinns auf den Konzernanteil.**

► **Einstellung des Minderheitsanteils am Kapital** (Bestandteil des Konzerneigenkapitals nach IAS 1.54 q),

bei Anwendung der **Full-Goodwill-Methode**: in Höhe des beizulegenden Zeitwerts des Minderheitsanteils, mindestens jedoch in Höhe des auf die Minderheiten entfallenden anteiligen identifizierbaren Nettovermögens am Tochterunternehmen (bei negativem Unterschiedsbetrag aus der Kapitalkonsolidierung),

bei Anwendung der **Neubewertungsmethode**: in Höhe des auf die Minderheiten entfallenden anteiligen Nettovermögens am Tochterunternehmen.

b) ▶ **Herstellung der Eigenkapitalstruktur beim Tochterunternehmen** (in Höhe des Anteils des Mutterunternehmens am Tochterunternehmen) sowie der **Anschaffungskosten beim Mutterunternehmen** jeweils zum Zeitpunkt der Erstkonsolidierung.

▶ **Wiederholung der Erstkonsolidierungsbuchungen** und aller **vorangegangenen Folge-konsolidierungsbuchungen.**

▶ **Folgebilanzierung und -bewertung** der beim Unternehmenszusammenschluss erworbenen identifizierbaren Vermögenswerte und übernommenen Schulden; diese richten sich **grundsätzlich nach den entsprechend anwendbaren IFRS** (IFRS 3.54). Ausnahmen ergeben sich bei zurück erworbenen Rechten des Erwerbers, den zum Akquisitionsdatum angesetzten Eventualschulden, Erstattungsansprüchen und bedingten Gegenleistungen. Insbesondere sind im Rahmen der Folgebilanzierung und -bewertung die im Zeitpunkt der Erstkonsolidierung **aufgedeckten Unterschiedsbeträge** zwischen den beizulegenden Zeitwerten der identifizierbaren Vermögenswerte und übernommenen Schulden und den Buchwerten des Einzelabschlusses des Tochterunternehmens fortzuschreiben bzw. aufzulösen.

▶ **Prüfung der Werthaltigkeit sämtlicher Goodwillbeträge** nach dem **Asset-Impairment-Only Approach** gemäß IAS 36:

bei Anwendung der **Full-Goodwill-Methode**:

– **Aufteilung des erzielbaren Betrags bzw. beizulegenden Zeitwerts** der zahlungsmittel-generierenden Einheit, zu der das Tochterunternehmen gehört und welcher der Goodwill zugeordnet ist, auf den **Konzernanteil** und die **Minderheiten**

– Gegenüberstellung von Buchwert und erzielbarem Betrag der zahlungsmittel-generierenden Einheit (getrennt nach Konzernanteil und Minderheitsanteil) und Erfassung eines positiven Überhangs als **Wertminderungsaufwand** mit **vorrangiger Zuordnung auf den Geschäfts- oder Firmenwert** (unter getrennter Erfassung des Konzernanteils und des Minderheitsanteils am Wertminderungsaufwand)

bei Anwendung der **Neubewertungsmethode**:

Feststellung, ob ein **Wertminderungsaufwand dem Grunde** nach zu erfassen ist. Zu diesem Zweck wird der Buchwert der zahlungsmittel-generierenden Einheit, die den Goodwill enthält, bestimmt. Hierzu ist der Buchwert des Goodwills, der sich nur auf den **Kapitalanteil des Mutterunternehmens** bezieht, stets auf 100% **hochzurechnen** (IAS 36.90 i.V.m. 36.91 ff.). Sofern der so ermittelte Buchwert der zahlungsmittel-generierenden Einheit größer ist als der erzielbare Betrag für die zahlungsmittel-generierende Einheit, ist dem Grunde nach ein Wertminderungsaufwand zu erfassen.

Ermittlung des **Wertminderungsaufwands der Höhe** nach:

Fall 1: Wertminderungsaufwand dem Grunde nach < (hochgerechneter) Goodwill: dem Grunde nach zu erfassender Wertminderungsaufwand multipliziert mit dem Anteil des Mutterunternehmens am Tochterunternehmen und Zuordnung des so ermittelten Wertminderungsaufwands ausschließlich auf den Goodwill.

Fall 2: Wertminderungsaufwand dem Grunde nach > (hochgerechneter) Goodwill: Aufteilung des Wertminderungsaufwands dem Grunde nach auf den hochgerechneten Goodwill und den diesen übersteigenden Betrag. Wertminderungsaufwand der

Höhe nach = Goodwill (lt. Konzernbilanz) + den Goodwill übersteigenden Betrag; Verteilung des den Goodwill übersteigenden Wertminderungsaufwands nach Maßgabe des IAS 36.104 i.V. m. 36.105.

▶ **Einstellung des Minderheitsanteils am Kapital** (Bestandteil des Konzerneigenkapitals nach IAS 1.54 q),

bei Anwendung der **Full-Goodwill-Methode**: Ausgangspunkt ist die Höhe des beizulegenden Zeitwerts des Minderheitsanteils zum Akquisitionsdatum. Dieser **Kapitalanteil** wird **fortgeschrieben** um die auf die Minderheiten zuzurechnenden **Ergebnisbeiträge** (einschließlich Auswirkungen der Folgebilanzierung und -bewertung der anteilig auf die Minderheiten zuzurechnenden Vermögenswerte und Schulden sowie gegebenenfalls anfallender Wertminderungsaufwendungen) sowie um **Dividenden** und alle **sonstigen Kapitalveränderungen**, welche die Minderheiten betreffen.

bei Anwendung der **Neubewertungsmethode**: in Höhe des auf die Minderheiten zum jeweiligen Folgekonsolidierungszeitpunkt entfallenden anteiligen identifizierbaren Nettovermögens am Tochterunternehmen.

9. a) ▶ Ansatz und Bewertung der anteilig erworbenen identifizierbaren Vermögenswerte und übernommenen Schulden nach Maßgabe der IFRS 3.10-3.31

    ▶ Aufrechnung des Kaufpreises mit den nach Maßgabe der IFRS 3.10-3.31 angesetzten anteilig erworbenen identifizierbaren Vermögenswerte und übernommenen Schulden

    ▶ Ausweis einer positiven Differenz aus der Aufrechnung als Goodwill (IFRS 3.32)

    ▶ Entstehen einer negativen Differenz aus der Aufrechnung: erneute Überprüfung der Höhe des Kaufpreises sowie der Ansätze und der Bewertungen für die anteilig erworbenen identifizierbaren Vermögenswerte und Schulden (Re-Assessment) gemäß IFRS 3.36; anschließend: sofortige erfolgswirksame Erfassung des verbleibenden negativen Unterschiedsbetrags als Ertrag gemäß IFRS 3.36.

b) ▶ Herstellung der Eigenkapitalstruktur beim Gemeinschaftsunternehmen sowie der Anschaffungskosten (in Höhe des Kaufpreises) beim Gesellschafterunternehmen jeweils zum Zeitpunkt der Erstkonsolidierung

    ▶ Wiederholung der Erstkonsolidierungsbuchungen und aller vorangegangenen Folgekonsolidierungen

    ▶ **Folgebilanzierung und -bewertung** der beim Unternehmenszusammenschluss anteilig erworbenen identifizierbaren Vermögenswerte und übernommenen Schulden; diese richten sich grundsätzlich nach den **entsprechend anwendbaren IFRS** (IFRS 3.54). Ausnahmen ergeben sich bei den zurück erworbenen Rechten des Erwerbers, den zum Akquisitionsdatum angesetzten Eventualschulden, Erstattungsansprüchen und bedingten Gegenleistungen. Insbesondere sind im Rahmen der Folgebilanzierung und -bewertung die im Zeitpunkt der Erstkonsolidierung **aufgedeckten Unterschiedsbeträge** zwischen beizulegenden Zeitwerten (IFRS 3.18) der anteilig erworbenen identifizierbaren Vermögenswerte und übernommenen Schulden und den anteiligen Buchwerten des Einzelabschlusses des Gemeinschaftsunternehmens fortzuschreiben bzw. aufzulösen.

▶ Prüfung der Werthaltigkeit sämtlicher Goodwillbeträge nach dem Asset-Impairment-Only Approach gemäß IAS 36:

Erfassung einer positiven Differenz aus Buchwert des Goodwills und erzielbarem Betrag des Goodwills als Wertminderungsaufwand (IAS 36.104)

10. ▶ nachträgliche Korrekturen der Ansätze und Wertmaßstäbe der für die im Rahmen des Unternehmenszusammenschlusses erworbenen identifizierbaren Vermögenswerte und übernommenen Schulden innerhalb eines **maximal zwölfmonatigen Berichtigungszeitraums**, sofern sich die Anpassungen auf die Berücksichtigung der zum Akquisitionsdatum vorliegenden Verhältnisse beziehen. Die Erfassung der Auswirkungen der nachträglichen Korrekturen erfolgt im Regelfall über den **Geschäfts- oder Firmenwert** (IFRS 3.48) bzw. über den **Gewinn aus der Auflösung eines negativen Unterschiedsbetrags**.

▶ **Korrektur wesentlicher Fehler** bei der Bilanzierung des Unternehmenszusammenschlusses **gemäß IAS 8** mit Auswirkungen auf den zum Akquisitionsdatum zu bilanzierenden Goodwill bei retrospektiver Vornahme der entsprechenden Korrekturen (nach Ende des maximal zwölfmonatigen Berichtigungszeitraums).

11. a) falsch, Rückstellungen für eine Schließung bzw. Verringerung von Geschäftsaktivitäten können nur dann angesetzt werden, wenn die Schulden für die Restrukturierung die Definitionskriterien des IAS-Frameworks erfüllen. Im Falle der bloßen Absicht der Schließung der Geschäftsaktivitäten (ohne das Einleiten entsprechender Beschlüsse und Maßnahmen) wird es regelmäßig an dem Kriterium der gegenwärtigen Verpflichtung fehlen (IAS-Framework. 60 Satz 1).

b) falsch, als Ausnahme vom allgemeinen Ansatzgrundsatz des IFRS 3.11 f. werden Operating-Leasingverhältnisse dann bilanziell abgebildet, wenn deren Konditionen vorteilhaft oder nachteilig im Vergleich zu den Marktkonditionen für den Unternehmenserwerber sind (vgl. IFRS 3.14 i.V. m. IFRS 3. Appendix B 28-30).

c) richtig, nach IFRS 3.23 sind Eventualschulden bereits dann im Rahmen eines Unternehmenszusammenschlusses als Schulden anzusetzen, wenn eine **gegenwärtige Verpflichtung aus vergangenen Ereignissen** vorliegt und der **beizulegende Zeitwert der Eventualschuld verlässlich ermittelt** werden kann; auf die Wahrscheinlichkeit des Abflusses von Ressourcen mit wirtschaftlichem Nutzen kommt es bei der Bilanzierung von Eventualschulden im Rahmen von Unternehmenszusammenschlüssen nicht an.

d) falsch, am Akquisitionsdatum angesetzte Eventualschulden sind in den Folgeperioden (und vor ihrer Abwicklung, Erfüllung oder Erledigung) mit dem **höheren der folgenden Wertansätze** zu bewerten (IFRS 3.56):

▶ **Betrag nach Maßgabe des IAS 37** (da Eventualschulden nach IAS 37.27 nur angabepflichtig sind, ist dieser Wertansatz, sofern es sich weiterhin um Eventualschulden handelt, zumeist Null) sowie

▶ ursprünglich passivierter Betrag abzüglich gegebenenfalls erfolgter ratierlicher Auflösungsbeträge nach IAS 18.

e) falsch, latente Steuern aus Unternehmenszusammenschlüssen sind nach Maßgabe des IAS 12 zu bilanzieren und zu bewerten. Gemäß IFRS 3.25 soll der Erwerber temporäre Differenzen und Verlustvorträge des Tochterunternehmens auf Basis der **zum Akquisiti-**

onsdatum vorliegenden Verhältnisse bilanzieren. Dies schließt nicht aus, dass die Realisierungswahrscheinlichkeit sich auf Grund des Unternehmenserwerbs ändert (z. B. Zusammenführung mit anderen ertragbringenden Aktivitäten, beispielsweise in Form eines steuerlichen Organkreises).

f) falsch, es bestand eine Auflösungspflicht der noch vorhandenen Restbuchwerte zugunsten der Gewinnrücklagen gem. IFRS 3.81 (2004); somit fand eine **erfolgsneutrale Auflösung** statt.

g) falsch, sofern das Mutterunternehmen die Anteile am Tochterunternehmen nicht in einem Zuge erwirbt, sondern bereits zuvor **Anteile an diesem Unternehmen hielt**, so müssen die bereits gehaltenen Anteile an diesem Unternehmen zu ihrem **zum Akquisitionsdatum beizulegenden Zeitwert** (Zeitpunkt, zu dem der Erwerber eine beherrschende Stellung über das Tochterunternehmen erlangt) bewertet werden (IFRS 3.41). Auch spätere Erwerbe lösen keine zusätzlichen Kapitalkonsolidierungen aus, sondern führen nur zu Kapitalumschichtungen zwischen Minderheiten und dem Konzernanteil (IAS 27.30).

h) falsch, IFRS 3 (revised 2008) ist nur prospektiv anzuwenden (vgl. IFRS 3.64 i.V.m. 3.65).

i) richtig, sofern keine Minderheiten am Tochterunternehmen vorhanden sind, stimmt das Konzerneigenkapital nach der Full-Goodwill-Methode mit demjenigen nach der Neubewertungsmethode überein. Bei Vorhandensein von Minderheiten am Tochterunternehmen kann die Full-Goodwill-Methode zur Aufdeckung eines Geschäfts- oder Firmenwerts für die Minderheiten führen, so dass der Minderheitsanteil höher ist als bei Anwendung der Neubewertungsmethode. Minderheitsanteile sind innerhalb des (Konzern-)Eigenkapitals auszuweisen (IAS 1.54 q).

j) falsch, diese Aussage gilt nur bei der Erstkonsolidierung (IFRS 3.19). In der Folgekonsolidierung ist der Minderheitsanteil um Ergebnisbeiträge, Dividenden und sonstige Kapitalveränderungen, welche auf die Minderheiten jeweils zuzurechnen sind, fortzuschreiben. Obergrenze für die Bewertung der Minderheitsanteile ist jedoch der beizulegende Zeitwert der Minderheitsanteile.

12. a) ► echte Aufrechnungsdifferenzen resultieren aus den IFRS-Bewertungsvorschriften und lassen sich auch bei Anwendung konzerneinheitlicher Bilanzierungs- und Bewertungsmethoden nicht vermeiden. Die echten Aufrechnungsdifferenzen haben zumeist ihre Ursache in der nicht kongruenten Bilanzierung wertgeminderter Forderungen.

   ► unechte Aufrechnungsdifferenzen resultieren aus zeitlichen Buchungsunterschieden oder Fehlbuchungen.

b) ► echte Aufrechnungsdifferenzen: Abschreibung von Forderungen gegenüber Konzernunternehmen oder Bildung von Rückstellungen gegenüber Konzernunternehmen

   ► unechte Aufrechnungsdifferenzen: Die an einer Transaktion beteiligten Konzernunternehmen erfassen den Geschäftsvorfall in unterschiedlichen Geschäftsjahren.

c) ► echte Aufrechnungsdifferenzen: können nicht im Vorfeld der Erstellung des Konzernabschlusses vermieden werden.

   ► unechte Aufrechnungsdifferenzen: regelmäßige Saldenabstimmungen, Erlassen von zeitlichen Vorgaben für die Verbuchung von Geschäftsvorfällen im Konzern.

13. Die Aufwands- und Ertragskonsolidierung erstreckt sich auf alle nach der Voll- und der Quotenkonsolidierung in den Konsolidierungskreis einbezogenen Unternehmen. Sachlicher Gegenstand der Aufwands- und Ertragskonsolidierung ist u. a.:

► **Konsolidierung der Umsatzerlöse** innerhalb des Konsolidierungskreises (Innenumsatzerlöse),

► **Konsolidierung sonstiger (betrieblicher) Erträge und sonstiger (betrieblicher) Aufwendungen** innerhalb des Konsolidierungskreises (z. B. Vermietung zwischen den in den Konsolidierungskreis einbezogenen Unternehmen oder Erbringung von Dienstleistungen zwischen den in den Konsolidierungskreis einbezogenen Unternehmen),

► **Konsolidierung von Erträgen aus Beteiligungen** (z. B. Konsolidierung von Dividenden oder Ergebnisabführungen bei Vorhandensein eines Gewinnabführungsvertrags),

► **Konsolidierung von Zinsaufwendungen und -erträgen** zwischen den in den Konsolidierungskreis einbezogenen Unternehmen.

14. Der Equity-Buchwert wird in den Folgekonsolidierungen – anteilig – um folgende Positionen fortgeschrieben:

► Jahresergebnisse

► erfolgsneutrale und gesamtergebnisneutrale Eigenkapitalveränderungen (u. a. Neubewertung, Zeitwertanpassungen für Available-for-sale financial assets und Cashflow-Hedges, erfolgsneutrale Verrechnung versicherungsmathematischer Gewinne und Verluste) retrospektive Korrektur von Fehlern, retrospektive Änderung von Bilanzierungs- und Bewertungsmethoden

► Gewinnausschüttungen

► Auflösung der bei der Erstkonsolidierung aufgedeckten Unterschiedsbeträge zwischen Ansatz und Bewertung der anteilig erworbenen identifizierbaren Vermögenswerte und übernommenen Schulden nach Maßgabe der IFRS 3.10-3.31 und den anteiligen Buchwerten des Einzelabschlusses, insbesondere Abschreibung bzw. Auflösung der im Erwerbszeitpunkt aufgedeckten anteiligen stillen Reserven/Lasten.

► Wertminderungsaufwendungen auf die ab Equity bewertete Beteiligung.

► Änderungen des Equity-Buchwerts auf Grund von Veränderungen der Beteiligungsquote des Anteilseigners und auf Grund von Kapitalerhöhungen oder -rückzahlungen des at Equity bewerteten Unternehmens.

► Effekte aus der Zwischenergebniskonsolidierung.

15. a) In folgenden Fällen kommt es zur Abgrenzung latenter Steuern ausschließlich in einem IFRS-Konzernabschluss:

► Abgrenzung latenter Steuern auf **Anpassungen von Einzelabschlusswerten** zur Umsetzung **konzerneinheitlicher Bilanzierungs- und Bewertungsmethoden** (IAS 27.24); die Zuordnung dieser Steuerabgrenzung zum Einzel- oder Konzernabschluss ist aber nicht unumstritten (Vorbereitungsmaßnahme zur Erstellung eines IFRS-Konzernabschlusses)

► Ansatz **aktiver latenter Steuern** wegen **abweichender Beurteilung der Realisierungswahrscheinlichkeit** steuerlicher Verlustvorträge und aktiver latenter Steuern aus temporären Differenzen **im Konzernabschluss** (u. a. Konzernsteuerpolitik)

- ▶ Latente Steuern auf die Aufdeckung von **Unterschiedsbeträgen zwischen** den Wertansätzen nach Maßgabe der IFRS 3.10-3.31 für die erworbenen identifizierten Vermögenswerte und übernommenen Schulden sowie den Buchwerten des im Einzelabschluss bilanzierten Nettovermögens (ausgenommen Goodwill aus der Kapitalkonsolidierung gemäß IAS 12.15)

- ▶ Latente Steuern auf die Translationsanpassung, falls allgemeine Voraussetzungen für latente Steuern vorliegen.

- ▶ Latente Steuern auf echte Aufrechnungsdifferenzen aus der Schuldenkonsolidierung

- ▶ Latente Steuern aus der Zwischenergebniskonsolidierung

b) Die vier unter a) zuerst genannten Sachverhalte führen zu einer erfolgsneutralen Abgrenzung latenter Steuern.

16. a) falsch, sofern innerhalb eines maximal zwölfmonatigen Berichtigungszeitraums die vorläufigen Wertansätze der Vermögenswerte angepasst werden, haben diese Anpassungen im Regelfall unmittelbare Auswirkungen auf den Geschäfts- oder Firmenwert (IFRS 3.48).

b) falsch, es liegen **bedingte Gegenleistungen** vor, die nicht auf neue Informationen über die am Akquisitionsdatum tatsächlich vorhandenen Verhältnisse zurückzuführen sind. Sofern die bedingten Gegenleistungen als **Eigenkapitalinstrumente** klassifiziert wurden, sind diese zu einem späteren Stichtag nicht erneut zu bewerten; es erfolgt vielmehr eine **Umbuchung innerhalb des Eigenkapitals** (IFRS 3.58 Satz 4 f.).

c) falsch, weitere Voraussetzung für einheitliche Abschreibungsmethoden wäre auch das Vorliegen ähnlicher bewertungsrelevanter Umstände (unter anderem ähnliche Nutzungsbedingungen sowie ähnliche klimatische Gegebenheiten); vgl. IAS 27.24.

d) richtig. Ein negativer Equity-Buchwert ist nur „rein rechnerisch" möglich. In diesem Fall sind die Equity-Methode auszusetzen und die Anteile mit Null zu bewerten. Unabhängig hiervon kann es allerdings erforderlich sein, dass Rückstellungen nach IAS 37 ausgewiesen werden müssen, wenn die entsprechenden Voraussetzungen hierfür vorliegen.

e) richtig, aus Sicht des Konzerns ist die Hälfte des Gewinns realisiert. Der Anteil am Gewinn des Gemeinschaftsunternehmens beträgt 40%. Veräußert das Gemeinschaftsunternehmen an ein assoziiertes Unternehmen mit Konzernanteil 20%, so ist die Hälfte des beim Gemeinschaftsunternehmen entstandenen Gewinns aus Sicht des Konzerns realisiert, die andere Hälfte unrealisiert. Der unrealisierte Anteil ist zu eliminieren.

f) falsch, die Konzernanschaffungskosten beim Tochterunternehmen können beispielsweise noch Transportkosten vom Mutter- zum Tochterunternehmen enthalten.

g) richtig, vgl. IFRS 3. Appendix B 19-27.

h) falsch. Ebenfalls ergibt sich ein Ergebniseffekt, falls die Beteiligung als ein zur Veräußerung verfügbarer finanzieller Vermögenswert klassifiziert wurde und zu beizulegenden Zeitwerten bewertet wurde (IFRS 3.42).

Kapitel 5: Aufstellung der IFRS-Eröffnungsbilanz

ANTWORTEN

1. Ein Unternehmen hat in seiner Eröffnungsbilanz und für alle innerhalb seines ersten IFRS-Abschlusses dargestellten Perioden **einheitliche Bilanzierungs- und Bewertungsmethoden** anzuwenden (IFRS 1.7 Satz 1). Hierbei muss es sich grundsätzlich um die Bilanzierungs- und Bewertungsmethoden handeln, die am Abschlussstichtag seines ersten IFRS-Abschlusses gelten.

2. IFRS 1.26 „verbietet" die retrospektive Anwendung der IFRS in folgenden Fällen:

   ▶ Ausbuchung von Finanzinstrumenten (vgl. aber IFRS 1.27 A),

   ▶ Bilanzierung von Sicherungsbeziehungen (Hedge-Accounting; vgl. aber IFRS 1.29),

   ▶ Vornahme von Schätzungen und

   ▶ zur Veräußerung gehaltene langfristige Vermögenswerte und aufgegebene Geschäftsbereiche (vgl. aber IFRS 1.34 B Satz 1).

   Allerdings besteht ein **echtes uneingeschränktes Verbot** der retrospektiven Bilanzierung nur bei Vornahme von Schätzungen; in diesem Fall dürfen die an den vergangenen Stichtagen jeweils vorhandenen Schätzungen nicht rückwirkend geändert werden, es sei denn es liegen objektive Hinweise vor, dass diese Schätzungen fehlerhaft waren (IFRS 1.31).

3. Ein auf IFRS umstellendes Unternehmen hat das Wahlrecht in den nachstehenden Fällen auf die retrospektive Anwendung der IFRS-Vorschriften zu verzichten:

   ▶ Unternehmenszusammenschlüsse (IFRS 1.15),

   ▶ beizulegender Zeitwert oder Neuwert als Ersatz für fortgeführte Anschaffungs- oder Herstellungskosten für Sachanlagen und immaterielle Vermögenswerte (IFRS 1.16-1.19),

   ▶ Pensionspläne (IFRS 1.20),

   ▶ kumulierte Umrechnungsdifferenzen aus der Währungsumrechnung im Konzernabschluss (IFRS 1.21-1.22),

   ▶ zusammengesetzte Finanzinstrumente (IFRS 1.23),

   ▶ Beteiligungen an Tochterunternehmen, Joint Ventures und assoziierten Unternehmen im separaten Einzelabschluss (IFRS 1.23 A und B),

   ▶ Vermögenswerte und Schulden von Tochterunternehmen, Joint Ventures und assoziierten Unternehmen (IFRS 1.24-1.25),

   ▶ Klassifizierung von bereits im handelsrechtlichen Jahresabschluss früher angesetzten Finanzinstrumenten (IFRS 1.25 A),

   ▶ aktienbasierte Vergütung (IFRS 1.25 B und 1.25 C),

   ▶ Versicherungsverträge (IFRS 1.25 D),

   ▶ Behandlung von Entsorgungs-, Wiederherstellungs- und ähnlichen Verpflichtungen im Zusammenhang mit Sachanlagen (IFRS 1.25 E),

   ▶ rückwirkende Änderung von Bedingungen des Leasingvertrages (IFRS 1.25 F),

   ▶ Ersteinbuchung von Finanzinstrumenten zum Fair Value (IFRS 1.25 G).

4. Die speziellen Erleichterungen bestehen in den Wahlrechten für die Behandlung von Unternehmenszusammenschlüssen (IFRS 1.15 i.V. m. Appendix B) und in der Erfassung der kumulierten Umrechnungsdifferenzen aus der Währungsumrechnung im Konzernabschluss (IFRS 1.21-1.22).

Falls das auf IFRS umstellende Unternehmen die Ausnahme von der retrospektiven Bilanzierung von Unternehmenszusammenschlüssen anwenden will, dann ergibt sich der nachfolgend dargestellte **Ablauf**:

(1) Ansatz sämtlicher erworbener Vermögenswerte und Schulden zum Zeitpunkt des Übergangs zu IFRS mit Ausnahme von

► Finanzinstrumenten, die vor dem 01.01.2001 nach den bisherigen landesrechtlichen Vorschriften nicht angesetzt wurden,

► Vermögenswerten einschließlich Goodwill und Schulden, welche nicht nach den bisherigen landesrechtlichen Vorschriften erfasst und die auch nicht im Einzelabschluss des akquirierten Unternehmens erfasst wurden.

Damit bilden grundsätzlich die im Übergangszeitpunkt zu IFRS nach landesrechtlichen Vorschriften **fortgeführten Bilanzwerte den Ausgangspunkt** für die konsolidierten Wertbeiträge der Konzernunternehmen in der **IFRS-Konzernbilanz**.

(2) Eliminierung der Bilanzposten, welche zwar die Kriterien für den Ansatz nach den bisherigen landesrechtlichen Vorschriften erfüllen, die aber nicht nach IFRS angesetzt werden dürfen:

► immaterielle Vermögenswerte aus einem Unternehmenserwerb, die nicht die Ansatzkriterien des IAS 38 erfüllen, sind – vorausgesetzt ein Goodwill existiert aus diesem Unternehmenserwerb – gegen den Goodwill zu verrechnen.

► Die übrigen Anpassungen sind gegen das Eigenkapital zu verrechnen.

(3) Vermögenswerte und Schulden, welche nach IFRS zu beizulegenden Zeitwerten in der Folgebewertung anzusetzen sind und die nach den bisher angewendeten landesrechtlichen Rechnungslegungsvorschriften nicht zu beizulegenden Zeitwerten angesetzt wurden, sind im Übergangszeitpunkt zu beizulegenden Zeitwerten anzusetzen. Der Bewertungseffekt ist in den Gewinnrücklagen bzw. einer anderen Eigenkapitalkategorie zu verrechnen.

(4) Sofern Vermögenswerte und Schulden in der Folgebewertung zu fortgeführten Anschaffungs- oder Herstellungskosten nach IFRS anzusetzen sind, dürfen die im Zeitpunkt der Akquisition nach landesrechtlichen Vorschriften ermittelten Werte als Anschaffungs- oder Herstellungskosten im Sinne der IFRS und damit als Ausgangsbasis für die fortgeführten Anschaffungs- oder Herstellungskosten verwendet werden.

(5) Vermögenswerte und Verbindlichkeiten, die nach nationalen Rechnungslegungsvorschriften bisher nicht angesetzt wurden (z. B. abweichende Kriterien für ein Finanzierungs-Leasing), sind in der IFRS-Eröffnungsbilanz mit dem Wert anzusetzen, mit dem diese Bilanzposten nach IFRS zu Buche stehen müssten. Die erforderlichen Korrekturen sind – mit Ausnahme des erstmaligen Ansatzes immaterieller Vermögenswerte, die Bestandteil eines erworbenen Goodwills sind – im Eigenkapital zu erfassen. Nicht nach nationalen Rechnungslegungsvorschriften angesetzte immaterielle Vermögenswerte, die im Goodwill bislang enthalten sind,

müssen aus dem Goodwill ausgegliedert werden, falls die Ansatzkriterien nach IAS 38 vorliegen.

(6) Der nach landesrechtlichen Vorschriften ermittelte Wert für den Goodwill unterliegt für die Übernahme in die IFRS-Eröffnungsbilanz folgenden Korrekturen:

▶ Umgliederungen zwischen immateriellen Vermögenswerten und Goodwill zwecks Anpassung des Bilanzansatzes für immaterielle Vermögenswerte nach den Regeln des IAS 38 (vgl. Ziffern 2 und 5).

▶ Prüfung des verbleibenden Goodwills auf das Vorliegen einer Wertminderung nach den Vorschriften des IAS 36.

Ein zu IFRS übergehendes Unternehmen hat nach IFRS 1.22 die Möglichkeit statt der retrospektiven Anwendung der Vorschriften zur Umrechnung von Abschlüssen ausländischer Konzernunternehmen die Bilanzposten im Übergangszeitpunkt mit den Stichtagskursen zum Übergangszeitpunkt umzurechnen, so dass **keine (kumulierte) Umrechnungsdifferenz** entsteht.

5. Falls das Unternehmen im Übergangszeitpunkt zur IFRS-Eröffnungsbilanz den Eigenkapitaleffekt in den Gewinnrücklagen verrechnet hätte (Regelfall nach IFRS 1.11) und diese IFRS-Eröffnungsbilanz den Startpunkt der IFRS-Bilanzierung bilden würde, dann müsste bei Veräußerung der Finanzinstrumente ein Abgang der Rücklage für Zeitbewertung erfasst werden, dem keine korrespondierende Rücklage für Zeitbewertung aus der IFRS-Eröffnungsbilanz gegenüber stünde. Diese negative Rücklage für Zeitbewertung löst sich auch in der Zukunft wegen der Asymmetrie der Abgrenzungsbuchung (Bildung der Zeitwertanpassung über die Gewinnrücklagen, Auflösung der Zeitwertanpassung über die Rücklage für Zeitbewertung) nicht auf. Ein Abgang der Gewinnrücklagen bei Veräußerung der Available-for-sale financial assets und damit die formale Herstellung einer Symmetrie bei der Abgrenzung der Zeitwertanpassung (Bildung und Auflösung der Zeitwertanpassung über die gleiche Position, nämlich die Gewinnrücklagen) ist wegen der Notwendigkeit eines Beschlusses über die Gewinnverwendung bei Abgang der Wertpapiere nicht darstellbar.

6. Im Einzelnen können folgende Gründe angeführt werden, warum die Bilanzierung von Unternehmen, die zum selben Stichtag auf die IFRS-Rechnungslegung übergehen, materiell nicht vergleichbar ist:

▶ **Inanspruchnahme vs. Verzicht auf die Inanspruchnahme von Wahlrechten** bei der Umstellung auf die IFRS-Rechnungslegung, vgl. insbesondere IFRS 1.13

▶ **freie Auswahl** der vom umstellenden Unternehmen in Anspruch genommenen Wahlrechte (vgl. IFRS 1.13: „Ein Unternehmen kann eine oder mehrere der folgenden Befreiungen ...")

▶ **unterschiedliche landesrechtliche Ausgangsbasis**; diese geht über die Inanspruchnahme der Vereinfachungsregel des IFRS 1.15 unmittelbar in die IFRS-Rechnungslegung ein. Dies betrifft insbesondere die **landesrechtlich unterschiedlich ausgenutzten Bilanzierungsalternativen** im **Zusammenhang mit der Goodwillbilanzierung** (z.B. § 309 Abs. 1 HGB i.V.m. IFRS 1.15 und Appendix B).

7. Der Grund für die Verbote liegt in der ansonsten (bei retrospektiver Anwendung) möglichen Neueinschätzung eines Bilanzierungssachverhalts; hierdurch könnte mit einem späteren Wissensstand eine „vorteilhaftere" Bilanzierung erreicht werden.

8. Die spezifischen Angabevorschriften ergeben sich aus IFRS 1.38. Hiernach sind insbesondere offen zu legen:

   ▶ **Überleitungsrechnung vom Eigenkapital** nach Landesrecht zum Eigenkapital nach IFRS zum Zeitpunkt des Übergangs auf die IFRS-Rechnungslegung (IFRS 1.39 a (i)) und zum Ende der Periode, in dem letztmalig nach vorherigen Rechnungslegungsgrundsätzen bilanziert wurde (IFRS 1.39 a (ii)).

   ▶ **Überleitungsrechnung des Periodenergebnisses**, das im letzten Abschluss nach vorherigen landesrechtlichen Rechnungslegungsvorschriften ausgewiesen wurde, zum entsprechenden IFRS-Periodenergebnis (IFRS 1.39 b).

   ▶ Angabe der **Wertminderungsaufwendungen** sowie **Aufhebung von Wertminderungsaufwendungen** bei Erstellung der IFRS-Eröffnungsbilanz (IFRS 1.39 c).

   ▶ Angaben zu einigen – **abweichend** von den allgemein gültigen – in der IFRS-Eröffnungsbilanz **angewandten Bilanzierungs- und Bewertungsmaßstäben** (IFRS 1.43 A, 1.44, 1.44 A)

9. Auswirkungen ergeben sich, wenn das zur IFRS-Rechnungslegung übergehende Unternehmen die Vereinfachungen des IFRS 1.15 i.V. m. Appendix B anwendet. Die dort vorgeschriebenen Anpassungen setzen auf den im Übergangszeitpunkt zu IFRS nach landesrechtlichen Vorschriften **fortgeführten Konzernbilanzwerten** zur Erstellung der **IFRS-Konzernbilanz** auf. Die in IFRS 1.15 i.V. m. Appendix B vorgeschriebenen Anpassungen gelten insbesondere auch unabhängig davon, wie nach **landesrechtlichen Vorschriften** ein erworbener Goodwill bislang bilanziell (z. B. planmäßige Abschreibung oder erfolgsneutrale Verrechnung) behandelt wurde.

10. a) richtig, vgl. IFRS 1.23. Es kommt regelmäßig zu einer Verschiebung des Eigenkapitalausweises zwischen Kapitalrücklage und Gewinnrücklagen.

    b) richtig, vgl. IFRS 1.25 A.

    c) falsch, IFRS 1.25.

    d) richtig, IFRS 1.25 E. Zu diesem Wert wäre der Bilanzierende auch bei retrospektiver Anwendung der IFRS und gegebenenfalls einer Anpassung seiner Prognose gekommen.

    e) richtig, die Anpassungen vom landesrechtlichen Abschluss zum IFRS-Abschluss führen im Regelfall auch zu Abweichungen von der Steuerbilanz. Wegen der Erfolgsneutralität der Verrechnung der Anpassungsbeträge bei Erstellung der IFRS-Eröffnungsbilanz sind auch die latenten Steuern auf die Anpassungsbeträge ergebnisneutral zu verrechnen (IAS 12.61 A b).

    f) falsch, das Wahlrecht des IFRS 1.20 bezieht sich nur auf die sofortige Erfassung versicherungsmathematischer Gewinne und Verluste. Beispielsweise können Differenzen durch nachzuverrechnenden Dienstzeitaufwand auftreten.

    g) richtig, IFRS 1.7 schreibt ausnahmslos eine Stetigkeit der IFRS-Bilanzierungs- und Bewertungsmethoden für alle im ersten IFRS-Abschluss dargestellten Perioden vor.

h) **falsch.** Sofern das Unternehmen einen **bestimmten Unternehmenszusammenschluss** nicht nach der in IFRS 1. Appendix B vereinfachten Methode, sondern gemäß den Regeln des IAS 22 **retrospektiv** behandelt, müssen alle auf diesen Unternehmenszusammen- schluss **folgende Unternehmenszusammenschlüsse retrospektiv nach den IAS/IFRS-Vor- schriften** bilanziert werden.

Kapitel 6: Gewinn- und Verlustrechnung und Gesamtergebnisrechnung nach IFRS

1. Der Mindestausweis an Ergebnisposten in der Gesamtergebnisrechnung ergibt sich aus IAS 1.82:

    ► Umsatzerlöse,

    ► Finanzierungsaufwendungen,

    ► Gewinn- und Verlustanteile an assoziierten Unternehmen und Joint Ventures, die nach der Equity-Methode bilanziert werden,

    ► Steueraufwendungen,

    ► Ergebnis aus aufgegebenen Geschäftsbereichen,

    ► Periodenerfolg,

    ► jede Komponente des sonstigen Gesamtergebnisses, klassifiziert nach Arten (Währungs- differenzen aus der Umrechnung ausländischer Geschäftsbetriebe, Bewertungsergebnis- se aus zur Veräußerung verfügbaren finanziellen Vermögenswerten, Bewertungsergeb- nisse aus dem effektiven Teil von Cashflow-Hedges, Ergebnisse aus der Neubewertung von Sachanlagen und immateriellen Vermögenswerten, versicherungsmathematische Gewinne und Verluste aus leistungsorientierten Verpflichtungen),

    ► Anteil des sonstigen Gesamtergebnisses assoziierter Unternehmen und Joint Ventures bei Anwendung der Equity-Methode,

    ► Gesamtergebnis.

2. Das IFRS-GuV-Gliederungsschema des IAS 1.82 i.V. m. IAS 1.102 sieht keine gesonderte Posi- tion für den Ausweis von Wertminderungen vor. Dies ergibt sich aus IAS 36.126 a, der eine Angabe des GuV-Rechnungspostens fordert, welcher die Wertminderungsaufwendungen enthält. Der Ausweis der Wertminderungsaufwendungen – bei fehlender Erweiterung des Gliederungsschemas um einen eigenen Posten „Wertminderungsaufwendungen" – ist in der Literatur umstritten, ohne dass sich bislang eine herrschende Meinung herausgebildet hat. Während Baetge/Kirsch/Thiele sowie Coenenberg den **Ausweis unter den Abschreibun- gen** (Baetge/Kirsch/Thiele: Bilanzen, 9. Aufl., Düsseldorf 2007, S. 674; Coenenberg: Jahres- abschluss und Jahresabschlussanalyse, 20. Aufl., Stuttgart 2005, S. 513) favorisieren, spre- chen sich zahlreiche andere Autoren für einen Ausweis unter den **sonstigen Aufwendungen** aus (Zülch: Die Gewinn- und Verlustrechnung nach IFRS, Herne/Berlin 2005, S. 169; Holl- mann: Reporting Performance, Düsseldorf 2002, S. 181; Winkeljohann: Rechnungslegung nach IFRS, Herne/Berlin 2. Aufl., 2006, S. 243).

3. a) Voraussetzung für den Ausweis von Ergebnisbeiträgen unter den aufgegebenen Geschäftsbereichen ist einerseits, dass dieser **Unternehmensteil** die **Anforderungen des IFRS 5.32** erfüllt. Danach muss es sich entweder um

   ► eine ausschließlich zum Zwecke der Weiterveräußerung erworbene Tochtergesellschaft handeln oder um

   ► einen gesonderten wesentlichen Geschäftszweig oder

   ► einen geografischen Geschäftsbereich, der

   ► Teil eines einzelnen abgestimmten Plans zur Veräußerung ist, und

   ► der entweder bereits veräußert oder als „zur Veräußerung klassifiziert" wurde.

   Ein Geschäftsbereich muss überdies den Anforderungen einer **zahlungsmittel-generierenden Einheit** genügen, so dass die Cashflows des Geschäftsbereichs von den Cashflows der übrigen Geschäftsbereiche abgegrenzt werden können.

   b) Mindestvoraussetzung hinsichtlich des größenmäßigen Umfangs des (aufgegebenen) Geschäftsbereichs ist das Vorliegen einer zahlungsmittel-generierenden Einheit. Da in den IFRS nicht einmal die Hierarchieebene festgelegt ist, auf der zahlungsmittel-generierende Einheiten abzugrenzen sind, besteht ein großer Ermessensspielraum (Abgrenzung der zahlungsmittel-generierenden Einheiten in **vertikaler Betrachtung**). Darüber hinaus liegen selbst bei gegebener Hierarchieebene innerhalb der Unternehmenshierarchie im Regelfall auch bei der konkreten Abgrenzung einer zahlungsmittel-generierenden Einheit gegenüber anderen zahlungsmittel-generierenden Einheiten Ermessensspielräume vor (Abgrenzung der zahlungsmittel-generierenden Einheiten in **horizontaler Betrachtung**).

   c) Das in der GuV-Rechnung auszuweisende Ergebnis nach IAS 1.82 e setzt sich aus folgenden Komponenten zusammen:

+/-	Ergebnis aus der Bewertung und der Veräußerung von dem aufgegebenen Geschäftsbereich zuzuordnenden Vermögenswerte und Schulden
-/+	Steueraufwand/-ertrag auf das Ergebnis aus der Bewertung und der Veräußerung von dem aufgegebenen Geschäftsbereich zuzuordnenden Vermögenswerte und Schulden
+/-	Perioden-Ergebnis aus aufgegebenen Geschäftsbereichen
-/+	Steueraufwand/-ertrag auf das Perioden-Ergebnis aus aufgegebenen Geschäftsbereichen
=	Ergebnis aus aufgegebenen Geschäftsbereichen (nach Steuern) gemäß IAS 1.82 e

4. Die einzelnen aufgeführten Komponenten sind für die Einbeziehung in die Umsatzkosten wie folgt zu beurteilen:

   a) nein, da kein Aufwand im Sinne der IFRS-Rechnungslegung (IAS 16.65).

   b) ja, da diese Steuern als Betriebssteuern dem Produktionsprozess zuordenbar sind.

   c) nein, im Regelfall direktes Absetzen von den Umsatzerlösen (wirtschaftliche Betrachtungsweise nach Framework.35 und IAS 1.34).

   d) ja, trotz der Nichteinbeziehung dieser Kosten in die aktivierungsfähigen Herstellungsaufwendungen der Bestände handelt es sich um Aufwendungen, die dem Funktionsbereich Herstellung zuordenbar sind.

   e) ja (Begründung wie d).

f) ja, in den Umsatzkosten sind alle Kosten auszuweisen, die zur Erzielung der Umsatzerlöse angefallen sind (einschließlich Kosten der Vorperiode).

g) nein, Ausweis im spezielleren Posten IAS 1.82 b.

h) ja, sofern das Unternehmen nicht freiwillig Forschungs- und Entwicklungsaufwendungen als eigenständigen GuV-Posten ausweist.

5. a) Die auf die GuV-Rechnung bezogenen Angaben des IFRS 5.33 sind ab der Periode, in der erstmals die Voraussetzungen für einen aufgegebenen Geschäftsbereich vorliegen, rückwirkend für alle im Jahresabschluss dargestellten Berichtsperioden anzupassen (d. h. Umgliederung von Umsätzen, Ergebnissen etc. aus dem Ergebnis aus fortzuführenden Bereichen in das Ergebnis aus aufgegebenen Geschäftsbereichen).

b) Es findet kein Restatement für die Vermögenswerte und Schulden in der Bilanz statt, die den aufgegebenen Geschäftsbereichen zuzuordnen sind. Dementsprechend sind die Rentabilitäten für die fortzuführenden Bereiche für vergangene Perioden bei Existenz aufgegebener Geschäftsbereiche dadurch verzerrt, da das Ergebnis sich zwar auf die Ergebnisbeiträge aus fortzuführenden Bereichen bezieht. Die Kapital- oder Vermögensbasis schließt jedoch auch Vermögenswerte bzw. Kapital ein, welches auf die aufgegebenen Geschäftsbereiche zuzurechnen ist.

6. Nach IAS 1.87 dürfen **weder** in der **GuV-Rechnung noch** im **Anhang** Ertrags- oder Aufwandsposten als **außerordentlich** ausgewiesen werden. Da in der HGB-Rechnungslegung sehr unterschiedliche Sachverhalte im außerordentlichen Ergebnis erfasst werden, und in der IFRS-Rechnungslegung die Abgrenzung als „außerordentliche Posten" nicht existiert, kommen für den Ausweis mehrere GuV-Posten nach IAS 1.82 i.V. m. 1.102 in Betracht, insbesondere:

IFRS-GuV-Rechnungsposten	„außerordentliche" Sachverhalte im Sinne der HGB-Rechnungslegung
Sonstige Aufwendungen	Schäden aus Naturkatastrophen, Enteignung, Schenkungen
Sonstige Aufwendungen oder Abschreibungen (siehe Wiederholungsfragen, Kapitel 6, Frage 2)	außerordentliche Sonderabschreibungen
Sonstige Erträge	Forderungserlass, Versicherungsentschädigungen für außerordentliche Schäden
Ergebnis aus aufgegebenen Geschäftsbereichen	Veräußerung von wesentlichen Beteiligungen, Aufgabe von wesentlichen Betriebs- oder Unternehmensteilen

7. a) falsch, es handelt sich um ein Gliederungs- oder Darstellungswahlrecht. Umsatz- und Gesamtkostenverfahren führen zum selben Periodenergebnis.

b) falsch, bei Anwendung des Gesamtkostenverfahrens ist entweder das Gliederungsschema zu erweitern oder die Erträge aus selbst erstellten Eigenleistungen werden im Regelfall als Bestandteil der sonstigen Erträge ausgewiesen.

c) falsch, die Finanzerträge sind entweder separat auszuweisen oder – im Falle ihrer Unwesentlichkeit – mit den sonstigen Erträgen zusammenzufassen. Eine Verrechnung mit den Finanzierungsaufwendungen würde gegen das Saldierungsverbot des IAS 1.32 verstoßen (vgl. IFRIC Update, October 2004, S. 4).

d) falsch, die Ertragsteuern, die auf die Ergebnisbeiträge aus aufgegebenen Geschäftsbereichen entfallen, sind Bestandteil des GuV-Postens IAS 1.82 e (vgl. Wiederholungsfragen, Kapitel 6, Frage 3c).

e) falsch, diese Aussage gilt nur für Tochterunternehmen, an denen das Mutterunternehmen weniger als 100% hält. Da bei Gemeinschaftsunternehmen Erträge und Aufwendungen nur entsprechend dem Konzernanteil in die GuV-Rechnung eingehen, können hier keine Minderheitenanteile entstehen.

f) richtig, vgl. IFRS 1.39 b.

g) falsch, Ausnahmen: Versicherungsmathematische Gewinne und Verluste werden ohne Reklassifizierungsbuchung endgültig im sonstigen Gesamtergebnis bzw. bilanziell in den Gewinnrücklagen erfasst (IAS 19.93 B), Basis adjustment bei Auflösung von Cashflow-Hedges (siehe IAS 1. Implementation Guidance, Part I) sowie Erfassung des Abgangs der Neubewertungsrücklage durch unmittelbare Umbuchung in die Gewinnrücklage bei Abgang des neubewerteten Vermögenswerts.

h) falsch, eine Wertminderung ist nur insoweit im sonstigen Gesamtergebnis zu erfassen, als noch eine Neubewertungsrücklage für diesen Vermögenswert besteht. Wertminderungen, welche die vorhandene Neubewertungsrücklage übersteigen, sind erfolgswirksam über die GuV-Rechnung als Wertminderungsaufwand zu buchen (IAS 36.61 Satz 2).

8. Folgende Sachverhalte fallen unter den Postenausweis des IAS 1.82 g, sofern sie aus voll- oder quotenkonsolidierten Konzernunternehmen (einschließlich Gemeinschaftsunternehmen) stammen:

► Währungsdifferenzen aus der Umrechnung ausländischer Geschäftsbetriebe (Entstehung bzw. Realisierung bei Abgang der Geschäftsbetriebe auf Basis des Ergebniseffekts nach Steuern)

► Bewertungsergebnisse aus zur Veräußerung verfügbaren finanziellen Vermögenswerten (Entstehung bzw. Realisierung bei Abgang oder bei Eintritt einer Wertminderung auf Basis des Ergebniseffekts nach Steuern)

► Bewertungsergebnisse aus dem effektiven Teil des Cashflow-Hedges (Entstehung bzw. Abgang des Cashflow-Hedges auf Basis des Ergebniseffekts nach Steuern)

► Gewinne und Verluste aus der Neubewertung von Sachanlagen und immateriellen Vermögenswerten (Entstehung von Gewinnen bei Neubewertung, Verluste aus der Neubewertung bis zur Höhe der planmäßig fortgeführten Anschaffungs- oder Herstellungskosten, jeweils auf Basis des Ergebniseffekts nach Steuern)

► versicherungsmathematische Gewinne und Verluste aus leistungsorientierten Pensionsplänen (ohne Recycling bzw. Reklassifizierung) auf Basis des Ergebniseffekts nach Steuern.

Kapitel 7:   Kapitalflussrechnung nach IFRS

1. Die zentrale Aufgabe der Kapitalflussrechnung ist die **Bereitstellung von Informationen** über die **Finanzlage des Unternehmens bzw. Konzerns** sowie damit verbunden die **Abschätzung der Fähigkeiten** des Unternehmens bzw. Konzerns **Zahlungsmittel und Zahlungsmitteläquivalente** in der Zukunft zu erwirtschaften.

2. Die Kapitalflussrechnung nach IAS 7 unterscheidet drei Bereiche der Ursachen- oder Erklärungsrechnung, von denen Wirkungen auf den Fonds an Zahlungsmittel und Zahlungsmitteläquivalenten ausgehen können:

    ▶ **betriebliche Tätigkeit,**

    ▶ **Investitionstätigkeit** und

    ▶ **Finanzierungstätigkeit.**

In der Kapitalflussrechnung eines Einzelunternehmens stimmt die Summe der Cashflows aus diesen drei Bereichen mit der **Veränderung des Fonds an Zahlungsmittel und Zahlungsmitteläquivalenten** überein. Der Effekt aus Wechselkursänderungen auf den Bestand an Zahlungsmittel und Zahlungsmitteläquivalenten wird separat ausgewiesen. In der Konzern-Kapitalflussrechnung sind in der Überleitung noch die **Veränderungen des Konsolidierungskreises** zu berücksichtigen.

3. a) Der **Cashflow aus betrieblicher Tätigkeit** setzt sich aus folgenden Komponenten zusammen (IAS 7.14):

    ▶ Zahlungsmitteleingänge aus dem Verkauf von Waren und der Erbringung von Dienstleistungen,

    ▶ Zahlungsmitteleingänge aus Lizenzen, Honoraren und anderen Erlösen (einschließlich Mieterlöse),

    ▶ Auszahlungen an Lieferanten von Gütern und Dienstleistungen,

    ▶ Auszahlungen für den Erwerb von zur Vermietung oder zur Weiterveräußerung gehaltenen langfristigen Vermögenswerten,

    ▶ Auszahlungen an und für Arbeitnehmer,

    ▶ Einzahlungen und Auszahlungen von Versicherungsunternehmen für Prämien, Schadensregulierungen, Renten und andere Versicherungsleistungen,

    ▶ Zahlungen oder Rückerstattungen von Ertragsteuern, es sei denn, die Zahlungen können der Investitions- oder Finanzierungstätigkeit zugeordnet werden, und

    ▶ Einzahlungen und Auszahlungen für Handelskontrakte.

    Hinzuweisen ist auf das Wahlrecht der Zuordnung für Cashflows aus erhaltenen und gezahlten Zinsen, Dividenden und Ertragsteuern (IAS 7.31 und 7.35).

    b) Der **Cashflow aus Investitionstätigkeit** setzt sich aus folgenden Komponenten zusammen (IAS 7.16):

► Auszahlungen für die Beschaffung von Sachanlagen, immateriellen und anderen langfristigen Vermögenswerten (ausgenommen zur Vermietung oder zur Veräußerung gehaltener langfristiger Vermögenswerte),

► Einzahlungen aus dem Verkauf von Sachanlagen, immateriellen und anderen langfristigen Vermögenswerten (ausgenommen zur Vermietung oder zur Veräußerung gehaltener langfristiger Vermögenswerte),

► Auszahlungen für den Erwerb von Anteilen an anderen Unternehmen, von Schuldtiteln anderer Unternehmen und von Anteilen an Joint Ventures,

► Auszahlungen für Dritten gewährte Kredite und Darlehen,

► Einzahlungen aus der Tilgung von Dritten gewährten Krediten und Darlehen,

► Ein- und Auszahlungen für Termin-, Options- und Swap-Geschäfte, es sei denn diese Kontrakte werden zu Handelszwecken gehalten oder die Auszahlungen werden als Finanzierungstätigkeit klassifiziert.

Hinzuweisen ist auf das Wahlrecht der Zuordnung für Cashflows aus erhaltenen und gezahlten Zinsen, Dividenden und Ertragsteuern (IAS 7.31 und 7.35).

c) Der **Cashflow aus Finanzierungstätigkeit** setzt sich aus folgenden Komponenten zusammen (IAS 7.17):

► Einzahlungen aus der Ausgabe von Anteilen an dem Unternehmen oder anderen Eigenkapitalinstrumenten,

► Auszahlungen an Eigentümer zum Erwerb oder Rückerwerb von (eigenen) Anteilen an dem Unternehmen,

► Einzahlungen aus der Ausgabe von Schuldverschreibungen, Schuldscheinen und Rentenpapieren sowie aus der Aufnahme von Darlehen und Hypotheken oder aus der Aufnahme anderer kurz- oder langfristiger Ausleihungen,

► Auszahlungen für die Rückzahlung von Ausleihungen,

► Auszahlungen von Leasingnehmern zur Tilgung von Verbindlichkeiten aus Finanzierungs-Leasingverträgen.

Hinzuweisen ist auf das Wahlrecht der Zuordnung für Cashflows aus erhaltenen und gezahlten Zinsen, Dividenden und Ertragsteuern (IAS 7.31 und 7.35).

4. Zur Ableitung einer **Kapitalflussrechnung für einen Konzern** bestehen folgende Alternativen:

(1) Originäre Ermittlung

(2) Derivative Ermittlung

    a. indirekte Methode

    b. direkte Methode

(3) Additive Ermittlung

    a. Originäre Ermittlung der einbezogenen Einzel-Kapitalflussrechnungen

    b. Derivative Ermittlung der einbezogenen Einzel-Kapitalflussrechnungen

Zu (1): Bei der **originären Ermittlung** der Kapitalflussrechnung werden sämtliche Ein- und Auszahlungen der Konzernunternehmen einem bestimmten Bereich (betriebliche Tätigkeit, Investitionstätigkeit und Finanzierungstätigkeit) zugeordnet. Dies kann beispielsweise durch Aufteilung des Zahlungsmittelbestandskontos in (Unter-)Konten erfolgen. Es sind für jeden der **drei zu unterscheidenden Bereiche** (betriebliche Tätigkeit, Investitionstätigkeit und Finanzierungstätigkeit) **jeweils Ein- und Auszahlungskonten einzurichten**. Im Konzernabschluss sind **innerkonzernliche Zahlungsströme** auf einem gesonderten Konto zu erfassen, die für die Erstellung der Konzern-Kapitalflussrechnung zu **konsolidieren** sind.

Zu (2) a: Bei der indirekten Ermittlung der Konzern-Kapitalflussrechnung wird diese aus den **Daten der Konzernbilanz** unter Verwendung der Informationen der sie **ergänzenden Entwicklungsrechnungen** (insbesondere Eigenkapitalveränderungsrechnung, Anlage- und Rückstellungsspiegel) **abgeleitet**.

Zu (2) b: Ausgangspunkt für die **direkte Methode** ist die nach der **indirekten Methode derivativ abgeleitete Konzern-Kapitalflussrechnung** (2 a). Im nächsten Schritt wird das Jahresergebnis durch die **Erträge und Aufwendungen** der Konzern-GuV-Rechnung substituiert. Anschließend werden diese Erträge und Aufwendungen durch **Verrechnung mit den korrespondierenden** (ebenfalls in der indirekten Konzern-Kapitalflussrechnung enthaltenen) **Veränderungen der Konzern-Bilanzposten** näherungsweise in **derivativ abgeleitete Zahlungsströme** überführt.

Zu (3): Bei der additiven Methode werden zunächst die **Kapitalflussrechnungen auf Ebene der Einzelgesellschaften** – entweder nach der originären oder derivativen Methode ermittelt – aufgestellt. Diese Einzel-Kapitalflussrechnungen werden anschließend zwecks Ableitung der **Konzern-Kapitalflussrechnung** zusammengefasst bzw. konsolidiert (unter Vornahme separater Konsolidierungsbuchungen).

5. Der Fonds beinhaltet **Zahlungsmittel und Zahlungsmitteläquivalente**. Zahlungsmittel bestehen aus **Bareinlagen und Sichteinlagen** (IAS 7.6). Zahlungsmitteläquivalente dienen der Aufrechterhaltung der jederzeitigen Zahlungsbereitschaft. Damit eine Finanzinvestition als Zahlungsmitteläquivalent klassifiziert werden kann, muss diese ohne weiteres in einen bestimmten Zahlungsmittelbetrag umgewandelt werden können und darf nur geringen Wertschwankungsrisiken unterliegen. Im Regelfall sind nur solche Wertpapiere als Zahlungsmitteläquivalente auszuweisen, wenn sie – gerechnet vom Erwerbszeitpunkt – eine **Restlaufzeit von weniger als drei Monaten** besitzen (IAS 7.7). Weiterhin sind in den Fonds auch **jederzeit rückzahlbare kurzfristige Kredite**, die in die Finanzdisposition des Unternehmens eingehen, einzubeziehen, sofern diese Kredite landestypischerweise einen **integralen Bestandteil der Finanzdisposition** bilden (IAS 7.8).

6. Änderungen des Konsolidierungskreises können insbesondere auf folgende Ursachen zurück zu führen sein:

   ▶ **Veränderungen des Typus bzw. Status von Beteiligungen** (Tochterunternehmen, Gemeinschaftsunternehmen, assoziierte Unternehmen, sonstige Beteiligungen), z. B. durch Erhöhung oder Verringerung der Beteiligungsquote,

   ▶ **Erwerb** von konsolidierungspflichtigen Beteiligungen,

   ▶ **Verkauf** von konsolidierungspflichtigen Beteiligungen,

▶ **erstmalige Einbeziehung** von vormals nicht konsolidierten Beteiligungen auf Grund des Wegfalls eines Konsolidierungswahlrechts oder

▶ **Entkonsolidierung von Beteiligungen** auf Grund eines Konsolidierungswahlrechts.

7. a) richtig, IAS 7.31.

b) falsch, nach IAS 7.42 ist der Kaufpreis gegen die erworbenen Zahlungsmittel und Zahlungsmitteläquivalente zu verrechnen (**Nettomethode**).

c) richtig, nach IAS 7.8 sind **Kontokorrentkredite** dann in den Fonds einzubeziehen, wenn diese Kontokorrentkredite landestypischerweise **integraler Bestandteil der Finanzdisposition** bilden.

d) falsch, nach IAS 7.25 sind **Cashflows**, die aus Geschäftsvorfällen in einer fremden Währung resultieren, mit dem zum **Zahlungszeitpunkt gültigen Umrechnungskurs in die funktionale Währung** umzurechnen. Die Währungsumrechnungsregeln für die Erstellung der Konzernbilanz und Konzern-GuV-Rechnung sind grundsätzlich irrelevant.

e) richtig, es erfolgt kein Abfluss von liquiden Mitteln.

f) richtig, nach der indirekten Methode ergibt sich ein positiver Effekt auf das Jahresergebnis (Umsatzerlöse) und gleichzeitig ein negativer Effekt durch Erhöhung des Bestands an Forderungen aus Lieferungen und Leistungen. Nach der direkten Methode wird zur Ableitung der Umsatzeinzahlungen die Erhöhung des Bestands an Forderungen aus Lieferungen und Leistungen gegen die Umsatzerlöse verrechnet, sodass sich dieser Vorgang nicht in der nach der direkten Methode aufgestellten Kapitalflussrechnung niederschlägt.

Kapitel 8: Eigenkapitalveränderungsrechnung nach IFRS

1. Die allgemeine Bedeutung der Eigenkapitalveränderungsrechnung innerhalb des IFRS-Abschlusses besteht in der detaillierten Auflistung sämtlicher auf die Anteilseigner (des Mutterunternehmens) und gegebenenfalls die Minderheiten entfallenden Eigenkapitalveränderungen und erleichtert somit den Gesellschaftern die **Nachvollziehbarkeit der Eigenkapitalentwicklung**. Der Schwerpunkt der Eigenkapitalveränderungsrechnung nach IAS 1 (revised 2007) liegt auf Grund der verpflichtenden Aufstellung der Gesamtergebnisrechnung auf der Abbildung sämtlicher **„nicht ergebnisbezogener" Eigenkapitalveränderungen** (d. h. positiv ausgedrückt: „eigentümerbezogene Eigenkapitalveränderungen). Hierzu zählen insbesondere Dividenden, Kapitalrückzahlungen, Kapitalerhöhungen, Rückkauf bzw. Wiederausgabe eigener Aktien.

2. Sofern das nach IFRS bilanzierende Unternehmen das Bewertungswahlrecht des IAS 19.93 A für leistungsorientierte Pensionspläne in Anspruch nimmt, hat dies zur Konsequenz, dass dann die „Eigenkapitalveränderungsrechnung" durch die **„Gesamtergebnisrechnung"** („Statement of recognised income and expense") **ersetzt** wird.

3. Die Eigenkapitalveränderungsrechnung muss folgende – in IAS 1.106 (revised 2007) aufgeführte – Posten **zwingend** enthalten (Pflichtangaben):

   ▶ Gesamtergebnis, aufgeteilt nach dem auf die Anteilseigner des Mutterunternehmens entfallenden Anteil und dem Minderheitsanteil,

   ▶ Auswirkung von Änderungen der Bilanzierungs- und Bewertungsmethoden und der Berichtigung wesentlicher Fehler (getrennt nach jeder Eigenkapitalkomponente),

   ▶ Kapitaltransaktionen mit Anteilseignern und Ausschüttungen an Anteilseigner,

   ▶ Überleitungsrechnung der Buchwerte jeder Kategorie des gezeichneten Kapitals, des Agios und sämtlicher Rücklagen zu Beginn und am Ende der Periode, die jede Bewegung gesondert angibt.

4. Der **bilanzielle Ausweis** ergibt sich aus IAS 1.54 q und 1.54 r. Danach sind für den **Konzernabschluss** nur das **Eigenkapital**, welches auf die **Anteilseigner des Mutterunternehmens** entfällt, und die **Anteile der Minderheiten am Eigenkapital** getrennt auszuweisen. Im Einzelabschluss genügt ein einziger Bilanzposten Eigenkapital.

5. Die Fortschreibung der Gewinnrücklagen in der Eigenkapitalveränderungsrechnung hat folgende Gestalt:

	(angesammelte) Gewinnrücklagen, Anfangsbestand
+/-	Anpassung aus dem Übergang auf IFRS gemäß IFRS 1 (nach Steuern)
+/-	Gesamtauswirkung aus der retrospektiven Änderung von Bilanzierungs- und Bewertungsmethoden gemäß IAS 8.22 (nach Steuern)
+/-	Gesamtauswirkung aus der retrospektiven Korrektur wesentlicher Fehler gemäß IAS 8.42 (nach Steuern)
+/-	Periodengewinn/-verlust (als Teil des Gesamtergebnisses)
+/-	versicherungsmathematische Gewinne/Verluste aus leistungsorientierten Pensionsplänen (nach Steuern) (als Teil des Gesamtergebnisses)
-	Dividendenausschüttung
+	Umbuchung der Neubewertungsrücklage bei Verkauf/Abgang eines neubewerteten Vermögenswerts
+	Umgliederung aus dem gezeichneten Kapital
+	Umgliederung aus der Kapitalrücklage
-	Umgliederung in das gezeichnete Kapital
-	Verminderung durch Einziehung eigener Aktien (nur Cost-Method)
-	Verminderung durch Rückkauf eigener Aktien (nur Par-Value-Method)
=	(angesammelte) Gewinnrücklagen, Endbestand

6. a) richtig, es handelt sich um Posten, die im Einzelabschluss nicht vorkommen können.

   b) richtig. Bei der Cost-Method wird eine eigene Position (Abzugsposten) innerhalb des Eigenkapitals gebildet, während nach der Par-Value-Method sich der Aktienrückkauf in verschiedenen Posten auswirkt.

   c) falsch, gemäß IAS 12.61 A sind die latenten Steuern mit dem jeweiligen Grundsachverhalt erfolgsneutral zu verrechnen. Somit wirken sich diese latenten Steuern in unterschiedlichen Posten aus.

d) falsch, nach IAS 32.37 zählen die für die eigene Finanz-, Rechts- und Steuerabteilung angefallenen Kosten nicht zu den ergebnisneutral zu verrechnenden Eigenkapitalbeschaffungskosten und sind erfolgswirksam über die GuV-Rechnung bzw. das Gesamtergebnis abzubilden.

e) richtig. Die Buchung lautet nämlich während des Erdienungszeitraums: Personalaufwand an Kapitalrücklage. In der Eigenkapitalveränderungsrechnung vermindern sich damit die Gewinnrücklagen, während die Kapitalrücklage steigt. Das Eigenkapital verändert sich – Steuereffekte ignoriert – hierdurch nicht.

f) falsch. Es besteht zwar eine Offenlegungspflicht für die Dividenden je Aktie gemäß IAS 1.107 (revised 2007); jedoch fehlt eine entsprechende Offenlegungspflicht für das Gesamtergebnis je Aktie.

Kapitel 9: Anhang nach IFRS

1. Der Anhang zum IFRS-Abschluss nimmt im Wesentlichen drei Aufgaben wahr:

   ► **Erläuterungsfunktion**

   Der Anhang soll durch spezielle Angaben insbesondere die **Vorgehensweise bei der Abbildung von Sachverhalten in Bilanz und GuV-Rechnung** erläutern (IAS 1.112 a). Hiernach soll der Anhang aktuelle Informationen über die Grundlagen der Aufstellung des Abschlusses und die besonderen Bilanzierungs- und Bewertungsmethoden gemäß IAS 1.117-1.124 enthalten.

   ► **Entlastungsfunktion**

   Die Entlastungsfunktion des IFRS-Anhangs besteht darin, dass dieser Teil des IFRS-Abschlusses **Informationen aufnimmt**, deren **Offenlegung von den IAS/IFRS** gefordert werden, die aber in den anderen Jahresabschlussbestandteilen nicht enthalten sind (IAS 1.112 b).

   ► **Ergänzungsfunktion**

   Nach IAS 1.112 c hat der Anhang zusätzliche Informationen zu liefern, die nicht in der Bilanz, der Gesamtergebnisrechnung, der Eigenkapitalveränderungsrechnung und der Kapitalflussrechnung ausgewiesen werden, die jedoch für das **Verständnis** derselben jedoch **relevant** sind.

2. In Anlehnung an IAS 1.112 i. V. m. 1.114 kann folgende Gliederungsstruktur für den Anhang nach IFRS aufgestellt werden:

   (1) allgemeine Aussage zur **Übereinstimmung** des vorliegenden Abschlusses **mit** den **IFRS** (IAS 1.114 a),

   (2) Darstellung der **wesentlichen Bilanzierungs- und Bewertungsmethoden** (IAS 1.114 b i. V. m. IAS 1.117 ff.),

   (3) **Ergänzende Informationen** zu den in den **Jahresabschlussbestandteilen** (Bilanz, Gesamtergebnisrechnung, Eigenkapitalveränderungsrechnung und Kapitalflussrechnung) ent-

haltenen Posten und zwar in der Reihenfolge, in der jeder Posten und jeder Abschlussbestandteil dargestellt wird (IAS 1.114 c),

(4) **Andere Angaben**, einschließlich der Berichterstattung über Eventualschulden und nicht
bilanzierte vertragliche Verpflichtungen sowie nicht finanzielle Angaben, z. B. Risikoma-
nagementziele und Risikomanagementmethoden (IAS 1.114 d).

3. **Leasingnehmer** haben im Anhang folgende Informationen offen zu legen:

Finanzierungs-Leasing (IAS 17.31)	Operating-Leasing (IAS 17.35)
Nettobuchwert zum Bilanzstichtag für jede Klasse von Vermögenswerten	
Summe der Mindestleasingzahlungen aus unkündbaren Leasingverhältnissen für folgende Perioden: ▶ bis zu einem Jahr ▶ länger als ein Jahr und bis zu fünf Jahren ▶ länger als fünf Jahre	
Barwert der Mindestleasingzahlungen für jede der genannten Perioden und Überleitung von der Summe zum Barwert der Mindestleasingzahlungen	
erfolgswirksam erfasste bedingte Mietzahlungen	
Summe der künftigen erwarteten Mindestleasingzahlungen aus unkündbaren Untermietverhältnissen am Bilanzstichtag	
allgemeine Beschreibung der wesentlichen Leasingvereinbarungen des Leasingnehmers	

Leasinggeber haben im Anhang folgende Informationen offen zu legen:

Finanzierungs-Leasing (IAS 17.31)	Operating-Leasing (IAS 17.35)
Summe der Mindestleasingzahlungen aus unkündbaren Leasingverhältnissen für folgende Perioden: ▶ bis zu einem Jahr ▶ länger als ein Jahr und bis zu fünf Jahren ▶ länger als fünf Jahre	
Barwert der Mindestleasingzahlungen für jede der genannten Perioden und Überleitung von der Bruttogesamtinvestition zum Barwert der Mindestleasingzahlungen	
noch nicht realisierter Finanzertrag	
nicht garantierte Restwerte zugunsten des Leasinggebers	
kumulierte Wertberichtigungen für uneinbringliche ausstehende Mindestleasingzahlungen	
erfolgswirksam erfasste bedingte Mietzahlungen	
allgemeine Beschreibung der wesentlichen Leasingvereinbarungen des Leasinggebers	

4. Die Angabepflichten im Zusammenhang mit der steuerlichen Berichterstattung **lassen** sich
wie folgt systematisieren:

▶ **Hauptbestandteile des Steueraufwands und -ertrags** (IAS 12.79 i.V. m. 12.80, 12.81 h),

▶ Angabe der **bilanziellen Steuereffekte** (IAS 12.81 a und 12.81 g (i)),

▶ steuerliche Überleitungsrechnung (IAS 12.81 c),

▶ Angaben zu den **ertragsteuerlichen Konsequenzen von Dividenden** (IAS 12.81 i und 12.82 A),

▶ Angaben zu den **steuerlichen Verlustvorträgen** (IAS 12.81 e und 12.82) und zu den **temporären Differenzen** (IAS 12.81 e und f), für die **keine latenten Steuern** abgegrenzt wurden,

▶ Erläuterung der Änderung des **anzuwendenden Steuersatzes** (IAS 12.81 d).

5. a) Der Management Approach basiert auf der Idee, den **Jahresabschlussadressaten** dieselben **Schlüsselgrößen**, in derselben **Abgrenzung** und mit denselben **Bewertungsmaßstäben** zu berichten wie den **zentralen Entscheidungsträgern** der berichtenden Einheit.

   b) Der Management Approach wirkt sich insbesondere aus auf

   ▶ die **Segmentierungskriterien** (IFRS 8.5 ff.),

   ▶ den Prozess der **Abgrenzung** und **Bildung berichtspflichtiger Segmente** (IFRS 8.11 ff.),

   ▶ die **Berichtsgrößen** (sowohl der Art nach, dem materiellen Umfang nach und hinsichtlich der angewendeten Bewertungsmaßstäbe; IFRS 8.23 ff.).

   c) Unabhängig von der Ausgestaltung der internen Finanzberichterstattung sind das **Segmentergebnis** und das **Segmentvermögen** für jedes operativ berichtspflichtige Segment anzugeben (IFRS 8.23 Satz 1). Über IAS 36.129 sind weiterhin für jedes operativ berichtspflichtige Segment die Höhe des **Wertminderungsaufwands** sowie die Höhe der **Wertaufholung** einer Berichtsperiode offen zu legen; dies gilt ebenfalls unabhängig von der Ausgestaltung der internen Finanzberichterstattung.

6. Für **Eventualschulden**, deren **Eintreten nicht unwahrscheinlich** ist (bzw. deren Eintritt möglich ist), hat das nach IFRS bilanzierende Unternehmen anzugeben (IAS 37.86):

   ▶ Beschreibung der Art der Eventualschulden,

   ▶ Schätzung der finanziellen Auswirkungen,

   ▶ Angabe von Unsicherheiten hinsichtlich des Betrags und/oder der Fälligkeiten sowie

   ▶ Möglichkeiten einer Erstattung.

   Für **Eventualforderungen**, deren **Eintreten wahrscheinlich** ist, hat das nach IFRS bilanzierende Unternehmen anzugeben (IAS 37.89):

   ▶ Beschreibung der Art der Eventualforderungen und

   ▶ Schätzung der finanziellen Auswirkung.

   Eine **Schutzklausel** besteht nach IAS 37.92 nur in äußerst seltenen Fällen, falls damit gerechnet werden kann, dass eine vollständige Angabe von Informationen über Eventualschulden und Eventualforderungen die Lage eines Unternehmens im Rechtsstreit mit anderen Parteien ernsthaft beeinträchtigen kann.

7. a) Der Zweck dieser Überleitungsrechnung besteht darin, die **Relation des Steueraufwands** bzw. -ertrags zum **IFRS-Ergebnis vor Steuern** darzustellen und hierbei die Gründe offen zu legen, weshalb der Steueraufwand bzw. -ertrag **nicht** in dem auf Basis des IFRS-Ergebnisses **erwarteten Verhältnis** steht. Die Erwartung wird nach IAS 12.84 dadurch bestimmt, dass sich der Steueraufwand bzw. -ertrag als Produkt aus anzuwendendem Steuersatz und dem IFRS-Ergebnis vor Steuern errechnet.

b) Die Ableitung einer Struktur für die steuerliche Überleitungsrechnung hat sich an sämtlichen möglichen Abweichungen zwischen dem theoretisch zu erwartenden Steueraufwand bzw. -ertrag, der sich als Produkt aus dem IFRS-Ergebnis vor Steuern und dem anzuwendenden Ertragsteuersatz errechnet, und dem in der GuV-Rechnung ausgewiesenen Steueraufwand bzw. -ertrag zu orientieren. Die Unterschiede können insbesondere auf nachstehende Ursachen zurückzuführen sein:

▶ **Differenzen zwischen ausländischen** und dem **inländischen** anzuwendenden **Ertragsteuersatz** bzw. -sätzen (IAS 12.85),

▶ **permanente Differenzen** zwischen IFRS-Ergebnis und zu versteuerndem Einkommen,

▶ **temporäre Differenzen ohne Abgrenzung latenter Steuern** kraft **spezieller IFRS-Regelungen**,

▶ **aktive temporäre Differenzen**, welche auf Grund **fehlender Ansatzvoraussetzungen** nicht oder nicht in voller Höhe angesetzt werden, sowie

▶ **periodenfremde nicht abgrenzbare** bzw. **abgegrenzte Effekte.**

8. a) richtig, vgl. IFRS 7.40 f., IAS 19.120 A o, IFRS 4.37 d, IFRS 4.39 sowie IAS 1.120 b.

b) richtig, vgl. IAS 33.41.

c) falsch. Temporär steuerfreie Erträge führen später zu steuerpflichtigen Erträgen, die dann im Rahmen passiver latenter Steuern abzugrenzen sind. Temporär steuerlich nicht abzugsfähige Aufwendungen führen später zu steuerlich abzugsfähigen Aufwendungen, die somit über aktive latente Steuern abzugrenzen sind.

d) falsch, auf Grund der Verwendung interner Bilanzierungs- und Bewertungsmaßstäbe, welche nicht IFRS-konform sein müssen, können darüber hinaus auch „Effekte aus von den IFRS abweichenden Segmentbilanzierungs- und Segmentbewertungsmethoden" einen typischen Überleitungsposten bilden.

e) richtig, vgl. z. B. IAS 24.6.

f) richtig, Verbot der Abgrenzung als aktive latente Steuern folgt aus IAS 12.52 A und 12.52 B. Angabepflicht im Anhang ergibt sich aus IAS 12.82 A.

Kapitel 10:   Umstellung der Rechnungslegung von HGB auf IFRS

ANTWORTEN

1. Bei der Umstellung auf die IFRS-Rechnungslegung können folgende Phasen unterschieden werden, zwischen denen teilweise auch Rückkoppelungen erfolgen können:

▶ **Identifikation von Bilanzierungs- und Bewertungsunterschieden,**

▶ **Ermittlung des Informationsbedarfs** zur Erstellung der IFRS-Eröffnungsbilanz,

▶ **Erstellung der IFRS-Eröffnungsbilanz** und

▶ Festlegung der **Methoden zur Erhebung des laufenden Informationsbedarfs.**

2. An Methoden zur Generierung des Informationsbedarfs für den IFRS-Anhang kommen in Betracht:

▶ **Erweiterung des Kontenplans**, z. B. zur Abbildung des Anlage- oder Rückstellungsspiegels oder der Eigenkapitalveränderungsrechnung,

▶ **Kontenauswertung**, z. B. Auswertung des Gegenkontos bei der Kapitalflussrechnung,

▶ **Statistische Aufzeichnungen** kommen insbesondere dann zur Anwendung, wenn die Informationen nicht aus der Buchhaltung abgeleitet werden können. Beispielsweise werden nicht bilanzwirksame quantitative sowie qualitative Informationen statistisch erfasst (z. B. allgemeine Beschreibung der wesentlichen Leasingvereinbarungen).

▶ **Simulationsrechnungen;** diese sind überall dort einzusetzen, wo das nach IFRS rechnungslegende Unternehmen die Auswirkungen von Parameteränderungen auf bestimmte Zielgrößen offen legen soll (IAS 1.120 b, IAS 19.120 A o, IFRS 7.40 f. und speziell bei Rückversicherungsunternehmen nach IFRS 4.37 d und IFRS 4.39 c).

▶ **Prognosen**, falls die IFRS eine Offenlegungspflicht für Informationen über zukünftige Ereignisse oder Daten vorschreiben, so z. B. Offenlegung der versicherungsmathematischen Parameter zur Bewertung von leistungsorientierten Pensionsplänen (IAS 19.120 A n) sowie der wichtigsten zukunftsbezogenen Annahmen für die Bewertung von Vermögenswerten und Schulden (IAS 1.116).

3. Die Vorteile der originären Buchführung nach IFRS im Vergleich zu einer originären Buchführung nach HGB bestehen in:

▶ nur **einmal jährliche Überleitung von IFRS zum HGB** für externe Berichtszwecke **zum Ende des Wirtschaftsjahres**

Im umgekehrten Fall, d. h. bei Primärdatenerhebung auf Basis des Landesrechts, ist für Reportingzwecke (z. B. Börsenberichterstattung) im Regelfall quartalsweise eine Überleitung zwischen HGB und IFRS durchzuführen. Dennoch ist zu berücksichtigen, dass zur Ermittlung der latenten Steuerpositionen im IFRS-Abschluss (faktisch) quartalsweise eine Steuerbilanz zu erstellen ist.

▶ **geringerer Bedarf an zusätzlichen speziellen landesrechtlichen Konten**

Die Informationsanforderungen nach IFRS sind im Vergleich mit dem HGB weitreichend, so dass über den Bestand an IFRS-Konten im zweiten Bewertungsbereich regelmäßig nur wenige Konten zusätzlich eingerichtet werden müssen.

▶ **unmittelbarer Zugriff auf originäre Konteninhalte** bei konzernweiten Auswertungen (z. B. Kostenstrukturen, Benchmarking), die zwecks Vergleichbarkeit auf IFRS-Basis durchgeführt werden.

4. a) Bei der **Buchung von Originalwerten** ist in einem ersten Schritt der Kreis der jeweils nach HGB und IFRS ausschließlich zu bebuchenden Konten exakt abzugrenzen. Der **Kreis der ausschließlich zu bebuchenden Konten** muss dabei auch sämtliche potenzielle Gegenkonten bei Buchung auf einem dieser Konten einschließen (empfehlenswert: Abgrenzung bestimmter Kontenbereiche, z. B. Sachanlagen). Damit unterscheidet diese Vorgehensweise reine HGB-Konten, reine IFRS-Konten sowie Gemeinschaftskonten für IFRS und HGB. Der erste Bewertungsbereich enthält immer die Gemeinschaftskonten und beispielsweise die ausschließlich nach HGB zu bebuchenden Konten. Damit wären im

zweiten Bewertungsbereich nur die reinen IFRS-Konten anzulegen. Die im System der HGB und IFRS **identischen Sachverhalte** sind nur **einmal auf den Gemeinschaftskonten** zu erfassen.

Die nach IFRS und HGB **abweichend zu behandelnden Sachverhalte** sind **zweimal zu buchen**, nämlich einmal auf landesrechtlichen Konten und zusätzlich auf IFRS-Konten. Die Bilanz- und die GuV-Rechnung nach HGB sowie nach IFRS ergeben sich durch **Auslesen** der im **jeweiligen System ausschließlich zu buchenden Konten** sowie der **Gemeinschaftskonten.**

b) Die **Vorteile der Buchung von Originalwerten** zur Überleitung zwischen IFRS- und HGB-Rechnungslegung sind:

▶ Die **Buchungssätze sind bei dieser Überleitungsform** für sich genommen **sinnvoll interpretierbar**. (Im Gegensatz hierzu sind die Differenzbuchungen als eigenständige Buchungen zumeist nur schwer verständlich, da nur die hinter den Differenzbuchungen stehenden Originalbuchungen einen eigenständigen Aussagegehalt haben.)

▶ **höhere Transparenz durch klare Abgrenzung der Kontenbereiche** und

▶ **tendenziell geringeres Fehlerpotenzial** (im Vergleich zu Differenzbuchungen).

Nachteile der Buchung von Originalwerten zur Überleitung zwischen IFRS- und HGB-Rechnungslegung sind:

▶ **sehr aufwendige Methode**, insbesondere bei Einrichtung der Kontenkreise

▶ mit dem hohen Aufwand bei Einrichtung geht eine gewisse Schwerfälligkeit und **mangelnde Flexibilität** einher. Insbesondere ist bei jeder Änderung der Bilanzierungs- und Bewertungsmethoden sowohl in den IFRS als auch im Landesrecht zu prüfen, ob die bisherigen Kontenkreise die Systematik dieser Buchungslogik weiterhin abbilden; andernfalls ist der Kontenplan anzupassen, beispielsweise durch Zerlegung von Konteninhalten auf nunmehr zu trennenden Konten.

5. **Konzernkontenplan: Konzerneinheitliche und abschließende Vorgabe sämtlicher** innerhalb eines Konzerns **von allen Unternehmen zwingend zu verwendenden Konten**. Eine weitere Ausdifferenzierung der Konten auf Ebene der einzelnen Konzernunternehmen ist nicht möglich.

Konzernkontenrahmen: Konzerneinheitliche und abschließende Vorgabe sämtlicher innerhalb eines Konzerns von allen Unternehmen zwingend zu verwendenden **„(Haupt-)Konten"**. Eine **weitere Ausdifferenzierung** der „(Haupt-)Konten" auf Ebene der einzelnen Konzernunternehmen ist **möglich,** aber nicht zwingend erforderlich.

Konzernkontenrichtlinie: Definition bzw. **Erläuterung der Inhalte** der Konten des Konzernkontenplans bzw. der Inhalte der „(Haupt-)Konten" des **Konzernkontenrahmens.**

6. Typische Bereiche, in denen Kontenplanerweiterungen zur Abbildung der quantitativen Angabepflichten eingesetzt werden können, sind:

▶ **Anlagespiegel,**

▶ **Finanzinstrumente,**

▶ **Rückstellungsspiegel,**

▶ **Eigenkapitalveränderungsrechnung,**

▶ Aufgliederung des **Steueraufwands und -ertrags** sowie die offen zu legenden **bilanziellen Steuereffekte**,

▶ Aufgliederung von Erträgen nach IAS 18 und IAS 11.

Kapitel 11: IFRS-Rechnungslegung für kleine und mittelgroße Unternehmen

ANTWORTEN

1. **SMEs** (small and medium-sized entities) im Sinne des ED-SME-Standards sind nur solche Unternehmen, die

   ▶ **keine Verpflichtung** zur **öffentlichen Rechenschaft** haben

   ▶ und die sogenannte **Mehrzweck-Jahresabschlüsse** (general purpose financial statements) für externe Jahresabschlussadressaten veröffentlichen.

   Der Begriff der SMEs wird damit ausschließlich negativ abgegrenzt. Eine „public accountability" bzw. eine **öffentliche Rechenschaftspflicht** haben nach ED-SME 1.2:

   a) Unternehmen, die zum Zweck der Emission von Wertpapieren jeglicher Art ihren Abschluss bei einer Börsenaufsichts- oder Regulierungsbehörde einreichen bzw. einreichen werden (d. h. **kapitalmarktorientierte Unternehmen**) sowie

   b) Unternehmen, die für einen **großen Kreis von Dritten in Treuhändereigenschaft Vermögenswerte verwalten** (z. B. Banken, Versicherungsunternehmen, Wertpapierbroker/-händler, Pensionsfonds, Investmentfonds oder -gesellschaften).

   Der ED-SME-Standard enthält insbesondere keine größenabhängige Abgrenzung von SMEs; dementsprechend können auch sehr große Unternehmen, welche beispielsweise in der Rechtsform eines Einzelunternehmens oder einer Personenhandelsgesellschaft geführt werden, SMEs im Sinne des ED-SME-Standards sein.

2. Die ED-SME-Rechnungslegungsvorschriften sind nach Auffassung des IASB auch für Kleinstunternehmen (so genannte Micros) geeignet, welche nur einen oder sehr wenige Mitarbeiter beschäftigen. Die **externen Jahresabschlussnutzer von SME-Abschlüssen** (insbesondere Kreditgeber, Lieferanten, Kunden, Ratingagenturen und Arbeitnehmer) benötigen für ihre Entscheidungen ebenfalls **spezifische Informationen** und sind nicht in der Lage, maßgeschneiderte Informationen von Kleinstunternehmen zu erhalten. Vielmehr müssen sich die externen Jahresabschlussnutzer auf die Informationen von **Mehrzweck-Jahresabschlüssen** verlassen können (ED-SME.BC 46). Darüber hinaus befürchtet der IASB, dass noch **weiter vereinfachte Rechnungslegungsvorschriften für Kleinstunternehmen** es diesen Unternehmen **erschweren könnte Kapital von Investoren** zu erhalten (ED-SME.BC 49). Weiterhin wird in vielen Staaten bereits die IFRS-Rechnungslegung als grundsätzlich für alle Unternehmen geeignet angesehen, so dass in diesen Staaten entweder alle Unternehmen verpflichtend die IFRS-Rechnungslegung anwenden müssen oder zumindest anwenden können; um so mehr sollten daher die bereits vereinfachten Rechnungslegungsvorschriften für SMEs auch universelle Gültigkeit für Kleinstunternehmen haben (ED-SME.BC 48).

3. SME-Abschlüsse haben zwei Zielsetzungen zu erfüllen:

    ► **Informationsfunktion:** Jahresabschlussnutzer, welche nicht in der Position sind für ihre Zwecke maßgeschneiderte spezielle Informationen zu erhalten, sollen mit **Informationen über die finanzielle Situation, die Erfolgslage und Cashflows** versorgt und hierdurch bei ihren **Entscheidungen unterstützt** werden (ED-SME 2.1 Satz 1).

    ► **Rechenschaftslegungsfunktion:** Darüber hinaus zeigen Jahresabschlüsse auch das **Ergebnis aus der Verwaltungstätigkeit** der überlassenen Ressourcen an, das durch das Management erzielt wurde (ED-SME 2.1 Satz 2).

4. Die ED-SME-Rechnungslegung enthält folgende – von der IFRS-Rechnungslegung abweichenden – Wahlrechte, die sich aus Kosten-Nutzen-Überlegungen bei SMEs begründen lassen:

    ► **Wahlrecht zwischen Aktivierung und Aufwandsverrechnung von Fremdkapitalzinsen für qualifizierte Vermögenswerte** (ED-SME 24.2): Das Wahlrecht zur Aufwandsverrechnung stellt insoweit eine Vereinfachung dar, da das SME, welches sich für die Aufwandsverrechnung entscheidet, nicht die zu aktivierenden Zinsen – aus der Gesamtheit der Zinsausgaben bzw. Zinsaufwendungen – identifizieren und abgrenzen muss (vgl. insbesondere IAS 23.10-23.25).

    ► **Anwendung des ED-SME 11 oder des IAS 39 und des IFRS 7** (ED-SME 11.1)

    Das SME kann sich entscheiden, ob es entweder die Rechnungslegung für Finanzinstrumente nach den vereinfachten Rechnungslegungsvorschriften des ED-SME-Standards anwendet oder stattdessen die IFRS-Rechnungslegungsvorschriften befolgt. Die wesentlichen Erleichterungen des ED-SME 11 bestehen in Einteilung und Bewertung von Finanzinstrumenten (nur zwei statt vier Kategorien von Finanzinstrumenten), beim Hedge-Accounting (insbesondere geringere Anforderungen an den Effektivitätstest), bei der Ausbuchung von Finanzinstrumenten (keine teilweise Ausbuchung von Finanzinstrumenten in der ED-SME-Rechnungslegung) sowie in reduzierten Angabepflichten für Finanzinstrumente.

    ► Bilanzierung von **assoziierten Unternehmen im Konzernabschluss zu fortgeführten Anschaffungskosten, zum Equity-Buchwert oder erfolgswirksam zum beizulegenden Zeitwert** (ED-SME 13.3)

    Das SME braucht die assoziierten Unternehmen nicht (at Equity) zu konsolidieren, sondern kann stattdessen die Beteiligung zu den historischen Anschaffungskosten abzüglich Wertminderungen oder auch zum beizulegenden Zeitwert ansetzen.

    ► Bilanzierung von **gemeinschaftlich geführten Unternehmen im Konzernabschluss zu fortgeführten Anschaffungskosten, zum quotal konsolidierten Wert (Quotenkonsolidierung), zum Equity-Buchwert oder erfolgswirksam zum beizulegenden Zeitwert** (ED-SME 14.8)

    Das SME braucht die gemeinschaftlich geführten Unternehmen nicht mittels Anwendung einer Konsolidierungsmethode einzubeziehen, sondern kann stattdessen die Beteiligung – ebenso wie die Beteiligungen an assoziierten Unternehmen – zu den historischen Anschaffungskosten abzüglich Wertminderungen oder auch zum beizulegenden Zeitwert ansetzen.

▶ **Wahlrecht zwischen der Aktivierung und Aufwandsverrechnung der in der Entwick-lungsphase** für einen **selbst erstellten immateriellen Vermögenswert** angefallenen Aus-gaben (ED-SME 17.14)

Die Anwendung des in der IFRS-Rechnungslegung vorgeschriebenen Aktivierungsmodells beinhaltet umfangreiche (unternehmens-)intern zu erbringende Nachweise (IAS 38.57 a –f).

▶ Bilanzierung sämtlicher staatlicher Zuschüsse nach dem **„IFRS for SMEs model"** (ED-SME 23.4) oder beizulegenden nur der staatlichen Zuschüsse nach diesem Modell, die sich auf erfolgswirksam zum beizulegenden Zeitwert angesetzte Vermögenswerte beziehen (ED-SME 23.3).

Die ED-SME-Rechnungslegung enthält im Vergleich mit der Bilanzierung von öffent-lichen Zuwendungen nach IAS 20 nur **ein – für sämtliche Zuwendungen anwendbares –** Bilanzierungsmodell, welches sich klar an den **Grundsätzen der Ertragsrealisierung** aus-richtet.

5. Grundlage für die Ausfüllung von Regelungslücken bildet ED-SME 10.2. Danach hat sich die Geschäftsleitung bei der Entwicklung und Anwendung einer Bilanzierungs- und Bewer-tungsmethode von den übergeordneten Grundsätzen der **Entscheidungsnützlichkeit** und der **Verlässlichkeit von Informationen** leiten zu lassen. Bei der Entscheidungsfindung über die Bilanzierung und Bewertung von nicht im ED-SME-Standard geregelten Geschäftsvorfäl-le, anderen Ereignissen und anderen Bedingungen greift das Management – unter Beach-tung von Entscheidungsnützlichkeit und Verlässlichkeit der Informationen – auf folgende Quellen in absteigender Reihenfolge zurück:

▶ **Anforderungen und Anwendungsleitlinien im ED-SME-Standard, die ähnliche und ver-wandte Fragen** behandeln (ED-SME 10.3 a)

▶ Vorschriften über die **Abschlussposten**, die **Bewertungskonzepte** sowie die ebenfalls in ED-SME 2 dargestellten **grundlegenden Prinzipien** (ED-SME 10.3 b)

▶ **Vorschriften und Leitlinien der IFRS-Rechnungslegung**, die **ähnliche und verwandte Fra-gen** behandeln (ED-SME 10.4 Satz 1)

▶ **aktuelle Verlautbarungen anderer Standardsetter**, welche auf einem ähnlichen konzep-tionellen Rahmenkonzept wie die ED-SME-Rechnungslegung bzw. die IFRS-Rechnungs-legung aufbauen, **Rechnungslegungsliteratur** und **Branchenpraktiken**; diese Normen kommen jedoch nur bei Widerspruchsfreiheit zu den in ED-SME 10.3 genannten Quellen zur Anwendung (ED-SME 10.4 Satz 2)

6. Eine kombinierte GuV-Rechnung sowie Gewinnrücklagenentwicklungsrechnung ist in der ED-SME-Rechnungslegung nur möglich, wenn sich das Eigenkapital in jeder der im Ab-schluss dargestellten Perioden nur um das Periodenergebnis, die Dividenden, Eigenkapital-effekte aus der Korrektur von Fehlern oder um Eigenkapitaleffekte aus dem Wechsel von Bi-lanzierungs- und Bewertungsmethoden ändert (ED-SME 3.16).

7. Die Bestandteile eines **vollständigen SME-Abschlusses** sind (ED-SME 3.15):

▶ Bilanz,

▶ GuV-Rechnung,

► Aufstellung der Veränderung des Eigenkapitals (Eigenkapitalveränderungsrechnung), die entweder sämtliche Veränderungen des Eigenkapitals oder die Änderungen des Eigenkapitals mit Ausnahme solcher, die aus Geschäftsvorfällen mit Anteilseignern in ihrer Eigenschaft als Anteilseigner entstehen, zeigt,

► Kapitalflussrechnung und

► Anhang, der die maßgeblichen Bilanzierungs- und Bewertungsmethoden zusammenfasst und sonstige Erläuterungen enthält.

Ein vollständiger Abschluss hat für jeden Abschlussbestandteil **mindestens die jeweiligen Werte zum vorangegangenen Berichtsstichtag** bzw. der **vorangegangenen Berichtsperiode** zu enthalten (ED-SME 3.17). Weiterhin dürfen GuV-Rechnung und Eigenkapitalveränderungsrechnung zu einer **kombinierten GuV-Rechnung sowie Gewinnrücklagenentwicklungsrechnung** unter der in ED-SME 3.16 aufgeführten Voraussetzung zusammengefasst werden (vgl. Wiederholungsfragen, Kapitel 11, Aufgabe 6).

8. a) falsch, der IASB verzichtet im SME-Projekt bewusst auf die **Vorgabe quantitativer Schwellenwerte**. Die inhaltliche Ausfüllung dieses Begriffs und damit möglicherweise auch die Verpflichtung zur Anwendung der Rechnungslegungsvorschriften „IFRS for SMEs" soll vielmehr den **nationalen Jurisdiktionen** vorbehalten bleiben.

   b) falsch, die neuen bzw. die geänderten IAS/IFRS erlangen für SMEs erst mit der **Verabschiedung des überarbeiteten SME-Standards** (derzeit geplant: mindestens zweijähriger Zyklus) durch den IASB Wirksamkeit (ED-SME Preface 16).

   c) falsch, das Ziel eines „Stand-alone-documents" wurde nicht vollständig erreicht. So sind einerseits einzelne Bilanzierungs- und Bewertungswahlrechte sowie für SMEs untypische Rechnungslegungsthemen durch Verweis auf die IAS/IFRS-Standards geregelt und andererseits sind die IFRS-Rechnungslegungsvorschriften auch als Auslegungshilfe bei nicht im ED-SME-Standard geregelten Geschäftsvorfällen und Ereignissen anzuwenden.

   d) richtig, dies folgt aus der Vorgabe derselben Ziele für die ED-SME- und IFRS-Rechnungslegung.

   e) richtig, die ED-SME-Rechnungslegung unterscheidet in ED-SME 2.40-2.41 folgende Bewertungsmaßstäbe: historische Anschaffungs- oder Herstellungskosten, fortgeführte Anschaffungs- oder Herstellungskosten, beizulegender Zeitwert, beizulegender Zeitwert abzüglich Veräußerungskosten und bestmöglicher Schätzungsbetrag zur Erfüllung der Verpflichtung. Demgegenüber kennt die IFRS-Rechnungslegung als weitere Bewertungsmaßstäbe insbesondere den Tageswert (Framework.100 b), den Barwert (Framework.100 d), den Nutzungswert (IAS 36.6) und den erzielbaren Betrag (IAS 36.6).

   f) falsch, vgl. Antwort zu b).

   g) falsch, Möglichkeit der Zusammenfassung von GuV-Rechnung und Eigenkapitalveränderungsrechnung zu einer kombinierten GuV-Rechnung sowie Gewinnrücklagenentwicklungsrechnung unter der in ED-SME 3.16 aufgeführten Voraussetzung (vgl. Wiederholungsfragen, Kapitel 11, Aufgabe 6).

   h) richtig, vgl. ED-SME 5.3 und IAS 1.81 b i.V. m. IAS 1.82.

9. Die folgenden Wahlrechte sind sowohl in der ED-SME- als auch in der IFRS-Rechnungslegung vorhanden:

    ▶ Folgebewertung für Sachanlagen zu fortgeführten Anschaffungs- oder Herstellungskosten oder zum Neuwert (ED-SME 16.11; IAS 16.29),

    ▶ Folgebewertung für immaterielle Vermögenswerte – bei Vorhandensein eines aktiven Marktes – zu fortgeführten Anschaffungs- oder Herstellungskosten oder zum Neuwert (ED-SME 17.21; IAS 38.72),

    ▶ Folgebewertung für Finanzinvestitionen zu fortgeführten Anschaffungs- oder Herstellungskosten oder erfolgswirksam zum beizulegenden Zeitwert (ED-SME 15.4; IAS 40.30),

    ▶ Bewertungswahlrecht zwischen der Fifo-Methode und der Durchschnittskostenmethode als Bewertungsvereinfachungsverfahren für austauschbare Vermögenswerte des Vorratsvermögens (ED-SME 12.17; IAS 2.25),

    ▶ Bewertungswahlrecht für Beteiligungen an Tochterunternehmen, gemeinschaftlich geführten Unternehmen und assoziierten Unternehmen im separaten Einzelabschluss zu fortgeführten Anschaffungskosten oder zum beizulegenden Zeitwert (ED-SME 9.18; IAS 27.38).

10. Die IFRS-Rechnungslegung enthält für die bilanzielle Behandlung versicherungsmathematischer Gewinne und Verluste aus leistungsorientierten Pensionsplänen folgende Alternativen:

    ▶ Korridormethode (IAS 19.92 i.V. m. 19.93 Satz 1),

    ▶ (im Vergleich zur Korridormethode) schnellere, erfolgswirksame systematische Tilgung der versicherungsmathematischen Gewinne und Verluste (IAS 19.93 Satz 2) sowie

    ▶ erfolgsneutrale Verrechnung versicherungsmathematischer Gewinne und Verluste im sonstigen Gesamtergebnis (IAS 19.93 A und B).

    Die ED-SME-Rechnungslegung enthält kein diesbezügliches Wahlrecht; versicherungsmathematische Gewinne und Verluste aus leistungsorientierten Pensionsplänen sind gemäß ED-SME 27.15 i.V. m. 27.22 d in der Periode ihres Auftretens unmittelbar und erfolgswirksam in der GuV-Rechnung zu erfassen. (Der IASB hat sich nach eigenen Angaben für diese Methode entschieden, da diese am einfachsten zu realisieren ist und darüber hinaus diese Methode die am leichtesten verständlichen und nützlichsten Informationen für die Jahresabschlussnutzer bereitstellt; vgl. ED-SME.BC 89.)

11. In folgenden Fällen bestehen zwingende Abweichungen zwischen der laufenden ED-SME- und der IFRS-Rechnungslegung:

    ▶ **keine Verwendung des Nutzungswerts** als Komponente des erzielbaren Betrags bei der Ermittlung des Wertminderungsaufwands nicht finanzieller Vermögenswerte (ausgenommen Vorräte) gemäß ED-SME 26.11.

    ▶ **keine zumindest jährliche Überprüfung** des Buchwerts des **Goodwills** sowie des Buchwerts **immaterieller Vermögenswerte mit unbestimmter Nutzungsdauer** auf eine gegebenenfalls eingetretene Wertminderung („indikatorengestützte Überprüfung" des Buchwerts des Goodwills) gemäß ED-SME 26.21 und ED-SME 26.5.

    ▶ **Aufteilung eines Wertminderungsaufwands,** der den Buchwert des Goodwills übersteigt, auf die **nicht finanziellen Vermögenswerte und Schulden sowie bilanzierten Eventual-**

schulden nach **Maßgabe ihrer relativen Zeitwerte** (ED-SME 26.22; vgl. demgegenüber die IFRS-Regelung in IAS 36.104 i.V. m. 36.105).

▶ Ansatz eines im **Finanzierungsleasing stehenden Vermögenswerts** beim Leasingnehmer zu Beginn des Leasingverhältnisses mit dem **beizulegenden Zeitwert zu Beginn des Leasingverhältnisses zuzüglich anfänglicher direkter Kosten** des Leasingnehmers (ED-SME 19.8)

▶ **Ausnahmeregeln** bei der **Abgrenzung latenter Steuern** nach dem „temporary differences concept" bzw. nach dem „timing differences plus concept" (ED-SME 28.18)

▶ Bilanzierung von **Zuwendungen der öffentlichen Hand**, die sich auf zum beizulegenden Zeitwert angesetzte Vermögenswerte beziehen (ED-SME 23.3)

12. Die Besonderheiten des Konzernabschlusses nach dem ED-SME-Standard sind:

(1) **keine Verpflichtung zur Einbeziehung gemeinschaftlich geführter Unternehmen sowie assoziierter Unternehmen mittels einer Konsolidierungsmethode** in den Konzernabschluss (Wahlrecht zwischen der Einbeziehung mittels einer Konsolidierungsmethode oder der Bewertung dieser Beteiligungen zu fortgeführten Anschaffungskosten oder zum beizulegenden Zeitwert)

(2) **Goodwill-Bilanzierung bei Unternehmenszusammenschlüssen:**

▶ ausschließliche Prüfung des Vorliegens eines Asset Impairments bei **Vorliegen der allgemeinen oder der „goodwillspezifischen" Wertminderungsindikatoren** (ED-SME 26.21)

▶ **Zuordnung des Goodwills** zu einem Unternehmensteil erst **bei Durchführung des Asset Impairment Tests** und nicht – wie in der IFRS-Rechnungslegung (IAS 36.66 ff.) – bereits bei Erwerb des Unternehmensteils (ED-SME 26.20 Satz 3 und 4)

▶ **Aufteilung eines Wertminderungsaufwands**, der den Buchwert des Goodwills übersteigt, ausschließlich auf die **nicht finanziellen Vermögenswerte und Schulden sowie bilanzierten Eventualschulden** nach **Maßgabe ihrer relativen Zeitwerte** (ED-SME 26.22; vgl. demgegenüber die IFRS-Regelung in IAS 36.104 i.V. m. 36.105).

(3) anteilige **Zwischenergebniseliminierung aus Transaktionen** zwischen **Partnerunternehmen und Gemeinschaftsunternehmen**, unabhängig von der im SME-Konzernabschluss für die gemeinschaftlich geführten Unternehmen gewählten **Einbeziehungsmethode** (siehe (1)).

13. Die folgenden Wahlrechte bei Erstellung der SME-Eröffnungsbilanz sind mit denjenigen der IFRS-Eröffnungsbilanz identisch:

▶ **Beizulegender Zeitwert oder Neuwert als Ersatz für fortgeführte Anschaffungs- oder Herstellungskosten für Sachanlagen, immaterielle Vermögenswerte und Finanzinvestitionen** (trotz der in ED-SME 38.8 b ausschließlichen Erwähnung von Sachanlagen kann auf Grund der identischen Überschrift zum korrespondierenden Abschnitt IFRS 1.16-1.19 auf denselben Anwendungsbereich geschlossen werden; andernfalls würde insbesondere die Erwähnung des „Fair value" in der Überschrift keinen Sinn ergeben.)

▶ **Kumulierte Umrechnungsdifferenzen aus der Währungsumrechnung** (vgl. ED-SME 38.8 c; IFRS 1.13 c)

▶ **Zusammengesetzte Finanzinstrumente** (vgl. ED-SME 38.8 d; IFRS 1.13 e) und

▶ **Aktienbasierte Vergütung** (vgl. ED-SME 38.8 e; IFRS 1.13 h).

Das Wahlrecht hinsichtlich des **Verzichts zur retrospektiven Bilanzierung von Unternehmenszusammenschlüssen** ist in der ED-SME-Rechnungslegung (ED-SME 38.8 a) zwar inhaltlich mit demjenigen des IFRS 1.13 a vergleichbar; jedoch beinhaltet es wegen der nicht erforderlichen Umgliederungen zwischen immateriellen Vermögenswerten und Goodwill sowie wegen des nicht erforderlichen Asset-Impairment-Tests (vgl. IFRS 1.15 i.V.m. Appendix B) eine weitergehende Vereinfachung.

Die folgenden **Wahlrechte in der ED-SME-Rechnungslegung** haben **keine Entsprechung in der IFRS-Rechnungslegung** bei Erstellung der Eröffnungsbilanz:

▶ Wahlrecht zum Verzicht des Ansatzes latenter Steuern im Falle **übermäßiger Kosten** oder **übermäßiger Anstrengungen bei deren Ermittlung** (ED-SME 38.8 f) sowie

▶ **Wahlrecht des ED-SME 38.9 Satz 1** im Falle der **Impraktikabilität der Ermittlung von Anpassungen** der Bilanzposten.

Die folgenden **Wahlrechte** bei **Erstellung der IFRS-Eröffnungsbilanz** haben **kein Pendant in der ED-SME-Rechnungslegung**:

▶ Leistungen an Arbeitnehmer (IFRS 1.13 c; in Ermangelung eines Wahlrechts für die Erfassung versicherungsmathematischer Gewinne und Verluste in der ED-SME-Rechnungslegung; vgl. ED-SME 27.15 i.V.m. 27.22 d)

▶ Beteiligungen an Tochterunternehmen, Joint Ventures und assoziierten Unternehmen im separaten Einzelabschluss (IFRS 1.23 A; Einführungszeitpunkt dieses Wahlrechts in 2008 erst nach Verabschiedung des ED-SME-Standards),

▶ Vermögenswerte und Schulden von Tochterunternehmen, assoziierten Unternehmen und Joint Ventures (IFRS 1.13 f),

▶ Versicherungsverträge (IFRS 1.13 i),

▶ in den Anschaffungskosten von Sachanlagen enthaltene Entsorgungsverpflichtungen (IFRS 1.13 j),

▶ Leasingverhältnisse (IFRS 1.13 k) und

▶ Bewertung von finanziellen Vermögenswerten oder finanziellen Verbindlichkeiten (IFRS 1.13 l; im Regelfall keine Bedeutung mehr wegen Terminablaufs).

Die Gründe für die nicht vorhandene Entsprechung dieser Wahlrechte können einerseits in der **vergleichsweise sehr geringen Bedeutung dieser Wahlrechte** für SMEs und andererseits in dem fast „generalnormartigen" **Wahlrecht des ED-SME 38.9 Satz 1** gesehen werden.

14. Die Vereinfachungen in Bilanzierung und Bewertung der Finanzinstrumente liegen in:

(1) **Einteilung und Bewertung von Finanzinstrumenten:**

▶ Verwendung von **nur zwei Kategorien von Finanzinstrumenten**, nämlich die zu Anschaffungskosten bzw. zu fortgeführten Anschaffungskosten abzüglich Wertminderungen bewerteten Finanzinstrumente sowie die zum beizulegenden Zeitwert bewerteten Finanzinstrumente

▶ praktisch (ausgenommen aus faktischen Gründen im Falle der Nichtbestimmbarkeit des beizulegenden Zeitwerts eines Finanzinstruments) **keine Umgliederungen zwischen** den **unterschiedlichen Kategorien** der **Finanzinstrumente** (vgl. demgegenüber IAS 39.50-39.54, insbesondere IAS 39.52).

(2) **Vereinfachungen beim Hedge-Accounting:**

Der IASB verlangt die Überprüfung der Wirksamkeit einer Hedge-Beziehung nur jeweils **zum Ende der Berichtsperiode** und nicht – wie in der IFRS-Rechnungslegung gefordert – eine fortlaufende („ongoing basis"; IAS 39.88 e) Beurteilung. Dementsprechend ist die Bilanzierung der Sicherungsbeziehung nach ED-SME 11 bei festgestellter nicht ausreichender Wirksamkeit nur **prospektiv ab dem Stichtag der Feststellung** der nicht hinreichenden Wirksamkeit zu beenden. Dagegen müsste bei Bilanzierung nach IAS 39 in diesem Fall die Sicherungsbeziehung zu dem Zeitpunkt beendet werden, zu dem die erforderlichen Bedingungen für die Hedge-Beziehung nicht mehr vorliegen (IAS 39.91 b bzw. 39.101 b; ED-SME. BC 74 Satz 2 und 3).

Im Gegenzug für diese Vereinfachung sind jedoch in der ED-SME-Rechnungslegung die Möglichkeiten eine Beziehung aus Grundgeschäft, Sicherungsgeschäft und abzusicherndem Risiko als Hedge-Beziehung zu identifizieren eingeschränkter als in der IFRS-Rechnungslegung (vgl. insbesondere ED-SME 11.31 und 11.32).

(3) **Ausbuchungsregeln von Finanzinstrumenten:**

Die wesentliche Vereinfachung besteht vor allem darin, dass **keine Aufteilung des Finanzinstruments** zum Zwecke der **Prüfung des Vorliegens der Ausbuchungskriterien** erforderlich ist (Ausbuchung des Finanzinstruments kann daher nur im Ganzen erfolgen!) und **weniger strenge Abprüfungskriterien** vorgesehen sind (vgl. ED-SME 11.24 i.V.m. ED-SME.BC 73 b; im Vergleich hierzu IAS 39.15 ff.).

15. a) falsch, die IFRS-Rechnungslegung enthält seit Verabschiedung des IAS 23 (revised 2007) kein Wahlrecht hinsichtlich der Aktivierung von Fremdkapitalzinsen auf qualifizierte Vermögenswerte; es besteht nach IAS 23.8 (revised 2007) ein Aktivierungsgebot.

b) falsch. In der ED-SME-Rechnungslegung ist stets der beizulegende Zeitwert abzüglich Verkaufskosten zu verwenden, währenddessen in der IFRS-Rechnungslegung der erzielbare Betrag sich als Maximum aus beizulegendem Zeitwert abzüglich Verkaufskosten und Nutzungswert bestimmt (IAS 36.6).

c) falsch. In der Folgebewertung sind die Mindestleasingzahlungen in die Finanzierungskosten und den Tilgungsanteil so aufzuteilen, dass über den Leasingzeitraum eine **konstante Effektivverzinsung** auf die jeweils verbliebene Leasingverbindlichkeit erzielt wird (ED-SME 19.9 Satz 2).

d) richtig, vgl. ED-SME 11.7 und 11.8.

e) richtig, vgl. ED-SME 11.21.

f) richtig, vgl. ED-SME 27.15 (siehe auch ED-SME 27.22 d).

g) falsch, es gilt auch in der ED-SME-Rechnungslegung vom Grundsatz dasselbe Abgrenzungskonzept wie in IAS 12, nämlich das der temporären Differenzen. „However, it explains temporary differences in terms of 'timing differences'..." (ED-SME.BC 85 Satz 4).

h) falsch, es gilt ebenso der Asset-Impairment-Only-Approach, d.h. planmäßige Abschreibungen auf den Goodwill sind nicht zulässig (ED-SME 18.21).

B. Übungsaufgaben

Kapitel 3: Ausgewählte Bilanzierungs- und Bewertungsvorschriften für den Einzelabschluss nach IFRS

LÖSUNGEN

1. Mit der Entwicklung von Prototypen für Substitutionsprodukte liegt ein Wertminderungs-indikator vor (IAS 36.12 b). Dementsprechend ist die Werthaltigkeit der Produktionslizenz zu prüfen. Der erzielbare Betrag ist definiert als das Maximum aus dem beizulegenden Zeit-wert abzüglich Verkaufskosten und dem Nutzungswert (IAS 36.6).

in Mio. €	Jahr 2	Jahr 3	Jahr 4	Jahr 5	Jahr 6	Jahr 7
Umsatzerlöse	105	110	120	100	80	60
Herstellungskosten	-50	-55	-60	-55	-45	-35
Vertriebskosten	-10	-12	-14	-11	-8	-8
Verwaltungskosten	-5	-5	-5	-5	-5	-3
Investitionsausgaben	-25	-20	0	0	0	
Einnahmen aus Desinvesti-tionen						5
Veränderung Vorräte	-5	-10	0	0	0	10
Veränderung operative Forderungen	-5	0	0	0	2	2
Cashflows	5	8	41	29	24	31
Nutzungswert	94,16					
(= Summe diskontierter Cashflows)						

Das Maximum aus beizulegendem Zeitwert abzüglich Verkaufskosten (Nettoveräußerungs-preis in Höhe von 80 Mio. €) und Nutzungswert (94,16 Mio. €) beträgt 94,16 Mio. €. Da die-ser Wert (erzielbarer Betrag) geringer ist als der Buchwert, ist eine außerplanmäßige Ab-schreibung in Höhe von 55,84 Mio. € (150 Mio. − 94,16 Mio. €) für die Produktionslizenz zu erfassen. Der Buchwert am 31. 12. 01 beträgt demnach 94,16 Mio. €.

2. a) Die nachfolgende Tabelle enthält die Bilanzansätze und die Neubewertungsrücklage der einzelnen zum 31. 12. 01 vorhandenen Grundstücke und Gebäude:

31. 12. 01	Bilanzansätze	Neubewertungsrücklage
Grundstück 1	2,5 Mio. €	1,5 Mio. €
Grundstück 2	4,0 Mio. €	0 Mio. €
Grundstück 3	5,0 Mio. €	2,0 Mio. €
Gebäude 1	4,0 Mio. €	0 Mio. €
Gebäude 2	1,8 Mio. €	0,6 Mio. €

Zur Durchführung der Neubewertung zum 31. 12. 01 hat das Unternehmen nach Vor-nahme der planmäßigen Abschreibungen (bereits in den planmäßig fortgeführten An-schaffungs- oder Herstellungskosten enthalten) wie folgt zu buchen:

Grundstück 1	1,5 Mio. €	an	sonstiges Gesamtergebnis, Gewinne aus der Neubewertung von Sachanlagen	1,5 Mio. €
Wertminderungsaufwand	0,5 Mio. €	an	Grundstück 2	0,5 Mio. €
Grundstück 3	2,0 Mio. €	an	sonstiges Gesamtergebnis, Gewinne aus der Neubewertung von Sachanlagen	2,0 Mio. €
Wertminderungsaufwand	2,0 Mio. €	an	Gebäude 1	2,0 Mio. €
Gebäude 2	0,6 Mio. €	an	sonstiges Gesamtergebnis, Gewinne aus der Neubewertung von Sachanlagen	0,6 Mio. €

Der Wertansatz für die Grundstücke beträgt damit per 31. 12. 01 11,5 Mio. € und derjenige für die Gebäude 5,8 Mio. €. Die Neubewertungsrücklage beläuft sich zu diesem Stichtag auf 4,1 Mio. €.

Zum 31. 12. 02 ist der Veräußerungsvorgang des Grundstücks 3 wie folgt zu buchen:

Bank	5,2 Mio. €	an	Grundstück 3	5,0 Mio. €
			sonstiger Ertrag	0,2 Mio. €
Neubewertungsrücklage	2,0 Mio. €	an	Gewinnrücklagen	2,0 Mio. €

Für die übrigen Grundstücke ergibt sich keine weitere Buchung, da keine neueren Erkenntnisse vorliegen. Für die Gebäude 1 und 2 ist zu buchen:

Abschreibungen	0,4 Mio. €	an	Gebäude 1	0,4 Mio. €
Abschreibungen	0,15 Mio. €	an	Gebäude 2	0,15 Mio. €
Neubewertungsrücklage	0,05 Mio. €	an	Gewinnrücklagen	0,05 Mio. €

Damit beträgt per 31. 12. 02 der Bilanzwert für die Grundstücke 6,5 Mio. € und für die Gebäude 5,25 Mio. €. Die Neubewertungsrücklage weist per 31. 12. 02 einen Wert von 2,05 Mio. € aus.

In 03 werden die in 02 vorgenommenen Abschreibungsbuchungen für die Gebäude wiederholt. Dementsprechend betragen per 31. 12. 03 die Bilanzwerte für die Grundstücke unverändert 6,5 Mio. €, für die Gebäude 4,7 Mio. € und die Neubewertungsrücklage 2,0 Mio. €.

Gleiches gilt auch zunächst für 04, wobei anschließend noch die Effekte der Neubewertung vom 31. 12. 04 einzuarbeiten sind. Vor Neubewertung per 31. 12. 04 lauten die Bilanzwerte für die Grundstücke 6,5 Mio. €, für die Gebäude 4,15 Mio. € und die Neubewertungsrücklage 1,95 Mio. €.

Die Neubewertung per 31. 12. 04 führt zu folgenden Anpassungen:

Grundstück 1	0,3 Mio. €	an	sonstiges Gesamtergebnis, Gewinne aus der Neubewertung von Sachanlagen	0,3 Mio. €
Wertminderung	0,7 Mio. €	an	Grundstück 2	0,7 Mio. €
Gebäude 1	1,5 Mio. €	an	Wertaufholung	1,4 Mio. €

			sonstiges Gesamtergebnis, Gewinne aus der Neubewertung von Sachanlagen	0,1 Mio. €
sonstiges Gesamtergebnis, Verluste aus der Neubewertung von Sachanlagen	0,45 Mio. €	an	Gebäude 2	0,55 Mio. €
Wertminderungsaufwand	0,1 Mio. €			

Die Werterhöhung bei Gebäude 1 ist nur insoweit erfolgswirksam zu erfassen, als sie eine frühere Wertminderung kompensiert. In 01 wurde auf Gebäude 1 eine Wertminderung von 2 Mio. € erfasst. In den Folgejahren wurden jeweils 400 T€ auf dieses Gebäude abgeschrieben. Bei Abschreibung von den historischen Anschaffungs- oder Herstellungskosten hätte sich eine jährliche Abschreibung von 600 T€ ergeben. Dementsprechend haben sich von den 2 Mio. € Wertminderung im Zeitraum 02-04 bereits 600 T€ über die verminderten planmäßigen Abschreibungen aufgelöst. Daher sind von der Werterhöhung nur 1,4 Mio. € als Rücknahme einer früheren Wertminderung erfolgswirksam zu erfassen (Wertaufholung), der Rest ist über das sonstige Gesamtergebnis in eine Neubewertungsrücklage einzustellen (IAS 16.39).

Die Verringerung des Buchwerts bei Gebäude 2 um 550 T€ gegenüber dem Wert zum 31. 12. 04 vor Neubewertung ist aufzuteilen in eine über das sonstige Gesamtergebnis erfasste Auflösung der Neubewertungsrücklage bis auf Null (450 T€); ein übersteigender Betrag (100 T€) ist dann als Wertminderungsaufwand zu verrechnen (IAS 16.40 i. V. m. 36.61).

Damit ergeben sich in der IFRS-Bilanz per 31. 12. 04 ein Grundstückswert von 6,1 Mio. €, ein Gebäudebuchwert von 5,1 Mio. € und eine Neubewertungsrücklage von 1,9 Mio. €.

b) Zum 31. 12. 01 sind die Effekte der Neubewertung wie folgt zu buchen:

Grundstück 1	1,5 Mio. €	an	sonstiges Gesamtergebnis, Gewinne aus der Neubewertung von Sachanlagen (nach Steuern)	1,05 Mio. €
			passive latente Steuern	0,45 Mio. €
Wertminderungsaufwand	0,5 Mio. €	an	Grundstück 2	0,5 Mio. €
Grundstück 3	2,0 Mio. €	an	sonstiges Gesamtergebnis, Gewinne aus der Neubewertung von Sachanlagen (nach Steuern)	1,4 Mio. €
			passive latente Steuern	0,6 Mio. €
Wertminderungsaufwand	2,0 Mio. €	an	Gebäude 1	2,0 Mio. €
Gebäude 2	0,6 Mio. €	an	sonstiges Gesamtergebnis, Gewinne aus der Neubewertung von Sachanlagen (nach Steuern)	0,42 Mio. €
			passive latente Steuern	0,18 Mio. €

Sofern ein Wertminderungsaufwand auch steuerlich anerkannt ist, mindert dieser die steuerliche Bemessungsbasis für das Jahr 01. Im Unterschied zu Aufgabe a) betragen die Neubewertungsrücklage per 31. 12. 01 2,87 Mio. € und die passiven latenten Steuern zu diesem Zeitpunkt 1,23 Mio. €.

Zum 31. 12. 02 ist der Veräußerungsvorgang des Grundstücks 3 wie folgt zu buchen:

Bank	5,2 Mio. €	an	Grundstück 3	5,0 Mio. €
			sonstiger Ertrag	0,2 Mio. €
Neubewertungsrücklage	1,4 Mio. €	an	Gewinnrücklagen	1,4 Mio. €
passive latente Steuern	0,6 Mio. €	an	Steueraufwand	0,6 Mio. €

Die auf dem steuerlichen Ertrag aus der Veräußerung des Grundstücks 3 (2,2 Mio. €) lastende tatsächliche Ertragsteuer (0,66 Mio. €) wird teilweise durch die ertragswirksame Auflösung der latenten Steuern (0,6 Mio. €) kompensiert. In der IFRS-GuV-Rechnung steht dem Ergebnis aus der Veräußerung des neubewerteten Grundstücks von 0,2 Mio. € ein Ertragsteueraufwand von 0,06 Mio. € (= 30%) gegenüber.

Für die Gebäude 1 und 2 ist per 31. 12. 02 zu buchen:

Abschreibungen	0,4 Mio. €	an	Gebäude 1	0,4 Mio. €
Abschreibungen	0,15 Mio. €	an	Gebäude 2	0,15 Mio. €
Neubewertungsrücklage	0,035 Mio. €	an	Gewinnrücklagen	0,035 Mio. €
passive latente Steuern	0,015 Mio. €	an	Steueraufwand	0,015 Mio. €

Im Unterschied zu Aufgabe a) betragen per 31. 12. 02 die Neubewertungsrücklage 1,435 Mio. € und die passiven latenten Steuern 0,615 Mio. €.

Im Jahr 03 werden die auch in 02 vorgenommenen Abschreibungen für die Gebäude wiederholt. Die Neubewertungsrücklage sinkt auf 1,4 Mio. €, der Wert der passiven latenten Steuern geht auf 0,6 Mio. € zurück. Gleiches gilt auch zunächst für Jahr 04, wobei anschließend noch die Effekte der Neubewertung zum 31. 12. 04 zu berücksichtigen sind. Vor Neubewertung per 31. 12. 04 betragen die Buchwerte für die Grundstücke 6,5 Mio. €, für die Gebäude 4,15 Mio. €, für die Neubewertungsrücklage 1,365 Mio. € und für die passiven latenten Steuern 0,585 Mio. €. Die Neubewertung per 31. 12. 04 führt zu folgenden Buchungen:

Grundstück 1	0,3 Mio. €	an	sonstiges Gesamtergebnis, Gewinne aus der Neubewertung von Sachanlagen (nach Steuern)	0,21 Mio. €
			passive latente Steuern	0,09 Mio. €
Wertminderungsaufwand	0,7 Mio. €	an	Grundstück 2	0,7 Mio. €
Gebäude 1	1,5 Mio. €	an	Wertaufholung	1,4 Mio. €
			sonstiges Gesamtergebnis, Gewinne aus der Neubewertung von Sachanlagen (nach Steuern)	0,07 Mio. €
			passive latente Steuern	0,03 Mio. €
sonstiges Gesamtergebnis, Verluste aus der Neubewertung von Sachanlagen (nach Steuern)	0,315 Mio. €	an	Gebäude 2	0,55 Mio. €
passive latente Steuern	0,135 Mio. €			
Wertminderungsaufwand	0,1 Mio. €			

Wertminderungsaufwand und Wertaufholung gehen in die Ermittlung des zu versteuernden Einkommens im Jahr 04 ein. Damit ergeben sich in der IFRS-Bilanz ein Grundstückswert von

6,1 Mio. €, ein Gebäudewert von 5,1 Mio. €, eine Neubewertungsrücklage von 1,33 Mio. € und passive latente Steuern von 0,57 Mio. €.

3. a) Sofern kein Fremdkapital zur Finanzierung der Herstellung aufgenommen wurde, leiten sich folgende Nettobuchwerte ab:

	31. 12. 00	31. 12. 01	31. 12. 02	31. 12. 03
Anlagen im Bau				
► A	500.000	0	0	0
► B	333.333	1.000.000	0	0
► C	0	800.000	0	0
Sachanlagen				
► A		400.000	300.000	200.000
► B			800.000	600.000
► C			640.000	0

Ein Asset Impairment für Anlage A ist zum 31. 12. 03 nicht erforderlich, da der planmäßig fortgeführte Buchwert mit 200.000 € unterhalb des erzielbaren Betrags zu diesem Zeitpunkt liegt (202.000 €).

b) Sofern kein Fremdkapital zur Finanzierung der Herstellung der Produktionsanlagen aufgenommen wurde, ergeben sich folgende Auswirkungen auf die GuV-Rechnung:

	Abschreibungen	Sonstiger Ertrag
GuV-Auswirkung 00	-	-
GuV-Auswirkung 01	**-100.000**	
Projekt A	-100.000	-
GuV-Auswirkung 02	**-460.000**	
Projekt A	-100.000	
Projekt B	-200.000	
Projekt C	-160.000	
GuV-Auswirkung 03	**-300.000**	**10.000**
Projekt A	-100.000	
Projekt B	-200.000	
Projekt C		10.000

c) Gemäß IAS 23.8 sind die Fremdkapitalzinsen, welche der Herstellung der Produktionsanlage unmittelbar zurechenbar sind (vgl. im Einzelnen IAS 23.10-23.15) im Buchwert der Anlagen zu aktivieren.

Die auf die Bauzeitphase anfallenden Zinsen ermitteln sich für die einzelnen Perioden wie folgt:

$$\text{Bauzeitzinsen in einer Periode} = \varnothing \text{ Kapitalbindung} \cdot \text{Fertigungszeit in einer Periode} \cdot \text{Zinssatz}$$

$$\frac{\text{Bauzeitzinsen}}{(\text{Projekt A in 00})} = \frac{0\, € + 500.000\, €}{2} \cdot \tfrac{1}{2}\,\text{Jahr} \cdot 10\% = 12.500\, €$$

$$\frac{\text{Bauzeitzinsen}}{(\text{Projekt B in 00})} = \frac{0\, € + 333.333\, €}{2} \cdot \tfrac{1}{2}\,\text{Jahr} \cdot 10\% = 8.333\, €$$

$$\frac{\text{Bauzeitzinsen}}{(\text{Projekt B in 01})} = \frac{333.333\, € + 1.000.000\, €}{2} \cdot 1\,\text{Jahr} \cdot 8\% = 53.333\, €$$

$$\frac{\text{Bauzeitzinsen}}{(\text{Projekt C in 01})} = \frac{0\, € + 800.000\, €}{2} \cdot 1\,\text{Jahr} \cdot 8\% = 32.000\, €$$

Damit leiten sich folgende Nettobuchwerte für die Produktionsanlagen zu den einzelnen Bilanzstichtagen ab.

	31.12.00	31.12.01	31.12.02	31.12.03
Anlagen im Bau				
- A	512.500	0	0	0
- B	341.666	1.061.666	0	0
- C	0	832.000	0	0
Sachanlagen				
- A		410.000	307.500	202.000
- B			849.333	637.000
- C			665.600	0

Zum 31.12.03 ist die Produktionsanlage C außerplanmäßig abzuschreiben, da der erzielbare Betrag zum 31.12.03 (202 000 €) die planmäßig fortgeführten Anschaffungs- oder Herstellungskosten (205.000 €) unterschreitet. Für die GuV-Rechnung ergibt sich folgende Auswirkung bei Aktivierung von Fremdkapitalzinsen:

	Abschreibungen	Sonstiger Aufwand
GuV-Auswirkung 00		
GuV-Auswirkung 01	**-102.500**	
Projekt A	-102.500	
GuV-Auswirkung 02	**-481.233**	
Projekt A	-102.500	
Projekt B	-212.333	
Projekt C	-166.400	
GuV-Auswirkung 03	**-317.833**	**-15.600**
Projekt A	-105.500*)	
Projekt B	-212.333	
Projekt C		-15.600

*) davon 3.000 € außerplanmäßige Abschreibung wegen Asset Impairment

4. Die Investitionsplanung widmet sich unter der **Voraussetzung rationalen Verhaltens** der Investoren dem Problem der **Bestimmung der ökonomischen Nutzungsdauer**. Diese Fragestellung ist sachlich auf die bei IFRS vorzunehmende Bestimmung des Abschreibungszeitraums nach IAS 16.57 übertragbar, da das investitionstheoretische Kalkül der Bestimmung der ökonomischen Nutzungsdauer eine ex-ante Betrachtung darstellt. Es ist der **Kapitalwert in Abhängigkeit der Nutzungsdauer zu maximieren**. Der Kapitalwert setzt sich dabei additiv aus drei Komponenten zusammen, nämlich den Anschaffungsausgaben, den diskontierten Einzahlungsüberschüssen während der Nutzungsdauer und dem diskontierten Restverkaufserlös.

Nutzungsdauer	Komponenten des Kapitalwertes (in T€)			Kapitalwert (in T€)
	Anschaffungsausgaben	diskontierte Einzahlungsüberschüsse	diskontierter Restverkaufserlös	
1	-5.200,00	909,09	4.363,64	72,73
2	-5.200,00	1.818,18	3.595,04	213,22
3	-5.200,00	2.719,76	2.930,13	449,89
4	-5.200,00	3.539,38	2.356,40	695,77
5	-5.200,00	4.098,20	1.862,76	760,97
6	**-5.200,00**	**4.549,78**	**1.439,41**	**789,19**
7	-5.200,00	4.857,68	1.077,63	735,31
8	-5.200,00	5.090,93	769,74	660,67
9	-5.200,00	5.218,16	508,92	527,08
10	-5.200,00	5.295,27	289,16	384,43
11	-5.200,00	5.330,32	105,15	235,47
12	-5.200,00	5.330,32	0,00	130,32

Damit beträgt die optimale Nutzungsdauer im Unternehmen 6 Jahre. Der für die Berechnung des Abschreibungsplans zugrunde zu legende Restwert ist der Restverkaufserlös am Ende der Periode 6 (2,550 Mio. €).

5. Der Restwert für die Maschinen beträgt zum 31.12.03 25.600 € (= 50.000 € · $0,8^3$). Bei linearer Verteilung dieses Restwerts auf die neu geschätzte Restnutzungsdauer von 5 Jahren ergibt sich ein jährliches Abschreibungsvolumen von 5.120 €. Somit errechnet sich ein Restbuchwert von 20.480 € vor Prüfung eines eventuell erforderlichen Asset Impairments. Die Verkürzung der geschätzten Restnutzungsdauer eines Vermögenswerts (um 2 Jahre) bildet einen Indikator für die Prüfung eines Asset Impairments (IAS 36.12 f).

Im Falle a) ist kein Asset Impairment erforderlich. Der Bilanzansatz für die Maschine ist am 31.12.04 20.480 €, die künftige jährliche Abschreibung 5.120 €.

Im Fall b) ist neben der planmäßigen Abschreibung noch ein Wertminderungsaufwand in Höhe von 2.480 € (= 20.480 € - 18.000 €) erforderlich (IAS 36.59). Die planmäßigen Abschreibungen in den Jahren 05-08 betragen dann jährlich 4.500 €.

6. Aus den Angaben lässt sich folgende Prognose der künftigen Zahlungsströme aufstellen:

	Jahr 1	Jahr 2	Jahr 3	Jahr 4
Umsatzeinzahlungen	9.500	9.690	9.884	10.081
Lohneinzelkosten	3.000	3.120	3.245	3.375
Materialeinzelkosten	4.000	4.000	4.000	4.000
Materialgemeinkosten	1.000	1.000	1.000	1.000
sonstige ausgabewirksame Gemeinkosten	1.200	1.218	1.237	1.256
Cashflow	300	352	402	450
diskontierter Cashflow	273	291	302	307

Die Summe der diskontierten Cashflows (Nutzungswert) beträgt 1.173 GE. Da dieser Wert höher ist als der Einzelveräußerungspreis (1.000 GE), bildet der Nutzungswert den erzielbaren Betrag. Der erzielbare Betrag unterschreitet den aktuellen Buchwert; damit liegt eine Wertminderung vor. Die Maschine ist außerplanmäßig um 227 GE (1.400 GE-1.173 GE) abzuschreiben. Die künftigen planmäßigen Abschreibungen belaufen sich bei linearer Abschreibungsmethode und keinem nennenswerten Restwert auf jährlich 293 GE.

7. Der Umfang der Herstellungskosten ist durch IAS 16.16 ff. bestimmt. Dementsprechend sind neben den **Material- und Herstellungsaufwendungen**, den **Projektierungs- und Entwicklungskosten** auch die **Kosten für Testaufbauten** einzubeziehen, da diese Kosten erforderlich sind, damit das Kraftwerk anschließend ordnungsgemäß betrieben werden kann (IAS 16.17 e). Ebenso sind die **diskontierten Kosten** für die **spätere Demontage** und **Entsorgung des Kraftwerks** mit in die Herstellungskosten einzubeziehen. Diese betragen 5,223 Mio. € (= 30,0 Mio. € · 1,06^{-30}).

Nicht einzubeziehen sind die Kapitalkosten, da es sich bei einer Finanzierung aus dem Cashflow aus operativer Tätigkeit offensichtlich nicht um eine fremdfinanzierte Erstellung des Vermögenswertes handelt.

Damit betragen die Herstellungskosten 575,223 Mio. €. Mit der Einbuchung der Herstellungskosten per 01. 01. 01 ist gleichzeitig (ohne Berührung der Gesamtergebnisrechnung) auch die **Rückstellung für** die spätere **Demontage und Entsorgung** in Höhe von 5,223 Mio. € einzubuchen.

8. a) Nach **IFRS** liegt ein **Finanzierungs-Leasing** vor, da die Laufzeit des Leasingverhältnisses den überwiegenden Teil der wirtschaftlichen Nutzungsdauer des Vermögenswertes umfasst (IAS 17.10 c). In Anlehnung an die US-GAAP wird angenommen, dass dieses Kriterium regelmäßig erfüllt ist, wenn die Grundmietzeit mindestens 75% der wirtschaftlichen Nutzungsdauer beträgt. Der Erfüllung weiterer Kriterien bedarf es nicht.

Nach **HGB** liegt ein **Operating-Leasingverhältnis** vor, da die Bedingung der Vollamortisation nicht erfüllt ist (Barwert der Mindestleasingraten < Zeitwert zu Beginn des Leasingverhältnisses) und auch keine Zurechnung nach dem Teilamortisationserlass möglich ist.

$$\text{Barwert der Mindestleasingraten} = \frac{38.000}{1,06} + \frac{38.000}{1,06^2} + \ldots + \frac{38.000}{1,06^6} = 186.858$$

b)

in €	Sachanlagen (Fuhrpark)	Leasingver- bindlich- keiten	abgegrenzte Verbindlichkeit	Zinsanteil	Abschrei- bungen	sonstiger Ertrag
01.01.01	186.858	186.858	15.000			
31.12.01	155.715	160.070	12.500	-11.212	-31.143	+2.500
31.12.02	124.572	131.674	10.000	-9.604	-31.143	+2.500
31.12.03	93.429	101.574	7.500	-7.900	-31.143	+2.500
31.12.04	62.286	69.669	5.000	-6.095	-31.143	+2.500
31.12.05	31.143	35.849	2.500	-4.180	-31.143	+2.500
31.12.06	0	0	0	-2.151	-31.143	+2.500

Der dem Leasingnehmer zugerechnete Vermögenswert sowie die Leasingverbindlichkeiten sind zu Beginn des Leasingverhältnisses mit dem Minimum, gebildet aus dem Barwert der Mindestleasingraten und dem beizulegenden Zeitwert, anzusetzen (IAS 17.20 Satz 1). Da im Anschluss an die Veräußerung des LKW ein Finanzierungs-Leasing folgt, ist ein bei der Veräußerung entstehender positiver Unterschiedsbetrag zwischen Verkaufspreis und Buchwert (15.000 €) nicht sofort zu realisieren, sondern über die Laufzeit des Leasingverhältnisses erfolgswirksam zu realisieren (IAS 17.59). Die Abschreibung des Leasinggegenstandes beim Leasingnehmer erfolgt über die Grundmietzeit und nicht über die wirtschaftliche Nutzungsdauer, da auf Grund der Angaben im Sachverhalt zu Beginn des Leasingverhältnisses nicht hinreichend sicher ist, ob das Eigentum am Ende des Leasingzeitraums auf den Leasingnehmer übergeht (IAS 17.27 Satz 3). In der Lösung ist ein linearer Abschreibungsverlauf angenommen.

9. a) In Abwandlung zu Aufgabe 8 liegt nun ein zusätzliches Kriterium für ein Finanzierungs-Leasing nach IFRS vor, nämlich eine **günstige Kaufoption** (IAS 17.10 b). Die Zahlung zur Ausübung der **günstigen Kaufoption** ist in den **Barwert der Mindestleasingraten einzubeziehen** (IAS 17.4). Damit beträgt der Barwert der Mindestleasingraten:

$$\text{Barwert der Mindestleasingraten} = \frac{38.000}{1,06} + \frac{38.000}{1,06^2} + \ldots + \frac{38.000}{1,06^6} + \frac{25.000}{1,06^6}$$

$$= 204.482$$

Da jedoch der Vermögenswert mit dem Minimum aus Barwert der Mindestleasingraten (204.482 €) und beizulegendem Zeitwert (200.000 €) in der IFRS-Bilanz anzusetzen ist (IAS 17.20 Satz 1), sind sowohl der Vermögenswert als auch die Leasingverbindlichkeit zum 01.01.01 mit 200.000 € in die IFRS-Bilanz einzubuchen. Im nächsten Schritt ist der Effektivzins des Leasingverhältnisses derart zu bestimmen, dass der Barwert der Mindestleasingraten gerade dem Bilanzansatz zu Beginn des Leasingverhältnisses entspricht. Mittels Näherungsverfahren lässt sich dieser gesuchte (interne) Zinssatz ableiten zu 6,6638%:

Jahr	Mindestleasingraten (€)	Barwert der Mindestleasingraten (€)	Zinssatz (%)
1	38.000	35.626	6,6638
2	38.000	33.400	
3	38.000	31.314	
4	38.000	29.357	
5	38.000	27.523	
6	63.000	42.780	
Summe	253.000	200.000	

Da die Ausübung der Kaufoption und damit der Übergang des wirtschaftlichen Eigentums hinreichend sicher ist, wird der LKW über die wirtschaftliche Nutzungsdauer von 8 Jahren abgeschrieben. Für diese Variante ergeben sich dann folgende Auswirkungen auf Bilanzstruktur und Ergebnis:

in €	Sachanlagen (Fuhrpark)	Leasing-verbindlich-keiten	abgegrenzte Verbindlichkeit	Zinsanteil	Abschrei-bungen	sonstiger Ertrag
01.01.01	200.000	200.000	15.000			
31.12.01	175.000	175.328	12.500	-13.328	-25.000	+2.500
31.12.02	150.000	149.011	10.000	-11.683	-25.000	+2.500
31.12.03	125.000	120.941	7.500	-9.930	-25.000	+2.500
31.12.04	100.000	91.000	5.000	-8.059	-25.000	+2.500
31.12.05	75.000	59.064	2.500	-6.064	-25.000	+2.500
31.12.06	50.000	0*	0	-3.936	-25.000	+2.500
31.12.07	25.000	0	0	0	-25.000	0
31.12.08	0	0	0	0	-25.000	0

*) Barzahlung der 25.000 € Optionspreis unterstellt

b) Bei einer Grundmietzeit von 5 Jahren ist das unter Aufgabe 8a) erwähnte Kriterium des IAS 17.10 c für das Finanzierungs-Leasing nicht mehr erfüllt. Es liegt auch kein anderes Kriterium, das zu einem Finanzierungs-Leasing führt, vor. Hieraus folgt, dass der Vermögenswert nicht dem Leasingnehmer zuzurechnen ist (Operating-Leasingverhältnis).

Der Unterschiedsbetrag zwischen Verkaufspreis und Buchwert ist beim Spediteur in 01 in vollem Umfang zu realisieren (+15 000 €); ein Grund für eine Abgrenzung des Veräußerungsgewinns besteht nicht (IAS 17.61). In den Perioden 01-05 wird das Periodenergebnis des Leasingnehmers jeweils in Höhe der jährlichen Leasingrate von 38.000 € p. a. (sonstiger Aufwand) belastet.

c) Es liegt wie unter b) ein Operating-Leasingverhältnis im Anschluss an die Veräußerung vor. Bei der Veräußerung des LKW entsteht beim Verkäufer ein Verlust in Höhe von 15.000 €. Eine Abgrenzung des Verlusts kommt nicht in Betracht, da nach dem Sachverhalt keine Anhaltspunkte für besonders günstige Mietkonditionen vorhanden sind (IAS 17.61 Satz 2).

10. In die Herstellungskosten nach IFRS des Fertigerzeugnisses gehen folgende Komponenten ein (IAS 2.10 ff.):

	Rohmaterial	240 €
+	fremdbezogene Fertigteile	180 €
+	Hilfsmaterialien (Klebstoffe)	35 €
+	Fertigungslöhne	842 €
+	Hilfslöhne (Werkstattmeister)	410 €
+	Schmier- und Betriebsstoffe für eingesetzte Maschinen	68 €
+	Heizung, Beleuchtung, Reinigung Produktionsstätten	25 €
+	planmäßige Abschreibungen auf Maschinen	283 €
+	planmäßige anteilige Abschreibungen auf Lohnbuchhaltung	10 €
+	Fertigungslizenzen	28 €
+	Lagerhaltung, Material	250 €
=	Summe Herstellungskosten	2.371 €

Für folgende Kostenarten ergibt sich ein Ansatzverbot:

▶ planmäßige Abschreibungen auf das Verwaltungsgebäude, außer Lohnbuchhaltung, Finanzbuchhaltung, Geschäftsleitung wegen IAS 2.16 c,

▶ Lagerhaltung, Auslieferung wegen IAS 2.16 b,

▶ sonstige Vertriebskosten wegen IAS 2.16 d und

▶ steuerliche Sonderabschreibungen und kalkulatorische Zinsen auf Eigenkapital wegen fehlenden Aufwandscharakters nach IFRS.

11. Nach IAS 2 sind alternativ folgende Wertansätze möglich (IAS 2.25):

(1) Gewogene Durchschnittskostenmethode

$$\text{gewogene Durchschnittskosten} = \frac{2000 \cdot 12 + 1000 \cdot 13,5 + 1200 \cdot 14 + 800 \cdot 13}{5.000} = 12,94$$

Der Endbestand von 2.500 Mengeneinheiten ist mit 32.350 € zu bewerten.

(2) Gleitende Durchschnittskostenmethode

	Menge	Preis	Bestandswert
Anfangsbestand 01.01.	2.000	12,–	24.000
Zugang 16.04.	1.000	13,50	13.500
Zwischensumme 16.04.	3.000	12,50	37.500
Abgang 30.05.	1.500	12,50	18.750
Zwischensumme 30.05.	1.500	12,50	18.750
Zugang 18.10.	1.200	14,–	16.800
Zwischensumme 18.10.	2.700	13,166	35.550
Abgang 22.10.	1.000	13,166	13.166
Zwischensumme 22.10.	1.700	13,166	22.384
Zugang 29.11.	800	13,–	10.400
Zwischensumme 29.11./Endstand 31.12.	2.500	13,1136	32.784

Der Endbestand von 2.500 Mengeneinheiten ist mit 32.784 € zu bewerten.

(3) Fifo-Methode

Bei der Fifo-Methode setzen sich die Abgänge von 2.500 Mengeneinheiten aus dem Anfangsbestand von 2.000 Mengeneinheiten und der Hälfte der Zugänge vom 16.04. zusammen. Folglich enthält der Endbestand zum 31.12. folgende Komponenten:

	500 Mengeneinheiten aus Zugang 16.04. 13,50 €	6.750 €
+	1.200 Mengeneinheiten aus Zugang 18.10. 14,– €	16.800 €
+	800 Mengeneinheiten aus Zugang 29.11. 13,– €	10.400 €
=	2.500 Mengeneinheiten 13,58 €	33.950 €

Auf Grund von IAS 2.9 sind die Vorräte jedoch in der IFRS-Bilanz mit dem niedrigeren Nettoveräußerungswert anzusetzen. Demnach sind die Vorräte mit 13,50 € je Mengeneinheit bzw. der Bestand mit 33.750 € zu bewerten.

12. a) Der Projektfertigstellungsgrad erhöht sich – annahmegemäß – in jedem Jahr um 25%. Da im Beispiel von einer verlässlichen Schätzung mittels der Cost-to-Cost-Methode ausgegangen wird, ist die Percentage-of-Completion-Methode anzuwenden. Somit ist der Fertigungsauftrag in jeder Periode mit dem kumulierten anteiligen Umsatzwert abzüglich der Teilabrechnungen zu bilanzieren. Der Buchungssatz zur Einbuchung des Projektfortschritts lautet damit in den Jahren 1-4:

Fertigungsaufträge	an	Umsatzerlöse	75 Mio. €

Für den bilanziellen Ausweis sind die Fertigungsaufträge mit den **Teilabrechnungen** zu verrechnen.

In der GuV-Rechnung ergibt sich durch Gegenüberstellung von anteiligem Umsatz der jeweiligen Periode (75 Mio. €) mit den Auftragskosten in Höhe von 70 Mio. € ein Ergebnisbeitrag vor Steuern in Höhe von jährlich 5 Mio. €. Auf das Ergebnis sind Ertragsteuern mit dem anzuwendenden Steuersatz abzugrenzen. Da die steuerliche Gewinnermittlung den Erfolg aus dem Fertigungsauftrag erst bei Abnahme am Ende des Jahres 4 erfasst (Completed-Contract-Methode), liegen temporäre Differenzen im Sinne des IAS 12.5 vor. Der IFRS-Buchwert übersteigt während der Projekterstellung den steuerlichen Buchwert; diese Differenz löst sich mit der Abnahme des Projekts am 31.12.04 auf. In den Jahren 01-03 ist dementsprechend zu buchen:

Ertragsteueraufwand, latenter	an	passive latente Steuern	1,5 Mio. €

Zum Bilanzstichtag 31.12.04 werden die effektiv angefallenen Ertragsteuern erfasst. Da die temporäre Differenz zwischen IFRS- und Steuerbilanz sich mit Fertigstellung des Fertigungsauftrags aufgelöst hat, sind die hierfür abgegrenzten passiven latenten Steuern erfolgswirksam aufzulösen.

Ertragsteueraufwand, effektiver	an	Steuerverbindlichkeiten	6 Mio. €
passive latente Steuern	an	Ertragsteueraufwand, latenter	4,5 Mio. €

Bilanz (in Mio. €)	Jahr 1	Jahr 2	Jahr 3	Jahr 4
Fertigungsauftrag mit aktivischem Saldo		0,0	25,0	0,0
Forderungen aus LuL				100,0
passive latente Steuern	1,5	3,0	4,5	
Steuerrückstellungen				6,0
Fertigungsauftrag mit passivischem Saldo	25,0	0,0		
Gewinnrücklagen	3,5	7,0	10,5	14,0
GuV-Rechnung (in Mio. €)				
Umsatzerlöse	75,0	75,0	75,0	75,0
Herstellungskosten	70,0	70,0	70,0	70,0
Ergebnis vor Steuern	5,0	5,0	5,0	5,0
Ertragsteuern	1,5	1,5	1,5	1,5
Jahresüberschuss	3,5	3,5	3,5	3,5

b) Die nachstehende Abbildung ermittelt die Höhe des in den einzelnen Perioden zu erfassenden Gewinns bzw. Verlusts. Hierbei ist zu beachten, dass ein geschätzter Gewinn aus dem Gesamtprojekt zu einem bestimmten Zeitpunkt nur in dem Umfang berücksichtigt werden darf, zu dem das Projekt realisiert ist (Gewichtung mit dem Projektfertigstellungsgrad). Falls ein Verlust während der Erstellung des Fertigungsauftrags erwartet wird, ist dieser jedoch in voller Höhe zu dem Zeitpunkt zu berücksichtigen, zu dem er erwartet wird:

	Jahr 1	Jahr 2	Jahr 3	Jahr 4
vertraglich vereinbarte Erlöse	300 Mio. €	300 Mio. €	300 Mio. €	300 Mio. €
(geschätzte) Auftragskosten	280 Mio. €	300 Mio. €	305 Mio. €	298 Mio. €
davon angefallene Kosten (kumuliert)	70 Mio. €	140 Mio. €	225 Mio. €	298 Mio. €
davon noch offene Kosten	210 Mio. €	160 Mio. €	80 Mio. €	0 Mio. €
(geschätztes) Gesamtergebnis	20 Mio. €	0 Mio. €	-5 Mio. €	2 Mio. €
Projektfertigstellungsgrad	25%	40%	70%	100%
(kumuliertes) erfasstes Gesamtergebnis vor Steuern	5 Mio. €	0 Mio. €	-5 Mio. €	+2 Mio. €

Gewinne und Verluste werden in der Bilanz innerhalb des speziell für Fertigungsaufträge auszuweisenden Postens Fertigungsaufträge mit aktivischem bzw. passivischem Saldo verrechnet. Daher ist keine besondere Rückstellung für diese Verluste auszuweisen.

Der bilanzielle Wertansatz für die Fertigungsaufträge ergibt sich aus folgender Berechnung (IAS 11.43 bzw. IAS 11.44):

	Jahr 1	Jahr 2	Jahr 3	Jahr 4
angefallene Auftragskosten (kumuliert)	70 Mio. €	140 Mio. €	225 Mio. €	298 Mio. €
zuzüglich erfasste Gewinne	5 Mio. €			2 Mio. €
abzüglich erfasste Verluste			-5 Mio. €	
abzüglich Teilabrechnungen	-100 Mio. €	-150 Mio. €	-200 Mio. €	-200 Mio. €
abzüglich Forderungen LuL aus Endabrechnung				-100 Mio. €
Wertansatz Fertigungsaufträge	-25 Mio. €	-10 Mio. €	+20 Mio. €	0 Mio. €

Abweichungen zwischen b) und a) treten erst ab dem Jahr 2 auf. Im Jahr 2 ist neben den angefallenen Auftragskosten (70,0 Mio. €) die Differenz des Wertansatzes für die Fertigungsaufträge zu buchen. Die Differenz setzt sich aus den dem Jahr 2 zuzurechnenden Umsatzerlösen aus Fertigungsaufträgen (140 Mio. € – 75 Mio. €) abzüglich der im Jahr 2 erfolgten Teilabrechnungen in Höhe von 50 Mio. € zusammen.

Fertigungsaufträge	an	Umsatzerlöse	65 Mio. €
Bank	an	Fertigungsaufträge	50 Mio. €

Die im Sachverhalt für das Jahr 1 gebildete passive latente Steuer ist aufzulösen:

passive latente Steuern	an	Ertragsteueraufwand, latenter	1,5 Mio. €

Die kumulierten Herstellungskosten belaufen sich am Ende des Jahres 3 auf 225 Mio. €. Unter Berücksichtigung der geschätzten noch ausstehenden Restkosten von 80 Mio. € ermittelt sich ein retrograd abgeleiteter Wertansatz für den Fertigungsauftrag von 220 Mio. € vor Berücksichtigung sämtlicher Teilabrechnungen. Daher ist neben der Erfassung der Auftragskosten im Jahr 3 zu buchen:

Fertigungsaufträge	an	Umsatzerlöse	80 Mio. €

Die in 03 erfolgte Teilabrechnung führt zu folgender Buchung:

Bank	an	Fertigungsaufträge	50 Mio. €

Sofern das Steuerrecht ebenfalls eine absatzmarktorientierte Bewertung der Fertigungsaufträge zulässt, kann der handelsrechtlich berücksichtigte Verlust auch im gleichen Jahr steuerlich geltend gemacht werden. Falls keine Ausgleichsmöglichkeiten für diesen Verlust in der gleichen Periode bestehen, geht der steuerliche Verlust in den steuerlichen Verlustvortrag ein. Unter der Voraussetzung, dass die Bedingungen für den Ansatz aktiver latenter Steuern aus steuerlichen Verlustvorträgen gemäß IAS 12.34 gegeben sind, ist bei einem anzuwendenden Steuersatz von 30% für die Fertigungsaufträge eine

aktive latente Steuer in Höhe von 1,5 Mio. € zu bilanzieren. Unter diesen Annahmen ist im Jahr 3 noch zu buchen:

aktive latente Steuern	an	Ertragsteueraufwand, latenter	1,5 Mio. €

Im Jahr 4 stehen den zusätzlich angefallenen Auftragskosten von 73 Mio. € zu realisierende Umsatzerlöse von 80 Mio. € gegenüber. Daher ist für die Fertigungsaufträge im Jahr 4 zu buchen:

Fertigungsaufträge	an	Umsatzerlöse	80 Mio. €

Der im Jahr 4 realisierte Erfolgsbeitrag unterliegt der effektiven Besteuerung. Da im Jahr 3 – annahmegemäß – keine Möglichkeiten zum intraperiodischen Verlustausgleich bestanden, ist der Verlust aus Jahr 3 auf die Folgeperioden verrechnet worden und wirkt sich in einer Minderung des zu versteuernden Ergebnisses im Jahr 4 aus. Dementsprechend unterliegt nur ein steuerliches Ergebnis von 2 Mio. € (= 7 Mio. €−5 Mio. €) im Jahr 4 der effektiven Besteuerung. Die im Jahr 3 gebildete aktive latente Steuer aus steuerlichen Verlustvorträgen ist aufzulösen.

Ertragsteueraufwand, latenter	an	aktive latente Steuern	1,5 Mio. €

Der auf das zu versteuernde Ergebnis von 2 Mio. € effektiv anfallende Ertragsteueraufwand ist als (effektive) Steuerrückstellung einzubuchen:

Ertragsteueraufwand, effektiver	an	Steuerrückstellungen (effektiv)	0,6 Mio. €

Zuletzt ist, wenn die Endabnahme stattgefunden hat, noch eine Umbuchung von den Fertigungsaufträgen in die Forderungen aus Lieferungen und Leistungen vorzunehmen:

Forderungen aus LuL	an	Fertigungsaufträge	100 Mio. €

Die nachstehende Abbildung fasst die Auswirkungen auf Bilanz und GuV-Rechnung zusammen:

Bilanz (in Mio. €)	Jahr 1	Jahr 2	Jahr 3	Jahr 4
Fertigungsauftrag mit aktivischem Saldo			20,0	
Forderungen aus LuL				100,0
aktive latente Steuern			1,5	
Fertigungsauftrag mit passivischem Saldo	25,0	10,0		
passive latente Steuern	1,5			
Steuerrückstellungen				0,6
Gewinnrücklagen	3,5	0,0	-3,5	1,4
GuV-Rechnung (in Mio. €)				
Umsatzerlöse	75,0	65,0	80,0	80,0
Herstellungskosten	70,0	70,0	85,0	73,0
Ergebnis vor Steuern	5,0	-5,0	-5,0	7,0
Ertragsteuern	1,5	-1,5	-1,5	2,1
Jahresüberschuss	3,5	-3,5	-3,5	4,9

c) Für die Ermittlung des Projektfertigstellungsgrads zu den einzelnen Bilanzstichtagen gilt folgende Formel:

$$PFG = \sum_{i=1}^{n} PFG_i \cdot \frac{BK_i}{BK}$$

PFG: Projektfertigstellungsgrad des gesamten Projekts

PFG_i: Projektfertigstellungsgrad des Teilprojekts i

BK_i: Budgetkosten für das Teilprojekt i

BK: Budgetkosten für das gesamte Projekt

n: Anzahl der Teilprojekte innerhalb des Projekts

Damit ermittelt sich der Projektfertigstellungsgrad zu den einzelnen Bilanzstichtagen:

$$PFG\,(31.\,12.\,01) = 90\% \cdot \frac{10}{280} + 80\% \cdot \frac{40}{280} + 20\% \cdot \frac{150}{280} = \frac{71}{280} = 25,36\%$$

$$PFG\,(31.\,12.\,02) = 100\% \cdot \frac{10}{280} + 100\% \cdot \frac{40}{280} + 60\% \cdot \frac{150}{280} + 40\% \cdot \frac{60}{280} = \frac{164}{280} = 58,57\%$$

$$PFG\,(31.\,12.\,03) = 100\% \cdot \frac{10}{280} + 100\% \cdot \frac{40}{280} + 90\% \cdot \frac{150}{280} + 75\% \cdot \frac{60}{280} + 20\% \cdot \frac{20}{280}$$

$$= \frac{234}{280} = 83,57\%$$

$$PFG\,(31.\,12.\,04) = 100\%$$

13. a) Das Unternehmen kann sich grundsätzlich entscheiden, das Finanzinstrument als

   ▶ Financial asset at fair value through profit or loss oder

   ▶ Available-for-sale financial asset

   zu klassifizieren. Eine Klassifizierung als Held-to-maturity investment ist nicht möglich, da eine Aktie keinen „Fälligkeitszeitpunkt" hat.

   Der Buchungssatz am 31. 12. 01 lautet bei Klassifizierung als Financial asset at fair value through profit or loss:

Wertpapiere, Financial asset at fair value through profit or loss	an	(sonstiger) finanzieller Ertrag	13

   Der Buchungssatz am 31. 12. 01 lautet bei Klassifizierung als Available-for-sale financial asset:

Wertpapiere, Available-for-sale financial asset	an	sonstiges Gesamtergebnis, Gewinne aus der Zeitbewertung von zur Veräußerung verfügbaren finanziellen Vermögenswerten	13

   b) Zusätzlich kann das Wertpapier auch als Held-to-maturity investment klassifiziert werden, sofern das Unternehmen die Absicht hat, dieses Wertpapier bis zur Endfälligkeit zu halten. Nach IAS 39.46 b sind diese Wertpapiere zu **fortgeführten Anschaffungskosten**

unter Anwendung der Effektivzinsmethode zu bewerten. Der Effektivzins lässt sich durch Lösung folgender Gleichung ableiten:

$$-95 + \frac{6}{(1+r)} + \frac{6}{(1+r)^2} + \frac{6}{(1+r)^3} + \frac{106}{(1+r)^4} = 0$$

Mittels Näherungsmethoden lässt sich ein Effektivzins (r) für die Anleihe von 7,4926% p. a. ermitteln. Der Bilanzwert der Schuldverschreibung, die Zinszahlungen und die Zinserträge in der GuV-Rechnung entwickeln sich über die Laufzeit wie folgt:

	Bilanzwert Schuld-verschreibung	Zinszahlungen	Zinserträge in der GuV-Rechnung	effektiver Zins in %
01.01.01	95,00			
31.12.01	96,12	6,00	7,12	7,4926%
31.12.02	97,32	6,00	7,20	7,4926%
31.12.03	98,61	6,00	7,29	7,4926%
31.12.04	100,00	6,00	7,39	7,4926%

Damit lautet der Buchungssatz per 31.12.01:

Wertpapiere, Held-to-maturity investment	an	(sonstiger) finanzieller Ertrag	1,12

Zusätzlich sind die Zinszahlungen erfolgswirksam in der GuV-Rechnung zu buchen:

Bank	an	Zinserträge	6

14. Es liegt bei dem Optionsgeschäft ein Cashflow-Hedge (IAS 39.95) vor, da künftige Zahlungsströme in € abgesichert werden sollen.

a) **(i) Einbuchung bei Begründung des Sicherungsgeschäfts am 15.10.00:**

Finanzinstrument, Optionsgeschäft	an	Bank	1,5 Mio. €

(ii) Bewertung des Sicherungsgeschäfts am 31.12.00:

Finanzinstrument, Optionsgeschäft	an	sonstiges Gesamtergebnis, Gewinne aus der Zeitbewertung von Cashflow-Hedges	0,3 Mio. €

(iii) Folgebuchung bei Eintritt des Grundgeschäfts und Ausübung der Option:

sonstiges Gesamtergebnis, Abgang von Gewinnen aus der Zeitbewertung von Cashflow-Hedges	an	Finanzinstrument, Optionsgeschäft	0,3 Mio. €
Forderungen aus LuL	an	Umsatzerlöse	100,0 Mio. €
Aufwendungen aus Währungs- und Kurssicherungen	an	Finanzinstrument, Optionsgeschäft	1,5 Mio. €

b) (i) und (ii) wie unter a)

(iii) Folgebuchung bei Eintritt des Grundgeschäfts und Verfall der Option:

sonstiges Gesamtergebnis, Abgang von Gewinnen aus der Zeitbewertung von Cashflow-Hedges	an	Finanzinstrument, Optionsgeschäft	0,3 Mio. €
Forderungen aus LuL (Kurs im März 01)	an	Umsatzerlöse	101,010 Mio. €
Aufwendungen aus Währungs- und Kurssicherungen	an	Finanzinstrument, Optionsgeschäft	1,5 Mio. €

15. Das nach IFRS bilanzierende Unternehmen prognostiziert zunächst den Personalaufwand während des dreijährigen Erdienungszeitraums (IFRS 2.15):

erwarteter Personalaufwand = 100.000 · 0,96³ · 10 € = 884.736 €

Dementsprechend ist in den Fällen a) – c) in den Jahren 1-3 jährlich zu buchen, sofern zwischenzeitlich keine aktualisierte Schätzung erfolgt:

Personalaufwand	an	Kapitalrücklage, ausstehende Optionen	294.912 €

a) Der Buchungssatz lautet zum 01. 01. 04:

Bank	1.800.000 €	an	gezeichnetes Kapital	90.000 €
Personalaufwand	15.264 €		Kapitalrücklage	2.610.000 €
Kapitalrücklage, ausstehende Optionen	884.736 €			

Es entsteht ein zusätzlicher Personalaufwand von 15.264 €, da tatsächlich 90.000 Optionen statt der geplanten 88.473,6 Optionen ausgegeben werden.

b) Der Buchungssatz unter b) ist identisch mit dem Buchungssatz unter a), da der von den Führungskräften **tatsächlich erzielte Wertzuwachs ohne Relevanz** ist.

c) Bei einem Verfall der Optionen kommt keine Korrektur der Aufwendungen in Betracht. Eine Ausnahme gilt nur für den Fall, dass die Optionen deshalb verfallen, weil deren Ausübung an nicht kapitalmarktorientierte Bedingungen geknüpft ist, die nicht erfüllt werden (IFRS 2.19-2.21).

Im vorliegenden Fall sind daher die Aufwandsbuchungen der Jahre 1-3 nicht zurückzunehmen, soweit diese verfallen. Eine **Anpassung** erfolgt jedoch, um die **tatsächliche Fluktuation** zu berücksichtigen. Dementsprechend ist zum 01. 01. 04 zu buchen:

Kapitalrücklage, ausstehende Optionen	884.736 €	an Kapitalrücklage	800.000 €
		Personalaufwand	84.736 €

16. Nach der **Cost-Method** sind die **Anschaffungskosten gegen das Eigenkapital pauschal** und ohne Zuordnung auf die Eigenkapitalbestandteile **zu verrechnen**:

Eigenkapital, Eigene Aktien	an	Bank	1.100.000 €

Bei **Bilanzierung nach der Par-Value-Method** ist zunächst der **durchschnittliche Ausgabekurs** und die Aufteilung auf Gezeichnetes Kapital und Kapitalrücklage festzustellen. Der im Eigenkapital aus den Kapitalerhöhungsschritten insgesamt enthaltene Betrag errechnet sich wie folgt:

	Summe der Erlöse aus Kapitalerhöhungen	12.500.000
-	Kapitalbeschaffungskosten	675.000
+	Steuervorteil aus Kapitalbeschaffungskosten	237.500
=	IFRS-Eigenkapital aus Kapitalerhöhungen	12.062.500

Damit ergibt sich folgende Aufteilung:

	absolut	je Aktie
gezeichnetes Kapital	2.300.000	1,00
Kapitalrücklage	9.762.500	4,24

Dementsprechend lautet der Buchungssatz bei Rückkauf eigener Aktien:

Gezeichnetes Kapital	100.000 €	an	Bank	1.100.000 €
Kapitalrücklage	424.457 €			
Gewinnrücklagen	575.543 €			

17. a) In den Jahren 01-03 schreibt das Unternehmen die Sachanlage zunächst planmäßig ab. Bei linearer Abschreibung (Voraussetzung) lauten die Buchungssätze in den Jahren 01-03:

Abschreibungen	an	Sachanlagen	19,174 Mio. €

Der Restbuchwert zum 31.12.03 beträgt damit 517,701 Mio. €.

Der Rückstellung für Demontage wurde in den Jahren 01-03 der Zinseffekt zugeführt:

Buchungssatz 01:	Zinsaufwand	an	Rückstellung für Demontage	0,313 Mio. €
Buchungssatz 02:	Zinsaufwand	an	Rückstellung für Demontage	0,333 Mio. €
Buchungssatz 03:	Zinsaufwand	an	Rückstellung für Demontage	0,352 Mio. €

Die Rückstellung für Demontage beträgt zum 31.12.03 somit 6,221 Mio. €.

Die neuen Erkenntnisse zu Beginn des Jahres 04 sind unmittelbar sowohl im Rückstellungsbetrag zu berücksichtigen und haben auch direkte Auswirkungen auf die Höhe der (fortgeführten) Herstellungskosten der Sachanlage (IFRIC 1.4 f.).

Auf Basis des Erkenntnisstands zu Beginn des Jahres 04 ermittelt sich ein Rückstellungsbetrag in Höhe von 25 Mio. € · $1{,}06^{-30}$ = 4,353 Mio. €. Daher ist zur Anpassung der Rückstellung Anfang 04 zu buchen:

Rückstellung für Demontage	an	Sachanlagen	1,868 Mio. €

Die am 31.12.04 zu erfassende Zuführung zur Demontagerückstellung lautet:

Zinsaufwand	an	Rückstellung für Demontage	0,261 Mio. €

Die Rückstellung für Demontage beträgt zum 31.12.04 somit 4,614 Mio. €.

Der Buchwert der Sachanlage, der Anfang 04 auf 515,833 Mio. € vermindert wurde, ist über die nunmehr erwartete Restnutzungsdauer der Sachanlage von 30 Jahren abzuschreiben. Dementsprechend ist per 31.12.04 zu buchen:

Abschreibungen	an	Sachanlagen	17,194 Mio. €

b) Für die bis einschließlich 31.12.03 zu erfassenden Buchungssätze wird auf a) verwiesen. Auf Grund der neuen Erkenntnisse ist Anfang 04 die Rückstellung neu zu berechnen. Der Rückstellungsbetrag ermittelt sich Anfang 04 zu 60 Mio. € · $1,06^{-27}$ = 12,442 Mio. €. Dementsprechend ist Anfang 04 zunächst zu buchen:

Sachanlagen	an	Rückstellung für De-montage	6,221 Mio. €

Damit erhöht sich der Buchwert der Sachanlage Anfang 04 auf 523,922 Mio. € (= 517,701 Mio. € + 6,221 Mio. €). Gemäß IFRIC 1.5 c ist bei Erfassung eines Zugangs zu den Anschaffungs- oder Herstellungskosten zu bedenken, ob dies ein Anhaltspunkt dafür ist, dass der neue Buchwert des Vermögenswerts nicht voll erzielbar sein könnte. Der neue Buchwert der Sachanlage übersteigt den erzielbaren Betrag der Sachanlage Anfang 04, der sich nach IAS 36.6 als Maximum aus beizulegendem Zeitwert abzüglich Verkaufskosten und Nutzungswert (520 Mio. €) ermittelt. Daher ist Anfang 04 ein Asset Impairment mit folgender Buchung zu erfassen:

Wertminderungsaufwand	an	Sachanlagen	3,922 Mio. €

Der Restbuchwert der Sachanlage, der sich damit Anfang 04 auf 520 Mio. € beläuft, ist über die Restnutzungsdauer von 27 Jahren zu verteilen. Die Buchung lautet für 04:

Abschreibungen	an	Sachanlagen	19,259 Mio. €

Ebenfalls ist Ende 04 die Zuführung zur Rückstellung für Demontage mit folgender Buchung zu erfassen:

Zinsaufwand	an	Rückstellung für De-montage	0,747 Mio. €

Der per 31.12.04 erreichte Stand der Rückstellung beträgt somit 13,189 Mio. € (= 60 Mio. € · $1,06^{-26}$).

18. a) Nach IAS 37.36 ist der als Rückstellung angesetzte Betrag der bestmöglich geschätzte Betrag der Ausgabe, die zur Erfüllung der gegenwärtigen Verpflichtung zum Bilanzstichtag erforderlich ist. Wird eine **große Anzahl von Einzelereignissen** bewertet, so ist der **Erwartungswert** im Regelfall eine **verlässliche Schätzung** für die Verpflichtung (IAS 37.39). Für die Bewertung der Rückstellungen ist weiterhin zu beachten, dass gemäß IAS 37.45 bei einer wesentlichen Wirkung des Zinseffektes der Barwert der erwarteten Ausgaben anzusetzen ist. Vertretbar wären z. B. Verpflichtungen, die innerhalb eines Jahres anfallen, nicht abzuzinsen. In diesem Fall würde auf die Abzinsung der Verpflichtung, die voraussichtlich im Folgejahr erfüllt wird, verzichtet. Aus didaktischen Gründen wird auf die Abzinsung im vorliegenden Fall nicht verzichtet. Bei den Verpflichtungen, die im zweiten Folgejahr anfallen, ist in jedem Fall eine Abzinsung vorzunehmen. Bei kontinu-

ierlichem Anfall der Verpflichtungen über die Zeit kann eine mittlere Fälligkeit der Verpflichtungen unterstellt werden.

Bei mittlerer Fälligkeit der Verpflichtungen ist eine Abzinsung für die im Folgejahr anfallenden Verpflichtungen von 0,5 Jahren und für die im darauf folgenden Jahr anfallenden Verpflichtungen von 1,5 Jahren vorzunehmen.

Aus Übersichtlichkeitsgründen empfiehlt es sich in einem ersten Schritt auf Basis der Daten die **erwarteten undiskontierten Garantieausgaben** in Abhängigkeit der Umsätze in einer Matrixform darzustellen (siehe auch b):

erwartete Ausgaben	Jahr 01	Jahr 02	Jahr 03	Jahr 04	Jahr 05	Jahr 06	Jahr 07	Jahr 08
aus Umsätzen der Jahre								
Jahr 01	20.000	40.000	20.000					
Jahr 02		45.000	90.000	45.000				
Jahr 03			50.000	100.000	50.000			
Jahr 04				55.000	110.000	55.000		
Jahr 05					54.000	108.000	54.000	
Jahr 06						60.000	120.000	60.000
Summe	20.000	85.000	160.000	200.000	214.000	223.000	n.a.	n.a.

Per 31.12.01 leitet sich der Rückstellungsbetrag dann wie folgt ab:

$$\text{Rückstellungen für Garantieleistungen 31.12.01} = \frac{40.000}{1,06^{0,5}} + \frac{20.000}{1,06^{1,5}} = 57.178 \, €$$

Die Rückstellungen für Garantieleistungen per 31.12.02 setzen sich aus den erwarteten Garantieleistungen für die garantiebehafteten Umsätze von 01 und 02 zusammen:

$$\text{Rückstellungen für Garantieleistungen 31.12.02} = \frac{20.000}{1,06^{0,5}} + \frac{90.000}{1,06^{0,5}} + \frac{45.000}{1,06^{1,5}} = 148.075 \, €$$

Analog zur Berechnung der Rückstellungen für Garantieleistungen per 31.12.02 setzen sich in den Folgejahren die Rückstellungen aus den erwarteten Garantieleistungen der garantiebehafteten Umsätzen des aktuellen Jahres und des jeweiligen Vorjahres zusammen. Daraus folgt:

$$\text{Rückstellungen für Garantieleistungen 31.12.03} = \frac{45.000}{1,06^{0,5}} + \frac{100.000}{1,06^{0,5}} + \frac{50.000}{1,06^{1,5}} = 186.652 \, €$$

$$\text{Rückstellungen für Garantieleistungen 31.12.04} = \frac{50.000}{1,06^{0,5}} + \frac{110.000}{1,06^{0,5}} + \frac{55.000}{1,06^{1,5}} = 205.803 \, €$$

$$\text{Rückstellungen für Garantieleistungen 31.12.05} = \frac{55.000}{1,06^{0,5}} + \frac{108.000}{1,06^{0,5}} + \frac{54.000}{1,06^{1,5}} = 207.800 \, €$$

b) Für die Jahre 01-06 kann ein Vergleich der erwarteten Garantieaufwendungen (siehe Tabelle unter a) mit den tatsächlichen Garantieaufwendungen erfolgen. Die erwarteten undiskontierten Garantieaufwendungen betrugen 902.000 € (siehe Tabelle unter a), die in dem gesamten Zeitraum angefallenen undiskontierten Garantieaufwendungen nur 640.000 € (siehe Tabelle in der Aufgabenstellung).

Zur Ermittlung des gesuchten Garantieprozentsatzes auf Basis der aktuellen Erfahrungswerte wird x als der Prozentsatz der im Jahr des Umsatzaktes anfallenden Garantieverpflichtungen angesetzt. In den tatsächlichen angefallenen Garantieaufwendungen der Jahre 01-06 sind sämtliche Garantieverpflichtungen aus den Umsätzen der Jahre 01-04 enthalten. Dementsprechend gehen diese Umsätze mit der Gewichtung 4x ein. Der Umsatz des Jahres 05 geht mit der Gewichtung 3x ein, da am Ende des Jahres 06 die Garantieaufwendungen des Umsatzjahres (x) und des Folgejahres (2x) angefallen sind. Für den Umsatz des Jahres 06 sind nur die Garantieaufwendungen des aktuellen Jahres in der Summe der Garantieaufwendungen bis 31. 12. 06 enthalten; daher erfolgt die Gewichtung des Umsatzes des Jahres 06 nur mit 1x. Durch Gleichsetzung der so gewichteten Umsätze mit den tatsächlich angefallenen Garantieaufwendungen in den Jahren 01-06 erhält man:

$2.000.000 \cdot 4 x + 4.500.000 \cdot 4 x + 5.000.000 \cdot 4 x + 5.500.000 \cdot 4 x + 5.400.000 \cdot 3 x + 6.000.000 \cdot 1 x = 640.000$

$8.000.000 x + 18.000.000 x + 20.000.000 x + 22.000.000 x + 16.200.000 x + 6.000.000 x = 640.000$

$90.200.000 x = 640.000$

Hieraus folgt: $x = 0{,}71\%$.

Rückstellung für Garantieleistungen 31. 12. 06 =

$$\frac{5.400.000 \cdot 0{,}71\%}{1{,}06^{0,5}} + \frac{6.000.000 \cdot 1{,}42\%}{1{,}06^{0,5}} + \frac{6.000.000 \cdot 0{,}71\%}{1{,}06^{1,5}} = 159.027 \, €$$

19.

	Jahr 1		Jahr 10	
	Steuerbilanz	IFRS-Abschluss	Steuerbilanz	IFRS-Abschluss
Rohergebnis	500.000	500.000	500.000	500.000
§ 6b-Abschreibung	200.000			
Sonstiger Ertrag	0	0	700.000	500.000
Ergebnis vor Steuern	300.000	500.000	1.200.000	1.000.000
Ertragsteuern				
- effektiv	90.000	90.000	360.000	360.000
-Abgrenzung für passive latente Steuern		60.000		
- Auflösung der Abgrenzung für passive latente Steuern				- 60.000
Ertragsteuern (externer Ausweis)		150.000		300.000
Ergebnis nach Steuern		350.000		700.000

20. a) Die **Börseneinführungskosten** werden nach IAS 32.37 **unmittelbar gegen** das **eingeworbene Eigenkapital** gebucht. Folglich müssen nach IAS 12.61 A b die hieraus resultierenden Steuereffekte **ergebnisneutral** dem **Eigenkapital gutgeschrieben** werden.

Eigenkapital/ Kapitalrücklage	an	Bank	10 Mio. €
aktive latente Steuern	an	Eigenkapital/ Kapitalrücklage	3 Mio. €

Den steuerlichen Vorteil aus den Börseneinführungskosten nimmt das Unternehmen im Jahr 01 in der Form in Anspruch, dass es weniger Steuern zahlt, als es dem tatsächlichen IFRS-Ergebnis entspricht. Dementsprechend ist im Jahr 01 zu buchen:

Ertragsteueraufwand, latenter	an	aktive latente Steuern	3 Mio. €

Der **Ertragsteueraufwand** setzt sich bei dem betrachteten Unternehmen im Jahr 1 aus folgenden **Komponenten** zusammen:

	effektiver Ertragsteueraufwand	1,230 Mio. €
+	passive latente Steuern (§ 6 b EStG)	0,300 Mio. €
+	latenter Steueraufwand	3,000 Mio. €
=	Ertragsteueraufwand	4,530 Mio. €

b)

	IFRS-Ergebnis vor (Ertrag-)Steuern	15,000 Mio. €
	erwarteter oder theoretischer Ertragsteueraufwand (30%)	4,500 Mio. €
	(= IFRS-Ergebnis vor (Ertrag-)Steuern · anzuwendender Steuersatz)	
+	Steuereffekt auf nicht abziehbare Betriebsausgaben	0,030 Mio. €
=	ausgewiesener Ertragsteueraufwand	4,530 Mio. €

21. Die Börseneinführungskosten werden nach IAS 32.37 unmittelbar gegen das eingeworbene Eigenkapital gebucht. Folglich müssen nach IAS 12.61 A b die hieraus resultierenden Steuereffekte ergebnisneutral dem Eigenkapital gutgeschrieben werden.

Eigenkapital/Kapitalrücklage	an	Bank	10 Mio. €
aktive latente Steuern	an	Eigenkapital/Kapitalrücklage	3 Mio. €

Den steuerlichen Vorteil aus den Börseneinführungskosten nimmt das Unternehmen im Jahr 01 nur teilweise in Anspruch, indem es auf das Jahresergebnis keine Steuern entrichtet. Der steuerliche Verlustvortrag beträgt 5,9 Mio. € und hat bei einem Steuersatz von 30% dementsprechend einen bilanziellen Wert von 1,77 Mio. € (30% von 5,9 Mio. €). Folglich wurde von dem 3 Mio. € Steuervorteil aus den abzugsfähigen Börseneinführungskosten ein Betrag von 1,23 Mio. € verbraucht. Dieser Verbrauch ist wie folgt zu buchen:

Ertragsteueraufwand, latenter	an	aktive latente Steuern	1,23 Mio. €

Der Ertragsteueraufwand setzt sich im Jahr 01 wie folgt zusammen:

	effektiver Ertragsteueraufwand	0,000 Mio. €
+	passive latente Steuern (§ 6 b EStG)	0,300 Mio. €
+	latenter Steueraufwand	1,230 Mio. €
=	Ertragsteueraufwand	1,530 Mio. €

Die steuerliche Überleitungsrechnung nach IAS 12.81 c hat folgende Gestalt:

	IFRS-Ergebnis vor (Ertrag-)Steuern	5,000 Mio. €
	erwarteter oder theoretischer Ertragsteueraufwand (40%) (= IFRS-Ergebnis vor (Ertrag-)Steuern · anzuwendender Steuersatz)	1,500 Mio. €
+	Steuereffekt auf nicht abziehbare Betriebsausgaben	0,030 Mio. €
=	ausgewiesener Ertragsteueraufwand	1,530 Mio. €

22. Bei der Ermittlung des anzuwendenden Steuersatzes ist zu berücksichtigen, dass Gewerbesteuer und Körperschaftsteuer weder von ihrer eigenen Bemessungsgrundlage noch bei Ermittlung der jeweils anderen Bemessungsgrundlage abzugsfähig sind. Daher gilt für die Ermittlung des anzuwendenden Steuersatzes

	Gewerbesteuersatz	
	450% · 3,5%	15,750%
+	Körperschaftsteuersatz	15,000%
+	SoliZ (Zuschlagsteuer in Höhe von 5,5% auf den Körperschaftsteuersatz)	0,825%
=	anzuwendender Steuersatz	31,575%

Der anzuwendende Steuersatz beträgt damit 31,575%.

Kapitel 4: Konzernabschluss nach IFRS

LÖSUNGEN

1. Aus den Angaben lässt sich zunächst der Goodwill zum Erwerbszeitpunkt ermitteln:

	Anschaffungskosten der Beteiligung	200 Mio. €
-	Nettovermögen im Erwerbszeitpunkt	80 Mio. €
=	Goodwill	120 Mio. €

Unter der Voraussetzung, dass der Euro die funktionale Währung des dargestellten Tochterunternehmens bildet, ergibt sich für die Gebäude und die Technischen Anlagen folgende Entwicklungsrechnung:

	Gebäude		Technische Anlagen	
	Mio. DKR	Mio. €	Mio. DKR	Mio. €
Anfangsbestand 01.01.02	225,000	30,000	450,000	60,000
Zugänge 02			95,000	13,014
Abschreibungen 02 – Altbestand	15,000	2,000	50,000	6,667
Abschreibungen 02 – Zugänge			15,000	2,055
Endbestand 31.12.02	210,000	28,000	480,000	64,292

Daraus ergibt sich folgendes Bilanzbild per 31.12.02:

Bilanz per 31.12.02	in Mio. DKR	in Mio. €
Goodwill	900,000	120,000
Grundstücke	75,000	10,000
Gebäude	210,000	28,000
Technische Anlagen	480,000	64,292
Vorräte	100,000	13,889
Forderungen aus LuL, Bank	300,000	41,667
Bilanzsumme	2.065,000	277,848
Eigenkapital (hist.) für Konsolidierungszwecke	1.500,000	200,000
Bilanzgewinn	60,000	7,709
Rückstellungen	80,000	11,111
Finanzschulden	350,000	48,611
Verbindlichkeiten LuL	75,000	10,417

Die GuV-Rechnung stellt sich für die Zeit vom 01.01.02-31.12.02 – im Ausschnitt – wie folgt dar:

	Mio. DKR	Mio. €
Umsatzerlöse	700,000	95,890
Personalaufwand	300,000	41,096
Materialaufwand	150,000	20,548
Abschreibungen	80,000	10,722
sonstige Aufwendungen	20,000	2,740
Aufwendungen aus der Währungsumrechnung		0,747
Zinsaufwand	40,000	5,479
Ertragsteuern	50,000	6,849
Jahresüberschuss	60,000	7,709

Die Verluste aus der Währungsumrechnung sind ein Differenzposten, der sich aus dem in der Bilanz umgerechneten Jahresüberschuss bzw. Bilanzgewinn (7,709 Mio. €) und dem Saldo aus den zu den jeweiligen Kursen umgerechneten GuV-Posten (8,456 Mio. €) errechnet.

2. Der Jahresüberschuss aus Übungsaufgabe 1 von 7,709 Mio. € ist zum Durchschnittskurs in US-$ umzurechnen. Damit ergibt sich der zu Durchschnittskursen umgerechnete Jahresüberschuss zu 8,865 Mio. US-$. Mit Ausnahme des historisch umzurechnenden Eigenkapitals sind die übrigen Bilanzposten mit dem Stichtagskurs zum 31.12.02 umzurechnen:

Bilanz per 31.12.02	in Mio. €	in Mio. US-$
Goodwill	120,000	144,000
Grundstücke	10,000	12,000
Gebäude	28,000	33,600
Technische Anlagen	64,292	77,150
Vorräte	13,889	16,667
Forderungen aus LuL, Bank	41,667	50,000
Bilanzsumme	277,848	333,418

Eigenkapital (historisch) für Konsolidierungszwecke	200,000	200,000
Bilanzgewinn	7,709	8,865
Translationsergebnis		40,386
Rückstellungen	11,111	13,333
Finanzschulden	48,611	58,334
Verbindlichkeiten LuL	10,417	12,500

Die Translationsanpassung per 31. 12. 02 setzt sich aus folgenden Komponenten zusammen:

▶ Translationsanpassung aus der Umrechnung des historischen Eigenkapitals:
200 Mio. [€] · (1,2 - 1,0) [US-$/€] = 40,000 Mio. €

▶ Translationsanpassung aus der abweichenden Umrechnung des Jahresergebnisses:
7,709 Mio. [€] · (1,2 - 1,15) [US-$/€] = 0,386 Mio. €

3. a) Die Bilanz des dänischen Tochterunternehmens hat per 31. 12. 02 in Mio. DKR folgende Gestalt:

Bilanz zum 31. 12. 02 in Mio. DKR

Grundstücke	78	Gezeichnetes Kapital	600
Gebäude	215	Neubewertungsrücklage	4
Technische Anlagen	480	Jahresüberschuss	60
Vorräte	100	Rückstellungen	80
Forderungen LuL, Bank	300	Finanzschulden	350
		Verbindlichkeiten LuL	75
		pass. lat. Steuern	4
Bilanzsumme	1173	Bilanzsumme	1173

b) Die Bilanz des dänischen Tochterunternehmens hat per 31. 12. 02 in Mio. € folgende Gestalt:

Bilanz zum 31. 12. 02 in Mio. €

Goodwill	120,000	Eigenkapital (hist.) für Konsolidie-rungszwecke	200,000
Grundstücke	10,833	Neubewertungsrücklage	2,138
Gebäude	29,861	Jahresüberschuss	7,709
Technische Anlagen	64,292	Rückstellungen	11,111
Vorräte	13,889	Finanzschulden	48,611
Forderungen LuL, Bank	41,667	Verbindlichkeiten LuL	10,417
		pass. lat. Steuern	0,556
Bilanzsumme	280,542	Bilanzsumme	280,542

Der auf den 31. 12. 02 festgestellte Neuwert der Grundstücke und Gebäude wird mit dem aktuellen Stichtagskurs per 31. 12. 02 – und nicht wie in Übungsaufgabe 1 – mit dem historischen Kurs – umgerechnet (IAS 21.23 c). Die passiven latenten Steuern, welche auf die Neubewertung entfallen, werden ebenfalls mit dem aktuellen Stichtagskurs per 31. 12. 02 umgerechnet. Die Neubewertungsrücklage nimmt dann den Nettoeffekt aus der Neubewertung der Grundstücke und Gebäude – im Vergleich mit der historischen Bewertung (siehe Übungsaufgabe 1) – auf. Diese errechnet sich im Beispiel zu:

Neuwert (Grundstücke + Gebäude) – fortgef. AHK (Grundstücke + Gebäude) – pass. lat. Steuern = 10,833 Mio. € + 29,861 Mio. € - 0,556 Mio. € - 10 Mio. € - 28 Mio. € = 2,138 Mio. €

Der in € umgerechnete Jahresüberschuss in Periode 02 und damit die GuV-Rechnung für die dänische Tochtergesellschaft werden durch die Neubewertung nicht beeinflusst. In den Folgeperioden können sich allerdings Änderungen durch die Abschreibungen vom Neuwert ergeben.

4. a) Nach IAS 36.90 wird der Buchwert der zahlungsmittel-generierenden Einheit mit dem erzielbaren Betrag (Fair Value) der zahlungsmittel-generierenden Einheit verglichen.

   Buchwert zahlungsmittel-generierende Einheit =

   Buchwert (Vermögenswerte) – Buchwert (Schulden) + Buchwert (Goodwill)

   Buchwert zahlungsmittel-generierende Einheit =
   1.200 GE + 1.800 GE - 1.400 GE + 800 GE = 2.400 GE

   Im Fall a) ist kein Wertminderungsaufwand auf den Goodwill zu verrechnen, da der Buchwert der zahlungsmittel-generierenden Einheit (2.400 GE) den erzielbaren Betrag der zahlungsmittel-generierenden Einheit (2.700 GE) unterschreitet.

   b) Da der Buchwert der zahlungsmittel-generierenden Einheit 2.400 GE beträgt und damit den Zeitwert der zahlungsmittel-generierenden Einheit (2.200 GE) überschreitet, liegt ein Wertminderungsaufwand vor.

   Nach IAS 36.104 ist ein Wertminderungsaufwand in Höhe von 200 GE zu erfassen, der ausschließlich auf den Goodwill zuzurechnen ist. Der Buchwert des Goodwills beträgt nach Asset Impairment 600 GE.

5. Die Lösung ist zu differenzieren, je nachdem ob für die Konsolidierung des Tochterunternehmens T die Full-Goodwill-Methode oder die Neubewertungsmethode angewendet wurde.

   ▶ Anwendung der **Full-Goodwill-Methode** zur Konsolidierung der T

	Buchwert Vermögenswerte (ohne Goodwill)	3.000
+	Buchwert Goodwill	800
-	Buchwert Fremdkapital	1.400
=	Buchwert zahlungsmittel-generierende Einheit	2.400

Es liegt ein Wertminderungsaufwand in Höhe von 200 GE vor, der ausschließlich auf den Goodwill zuzurechnen ist. Der Wertminderungsaufwand von 200 GE ist auf den Konzernanteil und den Minderheitsanteil aufzuteilen. Unter der Annahme, dass für den Konzernanteil keine Beherrschungsprämie gezahlt wurde, sind 150 GE (75% · 200 GE) Wertminderungsaufwand auf den Konzernanteil und 50 GE Wertminderungsaufwand auf den Minderheitsanteil zuzurechnen.

▶ Anwendung der **Neubewertungsmethode** zur Konsolidierung der T

Bei der Überprüfung des Abschreibungsbedarfs ist im ersten Schritt der Goodwill auf 100 % hochzurechnen. Für die zahlungsmittel-generierende Einheit ergeben sich damit folgende Buchwerte:

	Buchwert Vermögenswerte (ohne Goodwill)	3.000
+	Buchwert Goodwill (hochgerechnet = 100%/75% · 800)	1.067
-	Buchwert Fremdkapital	1.400
=	Buchwert zahlungsmittel-generierende Einheit	2.667

Da der erzielbare Betrag in Höhe von 2.200 GE den Buchwert der zahlungsmittel-generierenden Einheit in Höhe von 2.667 GE unterschreitet, ist die zahlungsmittel-generierende Einheit wertgemindert. Im IFRS-Konzernabschluss ist jedoch nur eine Wertminderung von 350 GE (= 75% · 467 GE) zu erfassen, da bei Anwendung der Neubewertungsmethode nur der Goodwill, der auf den Konzernanteil (75%) entfällt, aktiviert ist.

Probe: Nach Verrechnung des Wertminderungsaufwands von 350 GE ermittelt sich ein Buchwert des Nettovermögens einschließlich Goodwill in folgender Höhe:

	Buchwert Vermögenswerte (ohne Goodwill)	3.000
+	Buchwert Goodwill nach Wertminderungsaufwand	450
-	Buchwert Fremdkapital	1.400
=	Buchwert zahlungsmittel-generierende Einheit	2.050

Auf das Mutterunternehmen entfällt der anteilige Buchwert der Vermögenswerte (2.250 GE) abzüglich des anteiligen Buchwerts der Schulden (1.050 GE) und zuzüglich des Buchwerts des Goodwills (450 GE); dies entspricht gerade seinem Anteil am erzielbaren Betrag der zahlungsmittel-generierenden Einheit (1.650 GE = 2.200 GE · 75%).

6. Nach den Daten erwirbt das Mutterunternehmen Folgendes zu den Wertansätzen nach IFRS 3.10-3.31 bewertetes Nettovermögen des Tochterunternehmens:

	beizulegender Zeitwert Vermögenswerte	7.200 GE
-	beizulegender Zeitwert (= Buchwert) Fremdkapital	2.500 GE
-	passive latente Steuern (30% auf Unterschiedsbeträge zwischen beizulegenden Zeitwerten und Buchwerten des Vermögens)	540 GE
=	identifizierbares Nettovermögen zu Wertansätzen nach IFRS 3.10-3.31	4.160 GE

Nach IFRS 3.36 hat der nach IFRS Bilanzierende in dem Falle, in dem das erworbene identifizierbare Nettovermögen zu Wertansätzen nach IFRS 3.10-3.31 seinen Anschaffungspreis (4.000 GE) übersteigt, zunächst eine nochmalige Überprüfung der Bewertung der identifizierbaren Vermögenswerte und Schulden sowie des beizulegenden Zeitwerts seiner Gegenleistung (hier: Anschaffungspreis) vorzunehmen. Unter der Voraussetzung, dass dieses **Re-Assessment** zu keinen anderen Werten führt, ist der **Überschuss** als Gewinn aus einer vorteilhaften Akquisition („bargain purchase") **erfolgswirksam zu erfassen** (IFRS 3.36).

Die in der Einzelbilanz enthaltenen Vermögenswerte und Schulden sind für die Aufrechnung mit dem Beteiligungsbuchwert (Anschaffungspreis) zu den Wertansätzen nach IFRS 3.10-3.31 (Aufdeckung der stillen Reserven auf Grund des allgemeinen Bewertungsgrundsatzes in IFRS 3.18) zu bewerten. Die Gegenbuchung erfolgt im Eigenkapital, beispielsweise in den Gewinnrücklagen. (Buchungssatz 1 in der Kapitalkonsolidierung):

Grundstücke	350	an	Gewinnrücklagen	1.260
Technische Anlagen	550		passive latente Steuern (Kap.-Kons.)	540
Vorräte	500			
Wertpapiere	400			

Im Rahmen der anschließenden Aufrechnung des Kaufpreises des Mutterunternehmens gegen das am Akquisitionsdatum neubewertete Eigenkapital ist dieses Eigenkapital in die Verrechnung einzubeziehen. Eine Übernahme der **stillen Reserven** in die **Neubewertungsrücklage** ist **nicht möglich**, da die **beizulegenden Zeitwerte** aus Sicht der Bilanz des Tochterunternehmens **Anschaffungskosten aus Sicht des Konzerns** (Erwerb zum 31. 12. 01) darstellen; für eine Neubewertungsrücklage ist damit kein Raum.

Im zweiten Schritt ist dann der Beteiligungsbuchwert beim Mutterunternehmen gegen das zu den Wertansätzen nach IFRS 3.10-3.31 angesetzte erworbene identifizierbare Nettovermögen aufzurechnen. Die Differenz (IFRS 3.36) ist – nach Re-Assessment der Bewertungsansätze für die erworbenen Vermögenswerte und übernommene Schulden – im Konzern-Jahresüberschuss erfolgswirksam zu erfassen:

Gezeichnetes Kapital	1.200	an	Beteiligungen	4.000
Kapitalrücklage	700		Jahresüberschuss	160
Gewinnrücklagen	1.760			
Jahresüberschuss	500			

	Mutterunternehmen 31. 12. 01	Tochterunternehmen 31. 12. 01	Kapitalkonsolidierung 31. 12. 01	Konzernbilanz 31. 12. 01
Grundstücke	1.000	650	350 (1)	2.000
Technische Anlagen	1.800	850	550 (1)	3.200
Finanzanlagen	4.400		-4.000 (2)	400
Vorräte	3.000	1.500	500 (1)	5.000
Wertpapiere	200	1.400	400 (1)	2.000
sonstiges kurzfristiges Vermögen	1.600	1.000		2.600
Gezeichnetes Kapital	4.000	1.200	-1.200 (2)	4.000
Kapitalrücklage		700	-700 (2)	0
Neubewertungsrücklage	1.600			1.600
Gewinnrücklagen (ohne Jahresüberschuss)	1.000	500	1.260 (1) -1.760 (2)	1.000
Jahresüberschuss	400	500	-500 (2) 160 (2)	560
langfristiges Fremdkapital	1.800	1.000		2.800
passive latente Steuern aus Kapitalkonsolidierung			540 (1)	540
kurzfristiges Fremdkapital	3.200	1.500		4.700
Bilanzsumme	12.000	5.400	-2.200	15.200

7. Vor der Durchführung der Konsolidierungsbuchungen ist zunächst (grundsätzlich) die **Eigenkapitalstruktur beim Tochterunternehmen** zum **Zeitpunkt des Unternehmenserwerbs** wieder **herzustellen**. Eine Buchung ist hier jedoch obsolet, da „Jahresüberschuss (Mutter) an Jahresüberschuss (Tochter) 500" gebucht werden müsste.

Anschließend sind die Buchungen der Erstkonsolidierung zu wiederholen (vgl. Übungsaufgabe 6, Buchungssätze 1 und 2 in der Kapitalkonsolidierung). Hierbei ist zu beachten, dass der Ertrag aus der Erstkonsolidierung (IFRS 3.36) nur in der Periode der Erstkonsolidierung erfolgswirksam sein kann, so dass dieser in die Gewinnrücklagen für die Folgekonsolidierungen einzustellen ist (Buchungssatz 3):

Jahresüberschuss		an	Gewinnrücklagen	160

Im nächsten Schritt ist die Folgebilanzierung und -bewertung der bei einem Unternehmenszusammenschluss erworbenen Vermögenswerte und übernommenen Schulden durchzuführen; gem. IFRS 3.54 richtet sich diese grundsätzlich nach den entsprechend anwendbaren IFRS. Im vorliegenden Fall sind die im Erwerbszeitpunkt aufgedeckten stillen Reserven (Unterschiede zwischen beizulegenden Zeit- und Buchwerten) fortzuentwickeln bzw. aufzulösen. Auf Grund der Annahmen (Übungsaufgabe 6, Aufgabenstellung) sind der Mehrwert in den Technischen Anlagen über 11 Jahre (50 GE p. a.), derjenige in den Vorräten über 2 Jahre (250 GE p. a.) aufzulösen. Da weiterhin auch der Bestand an Wertpapieren verkauft wurde, ist auch die dort im Erwerbszeitpunkt enthaltene Differenz zwischen beizulegendem Zeitwert und Buchwert von 400 GE aufzulösen. Hierbei ist weiterhin auch die latente Steuerabgrenzung (30% auf die Auflösungsbeträge) zu berücksichtigen. Daraus folgt Buchungssatz 4:

Jahresüberschuss	490	an	Technische Anlagen	50
passive latente Steuern	210		Vorräte	250
			Wertpapiere	400

	Mutterunter-nehmen 31.12.02	Tochterunter-nehmen 31.12.02	Kapitalkonsoli-dierung 31.12.02	Konzern-bilanz 31.12.02
Grundstücke	1.000	650	350 (1)	2.000
Technische Anlagen	1.800	850	550 (1) -50 (4)	3.150
Finanzanlagen	4.400		-4.000 (2)	400
Vorräte	3.000	750	500 (1) -250 (4)	4.000
Wertpapiere	200	0	400 (1) -400 (4)	200
sonstiges kurzfristiges Vermögen	2.000	3.650		5.650
Gezeichnetes Kapital	4.000	1.200	-1.200 (2)	4.000
Kapitalrücklage		700	-700 (2)	0
Neubewertungsrücklage	1.600			1.600
Gewinnrücklagen (ohne Jahresüberschuss)	1.400	500	1.260 (1) -1.760 (2) 160 (3)	1.560
Jahresüberschuss	400	1.000	-500 (2) 160 (2) -160 (3) -490 (4)	410
langfristiges Fremdkapital	1.800	1.000		2.800
passive latente Steuern aus Kapital-konsolidierung			540 (1) -210 (4)	330
kurzfristiges Fremdkapital	3.200	1.500		4.700
Bilanzsumme	12.400	5.900	-2.900	15.400

8. Der nach der IFRS-Rechnungslegung bilanzierende Erwerber hat gem. IFRS 3.19 das Wahlrecht die Minderheitsanteile an der T entweder zum anteiligen beizulegenden Zeitwert (Full-Goodwill-Methode) oder mit dem Anteil am identifizierbaren Nettovermögen (Neubewertungsmethode) zu bewerten.

▶ Anwendung der **Full-Goodwill-Methode** zur Konsolidierung der T

Auf Grund der Annahme, dass der Kaufpreis für die 60% der Anteile an der T auch dem anteiligen beizulegenden Zeitwert für die T entspricht und damit keine Beherrschungsprämie bezahlt wurde, kann der beizulegende Zeitwert der T durch proportionale Hochrechnung auf 100% der Anteile ermittelt werden. Der Geschäfts- oder Firmenwert ermittelt sich somit zum Erstkonsolidierungszeitpunkt (31.12.01) wie folgt:

	Kaufpreis (Gegenleistung) für 60% der Anteile an der T (IFRS 3.32 a) (i))	4.000 GE
+	Minderheitsanteile zum anteiligen beizulegenden Zeitwert der T (40%/60% · 4.000 GE) (IFRS 3.32 a) (ii))	2.667 GE
=	beizulegender Zeitwert der T nach IFRS 3.32 a)	6.667 GE
-	identifizierbares Nettovermögen der T zu Wertansätzen nach IFRS 3.10-3.31 (siehe Übungsaufgabe 6)	4.160 GE
=	Geschäfts- oder Firmenwert (Full-Goodwill-Methode)	2.507 GE

Der Minderheitsanteil umfasst folglich das anteilige identifizierbare Nettovermögen nach Maßgabe der Bewertungsvorschriften der IFRS 3.10-3.31 (1.664 GE = 40% · 4.160 GE) sowie auch den anteiligen Geschäfts- oder Firmenwert in Höhe von 1.003 GE (= 40% · 2.507 GE). Demgemäß ermittelt sich der Minderheitsanteil nach der Full-Goodwill-Methode zu:

	anteiliges Eigenkapital zu Buchwerten (40%)	1.160 GE
+	anteilige stille Reserve in Grundstücken (40%)	140 GE
+	anteilige stille Reserve in Technischen Anlagen (40%)	220 GE
+	anteilige stille Reserve in Vorräten (40%)	200 GE
+	anteilige stille Reserve in Wertpapieren (40%)	160 GE
-	passive latente Steuern auf anteilige stille Reserven (40%)	-216 GE
+	anteiliger Geschäfts- oder Firmenwert (40%)	1.003 GE
=	Minderheitsanteil (Full-Goodwill-Methode) zum 31.12.01	2.667 GE

Die in der Einzelbilanz enthaltenen Vermögenswerte und Schulden sind für die Aufrechnung mit dem Beteiligungsbuchwert (bzw. Gegenleistung) zu den Wertansätzen gemäß IFRS 3.10-3.31 (Aufdeckung der stillen Reserven) zu bewerten (vgl. Übungsaufgabe 6, Buchungssatz 1 in der Kapitalkonsolidierung):

Grundstücke	350	an	Gewinnrücklagen	1.260
Technische Anlagen	550		passive latente Steuern	540
Vorräte	500		(aus Kap.-Kons.)	
Wertpapiere	400			

Im zweiten Schritt ist dann der Beteiligungsbuchwert des Mutterunternehmens gegen das anteilige zu den Wertansätzen nach IFRS 3.10-3.31 angesetzte und bewertete identifizierbare Nettovermögen aufzurechnen:

Gezeichnetes Kapital	720	an	Beteiligungen	4.000
Kapitalrücklage	420			
Gewinnrücklagen	1.056			
Jahresüberschuss	300			
Goodwill	1.504			

Im dritten Schritt sind die auf die Minderheiten entfallenden Anteile mit dem anteiligen beizulegenden Zeitwert zu bewerten.

Gezeichnetes Kapital	480	an	Minderheitsanteile	2.667
Kapitalrücklage	280			
Gewinnrücklagen	704			
Jahresüberschuss	200			
Goodwill	1.003			

	Mutterunter-nehmen 31.12.01	Tochterunter-nehmen 31.12.01	Kapitalkonsoli-dierung 31.12.01	Konzern-bilanz 31.12.01
Goodwill			1.504 (2) 1.003 (3)	2.507
Grundstücke	1.000	650	350 (1)	2.000
Technische Anlagen	1.800	850	550 (1)	3.200
Finanzanlagen	4.400		-4.000 (2)	400
Vorräte	3.000	1.500	500 (1)	5.000
Wertpapiere	200	1.400	400 (1)	2.000
sonstiges kurzfristiges Vermögen	1.600	1.000		2.600
Gezeichnetes Kapital	4.000	1.200	-720 (2) -480 (3)	4.000
Kapitalrücklage		700	-420 (2) -280 (3)	0
Neubewertungsrücklage	1.600			1.600
Gewinnrücklagen (ohne Jahresüberschuss)	1.000	500	1.260 (1) -1.056 (2) -704 (3)	1.000
Jahresüberschuss	400	500	-300 (2) -200 (3)	400
Minderheitsanteile			2.667 (3)	2.667
langfristiges Fremdkapital	1.800	1.000		2.800
passive latente Steuern aus Kapital-konsolidierung			540 (1)	540
kurzfristiges Fremdkapital	3.200	1.500		4.700
Bilanzsumme	12.000	5.400	307	17.707

▶ Anwendung der **Neubewertungsmethode** zur Konsolidierung der T

Nach den Daten erwirbt das Mutterunternehmen Folgendes zu den Wertansätzen nach IFRS 3.10-3.31 bewertetes Nettovermögen des Tochterunternehmens:

	Zeitwert Vermögenswerte	7.200 GE
-	Zeitwert (= Buchwert) Fremdkapital	-2.500 GE
-	passive latente Steuern (30% auf Unterschiedsbeträge zwischen beizulegenden Zeitwerten und Buchwerten des Vermögens)	-540 GE
=	identifizierbares Nettovermögen der T zu Wertansätzen nach IFRS 3.10-3.31	4.160 GE

Der auf das Mutterunternehmen entfallende Geschäfts- oder Firmenwert ermittelt sich bei Anwendung der Neubewertungsmethode per 31. 12. 01 wie folgt:

	Kaufpreis (Gegenleistung)	4.000 GE
-	auf das Mutterunternehmen entfallendes anteiliges identifizierbares Nettovermögen zu Wertansätzen nach IFRS 3.10-3.31	2.496 GE
=	Geschäfts- oder Firmenwert (Neubewertungsmethode)	1.504 GE

Die Vermögenswerte und Schulden des Tochterunternehmens T werden trotz Bestehens von Minderheiten vollständig in die Konzernbilanz aufgenommen; ebenso werden die bei der T vorhandenen stillen Reserven in der Konzernbilanz vollständig aufgedeckt. Der Minderheitsanteil entspricht dem erworbenen identifizierbaren Nettovermögen, angesetzt und bewertet nach Maßgabe der IFRS 3.10-3.31 zum Akquisitionsdatum. Demgemäß ermittelt sich der Minderheitsanteil per 31. 12. 01 nach der Neubewertungsmethode zu:

	anteiliges Eigenkapital zu Buchwerten (40%)	1.160 GE
+	anteilige stille Reserve in Grundstücken (40%)	140 GE
+	anteilige stille Reserve in Technischen Anlagen (40%)	220 GE
+	anteilige stille Reserve in Vorräten (40%)	200 GE
+	anteilige stille Reserve in Wertpapieren (40%)	160 GE
-	passive latente Steuern auf anteilige stille Reserven (40%)	-216 GE
=	Minderheitsanteil (Neubewertungsmethode) zum 31. 12. 01	1.664 GE

Alternativ kann nach dem Berechnungsschema des IFRS 3.32 der Geschäfts- oder Firmenwert durch folgende Gegenüberstellung ermittelt werden:

	Kaufpreis (Gegenleistung) für 60% der Anteile an der T	4.000 GE
+	Minderheitsanteile zum anteiligen identifizierbaren Nettovermögen zu Wertansätzen nach IFRS 3.10-3.31	1.664 GE
=	Wert für die T nach IFRS 3.32 a)	5.664 GE
-	identifizierbares Nettovermögen der T zu Wertansätzen nach IFRS 3.10-3.31	4.160 GE
=	Geschäfts- oder Firmenwert (Neubewertungsmethode)	1.504 GE

Die in der Einzelbilanz enthaltenen Vermögenswerte und Schulden sind für die Aufrechnung mit dem Beteiligungsbuchwert (bzw. der Gegenleistung) zu den Wertansätzen gemäß IFRS 3.10-3.31 (Aufdeckung der stillen Reserven) zu bewerten (vgl. Übungsaufgabe 6, Buchungssatz 1 in der Kapitalkonsolidierung):

Grundstücke	350	an	Gewinnrücklagen	1.260
Technische Anlagen	550		passive latente Steuern	540
Vorräte	500		(aus Kap.-Kons.)	
Wertpapiere	400			

Im zweiten Schritt ist dann der Beteiligungsbuchwert des Mutterunternehmens gegen das anteilige zu den Wertansätzen nach IFRS 3.10-3.31 angesetzte und bewertete erworbene identifizierbare Nettovermögen aufzurechnen:

Gezeichnetes Kapital	720	an	Beteiligungen	4.000
Kapitalrücklage	420			
Gewinnrücklagen	1.056			
Jahresüberschuss	300			
Goodwill	1.504			

Im dritten Schritt sind die auf die Minderheiten entfallenden Anteile an den zu den Wertansätzen nach IFRS 3.10-3.31 angesetzten Vermögenswerten und Schulden in den Minderheitsanteil (4.160 GE · 40% = 1.664 GE) einzustellen.

Gezeichnetes Kapital	480	an	Minderheitsanteile	1.664
Kapitalrücklage	280			
Gewinnrücklagen	704			
Jahresüberschuss	200			

	Mutterunternehmen 31.12.01	Tochterunternehmen 31.12.01	Kapitalkonsolidierung 31.12.01	Konzernbilanz 31.12.01
Goodwill			1.504 (2)	1.504
Grundstücke	1.000	650	350 (1)	2.000
Technische Anlagen	1.800	850	550 (1)	3.200
Finanzanlagen	4.400		-4.000 (2)	400
Vorräte	3.000	1.500	500 (1)	5.000
Wertpapiere	200	1.400	400 (1)	2.000
sonstiges kurzfristiges Vermögen	1.600	1.000		2.600
Gezeichnetes Kapital	4.000	1.200	-720 (2) -480 (3)	4.000
Kapitalrücklage		700	-420 (2) -280 (3)	0
Neubewertungsrücklage	1.600			1.600
Gewinnrücklagen (ohne Jahresüberschuss)	1.000	500	1.260 (1) -1.056 (2) -704 (3)	1.000
Jahresüberschuss	400	500	-300 (2) -200 (3)	400
Minderheitsanteile			1.664 (3)	1.664
langfristiges Fremdkapital	1.800	1.000		2.800
passive latente Steuern aus Kapitalkonsolidierung			540 (1)	540
kurzfristiges Fremdkapital	3.200	1.500		4.700
Bilanzsumme	12.000	5.400	-696	16.704

9. Der nach der IFRS-Rechnungslegung bilanzierende Erwerber hat gem. IFRS 3.19 das **Wahlrecht** die Minderheitsanteile an der T entweder zum anteiligen beizulegenden Zeitwert (Full-Goodwill-Methode) oder mit dem Anteil am identifizierbaren Nettovermögen (Neubewertungsmethode) zu bewerten.

► Anwendung der **Full-Goodwill-Methode** zur Konsolidierung der T

Auf Grund der Annahme, dass der Kaufpreis für die 60% der Anteile an der T eine Beherrschungsprämie von 400 GE beinhaltete, ermitteln sich der beizulegende Zeitwert der T sowie der Geschäfts- oder Firmenwert wie folgt:

	Kaufpreis (Gegenleistung) für 60% der Anteile an der T	4.000 GE
+	Minderheitsanteile zum anteiligen beizulegenden Zeitwert (40%/60% · (4.000 GE - 400 GE))	2.400 GE
=	beizulegender Zeitwert der T (IFRS 3.32 a)	6.400 GE
-	identifizierbares Nettovermögen der T zu Wertansätzen nach IFRS 3.10-3.31	4.160 GE
=	Geschäfts- oder Firmenwert (Full-Goodwill-Methode)	2.240 GE

Von dem Geschäfts- oder Firmenwert in Höhe von 2.240 GE entfallen dabei 1.504 GE auf das Mutterunternehmen (Kaufpreis: 4.000 GE - anteiliges identifizierbares Nettovermögen zu Wertansätzen nach IFRS 3.10-3.31: 2.496 GE) und 736 GE auf die Minderheiten (beizulegender Zeitwert der Minderheitsanteile: 3.600 GE · 40%/60% - anteiliges identifizierbares Nettovermögen zu Wertansätzen nach IFRS 3.10-3.31: 1.664 GE). Es erfolgt somit keine proportionale Aufteilung des Goodwills auf das Mutterunternehmen und die Minderheiten.

Die in der Einzelbilanz enthaltenen Vermögenswerte und Schulden sind für die Aufrechnung mit dem Beteiligungsbuchwert zu den Wertansätzen gemäß IFRS 3.10-3.31 (Aufdeckung der stillen Reserven) zu bewerten:

Grundstücke	350	an	Gewinnrücklagen	1.260
Technische Anlagen	550		passive latente Steuern	540
Vorräte	500		(aus Kap.-Kons.)	
Wertpapiere	400			

Im zweiten Schritt ist dann der Beteiligungsbuchwert des Mutterunternehmens gegen das auf das Mutterunternehmen anteilig entfallende, zu den Wertansätzen nach IFRS 3.10-3.31 angesetzte und bewertete identifizierbare Nettovermögen aufzurechnen:

Gezeichnetes Kapital	720	an	Beteiligungen	4.000
Kapitalrücklage	420			
Gewinnrücklagen	1.056			
Jahresüberschuss	300			
Goodwill	1.504			

Im dritten Schritt sind die auf die Minderheiten entfallenden Anteile mit dem anteiligen beizulegenden Zeitwert zu bewerten.

Gezeichnetes Kapital	480	an	Minderheitsanteile	2.400
Kapitalrücklage	280			
Gewinnrücklagen	704			
Jahresüberschuss	200			
Goodwill	736			

	Mutterunter-nehmen 31.12.01	Tochterunter-nehmen 31.12.01	Kapitalkonsoli-dierung 31.12.01	Konzern-bilanz 31.12.01
Goodwill			1.504 (2) 736 (3)	2.240
Grundstücke	1.000	650	350 (1)	2.000
Technische Anlagen	1.800	850	550 (1)	3.200
Finanzanlagen	4.400		-4.000 (2)	400
Vorräte	3.000	1.500	500 (1)	5.000
Wertpapiere	200	1.400	400 (1)	2.000
sonstiges kurzfristiges Vermögen	1.600	1.000		2.600
Gezeichnetes Kapital	4.000	1.200	-720 (2) -480 (3)	4.000
Kapitalrücklage		700	-420 (2) -280 (3)	0
Neubewertungsrücklage	1.600			1.600
Gewinnrücklagen (ohne Jahresüberschuss)	1.000	500	1.260 (1) -1.056 (2) -704 (3)	1.000
Jahresüberschuss	400	500	-300 (2) -200 (3)	400
Minderheitsanteile			2.400 (3)	2.400
langfristiges Fremdkapital	1.800	1.000		2.800
passive latente Steuern aus Kapital-konsolidierung			540 (1)	540
kurzfristiges Fremdkapital	3.200	1.500		4.700
Bilanzsumme	12.000	5.400	40	17.440

► Anwendung der **Neubewertungsmethode** zur Konsolidierung der T

Bewertet das Mutterunternehmen für die Konsolidierung die Minderheitsanteile an der T in Höhe des anteiligen identifizierbaren Nettovermögens, angesetzt zu den Wertansätzen nach IFRS 3.10-3.31, so ergibt sich kein Unterschied zur Lösung für die Neubewertungs-methode unter Übungsaufgabe 8.

10. Vor der Durchführung der Konsolidierungsbuchungen sind grundsätzlich die Aufrechnungs-verhältnisse zum Zeitpunkt des Unternehmenserwerbs wieder herzustellen. Die Buchung „Jahresüberschuss (Mutter) an Jahresüberschuss (Tochter) 300 GE" ist jedoch obsolet (siehe Übungsaufgabe 7). Allerdings ist die im Einzelabschluss vorgenommene außerplanmäßige Abschreibung auf den Beteiligungsbuchwert im Einzelabschluss zurückzunehmen. Da diese Abschreibung annahmegemäß steuerlich nicht abzugsfähig ist, erfolgt keine Steuerabgren-zung. Daher lautet Buchungssatz (1) in der Kapitalkonsolidierungsspalte:

Finanzanlagen   an   Jahresüberschuss   200

Anschließend sind die Buchungssätze der Erstkonsolidierung zu wiederholen (Buchungssät-ze 2 - 4 entsprechen den Buchungssätzen 1 – 3 aus Übungsaufgabe 8).

Im nächsten Schritt ist die **Folgebilanzierung und -bewertung** der bei dem Unternehmenszusammenschluss erworbenen Vermögenswerte und übernommenen Schulden durchzuführen; gemäß IFRS 3.54 richtet sich diese grundsätzlich nach den entsprechend anwendbaren IFRS. Im vorliegenden Fall sind die im Akquisitionszeitpunkt aufgedeckten stillen Reserven (Unterschiede zwischen beizulegenden Zeit- und Buchwerten) fortzuentwickeln bzw.
aufzulösen. Auf Grund der Annahmen (Aufgabenstellung) sind der Mehrwert in den Technischen Anlagen über 11 Jahre (50 GE p. a.), derjenige in den Vorräten über 2 Jahre (250 GE
p. a.) aufzulösen. Da weiterhin auch der Bestand an Wertpapieren verkauft wurde, ist auch
die dort im Erwerbszeitpunkt enthaltene Differenz zwischen beizulegendem Zeitwert und
Buchwert von 400 GE aufzulösen. Hierbei ist weiterhin auch die latente Steuerabgrenzung
(30% auf die Auflösungsbeträge) zu berücksichtigen. Daraus folgt Buchungssatz 5 in der Kapitalkonsolidierung:

Jahresüberschuss	490	an	Technische Anlagen	50
passive latente Steuern	210		Vorräte	250
			Wertpapiere	400

Im nächsten Schritt ist der Minderheitsanteil fortzuentwickeln. Auf die Minderheiten entfällt der ihrem Kapitalanteil entsprechende Anteil am Jahresergebnis laut Einzelabschluss
der T (400 GE) sowie der auf die Minderheiten entfallende Anteil an der Auflösung stiller
Reserven in Höhe von -196 GE (aus Buchungssatz 5). Hieraus folgt für den Ergebnisanteil
der Minderheiten (vor Prüfung eines eventuellen Asset Impairments auf den Geschäfts-
oder Firmenwert) ein Ergebnisbeitrag von 204 GE, der zu Lasten des Jahresüberschusses des
Konzerns zu erfassen und den Minderheitsanteilen gut zu schreiben ist. Da jedoch aus dem
letztjährigen Jahresüberschuss der T auch eine Ausschüttung an die Minderheitsgesellschafter geflossen ist, so muss zur Durchführung der Erstkonsolidierungsbuchung (Buchungssatz
4) der Jahresüberschuss zu Lasten der Minderheitsanteile um 200 GE erhöht werden. Daher
lautet der (zusammengefasste) Buchungssatz 6:

Jahresüberschuss	4	an	Minderheitsanteile	4

Im letzten Schritt ist der bilanzierte Geschäfts- oder Firmenwert auf eine gegebenenfalls bestehende Wertminderung zu untersuchen. In Abhängigkeit der Anwendung der Full-Goodwill-Methode und der Neubewertungsmethode ergibt sich folgende Lösung:

▶ Anwendung der **Full-Goodwill-Methode** zur Konsolidierung der T

Im Anschluss an die Durchführung der Buchungssätze 1-6 ermittelt sich der für den Asset-Impairment-Test nach IAS 36.90 benötigte Buchwert der ZGE:

	Buchwert Grundstücke	1.000 GE	
+	Buchwert Technische Anlagen	1.350 GE	
+	Buchwert Vorräte	1.000 GE	
+	Buchwert kurzfristiges Vermögen	3.650 GE	
=	Buchwert Vermögenswerte 31. 12. 02		7.000 GE
+	vorläufiger Buchwert Goodwill 31. 12. 02		2.507 GE
	Buchwert langfristiges Fremdkapital	1.000 GE	
+	passive latente Steuern	330 GE	
+	Buchwert kurzfristiges Fremdkapital	1.500 GE	
=	Buchwert Fremdkapital 31. 12. 02		-2.830 GE
=	Buchwert zahlungsmittel-generierende Einheit T 31. 12. 02		6.677 GE

Da der erzielbare Betrag der T in Höhe von 6.500 GE den Buchwert der zahlungsmittel-generierenden Einheit in Höhe von 6.677 GE unterschreitet, entfällt auf den Goodwill ein Wertminderungsaufwand von 177 GE. Dieser Wertminderungsaufwand ist, da der beizulegende Zeitwert der zahlungsmittel-generierenden Einheit keine Beherrschungsprämie einschließt, proportional auf den Konzernanteil und die Minderheiten aufzuteilen. Daraus folgt Buchungssatz 7 bei Anwendung der Full-Goodwill-Methode in der Kapitalkonsolidierung:

Jahresüberschuss	106	an	Geschäfts- oder Firmenwert	177
Minderheitsanteile	71			

	Mutterunter-nehmen 31.12.02	Tochterunter-nehmen 31.12.02	Kapital-Konsolidierung 31.12.02	Konzern-bilanz 31.12.02
Goodwill			1.504 (3) 1.003 (4) -177 (7)	2.330
Grundstücke	1.000	650	350 (2)	2.000
Technische Anlagen	1.800	850	550 (2) -50 (5)	3.150
Finanzanlagen	4.200		200 (1) -4.000 (3)	400
Vorräte	3.000	750	500 (2) -250 (5)	4.000
Wertpapiere	200	0	400 (2) -400 (5)	200
sonstiges kurzfristiges Vermögen	2.200	3.650		5.850
Gezeichnetes Kapital	4.000	1.200	-720 (3) -480 (4)	4.000
Kapitalrücklage		700	-420 (3) -280 (4)	0
Neubewertungsrücklage	1.600			1.600
Gewinnrücklagen (ohne Jahresüberschuss)	1.400	500	1.260 (2) -1.056 (3) -704 (4)	1.400
Jahresüberschuss	400	1.000	200 (1) -300 (3) -200 (4) -490 (5) -4 (6) -106 (7)	500
Minderheitsanteile			2.667 (4) 4 (6) -71 (7)	2.600
langfristiges Fremdkapital	1.800	1.000		2.800
passive latente Steuern aus Kapitalkon-solidierung			540 (2) -210 (5)	330
kurzfristiges Fremdkapital	3.200	1.500		4.700
Bilanzsumme	12.400	5.900	-370	17.930

Auf das Mutterunternehmen entfallen nach der Buchung des Wertminderungsaufwands ein erworbenes Kapital von 3.700 GE (historisches Kapital von 4.000 GE abzüglich der Dividendenausschüttung in 02, die mit einer Kapitalrückzahlung vergleichbar ist, in Höhe von 300 GE) und ein Bilanzgewinn 01 (positives erwirtschaftetes Kapital) von 200 GE. Letztgenannter setzt sich zusammen aus dem anteiligen Jahresergebnis im Einzelabschluss der T in 01 (600 GE) abzüglich der auf die M anteilig entfallenden Auflösung stiller Reserven in 01 (-294 GE) sowie des auf den Konzernanteil zuzurechnenden Wertminderungsaufwands auf den Geschäfts- oder Firmenwert (-106 GE). Die Summe aus erworbenem Eigenkapital und erwirtschaftetem Konzerneigenkapital in Höhe von 3.900 GE entspricht gerade dem Anteil von 60%, der auf den Konzern am beizulegenden Zeitwert der T entfällt.). Der Minderheitsanteil beträgt nach dieser Buchung 2.600 GE und entspricht gerade 40% des erzielbaren Betrags (bzw. des beizulegenden Zeitwerts) der T per 31. 12. 02.

▶ Anwendung der **Neubewertungsmethode** zur Konsolidierung der T

Unter Berücksichtigung der Hochrechnung des Goodwills auf 100% (IAS 36.90) ergibt sich folgende Rechnung für den Buchwert der zahlungsmittel-generierenden Einheit T:

	Buchwert Grundstücke	1.000 GE	
+	Buchwert Technische Anlagen	1.350 GE	
+	Buchwert Vorräte	1.000 GE	
+	Buchwert kurzfristiges Vermögen	3.650 GE	
=	Buchwert Vermögenswerte 31. 12. 02		7.000 GE
+	hochgerechneter vorläufiger Goodwill 31. 12. 02 (1.504 GE · 100%/60%)		2.507 GE
	Buchwert langfristiges Fremdkapital	1.000 GE	
+	passive latente Steuern	330 GE	
+	Buchwert kurzfristiges Fremdkapital	1.500 GE	
=	Buchwert Fremdkapital 31. 12. 02		-2.830 GE
=	Buchwert zahlungsmittel-generierende Einheit T 31. 12. 02		6.677 GE

Dementsprechend ist ein Wertminderungsaufwand – vorrangig auf den Goodwill (IAS 36.104 a) – zu erfassen. Der in der IFRS-Konzernbilanz zu erfassende Wertminderungsaufwand beträgt 177 GE · 60% = 106 GE (ohne Steuerabgrenzung wegen IAS 12.15 a). Daraus folgt Buchungssatz 7 bei Anwendung der Neubewertungsmethode in der Kapitalkonsolidierung:

Jahresüberschuss　　　　　　　　　an　Goodwill　　　　　　　　　106

	Mutterunter-nehmen 31.12.02	Tochterunter-nehmen 31.12.02	Kapital-Konsolidierung 31.12.02	Konzern-bilanz 31.12.02
Goodwill			1.504 (3) -106 (7)	1.398
Grundstücke	1.000	650	350 (2)	2.000
Technische Anlagen	1.800	850	550 (2) -50 (5)	3.150
Finanzanlagen	4.200		200 (1) -4.000 (3)	400
Vorräte	3.000	750	500 (2) -250 (5)	4.000
Wertpapiere	200	0	400 (2) -400 (5)	200
sonstiges kurzfristiges Vermögen	2.200	3.650		5.850
Gezeichnetes Kapital	4.000	1.200	-720 (3) -480 (4)	4.000
Kapitalrücklage		700	-420 (3) -280 (4)	0
Neubewertungsrücklage	1.600			1.600
Gewinnrücklagen (ohne Jahresüberschuss)	1.400	500	1.260 (2) -1.056 (3) -704 (4)	1.400
Jahresüberschuss	400	1.000	200 (1) -300 (3) -200 (4) -490 (5) -4 (6) -106 (7)	500
Minderheitsanteile			1.664 (4) 4 (6)	1.668
langfristiges Fremdkapital	1.800	1.000		2.800
passive latente Steuern aus Kapitalkon-solidierung			540 (2) -210 (5)	330
kurzfristiges Fremdkapital	3.200	1.500		4.700
Bilanzsumme	12.400	5.900	-1.302	16.998

Auf das Mutterunternehmen entfallen nach der Buchung des Wertminderungsaufwands ein erworbenes Kapital von 3.700 GE (historisches Kapital von 4.000 GE abzüglich der Dividendenausschüttung in 02, die mit einer Kapitalrückzahlung vergleichbar ist, in Höhe von 300 GE) und ein Bilanzgewinn 01 (positives erwirtschaftetes Kapital) von 200 GE. Letztgenannter setzt sich zusammen aus dem anteiligen Jahresergebnis im Einzelabschluss der T in 01 (600 GE) abzüglich der auf die M anteilig entfallenden Auflösung stiller Reserven in 01 (-294 GE) sowie des auf den Konzernanteil zuzurechnenden Wertminderungsaufwands auf den Geschäfts- oder Firmenwert (-106 GE). Die Summe aus erworbenem Eigenkapital und erwirtschaftetem Konzerneigenkapital in Höhe von 3.900 GE entspricht gerade dem Anteil von 60%, der auf den Konzern am beizulegenden Zeitwert der T entfällt.). Der Minderheitsanteil ermittelt sich nach der Neubewertungsmethode als Produkt, gebildet aus der Differenz von (Konzern-)Buchwerten der Vermögenswerte und Schulden (ohne Goodwill) per 31. 12. 02 in Höhe von 4.170 GE (= 7.000 GE − 2.830 GE) multipliziert mit dem Kapitalanteil der Minderheiten in Höhe von 40%.

11. Vor der Durchführung der Konsolidierungsbuchungen sind grundsätzlich die Aufrechnungsverhältnisse zum Zeitpunkt des Unternehmenserwerbs wieder herzustellen. Die Buchung „Jahresüberschuss (Mutter) an Jahresüberschuss (Tochter) 300 GE" ist jedoch obsolet (siehe Übungsaufgabe 7). Allerdings ist die im Einzelabschluss vorgenommene außerplanmäßige Abschreibung auf den Beteiligungsbuchwert im Einzelabschluss zurückzunehmen. Da diese Abschreibung annahmegemäß steuerlich nicht abzugsfähig ist, erfolgt keine Steuerabgrenzung. Daher lautet Buchungssatz (1) in der Kapitalkonsolidierungsspalte:

Finanzanlagen	an	Jahresüberschuss	200

Anschließend sind die Buchungssätze der Erstkonsolidierung zu wiederholen (Buchungssätze 2-4 entsprechen den Buchungssätzen 1-3 aus Übungsaufgabe 9).

Im nächsten Schritt ist die **Folgebilanzierung und -bewertung** der bei einem Unternehmenszusammenschluss erworbenen Vermögenswerte und übernommenen Schulden durchzuführen; gem. IFRS 3.54 richtet sich diese grundsätzlich nach den entsprechend anwendbaren IFRS. Im vorliegenden Fall sind die im Akquisitionszeitpunkt aufgedeckten stillen Reserven (Unterschiede zwischen beizulegenden Zeit- und Buchwerten) fortzuentwickeln bzw. aufzulösen. Auf Grund der Annahmen (Aufgabenstellung) sind der Mehrwert in den Technischen Anlagen über 11 Jahre (50 GE p. a.), derjenige in den Vorräten über 2 Jahre (250 GE p. a.) aufzulösen. Da weiterhin auch der Bestand an Wertpapieren verkauft wurde, ist auch die dort im Erwerbszeitpunkt enthaltene Differenz zwischen beizulegendem Zeitwert und Buchwert von 400 GE aufzulösen. Hierbei ist weiterhin auch die latente Steuerabgrenzung (30% auf die Auflösungsbeträge) zu berücksichtigen. Daraus folgt Buchungssatz 5 in der Kapitalkonsolidierung:

Jahresüberschuss	490	an	Technische Anlagen	50
passive latente Steuern	210		Vorräte	250
			Wertpapiere	400

Im nächsten Schritt ist der Minderheitsanteil fortzuentwickeln. Auf die Minderheiten entfällt der ihrem Kapitalanteil entsprechende Anteil am Jahresergebnis laut Einzelabschluss der T (400 GE) sowie der auf die T entfallende Anteil an der Auflösung stiller Reserven (aus Buchungssatz 5). Hieraus folgt für den Ergebnisanteil der Minderheiten (vor Prüfung eines eventuellen Asset Impairments auf den Geschäfts- oder Firmenwert) ein Ergebnisbeitrag von − 204 GE, der zu Lasten des Jahresüberschusses des Konzerns zu erfassen und den Minderheitsanteilen gut zu schreiben ist. Da jedoch aus dem letztjährigen Jahresüberschuss der T auch eine Ausschüttung an die Minderheitsgesellschafter geflossen ist, so muss zur Durchführung der Erstkonsolidierungsbuchung (Buchungssatz 4) der Jahresüberschuss zu Lasten der Minderheitsanteile um 200 GE erhöht werden. Daher lautet der (zusammengefasste) Buchungssatz 6:

Jahresüberschuss	4	an	Minderheitsanteile	4

Im letzten Schritt ist der bilanzierte Geschäfts- oder Firmenwert auf eine gegebenenfalls bestehende Wertminderung zu untersuchen. In Abhängigkeit der Anwendung der Full-Goodwill-Methode und der Neubewertungsmethode ergibt sich hierfür folgende Lösung:

▶ Anwendung der **Full-Goodwill-Methode** zur Konsolidierung der T

Zur Durchführung des Asset-Impairment-Tests nach IAS 36.90 ist der Buchwert der zahlungsmittel-generierenden Einheit T sowie der beizulegende Zeitwert der T auf den Konzernanteil und die Minderheiten per 31.12.02 aufzuteilen:

in T€	Summe	davon Konzernanteil	davon Minderheits-anteil
Buchwert der Vermögenswerte (ohne Goodwill)	7.000	4.200	2.800
Goodwill (siehe Übungsaufgabe 9)	2.240	1.504	736
Buchwert Schulden	- 2.830	- 1.698	- 1.132
Buchwert zahlungsmittel-generierende Einheit	6.410	4.006	2.404
erzielbarer Betrag zahlungsmittel-generierende Einheit (ohne Beherrschungsprämie)	6.100	3.660	2.440
Beherrschungsprämie	400	400	0
erzielbarer Betrag zahlungsmittel-generierende Einheit	6.500	4.060	2.440

Da der erzielbare Betrag in Höhe von 6.500 GE den Buchwert der zahlungsmittel-generierenden Einheit in Höhe von 6.410 GE überschreitet, ist kein Wertminderungsaufwand zu verrechnen; dies gilt sowohl für die zahlungsmittel-generierende Einheit T insgesamt als auch separat für den Konzern- und den Minderheitsanteil.

	Mutterunter-nehmen 31.12.02	Tochterunter-nehmen 31.12.02	Kapital-Konsolidierung 31.12.02	Konzern-bilanz 31.12.02
Goodwill			1.504 (3) 736 (4)	2.240
Grundstücke	1.000	650	350 (2)	2.000
Technische Anlagen	1.800	850	550 (2) -50 (5)	3.150
Finanzanlagen	4.200		200 (1) -4.000 (3)	400
Vorräte	3.000	750	500 (2) -250 (5)	4.000
Wertpapiere	200	0	400 (2) -400 (5)	200
sonstiges kurzfristiges Vermögen	2.200	3.650		5.850
Gezeichnetes Kapital	4.000	1.200	-720 (3) -480 (4)	4.000
Kapitalrücklage		700	-420 (3) -280 (4)	0
Neubewertungsrücklage	1.600			1.600
Gewinnrücklagen (ohne Jahresüberschuss)	1.400	500	1.260 (2) -1.056 (3) -704 (4)	1.400
Jahresüberschuss	400	1.000	200 (1) -300 (3) -200 (4) -490 (5) -4 (6)	606
Minderheitsanteile			2.400 (4) 4 (6)	2.404
langfristiges Fremdkapital	1.800	1.000		2.800
passive latente Steuern aus Kapital-konsolidierung			540 (2) -210 (5)	540
kurzfristiges Fremdkapital	3.200	1.500		4.700
Bilanzsumme	12.400	5.900	-460	17.840

Auf das Mutterunternehmen entfallen ein erworbenes Kapital von 3.700 GE und ein Bilanz-gewinn 01 (positives erwirtschaftetes Kapital) von 306 GE. Letztgenannter setzt sich zusam-men aus dem anteiligen Jahresergebnis der T in 01 (600 GE) abzüglich der auf die M anteilig entfallenden Auflösung stiller Reserven in 01 (-294 GE). Die Summe aus erworbenem Eigen-kapital und erwirtschaftetem Konzerneigenkapital in Höhe von 4.006 GE entspricht dem Saldo aus anteilig zugerechneten Vermögenswerten (einschließlich bei der Erstkonsolidie-rung aufgedeckten Goodwill) abzüglich anteilig zugerechneter Schulden. (Entsprechendes gilt für den mit 2.404 GE auszuweisenden Minderheitsanteil.)

► Anwendung der **Neubewertungsmethode** zur Konsolidierung der T

Unter Berücksichtigung der proportionalen Hochrechnung des Goodwills auf 100% gem. IAS 36.90 ergibt sich folgende Rechnung für den Buchwert der zahlungsmittel-generierenden Einheit T:

	Buchwert Vermögenswerte 31. 12. 02	7.000 GE
+	hochgerechneter Goodwill 31. 12. 02 (1.504 GE · 100%/60%)	2.507 GE
-	Buchwert Fremdkapital 31. 12. 02	-2.830 GE
=	Buchwert zahlungsmittel-generierende Einheit T 31. 12. 02	6.677 GE

Dementsprechend ist ein Wertminderungsaufwand – vorrangig auf den Goodwill (IAS 36.104 a) – zu erfassen. Der in der IFRS-Konzernbilanz zu erfassende Wertminderungsaufwand beträgt 177 GE · 60% = 106 GE (ohne Steuerabgrenzung wegen IAS 12.15 a). Daher ergibt sich die gleiche Lösung wie bei Anwendung der Neubewertungsmethode unter Übungsaufgabe 10.

12. Sofern es zu Veränderungen der Beteiligungshöhe bei bereits vollkonsolidierten Tochterunternehmen kommt, ohne dass dies zu einem Verlust des Beherrschungsverhältnisses führt, so sind diese Veränderungen als reine Kapitaltransaktionen zu bilanzieren; eine Anpassung der konsolidierten Buchwerte der Vermögenswerte (einschließlich Goodwill) und Schulden unterbleibt (IAS 27.30).

Da ¹/₄ des Minderheitsanteils per 31. 12. 02 an das Mutterunternehmen der T veräußert wird, ist der per 31. 12. 02 ausgewiesene Minderheitsanteil entsprechend um ¹/₄ zu verringern.

► Anwendung der **Full-Goodwill-Methode** zur Konsolidierung der T

Minderheitsanteile	650	an	Bank	650

Da bei Anwendung der Full-Goodwill-Methode auch der Minderheitsanteil zum beizulegenden Zeitwert am 31. 12. 02 angesetzt ist und offensichtlich diese Transaktion gerade zum beizulegenden Zeitwert des Minderheitsanteils erfolgte, sind per 01. 01. 03 die Minderheiten erfolgsneutral gegen den Abgang der liquiden Mittel auf dem Bankkonto zu buchen.

► Anwendung der **Neubewertungsmethode** zur Konsolidierung der T

Minderheitsanteile	417	an	Bank	650
(Kapital-)Rücklage	233			

Der Abgang in der (Kapital-)Rücklage (des Konzerns) in Höhe von 233 GE entspricht gerade der Höhe des anteilig, von den Minderheiten erworbenen Geschäfts- oder Firmenwerts (= ¹/₄ · (1.003 GE – 71 GE); vgl. Übungsaufgabe 10 Anwendung der Full-Goodwill-Methode), welcher bei Anwendung der Neubewertungsmethode nicht aktiviert wurde. Da der Konzern per 31. 12. 02 keine Kapitalrücklage besitzt, soll auch eine Kürzung anderer Rücklagen (insbesondere Gewinnrücklagen) möglich sein (vgl. auch Bilanzierung des Rückkaufs eigener Aktien bei fehlender Kapitalrücklage).

13. Zunächst ist die Kapitalerhöhung beim Mutterunternehmen zu erfassen. Die Einlage ist mit den beizulegenden Zeitwerten zum Zeitpunkt des Zugangs (3 Mio. €) zu bewerten (IFRS

3.32 i.V. m. 3.37). Damit die Austauschrelationen erhalten bleiben, muss das Mutterunternehmen neue Aktien im Nominalwert von 2 Mio. € ausgeben.

Probe: Das zusammengeschlossene Unternehmen hat (ohne eventuelle Synergien) einen Wert von 15 Mio. €; am gezeichneten Kapital sind die Altaktionäre des Mutterunternehmens mit 8 Mio. € (80%) und die neuen Aktionäre mit 2 Mio. € (20%) beteiligt.

Der Buchungssatz, der im Einzelabschluss des Mutterunternehmens zur Abbildung des Erwerbs der Anteile am Tochterunternehmen durchzuführen ist, lautet:

Finanzanlagen	3 Mio. €	an	gezeichnetes Kapital	2 Mio. €
			Kapitalrücklage	1 Mio. €

Die erworbenen identifizierbaren Vermögenswerte und übernommenen Schulden sind nach Maßgabe der IFRS 3.10-3.31 zum Akquisitionsdatum zu bewerten. Dementsprechend sind im vorliegenden Fall die Technischen Anlagen sowie die Vorräte mit ihren beizulegenden Zeitwerten zum Akquisitionsdatum (IFRS 3.18) zu bewerten. Somit sind in einer ersten Kapitalkonsolidierungsbuchung (Buchungssatz 1) die stillen Reserven des erworbenen Tochterunternehmens mit folgender Buchung aufzulösen:

Technische Anlagen	100 T€	an	Gewinnrücklagen	300 T€
Vorräte	300 T€		passive latente Steuern	100 T€

In der zweiten Kapitalkonsolidierungsbuchung (Buchungssatz 2) erfolgt die Aufrechnung der in den Finanzanlagen ausgewiesenen Gegenleistung des Mutterunternehmens (3.000 T€) gegen das zu den Wertansätzen nach IFRS 3.10-3.31 angesetzte identifizierbare Nettovermögen des Tochterunternehmens (2.500 T€). Der positive Unterschiedsbetrag ist als Goodwill (500 T€) auszuweisen:

Gezeichnetes Kapital	1.000 T€	an	Finanzanlagen	3.000 T€
Kapitalrücklage	800 T€			
Gewinnrücklagen	500 T€			
Jahresüberschuss	200 T€			
Goodwill	500 T€			

in T€	Mutterunter-nehmen 31.12.01	Tochterunter-nehmen 31.12.01	Kapitalkonsoli-dierung 31.12.01	Konzern-bilanz 31.12.01
Goodwill			500 (2)	500
Grundstücke	500	100		600
Technische Anlagen	5.000	500	100 (1)	5.600
Finanzanlagen	3.000		-3.000 (2)	0
Vorräte	2.000	1.500	300 (1)	3.800
sonstiges kurzfristiges Vermögen	5.500	1.400		6.900
Gezeichnetes Kapital	10.000	1.000	-1.000 (2)	10.000
Kapitalrücklage	1.000	800	-800 (2)	1.000
Gewinnrücklagen (ohne Jahresüberschuss)	600	200	300 (1) -500 (2)	600
Jahresüberschuss	-100	200	-200 (2)	-100
passive latente Steuern aus Kapital-konsolidierung			100 (1)	100
kurzfristiges Fremdkapital	4.500	1.300		5.800
Bilanzsumme	16.000	3.500	-2.100	17.400

14. Im ersten Schritt ist die 10%-Beteiligung, welche Teil des beizulegenden Zeitwerts des Tochterunternehmens bildet (IFRS 3.32 a) (iii)) zum beizulegenden Zeitwert am Akquisitionsdatum (31.12.01) zu erfassen. Ein hierbei entstehender Bewertungsgewinn in Höhe von 100 T€ (anteiliger beizulegender Zeitwert: 300 T€ - Anschaffungskosten: 200 T€) ist erfolgswirksam zu erfassen (IFRS 3.42). Unter der Voraussetzung, dass auf den Bewertungsgewinn keine latenten Steuern abzugrenzen sind (vgl. IAS 12.39), gilt:

Beteiligungen　　　　　　　　　100 T€　an　Jahresüberschuss　　　　　　　　100 T€

Im nächsten Schritt ist auf Grund der durchgeführten Kapitalerhöhung das Eigenkapital des Mutterunternehmens zu erhöhen. Das Ausgabeverhältnis von neuen Anteilen des Mutterunternehmens zu alten (eingezogenen) Anteilen des Tochterunternehmens, bezogen auf den Nominalwert, beträgt 2 : 1 (innerer Wert eines Anteils des Mutterunternehmens, bezogen auf den Nominalwert: 1,5 und innerer Wert eines Anteils des Mutterunternehmens, bezogen auf den Nominalwert: 3). Da nur 90% des Nominalwerts der Anteile der T ausstehen, hat das Mutterunternehmen neue Anteile in Höhe von 1,8 Mio. € (= 90% · 1.000 T€ · 2/1) auszugeben. Der beizulegende Zeitwert der in Form von Anteilen bestehenden Gegenleistung (IFRS 3.32 a (i)) beträgt 2,7 Mio. € (= 1,8 Mio. € · 1,5). Der Buchungssatz, der im Einzelabschluss des Mutterunternehmens zur Abbildung des Erwerbs der Anteile am Tochterunternehmen durchzuführen ist, lautet:

Beteiligungen　　　　　　　　　2,7 Mio. €　an　gezeichnetes Kapital　　　　　1,8 Mio. €
　　　　　　　　　　　　　　　　　　　　　　　　an　Kapitalrücklage　　　　　　　0,9 Mio. €

Die identifizierbaren erworbenen Vermögenswerte und übernommenen Schulden sind nach Maßgabe des IFRS 3.10-3.31 zum Akquisitionsdatum zu bewerten. Dementsprechend sind im vorliegenden Fall die Technischen Anlagen und die Vorräte zu ihrem am Akquisitionsdatum beizulegenden Zeitwert zu bewerten (IFRS 3.18). Daher sind in einer ersten Kapital-

konsolidierungsbuchung (Buchungssatz 1) die stillen Reserven mit folgender Buchung aufzulösen:

Technische Anlagen	100 T€	an	Gewinnrücklagen	300 T€
Vorräte	300 T€		passive latente Steuern	100 T€

In der zweiten Kapitalkonsolidierungsbuchung (Buchungssatz 2) erfolgt die Aufrechnung
der Gegenleistung des Mutterunternehmens in Höhe von 3.000 T€ (= 2.700 T€ + 300 T€)
gegen das zu den Wertansätzen nach IFRS 3.10-3.31 angesetzte identifizierbare Nettovermögen des Tochterunternehmens (2.500 T€). Der positive Unterschiedsbetrag ist als Goodwill (500 T€) auszuweisen:

Gezeichnetes Kapital	1.000 T€	an	Beteiligungen	3.000 T€
Kapitalrücklage	800 T€			
Gewinnrücklagen	500 T€			
Jahresüberschuss	200 T€			
Goodwill	500 T€			

in T€	Mutterunter-nehmen 31.12.01	Tochterunter-nehmen 31.12.01	Kapitalkonsoli-dierung 31.12.01	Konzern-bilanz 31.12.01
Goodwill			500 (2)	500
Grundstücke	500	100		600
Technische Anlagen	5.000	500	100 (1)	5.600
Beteiligungen	3.000		-3.000 (2)	0
Vorräte	2.000	1.500	300 (1)	3.800
sonstiges kurzfristiges Vermögen	5.300	1.400		6.700
Gezeichnetes Kapital	9.800	1.000	-1.000 (2)	9.800
Kapitalrücklage	900	800	-800 (2)	900
Gewinnrücklagen (ohne Jahresüberschuss)	600	200	300 (1) -500 (2)	600
Jahresüberschuss	0	200	-200 (2)	0
passive latente Steuern aus Kapital-konsolidierung			100 (1)	100
kurzfristiges Fremdkapital	4.500	1.300		5.800
Bilanzsumme	15.800	3.500	-2.100	17.200

15. Zur Ableitung dieses Ausschnitts aus der IFRS-Konzernbilanz des Gesellschafters sind im Anschluss an die **quotale Übernahme der IFRS-Bilanzwerte** des Joint Ventures folgende Konsolidierungsbuchungen vorzunehmen:

(1) Kapitalkonsolidierung

Zunächst sind die (anteiligen) stillen Reserven aufzulösen, so dass die **identifizierbaren Vermögenswerte und Schulden** mit den beizulegenden **Zeitwerten** (vgl. IFRS 3.18) angesetzt
sind:

Grundstücke	40 T€	an	Gewinnrücklagen	168 T€
Technische Anlagen	120 T€		passive latente Steuern	72 T€
Vorräte	80 T€			

Im nächsten Schritt ist der Beteiligungsbuchwert beim Gesellschafter (1.200 T€) gegen das anteilige, zu Zeitwerten bewertete identifizierbare Nettovermögen (944 T€) aufzurechnen.

Gezeichnetes Kapital	360 T€	an	Finanzanlagen	1.200 T€
Kapitalrücklage	300 T€			
Gewinnrücklagen	168 T€			
Jahresüberschuss	140 T€			
Goodwill	232 T€			

(2) Schuldenkonsolidierung

Im nächsten Schritt erfolgt eine anteilige Eliminierung der innerkonzernlichen Forderungen bzw. Verbindlichkeiten:

kurzfristiges Fremdkapital	200 T€	an	sonstiges kurzfristiges Vermögen	200 T€

(3) Zwischenergebniseliminierung

Ebenfalls ist das anteilige Zwischenergebnis, das beim Verkauf der Waren vom Gesellschafterunternehmen an das Joint Venture entstand, zu eliminieren:

Jahresüberschuss	28 T€	an	Vorräte	40 T€
aktive latente Steuern	12 T€			

Bei der Zwischenergebniskonsolidierung ist noch zu beachten, dass neben der anteiligen Eliminierung des Ergebnisses vor Steuern aus der Lieferung vom Gesellschafterunternehmen an das Joint Venture (40 T€) auch Steuern abzugrenzen sind. Aus **einzelbetrieblicher Sicht** sind bei der Veräußerung vom Gesellschafterunternehmen an das Joint Venture Umsatz und steuerliches Ergebnis realisiert worden. Aus **Konzernsicht** hat **weder** ein **Umsatz noch** die **Realisierung eines Ergebnisses** stattgefunden. Daher ist als Gegenposten zu den effektiv bei der Veräußerung angefallenen Ertragsteuern eine aktive latente Steuer zu bilden, welche die tatsächlichen Ertragsteuern neutralisiert. Die **aktive latente Steuer** ist erst dann **aufzuheben**, wenn das **Ergebnis aus Sicht des Konzerns realisiert** wird, mit anderen Worten eine Veräußerung an Konzernfremde stattgefunden hat.

Der Ausschnitt aus der IFRS-Konzernbilanz hat folgendes Aussehen:

in T€	Gesellschafter 31.12.01	Joint Venture 31.12.01	Kapitalkonsolidierung 31.12.01	Schuldenkonsolidierung 31.12.01	Zwischenergebniskonsolidierung 31.12.01	Konzernbilanz 31.12.01
Goodwill			232 (2)			232
aktive latente Steuern					12	12
Grundstücke	1.400	220	40 (1)			1.660
Technische Anlagen	1.800	320	120 (1)			2.240
Beteiligungen	3.500		-1.200 (2)			2.300
Vorräte	1.550	360	80 (1)		-40	1.950
sonstiges kurzfristiges Vermögen	1.750	460		-200		2.010
Gezeichnetes Kapital	4.000	360	-360 (2)			4.000
Kapitalrücklage	2.200	300	-300 (2)			2.200
Gewinnrücklagen			168 (1) -168 (2)			0
Jahresüberschuss	800	140	-140 (2)		-28	772
passive latente Steuern			72 (1)			72
langfristiges Fremdkapital	1.200	300				1.500
kurzfristiges Fremdkapital	1.800	260		-200		1.860
Bilanzsumme	10.000	1.360	-728	-200	-28	10.404

16. Vor Durchführung der Konsolidierungsbuchungen ist zunächst die **Eigenkapitalstruktur zum Erwerbszeitpunkt wiederherzustellen**. Daraus folgt die Buchung:

Gewinnrücklagen	140 T€	an	Jahresüberschuss	140 T€

Anschließend sind die Erstkonsolidierungsbuchungen zu wiederholen (Buchungssatz 2 und 3 in der Kapitalkonsolidierungsspalte entsprechen den Buchungssätzen 1 und 2 in der Kapitalkonsolidierungsspalte der Übungsaufgabe 15).

In der Folgekonsolidierung werden zunächst die stillen Reserven fortentwickelt (IFRS 3.54). Daraus ergibt sich folgender Buchungssatz (Buchungssatz 4 in der Kapitalkonsolidierungsspalte):

Jahresüberschuss	70 T€	an	Technische Anlagen	20 T€
passive latente Steuern	30 T€		Vorräte	80 T€

Im nächsten Schritt ist zu prüfen, ob ein Wertminderungsaufwand auf die zahlungsmittel-generierende Einheit (Joint Venture) zu erfassen ist:

	anteiliger Buchwert Grundstücke	260 T€	
+	anteiliger Buchwert Technische Anlagen	420 T€	
+	anteiliger Buchwert Vorräte	536 T€*)	
+	anteiliger Buchwert kurzfristiges Vermögen	460 T€	
=	anteiliger Buchwert Vermögenswerte 31.12.02		1.676 T€
+	(vorläufiger) anteiliger Goodwill 31.12.02		232 T€
	anteiliger Buchwert langfristiges Fremdkapital	300 T€	
+	anteilige passive latente Steuern	42 T€	
+	anteiliger Buchwert kurzfristiges Fremdkapital	260 T€	
=	anteiliger Buchwert Fremdkapital 31.12.02		602 T€
=	anteiliger Buchwert zahlungsmittel-generierende Einheit 31.12.02		1.306 T€

*) unter Berücksichtigung der noch vorzunehmenden Korrektur aus der Zwischenergebniseliminierung (160 T€ · 40%). Der Steuervorteil aus der aus Konzernsicht noch nicht abgeschlossenen Ertragsrealisierung wird beim Gesellschafter – als Gegenposten zu den dort angefallenen tatsächlichen Steuern – erfasst. (Dennoch scheint auch vertretbar den aktiven latenten Steuerposten, der auf dem in den Vorräten eliminierten Zwischengewinn ruht, ebenfalls einzubeziehen, da dieser sachlich mit dem eliminierten Zwischengewinn unmittelbar zusammenhängt.)

Der anteilige erzielbare Betrag für die zahlungsmittel-generierende Einheit beträgt 1.200 T€. Dementsprechend ist ein Wertminderungsaufwand von 106 T€ (ohne Steuerabgrenzung) auf den Goodwill zu verrechnen (Buchungssatz 5):

Jahresüberschuss	an	Goodwill	106 T€

Nach dem Sachverhalt liegen keine Forderungs- und Verbindlichkeitsbeziehungen vor, folglich sind keine Aufrechnungen vorzunehmen.

Aus der Zwischenergebniseliminierung ist zunächst der Vortrag per 31.12.01 einzustellen:

aktive latente Steuern	12 T€	an	Vorräte	40 T€
Gewinnrücklagen	28 T€			

Per 31.12.02 ist ein anteiliger Zwischengewinn in den Vorräten in Höhe von 64 T€ (= 160 T€ · 40%) zu eliminieren. Die hierauf zu erfassende aktive latente Steuer beträgt 26 T€ (= 40% · 64 T€). Unter Berücksichtigung des Vortrags per 31.12.01 sind daher nur die Differenzwerte einzubuchen:

aktive latente Steuern	14 T€	an	Vorräte	24 T€
Jahresüberschuss	10 T€			

Daraus leitet sich der Abschnitt aus der IFRS-Konzernbilanz des Gesellschafterunternehmens ab:

in T€	Gesellschafter 31.12.02	Joint Venture 31.12.02	Kapitalkonsolidierung 31.12.02	Schuldenkonsolidierung 31.12.02	Zwischenergebniskonsolidierung 31.12.02	Konzernbilanz 31.12.02
Goodwill			232 (3) -106 (5)			126
aktive latente Steuern					12 (1) 14 (2)	26
Grundstücke	1.400	220	40 (2)			1.660
Technische Anlagen	1.800	320	120 (1) -20 (4)			2.220
Beteiligungen	3.500		-1.200 (3)			2.300
Vorräte	1.550	600	80 (2) -80 (4)		-40 (1) -24 (2)	2.086
sonstiges kurzfristiges Vermögen	1.750	460				2.210
Gezeichnetes Kapital	4.000	360	-360 (3)			4.000
Kapitalrücklage	2.200	300	-300 (3)			2.200
Gewinnrücklagen		140	-140 (1) 168 (2) -168 (3)		-28 (1)	-28
Jahresüberschuss	800	240	140 (1) -140 (3) -70 (4) -106 (5)		-10 (2)	854
passive latente Steuern			72 (2) -30 (4)			42
langfristiges Fremdkapital	1.200	300				1.500
kurzfristiges Fremdkapital	1.800	260				2.060
Bilanzsumme	10.000	1.600	-934	0	-38	10.628

17.

	anteiliges Eigenkapital 01.01.01 (Buchwerte)	1.000 GE
+	anteilige stille Reserven Technische Anlagen und Maschinen	500 GE
+	anteilige stille Reserven Vorräte	200 GE
+	anteilige stille Reserven Beteiligungen	100 GE
-	passive latente Steuern auf anteilige stille Reserven (30% von 7.000 GE; die aus Beteiligungen resultierenden Differenzen zählen nicht zu den temporären Differenzen; Halbeinkünfteverfahren; sowie gewerbesteuerliches Schachtelprivileg)	- 210 GE
=	anteiliges neubewertetes Eigenkapital 01.01.01	1.590 GE

		Kaufpreis	1.700 GE
-		anteiliges neubewertetes Eigenkapital 01.01.01	1.590 GE
=		Goodwill	110 GE

18. a)		anteiliges Eigenkapital zu Buchwerten 01.01.01	1.000 GE
	+	anteiliger Jahresüberschuss 01	450 GE
	=	anteiliges Eigenkapital zu Buchwerten 31.12.01	1.450 GE
	+	(fortgeführte) anteilige stille Reserven per 31.12.01 Technische Anlagen und Maschinen	400 GE
	-	passive latente Steuern auf anteilige stille Reserven	-120 GE
	=	anteiliges neubewertetes Eigenkapital 31.12.01	1.730 GE
	+	Goodwill (vor Prüfung Wertminderungsaufwand)	110 GE
	=	Equity-Buchwert vor Prüfung Wertminderungsaufwand	1.840 GE

Da der Equity-Buchwert den anteiligen erzielbaren Betrag der A-AG per 31.12.01 übersteigt, ist ein Wertminderungsaufwand zu erfassen. Dieser ist insgesamt der Beteiligung zuzuordnen; eine Zuordnung auf einzelne Vermögenswerte, einschließlich Goodwill, unterbleibt (IAS 28.33).

Dementsprechend beträgt der Equity-Buchwert nach Erfassung des Wertminderungsaufwands auf die Beteiligung 1.800 GE.

b)		anteiliger Jahresüberschuss der A-AG	450 GE
	-	Auflösung anteiliger stiller Reserven Technische Anlagen	-100 GE
		Vorräte	-200 GE
		Beteiligungen	-100 GE
	+	Auflösung passive latente Steuern	+90 GE
	=	Equity-Ergebnis 01 (vor Wertminderungsaufwand)	140 GE
	-	Wertminderungsaufwand auf den Equity-Buchwert (siehe a)	40 GE
	=	Equity-Ergebnis 01	100 GE

Der Buchungssatz zur Erfassung des Equity-Ergebnisses beim Gesellschafterunternehmen lautet:

Beteiligungen an assoziierten Unternehmen	an	Equity-Ergebnis	100

c) Der Equity-Buchwert per 31.12.01 leitet sich wie folgt ab:

		anteiliges Eigenkapital zu Buchwerten 01.01.01	1.000 GE
	+	anteiliger Jahresüberschuss 01	450 GE
	-	anteilige Dividendenzahlung 01	-80 GE
	=	anteiliges Eigenkapital zu Buchwerten 31.12.01	1.370 GE

	anteiliges Eigenkapital zu Buchwerten 31.12.01	1.370 GE
+	anteilige stille Reserven per 31.12.01 Technische Anlagen und Maschinen	400 GE
-	passive latente Steuern auf anteilige stille Reserven	-120 GE
=	anteiliges neubewertetes Eigenkapital 31.12.01	1.650 GE
+	Goodwill (vor Prüfung Wertminderungsaufwand)	110 GE
=	Equity-Buchwert vor Prüfung Wertminderungsaufwand	1.760 GE

Ein Wertminderungsaufwand ist nicht zu erfassen, da der Equity-Buchwert unterhalb des anteilig erzielbaren Betrags für die A-AG per 31.12.01 liegt. Das korrespondierende Equity-Ergebnis 01 ermittelt sich zu:

	anteiliger Jahresüberschuss der A-AG	450 GE
-	Auflösung anteiliger stiller Reserven Technische Anlagen	-100 GE
	Vorräte	-200 GE
	Beteiligungen	-100 GE
+	Auflösung passive latente Steuern	+90 GE
=	Equity-Ergebnis 01	140 GE

Der Buchungssatz zur Erfassung des Equity-Ergebnisses beim Gesellschafterunternehmen lautet:

Beteiligungen an assoziierten Unternehmen	60	an	Equity-Ergebnis	140
Bank	80			

Die Sollbuchung auf dem Bankkonto spiegelt den Zahlungsmittelzufluss aus der Dividende wieder.

19.

in GE	Periode 01	Periode 02	Periode 03	Periode 04
Summe Jahresüberschuss vor Zwischenergebniskonsolidierung	420	420	420	420
Veränderung Zwischengewinne im Geschäftsjahr (n.St.) ggü. Konzernunternehmen	-140	-14	+49	+35
Veränderung Zwischengewinne im Geschäftsjahr (n.St.) ggü. Gemeinschaftsunternehmen		-21	-14	+35
Veränderung Zwischenverluste (n. St.)		+21	-21	
Konzernjahresüberschuss	**280**	**406**	**434**	**490**
Konzern-Gewinnrücklagen 01.01.0x		280	486	720
Dividendenausschüttung		-200	-200	-200
Konzern-Gewinnrücklagen 31.12.0x	**280**	**486**	**720**	**1010**

In Periode 01 wird der gesamte Zwischengewinn, der innerhalb des Konzerns entstanden ist, eliminiert (Fehlen eines Anfangsbestands). Dementsprechend ist der **Zwischengewinn** nach **Vornahme einer entsprechenden Steuerabgrenzung** zu eliminieren (200 GE ·

(100% - 30%)), wodurch sich der Konzern-Jahresüberschuss gegenüber dem Ergebnis der Summen-GuV-Rechnung vermindert.

In Periode 02 erhöht sich der Bestand an Zwischengewinnen innerhalb der Konzernunternehmen von 200 GE auf 220 GE. Nur die **Veränderung des Bestands an Zwischengewinnen** (14 GE auf Basis des Ergebnisses nach Steuern) ist jedoch zu **eliminieren**. Ebenfalls eliminierungspflichtig sind die (anteiligen) Zwischengewinne aus Geschäften mit Gemeinschaftsunternehmen (in Periode 02: 60 GE · 50% · (100% - 30%)). Gegenläufig sind auch die Zwischenverluste aus Transaktionen innerhalb des Konzerns zu eliminieren. Voraussetzung für die **Zwischenverlusteliminierung** ist jedoch, dass diese Verluste nicht auf Wertminderungen hindeuten (IAS 27.21 Satz 3). Dies ist in Periode 02 nach den Angaben im Sachverhalt offensichtlich nicht der Fall. Daher ist eine Zwischenverlusteliminierung in Höhe von 21 GE vorzunehmen (30 GE · (100% - 30%)).

In Periode 03 vermindert sich der Bestand an Zwischengewinnen innerhalb der Konzernunternehmen von 220 GE auf 150 GE. Diese teilweise Realisierung von Zwischengewinnen führt zu einer Ergebniserhöhung in Höhe der Differenz (70 GE) multipliziert mit dem nach Steuern verbleibenden Effekt (49 GE = 70 GE · (100% - 30%)). Demgegenüber haben sich die Zwischengewinne aus Transaktionen mit Gemeinschaftsunternehmen per 31. 12. 03 gegenüber dem 31. 12. 02 erhöht (14 GE = 40 GE · 50% · (100% - 30%)). Die **abgegrenzten Verluste** zum Ende der Periode 02 sind in 03 **ergebnismindernd aufzulösen**. Die in der Aufgabenstellung per 31. 12. 03 angegebenen **Zwischenverluste** sind auf **tatsächliche Wertminderungen** zurückzuführen, die Eliminierung solcher Verluste würde gegen das Gebot einer **verlustfreien Bewertung** (IAS 2.9 i.V. m. IAS 27.21 Satz 3) verstoßen.

Zum 31. 12. 04 hat sich der Bestand an Zwischengewinnen abermals verringert, so dass ein ergebniserhöhender Effekt eintritt. Die Verminderung der Zwischenverluste hat keinen Ergebniseffekt, da der Bestand an Zwischenverlusten per 31. 12. 03 nicht abgegrenzt worden war.

Kapitel 5: Aufstellung der IFRS-Eröffnungsbilanz

LÖSUNGEN

1. a) Im vorliegenden Fall handelt es sich um **Held-to-maturity-investments**, die nach IAS 39.46 b zu **fortgeführten Anschaffungskosten** bewertet werden. Somit ist hier keine Anpassung erforderlich.

    b) In diesem Fall liegen – im Unterschied zu a) keine Held-to-maturity investments – vor. Das zu IFRS übergehende Unternehmen kann nach IFRS 1.25 A beim erstmaligen Ansatz von Finanzinstrumenten entscheiden, ob es die Finanzinstrumente als Available-for-sale financial assets oder als Financial assets at fair value through profit or loss ansetzt. Im Folgenden soll davon ausgegangen werden, dass das Unternehmen diese Finanzinstrumente als Financial assets at fair value through profit or loss klassifiziert. Damit lautet die Anpassungsbuchung:

| Wertpapiere, Financial assets at fair value through profit or loss | 15.000 | an | Gewinnrücklagen | 10.500 |
| | | | passive latente Steuern | 4.500 |

c) Unter Zugrundelegung eines linearen Abschreibungsverlaufs über die wirtschaftliche Nutzungsdauer von 12 Jahren ermitteln sich die nachstehenden Restbuchwerte:

Anschaffungsjahr	Anschaffungskosten	IFRS-Restbuchwert
00	180.000	90.000
01	250.000	145.833
02	400.000	266.667
03	450.000	337.500
04	350.000	291.667
05	500.000	458.333
Summe	2.130.000	1.590.000

Die Anpassungsbuchung lautet:

| Maschinen | 442.654 | an | Gewinnrücklagen | 309.858 |
| | | | passive latente Steuern | 132.796 |

d) Nach IAS 2.12 ff. sind grundsätzlich die **produktionsbezogenen Vollkosten** zu aktivieren (70.000 GE). Da der steuerliche Wertansatz mit dem IFRS-Ansatz übereinstimmt, sind keine latenten Steuern abzugrenzen. Es ist auch keine aktive latente Steuer im Übergang zur IFRS-Rechnungslegung aufzulösen, da das bislang nach HGB bilanzierende Unternehmen auf die mögliche Aktivierung latenter Steuern nach § 274 Abs. 2 HGB verzichtet hat. Folglich lautet der Buchungssatz:

| Vorräte, unfertige Erzeugnisse | 20.000 | an | Gewinnrücklagen | 20.000 |

e) Die **IFRS-Rechnungslegung** kennt **keine Bilanzierungshilfen als Element des Jahresabschlusses**. Da die aktivierten Aufwendungen für Ingangsetzung und Erweiterung des Geschäftsbetriebs nicht die Kriterien für Vermögenswerte in der IFRS-Rechnungslegung erfüllen, ist daher bei Erstellung der IFRS-Eröffnungsbilanz der HGB-Wert für diese Bilanzierungshilfe zu eliminieren. Da IFRS- und Steuerbuchwert für die Ingangsetzungs- und Erweiterungsaufwendungen übereinstimmen, sind ebenfalls die im HGB gebildeten passiven latenten Steuern im Übergangszeitpunkt aufzulösen. Der Buchungssatz lautet somit:

| Gewinnrücklagen | 315.000 | an | aktivierte Aufwendungen für Erweiterung des Geschäfts- betriebs | 450.000 |
| passive latente Steuern | 135.000 | | | |

f) Nach IFRS ist die Rückstellung für drohende Verluste aus schwebenden Geschäften bei-
zubehalten. Allerdings ergibt sich eine grundsätzliche Abgrenzungspflicht der aktiven latenten Steuerabgrenzung:

aktive latente Steuern	60.000	an	Gewinnrücklagen	60.000

Die Rückstellung für unterlassene Instandhaltung ist als Aufwandsrückstellung nicht
rückstellungsfähig, da eine Verpflichtung gegenüber einem Dritten fehlt:

sonstige Rückstellungen	150.000	an	Gewinnrücklagen	105.000
			passive latente Steuern	45.000

2. Im ersten Schritt sind die unter den Erläuterungen aufgeführten Sachverhalte hinsichtlich
möglicher Anpassungen zu würdigen.

(1) Aktivierung von Fremdkapitalkosten

Nach IAS 23.8 sind Fremdkapitalzinsen, die direkt der Herstellung eines qualifizierten Vermögenswerts zuzuordnen sind, mit den anderen Herstellungsausgaben zu aktivieren. Bei einem Herstellungszeitraum von länger als einem Jahr kann das Vorliegen eines qualifizierten
Vermögenswerts unterstellt werden. Eine Korrektur kommt daher nicht in Betracht.

(2) Bewertung der Maschinen zu fortgeführten Anschaffungs- oder Herstellungskosten oder beizulegenden Zeitwerten

Nach IFRS 1.16 hat ein zu IFRS übergehendes Unternehmen das Wahlrecht die Sachanlagen
zu fortgeführten Anschaffungs- oder Herstellungskosten nach Maßgabe des IAS 16 oder zu
beizulegenden Zeitwerten zu bewerten. Auch wenn die Summe der fortgeführten Anschaffungskosten den beizulegenden Zeitwerten im Beispiel entspricht, lohnt sich dennoch die
Inanspruchnahme des Wahlrechts, da dieses **Wahlrecht** nicht auf alle, sondern auch auf einzelne **ausgewählte Vermögenswerte beschränkt** werden kann (IFRS 1.19). Damit in der IFRS-
Rechnungslegung **ab 06** ein **möglichst geringes Abschreibungspotenzial** vorhanden ist (vgl.
Zielsetzung), ist jede Maschine (Anmerkung: annahmegemäß wurde jedes Jahr genau eine
Maschine erworben) zum **Minimum aus beizulegendem Zeitwert und fortgeführten An-
schaffungskosten** anzusetzen. Damit werden die Maschinenzugänge der Jahre 01-03 mit
den beizulegenden Zeitwerten, die Maschinenzugänge der Jahre 04 und 05 mit den fort-
geführten Anschaffungskosten bewertet. Hierdurch vermindert sich der Wertansatz für die
Maschinen um 30.000 GE.

Gewinnrücklagen	21.000	an	Maschinen	30.000
aktive latente Steuern	9.000			

(3) Klassifizierung von Wertpapieren

Das zur IFRS-Rechnungslegung übergehende Unternehmen hat nach IFRS 1.25 A beim erstmaligen Ansatz das Wahlrecht diese Wertpapiere als Available-for-sale financial assets oder
als Financial assets at fair value through profit or loss zu klassifizieren. Zwecks Erhalt eines
möglichst hohen Ergebnispotenzials ab dem Jahr 06 empfiehlt es sich diese Wertpapiere als
Available-for-sale financial assets zu klassifizieren:

Wertpapiere	5.000	an	Bewertungsergebnisse aus zur Veräußerung verfügbaren finanziellen Vermögenswerten	3.500
			passive latente Steuern	1.500

(4) Bewertung der Vorräte

Die handels- und steuerrechtlich zulässige Lifo-Methode darf in der IFRS-Rechnungslegung nicht beibehalten werden. Erstrebt das zur IFRS-Rechnungslegung übergehende Unternehmen einen möglichst hohen Gewinn ab 06, so ist der niedrigste – mit der IFRS-Rechnungslegung konforme – Wertansatz zu wählen. Nach IAS 2.25 sind die **Vorräte nach der Fifo-Methode** oder nach der **Durchschnittskostenmethode** zu bewerten. Auf Grund der Zielstellung werden die Vorräte nach der Durchschnittskostenmethode bewertet.

Roh-, Hilfs- u. Betriebsstoffe	15.000	an	Gewinnrücklagen	10.500
			passive latente Steuern	4.500

(5) Sonderposten mit Rücklageanteil

Die Beibehaltung des Sonderpostens ist nicht zulässig (IAS 16.65). Daher ist folgende Korrekturbuchung vorzunehmen:

Sonderposten mit Rücklageanteil	200.000	an	Gewinnrücklagen	140.000
			passive latente Steuern	60.000

(6) Bewertung der Pensionsrückstellungen

Das zur IFRS-Rechnungslegung übergehende Unternehmen hat nach IFRS 1.20 das Wahlrecht, dass sämtliche **versicherungsmathematischen Gewinne und Verluste** am Tage des **Übergangs zur IFRS-Rechnungslegung** erfasst werden. Der Wertansatz nach IAS 19 unter Anwendung der Korridormethode (IAS 19.92) beträgt 550.000 GE; die Inanspruchnahme des Wahlrechts des IFRS 1.20 führt zu einem Bilanzansatz von 600.000 GE. Wählt der zur IFRS-Rechnungslegung übergehende Bilanzierende die durch IFRS 1.20 eröffnete Option, so vermeidet er in der Zukunft eine ab 06 erfolgende erfolgswirksame Erfassung versicherungsmathematischer Verluste und sichert sich damit tendenziell ein höheres Gewinnpotenzial ab 06. Daher lautet die Buchung:

Gewinnrücklagen	70.000	an	Pensionsrückstellungen	100.000
aktive latente Steuern	30.000			

Im Anschluss an die Würdigung der Sachverhalte und die Aufstellung von Überleitungsbuchungen kann damit die IFRS-Eröffnungsbilanz aufgestellt werden. Da die Voraussetzungen für die **Saldierung aktiver und passiver latenter Steuern** vorliegen (IAS 12.74), sind die latenten Steuern saldiert ausgewiesen.

IFRS-Bilanz der X-GmbH zum 31. 12. 05

A. Langfristiges Vermögen		A. Eigenkapital	
1. Grundstücke und Bauten	500.000	1. Gezeichnetes Kapital	800.000
2. Technische Anlagen und Maschinen	970.000	2. Gewinnrücklagen	1.059.500
3. Andere Anlagen, Betriebs- und Geschäftsausstattung	200.000	3. Bewertungsergebnisse aus zur Veräußerung verfügbaren finanziellen Vermögenswerten	3.500
4. Wertpapiere	105.000		
B. Kurzfristiges Vermögen		B. Fremdkapital	
1. Roh-, Hilfs- und Betriebsstoffe	315.000	1. Rückstellungen für Pensionen	600.000
2. Fertige Erzeugnisse und Waren	400.000	2. passive latente Steuern	27.000
3. Forderungen aus Lieferungen und Leistungen	450.000	3. Verbindlichkeiten gegenüber Kreditinstituten	350.000
4. Schecks, Kassenbestand, Guthaben bei Kreditinstituten	50.000	4. Verbindlichkeiten aus Lieferungen u. Leistungen	150.000
Bilanzsumme	2.990.000	Bilanzsumme	2.990.000

3. Die Überleitungsrechnung für das Eigenkapital per 01. 01. 06 (bzw. 31. 12. 05) hat folgende Gestalt:

		Eigenkapital
HGB-Wert: 31. 12. 05		1.800.000
+ Anpassung Vermögenswerte		
· Techn. Anlagen u. Maschinen	−30.000	
· Wertpapiere	5.000	
· RHB-Stoffe	<u>15.000</u>	−10.000
+ Anpassung Schulden		
· Sonderposten mit Rücklageanteil	200.000	
· Pensionsrückstellungen	<u>−100.000</u>	100.000
- passive latente Steuern		<u>−27.000</u>
= IFRS-Wert: 01. 01. 06		1.863.000

4. a) In diesem Fall ist eine **retrospektive Bilanzierung** für den Unternehmenszusammenschluss vorzunehmen, mit anderen Worten die **Vereinfachung des IFRS 1.15 i. V. m. Appendix B ist nicht in Anspruch zu nehmen**. Die Inanspruchnahme anderer Vereinfachungen bleibt hiervon jedoch unberührt (IFRS 1.13). Bei retrospektiver Bilanzierung des Unternehmenszusammenschlusses ist zunächst die Höhe des Bruttowerts des Goodwills nach IAS/IFRS per 1. 1. 1999 zu ermitteln:

	Kaufpreis 01. 01. 1999	23.000 GE
-	Zeitwert Vermögenswerte 01. 01. 1999	-14.000 GE
+	Zeitwert Schulden 01. 01. 1999	6.000 GE
+	Zeitwert passive latente Steuern auf stille Reserven (4.000 GE · 40%) per 01. 01. 1999	1.600 GE
=	Goodwill nach IAS/IFRS 01. 01. 1999	16.600 GE

Bei Anwendung des seinerzeit gültigen IAS 22 wäre der Geschäfts- oder Firmenwert über die **wirtschaftliche Nutzungsdauer** abzuschreiben gewesen (vgl. IFRS 3.79 a sowie IAS 22). Damit beträgt per 01.01.2004 der Buchwert des Geschäfts- oder Firmenwerts 11.067 GE (= 16.600 GE − 5/15 · 16.600 GE). Eine latente Steuerabgrenzung nach IAS 12.15 a kommt nicht in Betracht. Allerdings ist noch ein Asset Impairment Test vorzunehmen (siehe unten).

Für die Zielsetzung des Ausweises eines möglichst hohen Konzern-Eigenkapitals kann es dahin gestellt bleiben, ob die **Wertpapiere** als Available-for-sale financial assets oder als Financial assets at fair value through profit or loss klassifiziert werden (IFRS 1.25 A). Zwecks Sicherung künftigen Ergebnisausweises wird eine Klassifizierung als Available-for-sale financial asset vorgenommen.

Zur Erreichung eines möglichst hohen Konzern-Eigenkapitals wählt der Bilanzierende für die Vermögenswerte den **Zeitwertansatz**, für welche der beizulegende Zeitwert die fortgeführten Anschaffungs- oder Herstellungskosten übersteigt. Dieses Wahlrecht des **IFRS 1.16** kann für **jeden Vermögenswert einzeln** ausgeübt werden (IFRS 1.19).

Weiterhin ist die **Rückstellung für unterlassene Instandhaltung** nach § 249 Abs. 1 Satz 1 HGB zu eliminieren, da es sich hierbei um eine **Aufwandsrückstellung** handelt. Die Wertanpassungen bei Available-for-sale financial assets, der selektive Zeitwertansatz des IFRS 1.16 und die Eliminierung der Rückstellung für unterlassene Instandhaltung führen zu passiven latenten Steuern in Höhe von 1.600 GE (40% · (2.000 GE + 1.000 GE + 1.000 GE)). Hinzu kommen noch passive latente Steuern auf die immateriellen Vermögenswerte in Höhe von 400 GE, da nach dem Abgrenzungskonzept von IAS 12 auf den Unterschiedsbetrag zwischen IFRS- und Steuerbilanzbuchwert latente Steuern abzugrenzen sind.

Daraus leiten sich vor Prüfung eines eventuellen Asset Impairments folgende konsolidierte Wertbeiträge für die IFRS-Eröffnungsbilanz per 1. 1. 2004 ab:

Werte zum 1. 1. 2004	konsolidierte Wertbeiträge nach IFRS
Immaterielle Vermögenswerte	1.000
Geschäfts- oder Firmenwert	11.067
Sachanlagen	8.500
Vorräte	5.000
Wertpapiere, Available-for-sale financial assets	5.000
Forderungen aus LuL, Bank, Kasse	9.500
Bilanzsumme	40.067
Eigenkapital (erworbenes)	23.000
Gewinnrücklagen	12.867
Bewertungsergebnisse aus zur Veräußerung verfügbaren finanziellen Vermögenswerten	1.200
passive latente Steuern	2.000
Verbindlichkeiten und Rückstellungen	1.000

Da der erzielbare Betrag der zahlungsmittel-generierenden Einheit (40.000 GE) den Buchwert des bilanzierten Nettovermögens bzw. Eigenkapitals (37.067 GE) übersteigt, ist **kein Wertminderungsaufwand auf den Geschäfts- oder Firmenwert** zu verrechnen.

Die in den konsolidierten Wertbeiträgen ausgewiesenen Gewinnrücklagen sowie die Bewertungsergebnisse aus zur Veräußerung verfügbaren finanziellen Vermögenswerten gehen in das Konzern-Eigenkapital (14.067 GE) ein, da sie nach Erwerb des Tochterunternehmens durch das Mutterunternehmen erwirtschaftet wurden.

b) Die Muttergesellschaft wird bei dieser Aufgabenstellung die **Vereinfachungsregel des IFRS 1.15 i.V. m. Appendix B** in Anspruch nehmen, da in diesem Fall der über vier Jahre abgeschriebene Geschäfts- oder Firmenwert nicht wieder auflebt und dementsprechend mögliche künftige Asset Impairments auf den Goodwill für die Zukunft ausgeschlossen werden.

Bei den Wertpapieren hat der nach IFRS Bilanzierende das Wahlrecht diese Wertpapiere entweder als Available-for-sale financial assets oder als Financial assets at fair value through profit or loss zu klassifizieren (IFRS 1.25 A). Falls für die Zukunft ein möglichst hoher Periodenerfolg in der GuV-Rechnung angestrebt wird, ist es sinnvoll die Wertpapiere als Available-for-sale financial assets zu klassifizieren, da der positive Bewertungseffekt bei Veräußerung in der Zukunft noch erfolgswirksam über die GuV-Rechnung berücksichtigt wird (Umgliederung 1). Im Zuge des Übergangs auf die IFRS-Rechnungslegung ist die Rückstellung für unterlassene Instandhaltung nach § 249 Abs. 1 Satz 1 HGB zu eliminieren (Umgliederung 2), da es sich hierbei um eine Aufwandsrückstellung handelt. Der Buchwert der Sachanlagen ist in der IFRS-Eröffnungsbilanz nicht anzupassen, da die seit Unternehmenserwerb erfolgende Abschreibung der Sachanlagen den Abschreibungsgrundsätzen des IAS 16 bzw. IAS 36 entspricht (IFRS 1, Appendix B 2 e). Die passiven latenten Steuern sind noch zu Lasten der Gewinnrücklagen zu erhöhen, da in der IFRS-Rechnungslegung eine temporäre Differenz zwischen IFRS-Konzernbuchwert und Steuerbilanzbuchwert bei den immateriellen Vermögenswerten besteht (Umgliederung 3).

Da ein Geschäfts- oder Firmenwert im Zeitpunkt der Erstellung der IFRS-Eröffnungsbilanz nicht vorhanden ist, erübrigt sich die Prüfung eines Asset Impairments.

Werte zum 1. 1. 2004	konsolidierte Wertbeiträge nach HGB	Umgliederungen	konsolidierte Wertbeiträge für IFRS-Eröffnungsbilanz
Immaterielle Vermögenswerte	1.000		1.000
Geschäfts- oder Firmenwert	0		0
Sachanlagen	7.500		7.500
Vorräte	5.000		5.000
Wertpapiere	3.000	2.000 (1)	5.000
Forderungen aus LuL, Bank, Kasse	9.500		9.500
Bilanzsumme	26.000	2.000	28.000
Eigenkapital (erworbenes)	23.000		23.000
Gewinnrücklagen	1.000	600 (2) -400 (3)	1.200
Bewertungsergebnisse aus zur Veräußerung verfügbaren finanziellen Vermögenswerten		1.200 (1)	1.200
passive latente Steuern		800 (1) 400 (2) 400 (3)	1.600
Verbindlichkeiten und Rückstellungen	2.000	-1.000 (2)	1.000

Durch die Aufrechnung des Beteiligungsbuchwerts (23.000 GE) bei der Mutter mit dem erworbenen Eigenkapital stehen in der IFRS-Konzernbilanz Vermögenswerte von 28.000 GE Schulden von 2.600 GE gegenüber. Die in den konsolidierten Wertbeiträgen ausgewiesenen Gewinnrücklagen sowie die Bewertungsergebnisse aus zur Veräußerung verfügbaren finanziellen Vermögenswerten gehen in das Konzern-Eigenkapital (2.400 GE) ein.

Kapitel 6: Gewinn- und Verlustrechnung und Gesamtergebnisrechnung nach IFRS

LÖSUNGEN

1. a) Zum 31.12.01 ist ein Verlust aus der Bewertung der zur Veräußerung verfügbaren finanziellen Vermögenswerte zum beizulegenden Zeitwert in Höhe von 15 GE zu erfassen. Die Erfassung eines Wertminderungsaufwands kommt für den Kursrückgang nicht in Betracht, da nach dem Sachverhalt **keine Anzeichen für eine Wertminderung** vorliegen. Die per 31.12.01 gebuchte passive latente Steuer in Höhe von 3 GE (10 GE · 30%) ist aufzulösen; gleichzeitig ist **erfolgsneutral** (IAS 12.61 A a) eine **aktive latente Steuer** einzustellen, da sich bei einer späteren Veräußerung der per 31.12.01 abzeichnende Kursverlust steuermindernd auswirken würde. Daher ist zu buchen:

sonstiges Gesamtergebnis, Verluste aus der Zeitbewertung von zur Veräußerung verfügbaren finanziellen Vermögenswerten	15	an	Wertpapiere, Available-for-sale financial assets	15
passive latente Steuern	3	an	sonstiges Gesamtergebnis, latente Steuern auf Verluste aus der Zeitbewertung von zur Veräußerung verfügbaren finanziellen Vermögenswerten	4,5
aktive latente Steuern	1,5			

    b) Im Gegensatz zu a) liegt nunmehr eine **Wertminderung** vor, die auch bei Available-for-sale financial assets **erfolgswirksam in der GuV-Rechnung zu erfassen** ist (IAS 39.55 b i.V.m. 39.67-39.70). Die per 31.12.01 erfasste **erfolgsneutrale Abgrenzung des Kursverlusts** wird zunächst **erfolgsneutral aufgehoben**. Im zweiten Schritt ist dann erfolgswirksam ein Wertminderungsaufwand zu buchen. Eine Steuerabgrenzung auf die Wertminderung unterbleibt, da nach dem Sachverhalt sich die außerplanmäßige Abschreibung auch unmittelbar in der Steuerbilanz und damit für die steuerliche Gewinnermittlung auswirkt.

Wertpapiere, Available-for-sale financial assets	10	an	sonstiges Gesamtergebnis, Abgang von Verlusten aus der Zeitbewertung von zur Veräußerung verfügbaren finanziellen Vermögenswerten	10
sonstiges Gesamtergebnis, latente Steuern auf den Abgang von Verlusten aus der Zeitbewertung von zur Veräußerung verfügbaren finanziellen Vermögenswerten	3		aktive latente Steuern	3
Wertminderungsaufwand	50	an	Wertpapiere, Available-for-sale financial assets	50

    c) Der Anstieg des Kurswerts der Financial assets at fair value through profit or loss ist **erfolgswirksam** in den **finanziellen Erträgen** zu erfassen (IAS 39.55 a). Da bei einer späteren Veräußerung dieser Wertpapiere ein Veräußerungsergebnis sich steuerlich nur bei der Gewerbesteuer auswirkt (§ 8b KStG), ist nur ein dem **Gewerbesteuersatz entspre-**

chender anzuwendender Steuersatz auf das Bewertungsergebnis zu berücksichtigen. Ein Hebesatz von 500% entspricht einem auf das Ergebnis vor Steuern bezogenen Steuersatz von 17,5% (= 500% · 3,5%). Daher ist auf das Bruttoergebnis von 20 GE eine passive latente Steuer in Höhe von 3,5 GE abzugrenzen:

Wertpapiere, Financial assets at fair value through profit or loss	20	an	finanzielle Erträge	20
Ertragsteueraufwand, latenter		an	passive latente Steuern	3,5

d) Fertigungsauftrag 1:

Am 31.12.01 ist der Fertigungsauftrag 1 zu 50% fertig gestellt und damit ein anteiliges Umsatzvolumen von 750 GE realisiert. Für den bilanziellen Ausweis der Fertigungsaufträge (regelmäßig unter den Forderungen) sind die erfolgten Teilabnahmen (500 GE) erfolgsneutral abzusetzen. Aus der weiteren Abwicklung des Auftrags ist kein Verlust zu erwarten.

Fertigungsauftrag	250	an	Umsatzerlöse	750
Verbindlichkeiten LuL	500			

Aus Sicht des IFRS-Abschlusses ist in der Periode 01 ein Verlust von 50 GE aufgetreten. Dieser Verlust ist jedoch steuerlich nicht anerkannt, da bei einer retrograden Bewertung vom Absatzpreis des Projekts der beizulegende Wert mit 900 GE (1500 GE – 600 GE) die angefallenen Herstellungskosten (800 GE) übersteigt. Auf die Differenz zwischen IFRS-Buchwert (750 GE bzw. bei Anrechnung Teilabnahmen 250 GE) und dem Steuerbilanzbuchwert (800 GE bzw. bei Anrechnung Teilabnahmen 300 GE) ist eine aktive latente Steuerabgrenzung zu buchen, da sich diese temporäre Differenz bei Abnahme des gesamten Projekts auflöst.

Aktive latente Steuern	15	an	Steueraufwand	15

Fertigungsauftrag 2:

Am 31.12.01 ist der Fertigungsauftrag 1 zu 25% fertig gestellt und damit ein anteiliges Umsatzvolumen von 500 GE realisiert. Aus der weiteren Abwicklung des Auftrags ist kein Verlust zu erwarten.

Fertigungsauftrag	500	an	Umsatzerlöse	500

Da der IFRS-Buchwert für diesen Fertigungsauftrag (500 GE) den Steuerbilanzbuchwert in Höhe von 400 GE übersteigt, wird auf diese temporäre Differenz eine passive latente Steuer abgegrenzt.

Steueraufwand	30	an	passive latente Steuern	30

Fertigungsauftrag 3:

Am 31.12.01 ist der Fertigungsauftrag 3 zu 20% fertig gestellt und damit zunächst ein anteiliges Umsatzvolumen von 500 GE realisiert. Da jedoch aus der Restabwicklung dieses Fertigungsauftrags ein Verlust zu erwarten ist, muss der **Verlust in voller Höhe durch Abzug vom Buchwert des Fertigungsauftrags erfasst** werden. Dementsprechend ist der

Fertigungsauftrag nur mit 400 GE zu bewerten und es sind auch nur Umsatzerlöse in dieser Höhe zu erfassen. Vom Bilanzansatz für den Fertigungsauftrag sind noch die Teilabnahmen abzuziehen. Dementsprechend sind die bereits unter Verbindlichkeiten LuL ausgewiesenen Teilabnahmen in Höhe von 500 GE auszubuchen, so dass noch ein passivischer Saldo für den Fertigungsauftrag von 100 GE verbleibt.

Verbindlichkeiten LuL	500	an	Umsatzerlöse	400
			Fertigungsauftrag	100

Da die **retrograde Bewertung** auch **steuerlich anerkannt** ist, geht der in Periode 01 in der IFRS-GuV-Rechnung erfasste Verlust auch in die **steuerliche Gewinnermittlung** der Periode 01 ein, so dass eine **Steuerabgrenzung unterbleibt.**

e) Mit Ausnahme des Personalaufwands für allgemeine Verwaltung (IAS 16.19 d) handelt es sich bei den übrigen aufgeführten Aufwendungen um **aktivierungspflichtige Herstellungskosten** (IAS 16.22 i.V. m. IAS 2).

Gesamtkostenverfahren:

Beim Gesamtkostenverfahren erfolgt die Gegenbuchung in den **sonstigen (betrieblichen) Erträgen**; im Gegensatz zur HGB-Rechnungslegung kennt die IFRS-Rechnungslegung keinen GuV-Posten „Erträge aus aktivierten Eigenleistungen" (vgl. IAS 1.102 i.V. m. 1.82):

Maschinen	250	an	sonstige (betriebliche) Erträge	250

Umsatzkostenverfahren:

Beim Umsatzkostenverfahren werden in der Höhe, in der eine Aktivierung stattfindet, die gebuchten Kosten entlastet. Die **unter den Umsatzkosten erfassten Aufwendungen**, die alle den **Produktionsbereich betreffen**, werden **storniert.**

Maschinen	250	an	Umsatzkosten	250

f) **(1) Aufgegebener Geschäftsbereich**

Der Verlust aus der Bewertung der einem aufgegebenen Geschäftsbereich zuzuordnenden Vermögenswerte und Schulden ist unter dem separat auszuweisenden GuV-Posten IAS 1.82 e zu erfassen.

Verlust aus der Bewertung der dem aufgegebenen Geschäftsbereich zuzuordnenden Vermögenswerte und Schulden	an	diverse zur Veräußerung gehaltene langfristige Vermögenswerte	80

(2) Langfristige Vermögenswerte, aber kein aufgegebener Geschäftsbereich

Die Aufwendungen aus der Zeitbewertung von zur Aufgabe bestimmten langfristigen Vermögenswerten, die keinen aufgegebenen Geschäftsbereich bilden, dürfen nicht unter IAS 1.82 e ausgewiesen werden; diese Aufwendungen sind **Bestandteil des Ergebnisses aus fortzuführenden Geschäftsbereichen** (IFRS 5.37).

sonstiger (betrieblicher) Aufwand	an	diverse zur Veräußerung gehaltene langfristige Vermögenswerte	10

(3) Überschüssige Vorräte

Die Aufwendungen für Wertminderungen der Vorräte sind im Materialaufwand zu erfassen (IAS 2.34).

| Materialaufwand | an | Vorräte | 15 |

2. a) Auf Grundlage der Angaben im Sachverhalt ist aus **materieller Sicht** noch der **Steueraufwand zu korrigieren**. Aus Platzgründen wird in der nachfolgenden Tabelle auch gleichzeitig die Zerlegung in den Steueraufwand für die fortzuführenden Bereiche und den Steueraufwand, der auf den aufgegebenen Geschäftsbereich entfällt, vorgenommen. Damit ergibt sich für die Berechnung sowie Aufteilung des Steueraufwands für das vom 01. 01. 02-31. 12. 02 laufende Geschäftsjahr:

in GE	fortzuführende Geschäftsbereiche	(laufendes) Ergebnis aus aufgegebenen Geschäftsbereichen	Ergebnis aus der Aufgabe und Remeasurement
vorläufiges Ergebnis vor Steuern	-100	-1.500	
permanent nicht abziehbare Aufwendungen	20	10	
Umgliederung Wertminderungsaufwand	+1.400		-1.400
steuerliches Ergebnis	1.320	-1.490	-1.400
Steueraufwand/-ertrag	**396**	**-447**	**-210**

Die übrigen **GuV-Posten** sowohl im Geschäftsjahr 01 als auch 02 sind um den **Einfluss des aufgegebenen Geschäftsbereichs** zu bereinigen. Dementsprechend werden bis einschließlich der Position „Ergebnis nach Steuern aus fortzuführenden Geschäftsbereichen" nur Positionen ausgewiesen, die um den Einfluss der aufgegebenen Geschäftsbereiche bereinigt sind. Hinzuweisen ist jedoch, dass die Darstellung der GuV-Position „Ergebnis nach Steuern aus fortzuführenden Geschäftsbereichen" zwar aus Übersichtlichkeitsgründen sinnvoll, aber dennoch freiwillig ist (vgl. Mindestgliederungsschema des IAS 1.82). Nach IAS 1.82 e kann der gesamte auf den aufgegebenen Geschäftsbereich entfallende Ergebniseffekt nach Steuern in einem Betrag dargestellt werden. Die GuV-Rechnungen für die Geschäftsjahre 01 und 02 haben dann die unten angegebene Gestalt:

in GE	01.01.02-31.12.02	01.01.01-31.12.01
Umsatzerlöse	12.000	11.400
Bestandsveränderungen an Fertigerzeugnissen und unfertigen Erzeugnissen	1.100	-100
Materialaufwand	3.000	2.800
Personalaufwand	4.300	3.800
Abschreibungen	800	600
Sonstige Aufwendungen	2.300	2.000
Betriebsergebnis	**2.700**	**2.100**
Zinsaufwand	1.400	900
Ergebnis vor Steuern	1.300	1.200
Steueraufwand	396	360
Ergebnis aus fortzuführenden Geschäftsbereichen nach Steuern	**904**	**840**
Ergebnis aus aufgegebenen Geschäftsbereichen nach Steuern	**-2.243**	**-280**
Ergebnis nach Steuern	**-1.339**	**560**

b) Die Offenlegungspflichten für den aufgegebenen Geschäftsbereich ergeben sich aus IFRS 5.33 a und b:

(1) **Angabepflicht nach IFRS 5.33 a:**

Ergebnis nach Steuern des aufgegebenen Geschäftsbereichs	-1.053 GE
Ergebnis aus der Bewertung und der Veräußerung der dem aufgegebenen Geschäftsbereich zuzuordnenden Vermögenswerte und Schulden:	-1.190 GE
Ergebnis aus aufgegebenen Geschäftsbereichen (IAS 1.82 e)	-2.243 GE

(2) **Angabepflicht nach IFRS 5.33 b (i):**

siehe Aufgabenstellung

(3) **Angabepflicht nach IFRS 5.33 b (ii):**

Steueraufwand auf das Ergebnis aus aufgegebenen   -447 GE
Geschäftsbereichen (siehe Lösung a)

(4) **Angabepflicht nach IFRS 5.33 b (iii):**

Ergebnis aus der Bewertung und der Veräußerung der dem aufgegebenen Geschäftsbereich zuzuordnenden Vermögenswerte und Schulden vor Steuern (siehe Lösung a):   -1.400 GE

(5) **Angabepflicht nach IFRS 5.33 b (iv):**

Steueraufwand auf das Ergebnis aus der Bewertung und der Veräußerung der dem aufgegebenen Geschäftsbereich zuzuordnenden Vermögenswerte und Schulden (siehe Lösung a):   -210 GE

c) Die **Angabepflichten nach IAS 12.81 h** ergeben sich bereits aus IFRS 5.33 b (ii) und (iv).

Die **steuerliche Überleitungsrechnung** nach IAS 12.81 c hat für das Geschäftsjahr 02 folgende Gestalt:

	IFRS-Ergebnis vor Steuern	1.300 GE
	erwarteter Steueraufwand (IFRS-Ergebnis · anzuwendender Steuersatz)	390 GE
+	Steuereffekt auf steuerlich nicht abziehbare Aufwendungen (20 GE · 30%)	6 GE
=	ausgewiesener Steueraufwand	396 GE

3. a) GuV-Rechnung nach dem Gesamtkostenverfahren (IAS 1.102):

Umsatzerlöse	1.350.000 €
Veränderung des Bestandes an Fertigerzeugnissen und unfertigen Erzeugnissen	- 90.000 €
Aufwendungen für Roh-, Hilfs- und Betriebsstoffe	310.000 €
Personalaufwand	460.000 €
Aufwand für planmäßige Abschreibungen	220.000 €
andere oder sonstige Aufwendungen	210.000 €
Gewinn (Betriebsergebnis)	60.000 €

   b) GuV-Rechnung nach dem Umsatzkostenverfahren (IAS 1.103):

Umsatzerlöse	1.350.000 €
Umsatzkosten	1.180.000 €
Bruttogewinn	170.000 €
Vertriebskosten	66.000 €
Verwaltungsaufwendungen	44.000 €
Gewinn (Betriebsergebnis)	60.000 €

Aus IAS 1.104 folgen bei Anwendung des Umsatzkostenverfahrens noch folgende Angabepflichten:

Aufwand für planmäßige Abschreibungen:	220.000 €
Personalaufwand:	460.000 €

4. a) Darstellung der Konzern-GuV-Rechnung im Gesamtkostenverfahren 01:

Periode 01	GuV A		GuV B		Kons.-Buchung		Konzern-GuV	
	A	E	A	E	A	E	A	E
Umsatzerlöse		450			450			
Bestandsveränderungen						490		490
Materialaufwand	320						320	
Personalaufwand	100						100	
Abschreibungen	70						70	
Ergebnis vor Steuern	40						40	
Steueraufwand		12			12			
Ergebnis nach Steuern	28						28	

In der Konzern-GuV-Rechnung der Periode 01 wird die aus Konzernsicht stattgefundene Bestandserhöhung an unfertigen Erzeugnissen abgebildet. Hierfür sind Materialaufwand (320 GE), Personalaufwand (100 GE) und Abschreibungen (70 GE) angefallen. Ein Umsatzerlös wurde aus Konzernsicht (Einheitstheorie; vgl. IAS 27.4) nicht realisiert. Der bei Veräußerung von A an B entstandene Verlust ist zu eliminieren, da keine Anzeichen für eine Wertminderung (beizulegender Wert: 500 GE) vorliegen (IAS 27.21).

Darstellung der Konzern-GuV-Rechnung im Gesamtkostenverfahren 02:

Periode 02	GuV A		GuV B		Kons.-Buchung		Konzern-GuV	
	A	E	A	E	A	E	A	E
Umsatzerlöse				750				750
Bestandsveränderungen				450	40			490
Materialaufwand								
Personalaufwand			140				140	
Abschreibungen			60				60	
Ergebnis vor Steuern				100	40			60
Steueraufwand			30			12	18	
Ergebnis nach Steuern				70	28			42

In Periode 02 wird der in Periode 01 eliminierte Zwischenverlust aufgelöst, da das Produkt außerhalb des Konzerns verkauft wurde und somit kein Grund für die Beibehaltung eliminierter Zwischenergebnisse besteht. Gleiches gilt für die mit dem Zwischenverlust in direktem kausalem Zusammenhang stehende Steuerabgrenzung. Die Bestandsminderungen in 02 werden zu den Konzernherstellungskosten (490 GE) und nicht mit dem Transferpreis zwischen den Konzernunternehmen A und B (450 GE) bewertet.

b) Darstellung der Konzern-GuV-Rechnung im Umsatzkostenverfahren 01:

Periode 01	GuV A		GuV B		Kons.-Buchung		Konzern-GuV	
	A	E	A	E	A	E	A	E
Umsatzerlöse		450				450		
Umsatzkosten	490						490	
Ergebnis vor Steuern	40						40	
Steueraufwand		12				12		
Ergebnis nach Steuern	28						28	

Die Leistungserstellung schlägt sich in der Konzern-GuV-Rechnung, erstellt nach dem Umsatzkostenverfahren, in der Periode 01 nicht nieder. Da aus **Konzernsicht keine Umsatzerlöse** entstanden sind, sind auch **keine Umsatzkosten** (cost of sales) **angefallen**. Die für die Bestandserhöhung angefallenen Aufwendungen sind vielmehr aus dem Kostenvolumen der Periode herausgenommen (im Umsatzkostenverfahren dürfen nur mit dem Umsatz der Periode zusammenhängende Kosten in den Aufwendungen ausgewiesen werden) und direkt auf den Beständen aktiviert worden.

Darstellung der Konzern-GuV-Rechnung im Umsatzkostenverfahren 02:

Periode 02	GuV A		GuV B		Kons.-Buchung		Konzern-GuV	
	A	E	A	E	A	E	A	E
Umsatzerlöse				750				750
Umsatzkosten			650		40		690	
Ergebnis vor Steuern				100	40			60
Steueraufwand			30			12	18	
Ergebnis nach Steuern				70	28			42

Den in der Periode 02 aus Konzernsicht realisierten Umsatzerlösen werden die insgesamt **aus Konzernsicht entstandenen Umsatzkosten** (690 GE) gegenübergestellt, **unabhängig** davon, in **welcher Periode diese entstanden** sind.

5. a) Darstellung der Konzern-GuV-Rechnung im Gesamtkostenverfahren 01:

Periode 01	GuV A		GuV B		Kons.-Buchung		Konzern-GuV	
	A	E	A	E	A	E	A	E
Umsatzerlöse		1.000			1.000			
Sonstige betriebliche Erträge						800		800
Materialaufwand	550						550	
Personalaufwand	250						250	
Abschreibungen			100			20	80	
Ergebnis vor Steuern		200	100		180		80	
Steueraufwand	60			30		54		24
Ergebnis nach Steuern		140	70		126		56	

Aus **Konzernsicht** ist der **Umsatzerlös zu eliminieren**, da aus dieser Perspektive **keine Veräußerung an Konzernfremde** stattgefunden hat. In der HGB-Rechnungslegung würde die Bestandserhöhung an selbst geschaffenen Vermögenswerten unter dem Posten „andere aktivierte Eigenleistungen" ausgewiesen. Da die IFRS-Rechnungslegung einen solchen Posten nicht kennt, kommt, falls nicht eine freiwillige Erweiterung des GuV-Gliederungsschemas stattfindet, nur ein **Ausweis unter den sonstigen (betrieblichen) Erträgen** in Betracht.

Die bei Konzernunternehmen B verrechneten Abschreibungen (100 GE) basieren auf dem einzelbetrieblichen Wertansatz für die gelieferte Maschine. Der eliminierte Zwischengewinn beim Verkauf der Maschine von Konzernunternehmen A an B (200 GE) ist über die Abschreibungen (jährlich 20 GE über 10 Jahre) aufzulösen. Damit wird die aus Konzernsicht korrekte Abschreibung (80 GE) im Konzernabschluss ausgewiesen.

b) Darstellung der Konzern-GuV-Rechnung im Umsatzkostenverfahren 01:

Periode 01	GuV A		GuV B		Kons.-Buchung		Konzern-GuV	
	A	E	A	E	A	E	A	E
Umsatzerlöse		1.000			1.000			
Umsatzkosten	800		100			820	80	
Ergebnis vor Steuern		200	100		180		80	
Steueraufwand	60			30		54		24
Ergebnis nach Steuern		140	70		126		56	

Da die Selbsterstellung eines zur Produktion genutzten Vermögenswerts nicht in den Erträgen ausgewiesen wird, sondern vielmehr nur die für die Erstellung dieses Vermögenswerts angefallenen Kosten aus den Umsatzkosten ausgegliedert werden, schlagen sich aus diesem Vorgang nur die **Abschreibungen auf Basis der Konzernherstellungskosten** des selbst erstellten Vermögenswerts als **Umsatzkosten** im Ergebnis vor Steuern nieder.

6. Zur Überleitung vom HGB-Jahresabschluss zum IFRS-Abschluss sind zunächst sämtliche Anpassungen aus der IFRS-Eröffnungsbilanz per 01. 01. 06 zu den Bilanzwerten des HGB per 31. 12. 05 zu addieren. Die Überleitung erfolgt somit nach der **Methode der reinen Differenzbuchungen**.

Aus den Anpassungen per 31. 12. 05 ergibt sich jedoch noch eine Folgewirkung:

(1) Anpassung der Abschreibungen auf Technische Anlagen und Maschinen

Die Abschreibung auf Technische Anlagen und Maschinen ist anzupassen, da die X-GmbH von dem Wahlrecht des IFRS 1.16 i.V.m. 1.19 Gebrauch gemacht hat. Damit ergeben sich für die einzelnen Maschinen (Zugangsjahre) folgende Abschreibungen über die jeweiligen Restnutzungsdauern:

	Buchwert 31. 12. 05	Abschreibungen 06	Buchwert 31. 12. 06
01	115.000	23.000	92.000
02	110.000	18.333	91.667
03	200.000	28.571	171.429
04	320.000	40.000	280.000
05	225.000	25.000	200.000
Summe	970.000	134.904	835.096

Zur Anpassung der HGB-Abschreibung (140.000 GE) ist daher folgende Differenzbuchung vorzunehmen:

Technische Anlagen u. Maschinen   5.096   an   Abschreibungen   5.096

Die Angaben in den Erläuterungen führen zu folgenden Buchungsvorgängen:

(2) Auflösung des Sonderpostens mit Rücklageanteil

Die in der HGB-Rechnungslegung erfolgte Auflösung des Sonderpostens mit Rücklageanteil ist in der IFRS-Rechnungslegung rückgängig zu machen, da der Sonderposten bereits zum 01. 01. 06 aufgelöst wurde. Daraus folgt die (Differenz-)Buchung:

Sonstiger Ertrag   200.000   an   Sonderposten mit Rücklageanteil   200.000

(3) Sale-and-Lease-back

Die Behandlung des Ertrags aus dem Verkauf der Betriebs- und Geschäftsausstattung richtet sich nach der Qualifizierung des nachfolgenden Leasingverhältnisses. Im vorliegenden Fall liegt ein Finanzierungs-Leasing vor (IAS 17.10 b), da der Käufer eine günstige Kaufoption hat. Dementsprechend ist der Gewinn aus dem Sale-and-Lease-back nach IAS 17.59 abzugrenzen und über die Grundmietzeit aufzulösen. Die nach HGB sofortige Ergebnisrealisierung ist daher zu stornieren und der abgegrenzte Gewinn über die Grundmietzeit von vier Jahren periodisch aufzulösen.

sonstiger Ertrag   20.000   an   sonstige Verbindlichkeiten   20.000
sonstige Verbindlichkeiten   5.000   an   sonstiger Ertrag   5.000

Der Barwert der Mindestleasingraten (MLR) ermittelt sich zu:

$$\text{Barwert MLR} \quad = \quad \frac{40.000}{1,06} \quad + \quad \frac{40.000}{1,06^2} \quad + \quad \frac{40.000}{1,06^3} \quad + \quad \frac{120.000}{1,06^4} \quad = 201.972$$

In der IFRS-Rechnungslegung ist die Betriebs- und Geschäftsausstattung per 01.01.06 mit dem Minimum aus beizulegendem Zeitwert und Barwert der Mindestleasingraten zu aktivieren; in gleicher Höhe wird eine Leasingverbindlichkeit in der IFRS-Bilanz eingestellt:

Betriebs- und Geschäftsausstattung	201.972	an	Leasingverbindlichkeiten	201.972

Die zugerechnete Betriebs- und Geschäftsausstattung ist über die wirtschaftliche Nutzungsdauer abzuschreiben. Im vorliegenden Fall kann von einer **hinreichenden Sicherheit** der Nutzung bis zum **Ende der wirtschaftlichen Nutzungsdauer** ausgegangen werden, da eine günstige Kaufoption vorliegt (IAS 17.27).

Abschreibungen	25.247	an	Betriebs- und Geschäftsausstattung	25.247

Weiterhin ist die in der HGB-Rechnungslegung erfolgte Mietaufwandsbuchung zu stornieren und diese Zahlung umzuqualifizieren in einen Zinsanteil (12.118 GE = 6% · 201.972 GE) und einen Tilgungsanteil (27.882 GE = 40.000 GE - 12.118 GE). Daher lautet die Differenzbuchung:

Zinsaufwand	12.118	an	sonstiger Aufwand	40.000
Leasingverbindlichkeiten	27.882			

(4) Veräußerung der Wertpapiere

Da die Available-for-sale financial assets veräußert wurden, besteht für die Abgrenzung des bislang aufgelaufenen Kursgewinns und des Ausweises einer Rücklage für Zeitbewertung keine Berechtigung mehr. Dementsprechend ist – über das sonstige Gesamtergebnis (hier nach Aufgabenstellung nicht dargestellt) – die zum 1.1.06 gebildete Abgrenzung aufzulösen.

Bewertungsergebnisse aus der Zeitbewertung von zur Veräußerung verfügbaren finanziellen Vermögenswerten	3.500	an	Wertpapiere	5.000
passive latente Steuern	1.500			

Weiterhin sind die erzielten Erträge beim Verkauf aus den sonstigen Erträgen (HGB) in die **Finanzerträge nach IFRS** umzugliedern:

sonstige Erträge	10.000	an	Finanzerträge	10.000

(5) Bewertung der Roh-, Hilfs- und Betriebsstoffe

Die Bestände an Roh-, Hilfs- und Betriebsstoffen sind nach IAS 2.9 mit dem niedrigeren Wert aus Anschaffungskosten, hier bewertet nach der Durchschnittsmethode (300.000 GE), und dem Nettoveräußerungswert zu bewerten. Die Voraussetzungen für die Verwendung der Wiederbeschaffungskosten als Substitut für den retrograd vom Absatzmarkt abgeleiteten Wert liegen vor (IAS 2.32). Dementsprechend sind die Vorräte mit 290.000 GE bzw. mit einem um 10.000 GE höheren Wert als im HGB-Abschluss anzusetzen. Der aus der IFRS-Eröffnungsbilanz vorgetragene Mehrwert von 15.000 GE ist somit um 5.000 GE aufzulösen.

Materialaufwand	5.000	an	Vorräte	5.000

(6) Bewertung der Pensionsrückstellung nach IAS 19

Erstrebt die X-GmbH einen möglichst hohen Gewinn in 06, so vereinnahmt die X-GmbH die in 06 aufgetretenen versicherungsmathematischen Gewinne in dieser Periode in voller Höhe erfolgswirksam (IAS 19.93 Satz 2). Damit beläuft sich per 31.12.06 die Höhe der IFRS-Pensionsrückstellung auf 644.000 GE. Unter Berücksichtigung des aus der IFRS-Eröffnungsbilanz stammenden Vortrags hat die X-GmbH als Differenzbuchung zusätzlich noch 4.000 GE der Rückstellung zuzuführen:

Personalaufwand	4.000	an	Pensionsrückstellungen	4.000

(7) Latente Steuern

a) Latente Steuern aus Verlustvorträgen

Da nach dem Sachverhalt die HGB-Bilanz auch mit der Steuerbilanz übereinstimmt, ermittelt sich ein negatives Einkommen. Da ein Verlustrücktrag nicht möglich ist, jedoch der steuerliche Verlust vorgetragen werden kann, ist hierfür eine latente Steuerabgrenzung zu aktivieren, sofern die Aktivierungsvoraussetzungen des IAS 12.34 erfüllt sind. Dieses ist im Folgenden unterstellt:

aktive latente Steuern	27.000	an	Ertragsteueraufwand	27.000

b) Latente Steuern aus temporären Differenzen

	IFRS	Steuerwert	Differenz
Langfristiges Vermögen			
Grundstücke und Bauten	492.000	492.000	0
Technische Anlagen und Maschinen	835.096	860.000	-24.904
Andere Anlagen, Betriebs- und Geschäftsausstattung	176.725	0	176.725
Kurzfristiges Vermögen			
Roh-, Hilfs- und Betriebsstoffe	290.000	280.000	10.000
Übriges kurzfristiges Vermögen	1.368.000	1.368.000	0
Schulden			
Pensionsrückstellungen	-644.000	-540.000	-104.000
Leasingverbindlichkeiten	-174.090	0	-174.090
sonstige Verbindlichkeiten	-15.000	0	-15.000
Verbindlichkeiten gegenüber Kreditinstituten	-600.000	-600.000	0
Verbindlichkeiten aus Lieferungen und Leistungen	-150.000	-150.000	0
Summe	**1.578.731**	**1.710.000**	**-131.269**
· Steuersatz (30%)			
Aktive latente Steuern aus temporären Differenzen			**39.381**

Unter Berücksichtigung des Vortrags an passiven latenten Steuern aus der IFRS-Eröffnungsbilanz per 01.01.06 (27.000 GE) und der bereits erfolgten Auflösung (siehe (4)) in Höhe von 1.500 GE (wegen der Erfolgsneutralität der Auflösung dieser Abgrenzung erfolgte eine getrennte Auflösung) ist zu buchen:

passive latente Steuern	25.500	an	Steueraufwand	64.881
aktive latente Steuern	39.381			

Die IFRS-Bilanz zum 31.12.06 sowie die IFRS-GuV-Rechnung für die Zeit vom 01.01.06-31.12.06 leiten sich wie folgt ab:

Bilanzpositionen	HGB per 31.12.06	IFRS-Eröffnungs-bilanz	Anpassungsbuchungen		IFRS per 31.12.06
			Soll	Haben	
Vermögen (Summe)	**3.000.000**	**-10.000**	**273.449**	**35.247**	**3.228.202**
Langfristiges Vermögen					
Grundstücke u. Bauten	492.000				492.000
Technische Anlagen u. Maschinen	860.000	-30.000	5.096 (1)		835.096
Andere Anlagen, BGA	0		201.972 (3)	25.247 (3)	176.725
Wertpapiere	0	5.000		5.000 (4)	0
aktive latente Steuern			27.000 (7) 39.381 (7)		66.381
Kurzfristiges Vermögen					
Roh-, Hilfs- und Betriebsstoffe	280.000	15.000		5.000 (5)	290.000
Fertige Erzeugnisse, Waren	468.000				468.000
Forderungen aus LuL	400.000				400.000
Schecks, Kassenbestand	500.000				500.000
Kapital (Summe)	**3.000.000**	**-10.000**	**187.770**	**425.972**	**3.228.202**
Eigenkapital					
Gezeichnetes Kapital	800.000				800.000
Gewinnrücklagen	1.000.000	59.500			1.059.500
Bewertungsergebnisse aus der Zeitbewertung von zur Veräußerung verfügbaren finanziellen Vermögenswerten		3.500	3.500 (4)		0
Jahresergebnis	-90.000		124.388 (S)		-214.388
Schulden					
Sonderposten mit Rücklageanteil		-200.000		200.000 (2)	0
Pensionsrückstellungen	540.000	100.000		4.000 (6)	644.000
passive latente Steuern		27.000	1.500 (4) 25.500 (7)		0
Leasingverbindlichkeiten			27.882 (3)	201.972 (3)	174.090
Verbindlichkeiten gegenüber Kreditinstituten	600.000				600.000
Verbindlichkeiten aus Lief. u. Leist.	150.000				150.000
sonstige Verbindlichkeiten			5.000 (3)	20.000 (3)	15.000

	HGB 01.01.-31.12.06	Anpassungen		IFRS 01.01.-31.12.06
		Soll	Haben	
Umsatzerlöse	3.320.000			3.320.000
Bestandserhöhungen Fertig-erzeugnisse	68.000			68.000
Sonstige Erträge	420.000	200.000 (2) 20.000 (3) 10.000 (4)	5.000 (3)	195.000
Personalaufwand	1.500.000	4.000 (6)		1.504.000
Materialaufwand	1.200.000	5.000 (5)		1.205.000
Abschreibungen	148.000	25.247 (3)	5.096 (1)	168.151
Sonstige Aufwendungen	1.000.000		40.000 (3)	960.000
Finanzerträge			10.000 (4)	10.000
Zinsaufwand	50.000	12.118 (3)		62.118
Ertragsteueraufwendungen			27.000 (7) 64.881 (7)	- 91.881
Ergebnis nach Steuern	-90.000	276.365	151.977	-214.388

7. Die Überleitungsrechnung für das Eigenkapital per 31.12.06 hat folgende Gestalt (IFRS 1.39 a (ii)):

in GE		Eigenkapital
HGB-Wert: 31.12.06		1.710.000
+ Anpassung Vermögenswerte		
· Techn. Anlagen u. Maschinen	-24.904	
· Finanzierungs-Leasing	2.635	
· RHB-Stoffe	10.000	-12.269
+ Anpassung Schulden		
· Abgrenzung Gewinne aus Sale- and Lease-back	-15.000	
· Pensionsrückstellungen	-104.000	-119.000
+ aktive latente Steuern		66.381
= IFRS-Wert: 31.12.06		1.645.112

Die Überleitungsrechnung für das Periodenergebnis für das Geschäftsjahr vom 01.01.06-31.12.06 hat folgende Gestalt:

in GE	
Periodenergebnis für Geschäftsjahr vom 01.01.06-31.12.06 (HGB)	-90.000
abweichende Behandlung des Sonderpostens mit Rücklageanteil	-200.000
Abgrenzung Erträge aus Sale-and-Lease-back	-15.000
Ergebniseffekte aus Finanzierungs-Leasing	+2.635
Abschreibungen auf Maschinen	+5.096
Zuführung Pensionsrückstellung	-4.000
Bewertung von Roh-, Hilfs- und Betriebsstoffen	-5.000
Aktivierung latenter Steuern auf temporäre Differenzen	+64.881
Aktivierung latenter Steuern auf Verlustvorträge	+27.000
Periodenergebnis für Geschäftsjahr vom 01.01.06-31.12.06 (IFRS)	-214.388

Kapitel 7: Kapitalflussrechnung nach IFRS

LÖSUNGEN

1. Zunächst ist die Veränderung der Bilanzposten zwischen den Bilanzstichtagen 31.12.05 und 31.12.06 zu ermitteln. In den Fonds „Liquide Mittel" sind in Übereinstimmung mit IAS 7.7 nur Zahlungsmittel und Zahlungsmitteläquivalente einzustellen, die – gerechnet vom Erwerbszeitpunkt – eine Restlaufzeit von höchstens drei Monaten besitzen. Da die unter den Wertpapieren ausgewiesenen Schuldverschreibungen nicht von vornherein kurzfristig gehalten werden und offensichtlich auch nicht unerheblichen Kursschwankungen unterliegen, besteht der Fonds „liquide Mittel" im Beispiel ausschließlich aus der Position Schecks, Kassenbestand und Guthaben bei Kreditinstituten. Die Kapitalflussrechnung auf Basis von Veränderungen der Bilanzposten ist in der ersten Zahlenspalte der unten stehenden Abbildung – als Ausgangsbasis für die weiteren Schritte – dargestellt.

Abschreibungen auf das Anlagevermögen führen zu einer Abnahme der betreffenden Bilanzposten und spiegeln eine Kapitalfreisetzung im Cashflow aus Investitionstätigkeit vor. Auf Grund der fehlenden Ausgabewirksamkeit sind die **Abschreibungen aus dem Cashflow aus Investitionstätigkeit** zu **eliminieren** (Umgliederung 1). Die Abnahme der Buchwerte bei den anderen Anlagen und BGA aus dem **Verkauf** (200.000 €) ist gemeinsam mit der beim Verkauf erfassten Erhöhung der sonstigen Verbindlichkeiten (20.000 €) in die Position **„Einzahlungen aus dem Abgang von anderen Anlagen und BGA"** einzustellen (Umgliederung 2). Die nach der Umgliederung 2 verbleibende negative Cashflow-Komponente für andere Anlagen und BGA ist, da die Anschaffung nicht auszahlungswirksam war (nicht zahlungswirksame Transaktion), in gleicher Höhe gegen die Zunahme der Leasingverbindlichkeiten zu stornieren (Umgliederung 3). Als Veränderung der Leasingverbindlichkeit verbleibt ein Zahlungsmittelabfluss von 27.882 €. Diese Ausgabe bildet den Tilgungsanteil der in 06 gezahlten Leasingraten.

Weiterhin ergibt sich eine Abnahme der Rücklage für Zeitbewertung von 3.500 €, welche aus der erfolgsneutralen Rücknahme der Wertanpassung bei den zur Veräußerung verfügbaren Wertpapieren resultiert. Der **Liquiditätseffekt aus dem Verkauf der Wertpapiere** drückt sich aus **derivativer Sicht** in der **Abnahme der Bilanzposition** in Höhe von 105.000 € aus; dieser Effekt ist bereits im Cashflow aus Investitionstätigkeit enthalten. Da – aus derivativer Sicht (vgl. aber auch wegen Einbeziehung des Ergebniseffekts Übungsaufgaben, Kapitel 7, Aufgabe 2; Umgliederung 7) – keine weiteren Liquiditätswirkungen zu verzeichnen sind, ist es sachgerecht, die **Abnahme der Bewertungsergebnisse aus zur Veräußerung verfügbaren finanziellen Vermögenswerten gegen das Jahresergebnis** zur **Vermeidung des Ausweises fiktiver Zahlungen** zu verrechnen (Umgliederung 4). Damit erhält man die Kapitalflussrechnung nach der indirekten Methode bei derivativer Ableitung:

in GE		Sachanlagen	Eigenkapital	
Jahresergebnis	-214.388		-3.500 (4)	-217.888
Abschreibungen		168.151 (1)		168.151
Veränd. Pensionsrückstellung	44.000			44.000
Veränd. sonst. Verbindlichkeiten	15.000			
Umgl. Einzahl. Abgang andere Anl., BGA		-20.000 (2)		-5.000
Veränd. passive latente Steuern	-27.000			-27.000
Veränd. aktive latente Steuern	-66.381			-66.381
Veränd. Roh-, Hilfs- u. Betriebsstoffe	25.000			25.000
Veränd. Fertigerzeugnisse	-68.000			-68.000
Veränd. Ford. aus LuL	50.000			50.000
Cashflow aus operativer Tätigkeit	**-241.769**	**148.151**	**-3.500**	**-97.118**
Veränd. Grundstücke u. Bauten	8.000			
Veränd. Abschreibungen Grundst. u. Bauten		-8.000 (1)		0
Veränd. Tech. Anlagen u. Maschinen	134.904			
Veränd. Techn. Anlagen u. Maschinen		-134.904 (1)		0
Veränd. and. Anlagen, BGA	23.275			
Veränd. Abschreibungen and. Anl., BGA		-25.247 (1)		
Umgl. Abgang and. Anlagen, BGA		-200.000 (2)		
Umgl. Verbindlichk. aus Finanz.-Leasing		201.972 (3)		
Einzahlungen aus Abgang and. Anlagen, BGA		220.000 (2)		220.000
Veränd. Wertpapiere	105.000			105.000
Cashflow aus Investitionstätigkeit	**271.179**	**53.821**	**0**	**325.000**
Veränd. Leasingverbindlichkeiten	174.090			
Veränd. Verbindlichkeiten aus Finanzierungs-Leasing		-201.972 (3)		-27.882
Veränd. Verbindlichk. ggü. Kreditinstituten	250.000			250.000
Veränd. Bewertungsergebnisse aus zur Veräußerung verfügbaren finanziellen Vermögenswerten	-3.500		3.500 (4)	0
Cashflow aus Finanzierungstätigkeit	**420.590**	**-201.972**	**3.500**	**222.118**
Summe der Cashflows	**450.000**	**0**	**0**	**450.000**
Zahlungsmittel 31. 12. 06	500.000			500.000
Zahlungsmittel 31. 12. 05	50.000			50.000

2. In einem ersten Schritt findet der **Ersatz des Jahresergebnisses** durch die entsprechenden **Erträge und Aufwendungen** statt. Hierbei ist zu berücksichtigen, dass bereits 3.500 € aus dem Jahresergebnis gekürzt sind, die auf die Finanzerträge (5.000 €) und die Ertragsteuern (1.500 €) entfallen. Das Resultat dieser Umgliederung ist in der ersten Zahlenspalte der unten stehenden Abbildung enthalten. Anschließend findet die Aufstellung der Kapitalflussrechnung nach der direkten Methode statt, indem die **Veränderungen der Bilanzpositionen** gegen die mit diesen in einem **buchhalterischen Zusammenhang stehenden Aufwendungen und Erträge verrechnet** werden, sodass die **Aufwendungen und Erträge** (näherungsweise) in **entsprechende Auszahlungen und Einzahlungen transformiert** werden.

Umgliederungsschritt 1 verrechnet die Abnahme der Forderungen aus Lieferungen und Leistungen mit den Umsatzerlösen, weil – insoweit **Forderungen aus Lieferungen und Leistungen abgenommen** haben – zusätzlich zu den Umsatzerlösen **Einzahlungen aus dem Umsatzprozess** vorliegen (Umgliederung 1). Die in der GuV-Rechnung enthaltenen Bestandserhöhungen an fertigen Erzeugnissen sind gegen die korrespondierenden bilanziellen Bestandserhöhungen an fertigen Erzeugnissen und Waren zur Vermeidung einer Aufblähung des Cashflows aus operativer Tätigkeit zu saldieren (Umgliederung 2).

Die Verringerung der Roh-, Hilfs- und Betriebsstoffe hat sich als Materialaufwand in der GuV-Rechnung niedergeschlagen. Allerdings fielen für diesen Materialverbrauch keine Auszahlungen an, sodass die **Verminderung der Roh-, Hilfs- und Betriebsstoffe gegen den Materialaufwand** zwecks Ermittlung der **effektiven Ausgaben für Material** zu kürzen ist (Umgliederung 3).

Den über die Grundmietzeit der anderen Anlagen und BGA **aufgelösten sonstigen Verbindlichkeiten**, die sich in der GuV-Rechnung des Geschäftsjahrs 06 als **sonstiger Ertrag** in Höhe eines Viertels des bei der Veräußerung entstandenen Gewinns niedergeschlagen haben (5.000 €), liegt **kein Zahlungseffekt** zugrunde. Daher ist eine Saldierung der sonstigen Erträge gegen die Verminderung der sonstigen Verbindlichkeiten vorzunehmen (Umgliederung 4).

Zur **Ableitung der effektiven Steuerzahlungen** müssen zudem die **Veränderungen** der **latenten Steuerpositionen gegen die Steuern vom Einkommen und vom Ertrag saldiert** werden (Umgliederung 5).

Die über den Personalaufwand gebuchte **Erhöhung der Pensionsrückstellung** entfaltete in der Periode 06 **keine Zahlungswirkung**. Aus diesem Grund wird die Zunahme der Pensionsrückstellung gegen den Personalaufwand verrechnet, sodass die Personalauszahlungen um diesen Betrag den Personalaufwand unterschreiten (Umgliederung 6).

Die bislang im Cashflow aus operativer Tätigkeit noch **ausgewiesenen Finanzerträge** in Höhe von 5.000 € sind auf den Unterschiedsbetrag zwischen dem tatsächlichen Veräußerungspreis für die Wertpapiere und dem Buchwert zum 31. 12. 05 zurückzuführen. Da diese Erträge aus dem Verkauf der Wertpapiere stammen, sind diese Finanzerträge entsprechend in den Cashflow aus Investitionstätigkeit umzugliedern (Umgliederung 7). Damit ist im Cashflow aus Investitionstätigkeit nach der direkten Methode die korrekte Zahlungswirkung (Verkaufspreis für die Wertpapiere) erfasst.

Nach diesen Umgliederungen ergibt sich die Kapitalflussrechnung gemäß der direkten Methode bei derivativer Ableitung. Hinzuweisen bleibt, dass nach IAS 7.31 und 7.35 das Wahlrecht besteht, Zinszahlungen sowie Ertragsteuerzahlungen und Ertragsteuererstattungen im Cashflow aus operativer Tätigkeit oder aus Investitionstätigkeit und/oder aus Finanzierungstätigkeit zu zeigen. (Insbesondere wäre in vorliegendem Fall eine Umgliederung der Zinsen aus Leasingverhältnissen in den Cashflow aus Finanzierungstätigkeit begründbar.)

in GE		Umgliederungen	
Einzahlungen aus Umsatzerlösen	3.320.000	50.000(1)	3.370.000
Bestandserhöhungen aus Fertigerzeugnissen	68.000	-68.000 (2)	
Sonstige Einzahlungen	195.000	-5.000 (4)	190.000
Personalauszahlungen	-1.504.000	44.000 (6)	-1.460.000
Materialauszahlungen	-1.205.000	25.000 (3)	-1.180.000
Sonstige Auszahlungen	-960.000		-960.000
Finanzeinzahlungen	5.000	-5.000 (7)	
Zinsauszahlungen	-62.118		-62.118
Ertragsteuerzahlungen	93.381	-93.381 (5)	
Veränd. Pensionsrückstellung	44.000	-44.000 (6)	
Veränd. sonst. Verbindlichkeiten	-5.000	5.000 (4)	
Veränd. passive latente Steuern	-27.000	27.000 (5)	
Veränd. aktive latente Steuern	-66.381	66.381 (5)	
Veränd. Roh-, Hilfs-u.Betriebsstoffe	25.000	-25.000 (3)	
Veränd. Fertigerzeugnisse	-68.000	68.000 (2)	
Veränd. Ford. aus LuL	50.000	-50.000 (1)	
Cashflow aus operativer Tätigkeit	**-97.118**	**-5.000**	**-102.118**
Einzahlungen aus Abgang and. Anlagen, BGA	220.000		220.000
Einzahlungen aus dem Verkauf von Wertpapieren	105.000	5.000 (7)	110.000
Cashflow aus Investitionstätigkeit	**325.000**	**5.000**	**330.000**
Veränd. Leasingverbindlichkeiten	-27.882		-27.882
Veränd. Verbindlichk. ggü. Kreditinstituten	250.000		250.000
Cashflow aus Finanzierungstätigkeit	**222.118**		**222.118**
Summe der Cashflows	**450.000**	**0**	**450.000**
Zahlungsmittel 31.12.06	500.000		500.000
Zahlungsmittel 31.12.05	50.000		50.000

3. a) In der IFRS-Kapitalflussrechnung des Einzelunternehmens M wirkt sich der Erwerb als negativer Cashflow aus Investitionstätigkeit (Ausweis als Ausgaben für Erwerb von Beteiligungen) in Höhe von 430.000 € aus.

   b) Die Lösung ist – insbesondere auf Grund der Angabepflicht des IAS 7.42 – zu differenzieren, ob die M-AG zur Konsoldierung der T-GmbH im IFRS-Konzernabschluss die Full-Goodwill-Methode oder die Neubewertungsmethode anwendet (IFRS 3.19).

(1) Anwendung der Full-Goodwill-Methode

Unter der Annahme, dass die M-AG für den Erwerb der 60% der Anteile an der T-GmbH keine Beherrschungsprämie bezahlte, stellt sich der Effekt auf die Konzern-Kapitalflussrechnung wie folgt dar:

in €	Bewegungsbilanz (aus Konzernbilanz abgeleitet)	Umgliederungen	Darstellung in der Konzern-Kapitalflussrechnung
Cashflow aus betrieblicher Tätigkeit	**+170.000**	**-170.000**	
Vorräte	-100.000	+100.000	
Steuerrückstellungen	+150.000	-150.000	
Forderungen LuL	-200.000	+200.000	
Verbindlichkeiten LuL	+220.000	-220.000	
Sonstige Rückstellungen	+100.000	-100.000	
Cashflow aus Investitionstätigkeit	**-956.667**	**736.667**	**-220.000**
Grundstücke	-50.000	50.000	
Technische Anlagen	-500.000	500.000	
Betriebs- u. Geschäftsausstattung	-250.000	250.000	
Goodwill	-156.667	156.667	
Beteiligungen		-220.000	-220.000
Cashflow aus Finanzierungstätigkeit	**+566.667**	**-566.667**	
Minderheitsanteile	+286.667	-286.667	
Verbindlichkeiten ggü. Kreditinstituten	+280.000	-280.000	
Summe Cashflows	**-220.000**	**0**	**-220.000**
Veränderung liquide Mittel	**-220.000**		**-220.000**

Der Beteiligungserwerb schlägt sich in der Konzern-Kapitalflussrechnung der M-AG nach der Nettomethode als negativer Cashflow aus Investitionstätigkeit (430 T€) abzüglich der durch die Akquisition erlangten liquiden Mittel (210 T€) nieder (IAS 7.42).

In einer Nebenrechnung zur Kapitalflussrechnung ist der Zeitwert der übernommenen Vermögenswerte und Schulden (IAS 7.40 d) wie folgt offen zu legen:

	Sachanlagen	800.000
+	Goodwill	156.667
+	Vorräte	100.000
+	Forderungen	200.000
+	liquide Mittel	210.000
-	Schulden	750.000
-	Minderheiten am Kapital	286.667
=	Kaufpreis	430.000
-	übernommene liquide Mittel	210.000
=	Netto-Ausgaben für Beteiligungserwerb	220.000

(2) Neubewertungsmethode

in €	Bewegungsbilanz (aus Konzernbilanz abgeleitet)	Umgliederungen	Darstellung in der Konzern-Kapitalflussrechnung
Cashflow aus betrieblicher Tätigkeit	**+170.000**	**-170.000**	
Vorräte	-100.000	+100.000	
Steuerrückstellungen	+150.000	-150.000	
Forderungen LuL	-200.000	+200.000	
Verbindlichkeiten LuL	+220.000	-220.000	
Sonstige Rückstellungen	+100.000	-100.000	
Cashflow aus Investitionstätigkeit	**-894.000**	**674.000**	**-220.000**
Grundstücke	-50.000	50.000	
Technische Anlagen	-500.000	500.000	
Betriebs- u. Geschäftsausstattung	-250.000	250.000	
Goodwill	-94.000	94.000	
Beteiligungen		-220.000	-220.000
Cashflow aus Finanzierungstätigkeit	**+504.000**	**-504.000**	
Minderheitsanteile	+224.000	-224.000	
Verbindlichkeiten ggü. Kreditinstituten	+280.000	-280.000	
Summe Cashflows	**-220.000**	**0**	**-220.000**
Veränderung liquide Mittel	**-220.000**		**-220.000**

Der Beteiligungserwerb schlägt sich in der Konzern-Kapitalflussrechnung der M-AG nach der Nettomethode als negativer Cashflow aus Investitionstätigkeit (430 T€) abzüglich der durch die Akquisition erlangten liquiden Mittel (210 T€) nieder (IAS 7.42).

In einer Nebenrechnung zur Kapitalflussrechnung ist der Zeitwert der übernommenen Vermögenswerte und Schulden (IAS 7.40 d) wie folgt offen zu legen:

	Sachanlagen	800.000
+	Goodwill	94.000
+	Vorräte	100.000
+	Forderungen	200.000
+	liquide Mittel	210.000
-	Schulden	750.000
-	Minderheiten am Kapital	224.000
=	Kaufpreis	430.000
-	übernommene liquide Mittel	210.000
=	Netto-Ausgaben für Beteiligungserwerb	220.000

Kapitel 11: IFRS-Rechnungslegung für kleine und mittelgroße Unternehmen

1. a) Die SME-GmbH hat ein Zuordnungswahlrecht; sie kann die Schuldverschreibungen entweder als zu fortgeführten Anschaffungskosten abzüglich Wertminderungen bewertete Finanzinstrumente (ED-SME 11.7 a i.V.m. 11.9) designieren oder die Wertpapiere als zum beizulegenden Zeitwert bewertete Finanzinstrumente (ED-SME 11.8) klassifizieren. Im ersten Fall ist der Effektivzins der Schuldverschreibung zu bestimmen. Dieser ermittelt sich durch Lösung folgender Gleichung:

$$0 = -102.000 + \frac{6.000}{(1+r)} + \frac{6.000}{(1+r)^2} + \frac{6.000}{(1+r)^3} + \frac{106.000}{(1+r)^4}$$

Hieraus errechnet sich ein Effektivzinssatz (bzw. interner Zinssatz) von näherungsweise von 5,4303%. Dementsprechend ist das von der SME-GmbH bezahlte Aufgeld so aufzulösen, dass sich über die (Rest-)Laufzeit der Schuldverschreibung eine konstante Effektivverzinsung ergibt. Für die Periode 05 ist – bei hypothetischer Anwendung der ED-SME-Rechnungslegung – dementsprechend ein Ertrag aus dem Wertpapier von 5.538,91 € (102.000 € · 5,4303%) zu erfassen. Unter Berücksichtigung der empfangenen Zinseinzahlungen in Höhe von 6.000 € ergibt sich ein Auflösungsbetrag auf die Schuldverschreibung von 461,09 € (5.538,91 € - 6.000 €). Dementsprechend errechnen sich die fortgeführten Anschaffungskosten zu 101.538,91 € (102.000 € - 461,09 €); diese bilden die Wertuntergrenze in der ED-SME-Rechnungslegung.

Bei fehlender Designation sind die Wertpapiere in der SME-Eröffnungsbilanz mit dem beizulegenden Zeitwert (108.000 €) zu bewerten; dieser Wertansatz stellt die Wertobergrenze dar.

b) Die SME-GmbH hat nach ED-SME 38.8 b das Wahlrecht die Sachanlagen nach Maßgabe des ED-SME 16 zu fortgeführten Anschaffungskosten oder zum beizulegenden Zeitwert zu bewerten. Dieses Wahlrecht kann dabei für jeden Vermögenswert gesondert ausgeübt werden (vgl. ED-SME 38.8 b sowie IFRS 1.19; die Anwendung der IFRS-Rechnungslegung folgt aus der identischen Überschrift über den Abschnitt in der IFRS- und der ED-SME-Rechnungslegung, welcher die korrespondierenden Regelungsinhalte behandelt.)

Unter Zugrundelegung eines linearen Abschreibungsverlaufs über die wirtschaftliche Nutzungsdauer von 12 Jahren ermitteln sich die nachstehenden Restbuchwerte der Sachanlagen bei einer Bewertung zu fortgeführten Anschaffungskosten, sofern keine Indikatoren für etwaige Wertminderungen vorliegen:

Anschaffungsjahr	Anschaffungskosten	fortgeführte Anschaffungs- oder Herstellungskosten (ED-SME)
00	180.000	90.000
01	250.000	145.833
02	400.000	266.667
03	450.000	337.500
04	350.000	291.667
05	500.000	458.333
Summe	2.130.000	1.590.000

Der Vergleich zeigt, dass ein Ansatz der Maschinen zu fortgeführten Anschaffungs- oder Herstellungskosten zu einem ED-SME-Wertansatz von 1.590.000 € und der Zeitwertansatz zu einem ED-SME-Wertansatz von 1.300.000 € führen würde. Erstrebt die zur ED-SME-Rechnungslegung übergehende SME-GmbH einen möglichst hohen Wertansatz, dann würde sie die Sachanlagen stets mit dem Maximum aus fortgeführten Anschaffungs- oder Herstellungskosten und beizulegendem Zeitwert ansetzen. Der beizulegende Zeitwert übersteigt für die in den Jahren 04 und 05 beschafften Vermögenswerte die fortgeführten Anschaffungs- oder Herstellungskosten. Der maximale Wertansatz ermittelt sich somit zu 1.610.000 € (470.000 € + 300.000 € + 337.500 € + 266.667 € + 145.833 € + 90.000 €). Der minimale Wertansatz ermittelt sich, wenn die Vermögenswerte des Sachanlagevermögens stets mit dem Minimum aus fortgeführten Anschaffungs- oder Herstellungskosten und beizulegendem Zeitwert bewertet werden. Der minimale Wertansatz errechnet sich dann zu 1.280.000 € (458.333 € + 291.667 € + 236.000 € + 170.000 € + 80.000 € + 44.000 €).

c) Da Ingangsetzungs- und Erweiterungskosten keine Vermögenswerte im Sinne der ED-SME-Rechnungslegung darstellen, dürfen diese nicht aktiviert werden (ED-SME 17.18 b). Die in der HGB-Rechnungslegung hierfür abgegrenzten Steuern sind in der SME-Eröffnungsbilanz aufzulösen, da hinsichtlich dieses Sachverhalts kein Unterschied zwischen dem ED-SME-Buchwert und der deutschen Steuerbilanz besteht.

d) Die SME-GmbH hat im separaten Einzelabschluss gemäß ED-SME 9.18 das Wahlrecht diese Beteiligungen entweder zu fortgeführten Anschaffungskosten oder zum beizulegenden Zeitwert anzusetzen. Da die bei der V-GmbH aufgetretenen Anlaufverluste keine Wertminderung begründen, ist die Beteiligung im separaten Einzelabschluss der SME-GmbH entweder zu 1.000.000 € (fortgeführte Anschaffungskosten) oder zu 1.050.000 € (beizulegender Zeitwert) anzusetzen.

Im SME-(Konzern-)Abschluss hat die SME-GmbH folgende Wahlmöglichkeiten der Einbeziehung (ED-SME 14.8):

► Ansatz zu (fortgeführten) Anschaffungskosten: 1.000.000 €

► Ansatz zum Equity-Buchwert: 940.000 € (Da die SME-GmbH die V-GmbH durch Bareinlage gegründet hat, sind im Erwerbszeitpunkt weder stille Reserven in den Vermögenswerten noch ein Geschäfts- oder Firmenwert im Erwerbszeitpunkt vorhanden.)

▶ Anwendung der Quotenkonsolidierung: Statt des Wertansatzes von 940.000 € werden die hinter diesem Wertansatz stehenden anteiligen Vermögenswerte und Schulden in die (konsolidierte) Bilanz der SME-GmbH übernommen (d. h. anteilige Vermögenswerte: 1.040.000 € – anteilige Verbindlichkeiten 100.000 €)

▶ Ansatz zum beizulegenden Zeitwert: 1.050.000 €.

e) Die SME-GmbH hat das Wahlrecht entweder das Aktivierungsmodell für die Entwicklungsausgaben anzuwenden oder diese Entwicklungsausgaben aufwandswirksam in der Periode zu verrechnen, in der diese entstanden sind (ED-SME 17.14). Entscheidet sich der nach der ED-SME-Rechnungslegung Bilanzierende für das Aktivierungsmodell, so sind die auch in der IFRS-Rechnungslegung erforderlichen Nachweise für die Aktivierung zu erbringen (ED-SME 17.16 i. V. m. IAS 38.57). Der Vermögenswert ist in der SME-Eröffnungsbilanz mit demjenigen Wert anzusetzen, mit dem er angesetzt worden wäre, falls die SME-GmbH retrospektiv nach dem ED-SME-Standard bilanziert hätte. Sämtliche aufgeführten Ausgaben stellen aktivierungspflichtige Herstellungskosten dar (900.000 €). Da die patentierte Erfindung bereits zwei Jahre zur Produktion genutzt wurde, ist für den Ansatz in der SME-Eröffnungsbilanz die auf diese Jahre entfallende Abschreibung (180.000 € bei Annahme eines linearen Nutzungsverlaufs) abzusetzen. Der Bilanzansatz in der SME-Eröffnungsbilanz beträgt bei Entscheidung für das Aktivierungsmodell daher 720.000 €.

Bei Entscheidung für das Aufwandsverrechnungsmodell (ED-SME 17.15) beträgt der Wertansatz Null und stimmt mit dem HGB-Wertansatz überein.

f) Die SME-GmbH kann sich entscheiden, ob es die aus Grundgeschäft (US-$-Einnahmen aus dem Großauftrag), dem Sicherungsgeschäft (Währungstermingeschäft) und dem abzusichernden Risiko (Währungsrisiko des US-$ gegenüber dem €) bestehende Sicherungsbeziehung als Hedge-Beziehung (ED-SME 11.29 i. V. m. 11.30) designiert oder keine Designation vornimmt. Falls eine Designation vorgenommen wird, handelt es sich um die Absicherung eines Währungsrisikos aus einem schwebenden Geschäft. Dieses wird analog zu einem Cashflow-Hedge in der IFRS-Rechnungslegung behandelt (ED-SME 11.37). Das Sicherungsinstrument wird in diesem Fall zum beizulegenden Zeitwert angesetzt; die Veränderungen des beizulegenden Zeitwerts werden während der Laufzeit des Sicherungsinstruments zunächst nur erfolgsneutral erfasst und erst dann erfolgswirksam, wenn das abgesicherte schwebende Grundgeschäft erfolgswirksam wird. Obwohl bei der Aufstellung der SME-Eröffnungsbilanz der Eigenkapitaleffekt sämtlicher Anpassungseffekte im Regelfall in den Gewinnrücklagen erfasst wird (ED-SME 38.6), kann auch eine Erfassung in einer anderen Eigenkapitalkategorie erfolgen, wenn dies sachgerecht ist. In diesem Falle wäre vertretbar den negativen Eigenkapitaleffekt als gesonderten Posten „Bewertungsergebnisse aus Cashflow-Hedges" innerhalb des Eigenkapitals darzustellen, der im Jahr 06 bei Eintritt des zu sichernden Grundgeschäfts erfolgswirksam aufgelöst wird. Hierdurch würde der gesamte Ergebniseffekt aus dem Sicherungsgeschäft in derselben Berichtsperiode erfasst, in der auch das Grundgeschäft erfolgswirksam wird.

Bei fehlender Designation der Beziehung ist das Währungstermingeschäft als Derivat zwingend in die Kategorie der zum beizulegenden Zeitwert bewerteten Finanzinstrumente einzuordnen (ED-SME 11.8; vgl. Beispiel 11.11 c). Der negative Eigenkapitaleffekt ist gemäß ED-SME 38.6 zwingend in den Gewinnrücklagen zu erfassen. Der bis zum 31. 12. 05 eingetretene negative Ergebniseffekt wird erfolgswirksam durch Abbildung in den Gewinnrücklagen erfasst und belastet dann insoweit nicht mehr das Ergebnis des Jahres 06.

2. Im ersten Schritt sind die unter den Erläuterungen aufgeführten Sachverhalte hinsichtlich möglicher Anpassungen zu würdigen:

(1) Aktivierung von Fremdkapitalkosten

Nach ED-SME 24.2 hat die X-GmbH das Wahlrecht Fremdkapitalkosten, die auf die Herstellung eines qualifizierten Vermögenswerts entfallen, zu aktivieren. Unter Berücksichtigung der Zielsetzung bei Aufstellung der SME-Eröffnungsbilanz ein möglichst hohes Eigenkapital auszuweisen, ist eine Aktivierung vorzunehmen. Dementsprechend ist keine Korrektur durchzuführen.

(2) Bewertung von Finanzinvestitionen

Nach ED-SME 15.4 kann sich die X-GmbH entscheiden, ob sie Finanzinvestitionen zu den fortgeführten Anschaffungs- oder Herstellungskosten oder zum beizulegenden Zeitwert bewertet. In Anbetracht der Zielsetzung erfolgt eine Bewertung zum beizulegenden Zeitwert (400.000 GE). Da durch die Aufdeckung der stillen Reserve eine temporäre Differenz zur Steuerbilanz entsteht, die sich spätestens mit dem Ausscheiden der Finanzinvestition aus dem Unternehmen ausgleicht, ist eine passive latente Steuer auf den Unterschiedsbetrag zwischen ED-SME-Buchwert und Steuerbuchwert abzugrenzen (ED-SME 28.15). Die vorzunehmende Anpassungsbuchung zur Ableitung der SME-Eröffnungsbilanz lautet:

Grundstücke	200.000	an	Gewinnrücklagen	140.000
			passive latente Steuern	60.000

(3) Bewertung der Maschinen zu fortgeführten Anschaffungs- oder Herstellungskosten oder beizulegenden Zeitwerten

Nach ED-SME 38.8 b hat ein zur ED-SME-Rechnungslegung übergehendes Unternehmen das Wahlrecht die Sachanlagen zu fortgeführten Anschaffungs- oder Herstellungskosten nach Maßgabe des ED-SME 16 oder zu beizulegenden Zeitwerten zu bewerten. Auch wenn die Summe der fortgeführten Anschaffungskosten der Summe der beizulegenden Zeitwerten der Technischen Anlagen und Maschinen entspricht, lohnt sich dennoch die Inanspruchnahme des Wahlrechts, da dieses **Wahlrecht** nicht auf alle, sondern auch auf **einzelne ausgewählte Vermögenswerte beschränkt** werden kann (vgl. ED-SME 38.8 b sowie IFRS 1.19; die Anwendung der IFRS-Rechnungslegung folgt aus der identischen Überschrift über dem Abschnitt in der IFRS- und der ED-SME-Rechnungslegung, welcher die korrespondierenden Regelungsinhalte behandelt.). Damit in der SME-Eröffnungsbilanz zum 01. 01. 06 ein möglichst hohes Eigenkapital ausgewiesen wird (vgl. Zielsetzung), ist jede Maschine (Anmerkung: annahmegemäß wurde jedes Jahr genau eine Maschine erworben) mit dem **Maximum aus beizulegendem Zeitwert und fortgeführten Anschaffungskosten** zu bewerten. Damit werden die Maschinenzugänge der Jahre 01-03 mit den fortgeführten Anschaffungskosten, die Maschinenzugänge der Jahre 04 und 05 mit den beizulegenden Zeitwerten bewertet. Hierdurch erhöht sich der Wertansatz gegenüber dem HGB-Wertansatz für die Maschinen um 30.000 GE.

| Maschinen | 30.000 | an | Gewinnrücklagen | 21.000 |
| | | | passive latente Steuern | 9.000 |

(4) Klassifizierung von Wertpapieren

Das zur ED-SME-Rechnungslegung übergehende Unternehmen kann sich entscheiden, ob es die Schuldverschreibungen als zu fortgeführten Anschaffungskosten abzüglich Wertminderungen bewertete Finanzinstrumente (ED-SME 11.7 a i.V. m. 11.9) oder als zum beizulegenden Zeitwert bewertete Finanzinstrumente (ED-SME 11.8) klassifiziert. Unter Berücksichtigung der Zielsetzung, in der SME-Eröffnungsbilanz ein möglichst hohes Eigenkapital auszuweisen, wird die X-GmbH die Schuldverschreibungen daher in die Kategorie der zum beizulegenden Zeitwert bewertete Finanzinstrumente einordnen:

| Wertpapiere | 5.000 | an | Gewinnrücklagen | 3.500 |
| | | | passive latente Steuern | 1.500 |

(5) Bewertung der Vorräte

Die handels- und steuerrechtlich zulässige Lifo-Methode darf in der ED-SME-Rechnungslegung nicht beibehalten werden. Nach ED-SME 12.17 sind als Bewertungsvereinfachungsverfahren für die **Vorräte** entweder die **Fifo-Methode** oder die **Durchschnittskostenmethode** anzuwenden. Allerdings ist beim Ansatz der Vorräte in der Bilanz stets das **Niederstwertprinzip** zu beachten; danach sind die Vorräte zum niedrigeren Wert aus Anschaffungs- oder Herstellungskosten, ermittelt nach der Fifo-Methode (335.000 GE), und Veräußerungserlös abzüglich der Kosten bis zur Fertigstellung und Veräußerung (320.000 GE) zu bewerten (ED-SME 12.3). Damit ist der vom Absatzmarkt retrograd abgeleitete beizulegende Wert für die Bestimmung des Niederstwerts maßgeblich, so dass die X-GmbH die Vorräte zu 320.000 GE bewerten muss.

| Roh-, Hilfs- u. Betriebsstoffe | 20.000 | an | Gewinnrücklagen | 14.000 |
| | | | passive latente Steuern | 6.000 |

(6) Sonderposten mit Rücklageanteil

Die Beibehaltung des Sonderpostens ist nicht zulässig (ED-SME 16.23). Daher ist folgende Korrekturbuchung vorzunehmen:

| Sonderposten mit Rücklageanteil | 200.000 | an | Gewinnrücklagen | 140.000 |
| | | | passive latente Steuern | 60.000 |

(7) Bewertung der Pensionsrückstellungen

Die X-GmbH hat die Pensionsrückstellungen mit dem Barwert der Verpflichtung anzusetzen (ED-SME 27.15). Ein Wahlrecht, insbesondere zur Anwendung der Korridormethode, ist nicht vorhanden.

| Gewinnrücklagen | 84.000 | an | Pensionsrückstellungen | 120.000 |
| aktive latente Steuern | 36.000 | | | |

Im Anschluss an die Würdigung der Sachverhalte und die Aufstellung von Überleitungsbuchungen kann damit die SME-Eröffnungsbilanz aufgestellt werden. ED-SME 28 – enthält im Gegensatz zu IAS 12 – keine Regelungen hinsichtlich der Saldierung latenter Steuern. Allerdings können unter Berücksichtigung der Auslegungsregeln im Falle von Regelungslücken in der ED-SME-Rechnungslegung (ED-SME 10.2-10.4) die IFRS-Rechnungslegungsvorschriften herangezogen werden (vgl. auch den im ED-SME.Implementation Guide enthaltenen SME-Beispielabschluss, in dem eine Verrechnung von aktiven und passiven latenten Steuern durchgeführt wird). Da die Voraussetzungen für die **Saldierung aktiver und passiver latenter Steuern** nach IAS 12.74 vorliegen, sind die latenten Steuern saldiert auszuweisen.

SME-Bilanz der X-GmbH zum 01. 01. 06

A. Langfristiges Vermögen		A. Eigenkapital	
1. Grundstücke und Bauten	900.000	1. Gezeichnetes Kapital	800.000
2. Technische Anlagen und Maschinen	1.030.000	2. Gewinnrücklagen	1.434.500
3. Andere Anlagen, Betriebs- und Geschäftsausstattung	200.000		
4. Wertpapiere	105.000	B. Fremdkapital	
B. Kurzfristiges Vermögen		1. Rückstellungen für Pensionen	620.000
1. Roh-, Hilfs- und Betriebsstoffe	320.000	2. passive latente Steuern	100.500
2. Fertige Erzeugnisse und Waren	400.000	3. Verbindlichkeiten gegenüber Kreditinstituten	350.000
3. Forderungen aus Lieferungen und Leistungen	450.000	4. Verbindlichkeiten aus Lieferungen u. Leistungen	150.000
4. Schecks, Kassenbestand, Guthaben bei Kreditinstituten	50.000		
Bilanzsumme	3.455.000	Bilanzsumme	3.455.000

3. Im ersten Schritt sind die unter den Erläuterungen aufgeführten Sachverhalte hinsichtlich möglicher Anpassungen zu würdigen:

(1) Aktivierung von Fremdkapitalkosten

Nach ED-SME 24.2 dürfen Fremdkapitalkosten, die auf die Herstellung eines qualifizierten Vermögenswerts entfallen, aktiviert werden. Unter Berücksichtigung der Zielsetzung nach dem Übergang zur ED-SME-Rechnungslegung möglichst hohe Periodenerfolge auszuweisen, ist jedoch auf die Aktivierung zu verzichten. Daher ist die in der HGB-Bilanz per 31. 12. 05 vorgenommene Aktivierung mit folgender Buchung zu stornieren:

Gewinnrücklagen	14.000	an	Gebäude	20.000
aktive latente Steuern	6.000			

(2) Bewertung von Finanzinvestitionen

Nach ED-SME 15.4 kann sich die X-GmbH entscheiden, ob sie Finanzinvestitionen zu den fortgeführten Anschaffungs- oder Herstellungskosten oder zum beizulegenden Zeitwert bewertet. In Anbetracht der Zielsetzung erfolgt in der SME-Eröffnungsbilanz eine Bewertung zu fortgeführten Anschaffungs- oder Herstellungskosten. Damit ist keine Anpassung an die HGB-Bilanz per 31. 12. 05 vorzunehmen.

(3) Bewertung der Maschinen zu fortgeführten Anschaffungs- oder Herstellungskosten oder beizulegenden Zeitwerten

Nach ED-SME 38.8 b hat ein zur ED-SME-Rechnungslegung übergehendes Unternehmen das Wahlrecht die Sachanlagen zu fortgeführten Anschaffungs- oder Herstellungskosten nach

Maßgabe des ED-SME 16 oder zu beizulegenden Zeitwerten zu bewerten. Auch wenn die Summe der fortgeführten Anschaffungskosten den beizulegenden Zeitwerten im vorliegenden Fall entspricht, lohnt sich dennoch die Inanspruchnahme des Wahlrechts, da dieses **Wahlrecht** nicht auf alle, sondern auch auf **einzelne ausgewählte Vermögenswerte beschränkt** werden kann (vgl. ED-SME 38.8 b sowie IFRS 1.19; die Anwendung der IFRS-Rechnungslegung folgt aus der identischen Überschrift über dem Abschnitt in der IFRS- und der ED-SME-Rechnungslegung, welcher die korrespondierenden Regelungsinhalte behandelt.). Damit in der ED-SME-Rechnungslegung **ab 06 möglichst hohe Periodenerfolge** ausgewiesen werden, ist jede Maschine (Anmerkung: annahmegemäß wurde jedes Jahr genau eine Maschine erworben) mit dem **Minimum aus beizulegendem Zeitwert und fortgeführten Anschaffungskosten** zu bewerten. Damit werden die Maschinenzugänge der Jahre 01-03 mit den beizulegenden Zeitwerten, die Maschinenzugänge der Jahre 04 und 05 mit den fortgeführten Anschaffungskosten bewertet. Hierdurch vermindert sich der Wertansatz für die Maschinen um 30.000 GE gegenüber dem HGB-Wertansatz.

Gewinnrücklagen	21.000	an	Maschinen	30.000
aktive latente Steuern	9.000			

(4) Klassifizierung von Wertpapieren

Das zur ED-SME-Rechnungslegung übergehende Unternehmen kann sich entscheiden, ob es die Schuldverschreibungen als zu fortgeführten Anschaffungskosten abzüglich Wertminderungen bewertete Finanzinstrumente (ED-SME 11.7 a i.V. m. 11.9) oder als zum beizulegenden Zeitwert bewertete Finanzinstrumente (ED-SME 11.8) klassifiziert. Unter Berücksichtigung der Zielsetzung nach Übergang zur ED-SME-Rechnungslegung ein möglichst hohes Ergebnispotenzial zu besitzen, wird die X-GmbH die Schuldverschreibungen daher in die Kategorie der zu fortgeführten Anschaffungskosten abzüglich Wertminderungen bewerteten Finanzinstrumente einordnen. Damit ist keine Anpassung an die HGB-Bilanz per 31.12.05 vorzunehmen.

(5) Bewertung der Vorräte

Die handels- und steuerrechtlich zulässige Lifo-Methode darf in der ED-SME-Rechnungslegung nicht beibehalten werden. Erstrebt das zur ED-SME-Rechnungslegung übergehende Unternehmen einen möglichst hohen Gewinn ab 06, so ist der niedrigste – mit der ED-SME-Rechnungslegung konforme – Wertansatz zu wählen. Nach ED-SME 12.17 sind die **Vorräte nach der Fifo-Methode** oder nach der **Durchschnittskostenmethode** zu bewerten. Auf Grund der Zielstellung werden die Vorräte nach der Durchschnittskostenmethode bewertet.

Roh-, Hilfs- u. Betriebsstoffe	15.000	an	Gewinnrücklagen	10.500
			passive latente Steuern	4.500

(6) Sonderposten mit Rücklageanteil

Die Beibehaltung des Sonderpostens ist nicht zulässig (ED-SME 16.23). Daher ist folgende Korrekturbuchung vorzunehmen:

Sonderposten mit Rücklageanteil	200.000	an	Gewinnrücklagen	140.000
			passive latente Steuern	60.000

(7) Bewertung der Pensionsrückstellungen

Die X-GmbH hat die Pensionsrückstellungen mit dem Barwert der Verpflichtung anzusetzen (ED-SME 27.15). Damit lautet die Anpassungsbuchung per 31.12.05:

Gewinnrücklagen	84.000	an	Pensionsrückstellungen	120.000
aktive latente Steuern	36.000			

Im Anschluss an die Würdigung der Sachverhalte und die Aufstellung von Überleitungsbuchungen kann damit die SME-Eröffnungsbilanz aufgestellt werden. ED-SME 28 – enthält im Gegensatz zu IAS 12 – keine Regelungen hinsichtlich der Saldierung latenter Steuern. Allerdings können unter Berücksichtigung der Auslegungsregeln im Falle von Regelungslücken in der ED-SME-Rechnungslegung (ED-SME 10.2-10.4) die IFRS-Rechnungslegungsvorschriften herangezogen werden (vgl. auch den im ED-SME.Implementation Guide enthaltenen SME-Beispielabschluss, in dem eine Verrechnung von aktiven und passiven latenten Steuern durchgeführt wird). Da die Voraussetzungen für die **Saldierung aktiver und passiver latenter Steuern** vorliegen (IAS 12.74), sind die latenten Steuern saldiert auszuweisen.

ED-SME-Bilanz der X-GmbH zum 01.01.06

A. Langfristiges Vermögen		A. Eigenkapital	
1. Grundstücke und Bauten	680.000	1. Gezeichnetes Kapital	800.000
2. Technische Anlagen und Maschinen	970.000	2. Gewinnrücklagen	1.231.500
3. Andere Anlagen, Betriebs- und Geschäftsausstattung	200.000		
4. Wertpapiere	100.000		
B. Kurzfristiges Vermögen		B. Fremdkapital	
1. Roh-, Hilfs- und Betriebsstoffe	315.000	1. Rückstellungen für Pensionen	620.000
2. Fertige Erzeugnisse und Waren	400.000	2. passive latente Steuern	13.500
3. Forderungen aus Lieferungen und Leistungen	450.000	3. Verbindlichkeiten gegenüber Kreditinstituten	350.000
4. Schecks, Kassenbestand, Guthaben b. Kreditinstitut.	50.000	4. Verbindlichkeiten aus Lieferungen u. Leistungen	150.000
Bilanzsumme	3.165.000	Bilanzsumme	3.165.000

4. Die Überleitungsrechnung für das Eigenkapital per 01.01.06 (bzw. 31.12.05) hat folgende Gestalt (vgl. ED-SME 38.11 a (i)):

	Obergrenze (Übungsaufgabe 2)	Untergrenze (Übungsaufgabe 3)
HGB-Wert Eigenkapital 31.12.05	2.000.000	2.000.000
+/– Anpassung Fremdkapitalkosten auf Gebäude		- 20.000
+/– Anpassung Finanzinvestitionen	+ 200.000	0
+/– Anpassung Technische Anlagen und Maschinen	+ 30.000	- 30.000
+/– Anpassung Wertpapiere	+ 5.000	0
+/– Anpassung Vorräte	+ 20.000	+ 15.000
+/– Anpassung Sonderposten mit Rücklageanteil	+ 200.000	+ 200.000
+/– Anpassung Pensionsverpflichtungen	- 120.000	- 120.000
+/– Anpassung latente Steuern	- 100.500	- 13.500
= ED-SME-Eigenkapital 31.12.05/01.01.06	2.234.500	2.031.500

C. Klausurthemen

1. Erläutern Sie Aufgaben und Inhalt des Anhangs in der IFRS-Rechnungslegung.

Gliederung

1. Anhang als Teil des IFRS-Abschlusses
2. Aufgaben des Anhangs
3. Inhalt des Anhangs
   3.1 Gliederungsstruktur für den Anhang
   3.2 Allgemeiner Teil des Anhangs
   3.3 Grundlagen der Rechnungslegung
   3.4 Angaben zu den Bilanzierungs- und Bewertungsmethoden
   3.5 Informationen zu den einzelnen Rechnungslegungsinstrumenten
       3.5.1 Bilanz
       3.5.2 Gesamtergebnisrechnung
   3.6 Ausgewählte weitere Pflichtangaben des Anhangs
   3.7 Branchenspezifische Angaben
4. Würdigung

Erwartungshorizont

Zu 1:

▶ IFRS-Abschluss besteht aus fünf Bestandteilen, unter anderem Anhang (IAS 1.10).

▶ **Informationsfunktion** im IFRS-Abschluss von überragender Bedeutung, daher **Schutz-klauseln ohne wesentliche Bedeutung**; Ausnahmen: IAS 37.92 (explizite Schutzvor-schrift) und IAS 1.121 (implizite Schutzvorschrift).

Zu 2:

▶ **Erläuterungsfunktion**: Erläuterung der Vorgehensweise bei der Abbildung von Sachver-halten in Bilanz und GuV-Rechnung (IAS 1.112 a)

▶ **Entlastungsfunktion**: Aufnahme von Informationen, die nicht in anderen Bestandteilen des Jahresabschlusses enthalten sind (IAS 1.112 b); nur wenig Pflichtangaben für Bilanz und Gesamtergebnisrechnung (daher weitgehendes allgemeines Wahlrecht Informatio-nen in Bilanz bzw. Gesamtergebnisrechnung oder im Anhang zu geben).

▶ **Ergänzungsfunktion**: Angabe von Informationen, die zusätzlich für das Verständnis des Jahresabschlusses relevant sind (IAS 1.112 c)

Zu 3.1:

▶ Ableitung der Gliederungsstruktur für den Anhang aus IAS 1.112 i.V.m. 1.114.

▶ Gliederungsaufbau:

(1) allgemeine Aussage zur Übereinstimmung des vorliegenden Abschlusses mit den IFRS (IAS 1.114 a)

(2) Darstellung der wesentlichen Bilanzierungs- und Bewertungsmethoden (IAS 1.114 b),

(3) Ergänzende Informationen zu den Jahresabschlussbestandteilen und der hierin enthaltenen Posten in der Reihenfolge der Abschlussbestandteile (IAS 1.114 c) sowie

(4) andere Angaben (IAS 1.114 d)

Zu 3.2:

▶ allgemeine Angaben über den Abschluss nach IAS 1.51 sowie 1.138.

Zu 3.3:

▶ Aussage zur Übereinstimmung mit den IAS/IFRS (sog. statement of compliance) gemäß IAS 1.16,

▶ Nennung der vor dem Zeitpunkt ihres In-Kraft-Tretens angewendeten IAS/IFRS (IAS 8.28),

▶ Erstmalige Anwendung der IFRS nach IFRS 1.47,

▶ Abweichung von den IFRS nach IAS 1.19 f.,

▶ Abweichung von der Prämisse der Unternehmensfortführung gemäß IAS 1.25,

▶ Änderung des Abschlussstichtags nach IAS 1.36,

▶ sonstige grundlegende Informationen über Unternehmen und Abschluss (IAS 1.51) und

▶ Angaben nach IAS 1.138 zu Sitz, Rechtsform, Hauptgeschäftsaktivitäten und Mutterunternehmen.

Zu 3.4:

▶ Angaben zu den **Bewertungsgrundlagen bzw. Bewertungsmaßstäben** in der IFRS-Rechnungslegung (Framework.100 sowie die in den speziellen Standards enthaltenen Bewertungsmaßstäben).

▶ Angabe der angewandten **Bilanzierungs- und Bewertungsmethoden**, die für das Verständnis des Abschlusses relevant sind (nicht abschließende Aufzählung, wie im seinerzeit gültigen IAS 1.99 (1997)).

▶ Angaben zu den **„verdeckten Bilanzierungs- und Bewertungswahlrechten"**, insbesondere **Einschätzungen des Managements** (IAS 1.122) und **Prognosen des Managements** (IAS 1.125 i.V. m. IAS 1.129); sowie Einschränkung der Offenlegungspflicht durch IAS 1.131.

Zu 3.5:

▶ Mindestanforderung: Aufzählung der **Schwerpunkte der bilanz- und ergebnisbezogenen Anhangangaben** (nur Nennung der Bilanz- und Gesamtergebnisrechnungsposten); bei ausreichender Zeitvorgabe: Untergliederung nach den wesentlichen Bilanz- und Gesamtergebnisrechnungsposten sowie jeweils **stichpunktartige Aufführung von Schwerpunkten der Angabevorschriften** (gegebenenfalls Beschränkung auf einzelne Posten, bei denen wesentlich umfangreichere Anhangangaben als in der HGB-Rechnungslegung aufzuführen sind: z. B. latente Steuern oder Leasing, Aufgabe von Geschäftsbereichen).

Zu 3.6:

▶ Mindestanforderung: Nennung der **Schwerpunkte der zusätzlichen Informationen** (Segmentberichterstattung, Eventualschulden und Eventualforderungen, Risikoberichterstattung im Zusammenhang mit Finanzinstrumenten, Ergebnis je Aktie und Dividenden, Beziehungen zu nahe stehenden Unternehmen, Freigabe zur Veröffentlichung, Ereignisse bzw. Erkenntnisse nach dem Bilanzstichtag); bei ausreichender Zeitvorgabe: Vertiefung eines ausgewählten Bereichs, z. B. Segmentberichterstattung oder Eventualschulden und Eventualforderungen.

Zu 3.7:

▶ im Allgemeinen: IAS/IFRS-Standards für Unternehmen aller Branchen verbindlich;

▶ Ausnahme: IFRS 4: Versicherungsverträge, IAS 41 (Landwirtschaft) und IFRS 6 Rohstoffexploration mit zusätzlichen Angabepflichten.

Zu 4:

▶ z. B. Bewertung des **Informationsgewinns** des IFRS-Anhangs vs. **information overload** bei Jahresabschlussadressaten;

▶ Generierung der – im Vergleich zum HGB – zusätzlichen Informationen für den Anhang.

2. Schildern Sie Aufbau und Inhalt der IFRS-GuV-Rechnung.

Gliederung

1. IFRS-GuV-Rechnung als Teil der Gesamtergebnisrechnung
2. Aufbau der IFRS-GuV-Rechnung
    2.1. Aufbauprinzipien
    2.2 Gliederungsvorschriften
    2.3 Anhangangaben zur GuV-Rechnung
3. Prinzipien der GuV-Rechnung
4. Materieller Inhalt ausgewählter Posten der GuV-Rechnung
    4.1 Ergebnis der betrieblichen Tätigkeit
        4.1.1 Gesamtkostenverfahren
        4.1.2 Umsatzkostenverfahren
    4.2 Finanz- und Beteiligungsergebnis
    4.3 Steueraufwand
    4.4 Ergebnis aus aufgegebenen Geschäftsbereichen
    4.5 Minderheitsanteile

Erwartungshorizont

Zu 1:

▶ IFRS-Abschluss besteht aus fünf Bestandteilen, unter anderem Gesamtergebnisrechnung (IAS 1.10).

▶ Wahlrecht zur Darstellung der **Gesamtergebnisrechnung** in **einem** oder **zwei gleichrangigen Abschlussinstrumenten** (IAS 1.81).

▶ bei Darstellung in einem **Abschlussinstrument: Periodenergebnis als Zwischensumme**; GuV-Rechnung als unselbständiger Teil der Gesamtergebnisrechnung.

▶ bei Darstellung in zwei Abschlussinstrumenten: **GuV-Rechnung** sowie „verkürzte Gesamtergebnisrechnung", welche vom Periodenergebnis zum Gesamtergebnis überleitet.

▶ GuV-Rechnung als **Instrument zur Darstellung der Ertragslage**; allerdings Trennung zwischen erfolgswirksam in der GuV-Rechnung erfassten Aufwendungen und Erträgen sowie den im sonstigen Gesamtergebnis erfassten Aufwendungen und Erträgen problematisch, da **kein klares Unterscheidungskriterium** zwischen diesen beiden Kategorien **existiert** (vgl. Framework.74 und Framework.78).

Zu 2.1:

▶ **Staffelform** (zwar nicht explizit vorgeschrieben), aber üblich,

▶ **Bruttoprinzip** (bzw. Saldierungsverbot) nach IAS 1.32 und Ausnahmen (IAS 1.34 und 1.35),

▶ **Gesamtkosten- vs. Umsatzkostenverfahren,**

▶ Trennung von Ergebnisermittlungsrechnung und Ergebnisverwendungsrechnung (Minderheitsanteile).

Zu 2.2:

▶ kein vollständiges Gliederungsschema, aber Mindestausweis in IAS 1.82 geregelt

▶ Angabe des unverwässerten und verwässerten Ergebnisses je Aktie in der GuV-Rechnung (bzw. Gesamtergebnisrechnung), nicht jedoch die Dividenden je Aktie (Gegenstand der Eigenkapitalveränderungsrechnung)

Zu 2.3:

▶ Überleitung von Umsatzerlösen zum Ergebnis vor Steuern in der GuV-Rechnung oder im Anhang; aber Offenlegung in GuV-Rechnung (bzw. Gesamtergebnisrechnung) empfohlen (IAS 1.100)

▶ Zusatzangaben bei Anwendung des Umsatzkostenverfahrens (IAS 1.104)

▶ zusätzliche Offenlegungspflichten im Anhang oder in der GuV-Rechnung (bzw. Gesamtergebnisrechnung), die sich auf GuV-Posten beziehen (Wahlpflichtangaben).

▶ in Abhängigkeit der Zeitvorgabe: Aufzählung der wichtigsten GuV-bezogenen Vorschriften, u. a. **gesonderte Angabe von Ertrags- und Aufwandsposten**, wenn diese Posten von einer Größe, Art oder Häufigkeit sind, dass ihre Angabe für die Beurteilung der **Ertragskraft relevant** ist (IAS 1.97 i.V. m. 1.98), **Wertminderungen und Wertaufholungen** (IAS 36.126 a und b sowie IAS 2.36 e und f) sowie Wertminderungsaufwand auf Goodwill (IFRS 3.74 f.), Komponenten des **Finanzergebnisses** (IFRS 7), **Steueraufwand und -ertrag** (IAS 12.80), Komponenten des **Altersversorgungsaufwands** (IAS 19.120 A g), nicht aktivierte Forschungs- und Entwicklungsaufwendungen (IAS 38.126), Ergebniskomponenten aus Finanzinvestitionen (IAS 40), **Ergebnis aus aufgegebenen Geschäftsbereichen** (IFRS 5).

Zu 3:

► allgemeine Rechnungslegungsprinzipien der IFRS-Rechnungslegung (IAS-Framework) mit Relevanz auch für GuV-Rechnung

► in Abhängigkeit der Zeitvorgabe: Aufzählung und Erläuterung der wichtigsten für die GuV-Rechnung relevanten Rechnungslegungsprinzipien, insbesondere Grundsatz der **Periodenabgrenzung** (Framework.22); **Relevanz von Informationen** (Framework.26-28); **wirtschaftliche Betrachtungsweise** (Framework.35); **Vergleichbarkeit** (Framework.39) und **Vollständigkeit** (Framework.38).

Zu 4:

► Mindestanforderung: **Erläuterung der wichtigsten GuV-Posten**; bei ausreichender Zeitvorgabe: Behandlung von Abgrenzungsfragen zwischen GuV-Posten (z. B. Veräußerungsergebnisse und aufgegebene Geschäftsbereiche) und ungeklärte Ausweisfragen (z. B. Ausweis von Wertminderungsaufwendungen in sonstigen Aufwendungen oder Abschreibungen) sowie Abgrenzungsprobleme zwischen dem Inhalt von GuV-Posten und dem Inhalt verwandter Ergebnisposten des sonstigen Gesamtergebnisses.

3. **Bilanzpolitik nach IFRS – Stellen Sie die bilanzpolitischen Möglichkeiten der IFRS-Rechnungslegung anhand der in der IFRS-Rechnungslegung vorhandenen Wahlrechte und Ermessensspielräume dar.**

Gliederung

1.   Einführung
2.   Wahlrechte in der IFRS-Rechnungslegung
     2.1.   Bewertungswahlrechte
     2.2   Ausweiswahlrechte
     2.3   Wahlrechte im Zusammenhang mit dem Übergang auf die IFRS-Rechnungslegung
3.   Ermessensspielräume in der IFRS-Rechnungslegung
     3.1   Bilanzierungswahlrechte
     3.2   Bewertungswahlrechte
     3.3   Informationen über die Ermessensspielräume in der IFRS-Rechnungslegung
4.   Würdigung

Erwartungshorizont

Zu 1:

► **Zweck der Bilanzpolitik**: Finanzpolitische Ziele durch Beeinflussung der künftigen Finanzsituation (z. B. Ausschüttungen, Kapitalbeschaffung), informations- und publizitätspolitische Ziele

► **Abgrenzung der Bilanzpolitik** (zeitliche, materielle und formelle Instrumente der Bilanzpolitik); hier materielle (Bilanzierungs- und Bewertungswahlrechte, Ermessensspielräume) und formelle Bilanzpolitik nach dem Bilanzstichtag (Darstellungs- bzw. Ausweiswahlrechte) gemäß Aufgabenstellung im Mittelpunkt.

Zu 2.1:

► **Darstellung der einzelnen Bewertungswahlrechte in der IFRS-Rechnungslegung**: Neubewertung, Bewertung von Finanzinvestitionen, Bewertung von Beteiligungen im separaten Einzelabschluss, Verbrauchsfolgeverfahren im Vorratsvermögen, Einstufung von Firm Committments, Behandlung versicherungsmathematischer Gewinne und Verluste mit Auswirkungen auf Bilanz und Ergebnisrechnungsstruktur und Anwendung der Full-Goodwill-Methode oder der Neubewertungsmethode zur Konsolidierung von Tochterunternehmen mit Minderheitsanteilen.

► Angabepflichten für Bewertungswahlrechte und teilweise Möglichkeiten der wechselseitigen Ergebnisabstimmung zwischen Bewertungsalternativen (Beispiele)

Zu 2.2:

► Darstellung der Ausweiswahlrechte: Bilanzierung **öffentlicher Zuschüsse, Trade-Date- vs. Settlement-Date-Accounting** bei Anschaffung von Finanzinstrumenten, **Gliederungsstruktur** von Bilanz und insbesondere **GuV-Rechnung**, Wahlrecht zwischen **Quotenkonsolidierung** und **Equity-Konsolidierung** zur Einbeziehung von Joint Ventures in den Konzernabschluss.

Zu 2.3:

► Nennung der zusätzlichen Wahlrechte beim **Übergang auf die IFRS-Rechnungslegung** (IFRS 1.13)

► Hinweis auf die **zeitliche Ausstrahlungswirkung** der dort aufgeführten Wahlrechte, insbesondere **Unternehmenszusammenschlüsse**

► bei ausreichender Zeitvorgabe: beispielhafte Darstellung einzelner Wahlrechte (empfohlen: Darstellung des Wahlrechts nach IFRS 1.15 i.V. m. Appendix B)

Zu 3:

► Ermessensspielräume als wichtiges Element der Bilanzpolitik (falls nicht unter 1 dargestellt) herausarbeiten.

Zu 3.1:

► Darstellung der beiden Ermessensspielräume bei der Bilanzierung (Aktivierung selbst **geschaffener immaterieller Vermögenswerte** und **Aktivierung latenter Steuern**, insbesondere aus Verlustvorträgen)

Zu 3.2:

► Auflistung der **Ermessensspielräume in der Bewertung** (insbesondere Ermittlung von Wertminderungen und Wertaufholungen im langfristigen Vermögen, Erst- und Folgebewertung des Goodwills, Abgrenzung und Bewertung von Finanzinstrumenten, Abgrenzung von Finanzinvestitionen, Existenz eines aktiven Marktes als Voraussetzung für die

Anwendung der Neubewertungsmethode bei immateriellen Vermögenswerten, Bewertung aktiver latenter Steuern, Bewertung von Fertigungsaufträgen, Vorliegen einer Hedge-Beziehung, Schätzung der versicherungsmathematischen Parameter zur Ermittlung des Barwerts der Verpflichtungen bei leistungsorientierten Versorgungsplänen, fehlende Praktikabilität der vollständigen und/oder der eingeschränkten retrospektiven Korrektur von Bilanzierungs- und Bewertungsfehlern sowie der retrospektiven Anpassung bei Änderung von Bilanzierungs- und Bewertungsmethoden).

► beispielhafte Darstellung des Potenzials der Ermessensspielräume, empfohlen: Erst- und Folgekonsolidierung des Goodwills.

Zu 3.3:

► **Offenlegung von Einschätzungen und Prognosen** (IAS 1.122 und 1.125)

► **kritische Analyse** des Aussagegehalts der **Angabevorschriften** des IAS 1.122 und 1.125 (u. a. Einschränkung der Offenlegung durch IAS 1.129, Interpretationsmöglichkeiten von Abweichungen)

► **spezifische Angabevorschriften**, z. B. Offenlegung der zur Berechnung der Pensionsverpflichtung verwendeten versicherungsmathematischen Parameter

Zu 4:

► **großes Potenzial** an Bilanzpolitik nach IFRS, insbesondere durch **Ermessensspielräume**

► nur **eingeschränkte Bilanzpolitik** mit **(echten) Bewertungswahlrechten** möglich (zwar vorhanden, aber Offenlegungspflichten zu Wahlrechten und damit verbundene Möglichkeit für den Bilanzanalysten die Bilanzpolitik zu dechiffrieren).

4. Die Gesamtergebnisrechnung als Bestandteil des IFRS-Abschlusses

Gliederung
1. Stellung und Bedeutung der Gesamtergebnisrechnung innerhalb des IFRS-Abschlusses
2. Aufbau der Gesamtergebnisrechnung
   2.1 Single statement vs. two statement approach
   2.2 Aufbau- und Gliederungsvorschriften
   2.3 Anhangangaben
3. Prinzipien der Gesamtergebnisrechnung
   3.1 Allgemeine Prinzipien
   3.2 Besondere Prinzipien im sonstigen Gesamtergebnis
4. Materieller Inhalt ausgewählter Posten der Gesamtergebnisrechnung
   4.1 GuV-Rechnung
      4.1.1 Ergebnis der betrieblichen Tätigkeit
      4.1.2 Finanz- und Beteiligungsergebnis
      4.1.3 Steueraufwand
      4.1.4 Ergebnis aus aufgegebenen Geschäftsbereichen

4.2 Sonstiges Gesamtergebnis

    4.2.1 Bewertungsergebnisse aus der Zeitbewertung von zur Veräußerung verfügbaren finanziellen Vermögenswerten

    4.2.2 Bewertungsergebnisse aus Cashflow-Hedges

    4.2.3 Währungsumrechnungsdifferenzen aus ausländischen Geschäftsbetrieben

    4.2.4 Neubewertung von Sachanlagen und immateriellen Vermögenswerten

    4.2.5 Verrechnung versicherungsmathematischer Gewinne und Verluste

    4.2.6 Sonstiges Gesamtergebnis aus at Equity bewerteten Beteiligungen

4.3 Minderheitsanteile am Periodenergebnis und Gesamtergebnis

5. Beurteilung der Aussagefähigkeit der Gesamtergebnisrechnung

Erwartungshorizont

Zu 1:

▶ Gesamtergebnisrechnung ersetzt GuV-Rechnung als Abschlussbestandteil für alle IFRS-Bilanzierer mit Erstanwendung des **IAS 1 (revised 2007)**

▶ **klare Trennung** zwischen **Gesamtergebnisrechnung** und **Eigenkapitalveränderungsrechnung**;

▶ **Gesamtergebnisrechnung** enthält alle **Aufwendungen und Erträge**, welche die **Ansatzkriterien des IAS-Framework** (Framework.74 und Framework.78) erfüllen

▶ Eigenkapitalveränderungsrechnung zeigt „nur" die Entwicklung der Eigenkapitalbestandteile auf und konzentriert sich vor allem auf die „eigentümerbezogenen" Eigenkapitalveränderungen (z. B. Kapitalerhöhung, -rückzahlung, Erwerb und Ausgabe eigener Aktien, Dividenden)

Zu 2.1:

▶ **Wahlrecht nach IAS 1.81**: Aufstellung in einem Abschlussinstrument, das mit dem Gesamtergebnis abschließt und den **Periodenerfolg** (Saldo der erfolgswirksam über die GuV-Rechnung erfassten Gewinne und Verluste) **als Zwischensumme** enthält (Single statement gemäß IAS 1.81 a), oder Aufstellung der **Gesamtergebnisrechnung in zwei Teilen** (Teil 1: GuV-Rechnung, Teil 2: Überleitung vom Periodenerfolg zum Gesamtergebnis; „verkürzte" Gesamtergebnisrechnung)

Zu 2.2:

▶ **Staffelform** zwar nicht explizit vorgeschrieben, aber üblich,

▶ **Bruttoprinzip** (bzw. Saldierungsverbot) nach IAS 1.32 und Ausnahmen (IAS 1.34 und 1.35),

▶ kein vollständiges Gliederungsschema, aber **Mindestausweis in IAS 1.82**

▶ Wahl zwischen **Gesamt- und Umsatzkostenverfahren** im „GuV-Abschnitt" der Gesamtergebnisrechnung (entweder in der Gesamtergebnisrechnung oder im Anhang)

▶ Angabe des unverwässerten und des verwässerten **Ergebnisses je Aktie**, nicht jedoch Angabe der entsprechenden Werte für das Gesamtergebnis je Aktie (IAS 33.4 bzw. 33.4 A)

Zu 2.3:

► in Abhängigkeit der Zeitvorgabe: Aufzählung der wichtigsten guv-bezogenen Vorschriften, u. a. **gesonderte Angabe von Ertrags- und Aufwandsposten**, wenn diese Posten von einer Größe, Art oder Häufigkeit sind, dass ihre Angabe für die Beurteilung der **Ertragskraft relevant** ist (IAS 1.97 i.V. m. 1.98), **Wertminderungen und Wertaufholungen** (IAS 36.126 a und b sowie IAS 2.36 e und f) sowie Wertminderungsaufwand auf Goodwill (IFRS 3.74 f.), Komponenten des **Finanzergebnisses** (IFRS 7.20 ff.), **Steueraufwand und -ertrag** (IAS 12.80), Komponenten des **Altersversorgungsaufwands** (IAS 19.120 A g), nicht aktivierte Forschungs- und Entwicklungsaufwendungen (IAS 38.126), Ergebniskomponenten aus Finanzinvestitionen (IAS 40), **Ergebnis aus aufgegebenen Geschäftsbereichen** (IFRS 5).

► getrennte Angabepflicht der **Reklassifizierungsbuchungen** je Komponente des sonstigen Gesamtergebnisses (IAS 1.92) sowie Angabe der auf jede Komponente des sonstigen Gesamtergebnisses entfallenden **Steuerbelastung** (IAS 1.90).

Zu 3.1:

► allgemeine Rechnungslegungsprinzipien der IFRS-Rechnungslegung (IAS-Framework) mit Relevanz auch für Gesamtergebnisrechnung

► in Abhängigkeit der Zeitvorgabe: Aufzählung und Erläuterung der wichtigsten für die Ergebnisrechnung relevanten Rechnungslegungsprinzipien, insbesondere Grundsatz der **Periodenabgrenzung** (Framework.22); **Relevanz von Informationen** (Framework.26-28); **wirtschaftliche Betrachtungsweise** (Framework.35); **Vergleichbarkeit** (Framework.39) und **Vollständigkeit** (Framework.38).

Zu 3.2:

► Prinzip der **Reklassifizierung von zunächst erfolgsneutral erfassten Gewinnen und Verlusten** im Periodenergebnis bei Abgang bzw. endgültiger Realisierung (gilt jedoch nicht universell, Ausnahmen: Neubewertung und versicherungsmathematische Gewinne und Verluste)

► Interpretation des „Zwischenergebnisspeichers" des sonstigen Gesamtergebnisses gilt daher nur eingeschränkt; teilweise Verstoß gegen das Kongruenzprinzip

Zu 4:

► Mindestanforderung: **Erläuterung der wichtigsten Posten der Gesamtergebnisrechnung**;

► Behandlung von **Abgrenzungsfragen** zwischen **Posten des Periodenergebnisses** und des **sonstigen Gesamtergebnisses** (z. B. Ermessensspielräume bei Einteilung von Finanzinstrumenten sowie bei der Klassifizierung ausländischer Geschäftsbetriebe als wirtschaftlich selbstständig bzw. integriert, Nachweiswahlrecht der Designation von Cashflow-Hedges, Ermessensspielräume bei der Kategorisierung von Grundstücken und Gebäuden als Finanzinvestitionen, offenes Wahlrecht für den Ausweis versicherungsmathematischer Gewinne und Verluste, unklare Regelung der Abschreibungsbasis neubewerteter Vermögenswerte)

▶ bei ausreichender Zeitvorgabe: Behandlung von Abgrenzungsfragen **zwischen GuV-Posten** (z. B. Veräußerungsergebnisse und aufgegebene Geschäftsbereiche) und **ungeklärte Ausweisfragen** (z. B. Ausweis von Wertminderungsaufwendungen in sonstigen Aufwendungen oder Abschreibungen).

Zu 5:

▶ **Gesamtergebnisrechnung** als **Bestandteil des IFRS-Abschlusses** vor dem Hintergrund der **Primäranforderungen** (Verständlichkeit, Relevanz, Verlässlichkeit und Vergleichbarkeit) an die IFRS-Rechnungslegung

▶ **Bedeutung zahlreicher Ermessensspielräume** und einzelner **Wahlrechte** nimmt durch die Konzentration auf das Gesamtergebnis ab (gegenläufig: Neubewertung von Sachanlagen und immateriellen Vermögenswerten)

▶ **erhöhte Relevanz der Fair-Value-Bewertung** in der (Gesamt-)Ergebnisrechnung

▶ kritisch: **Verstoß gegen Kongruenzprinzip, keine Einheitlichkeit** der **buchhalterischen** Behandlung der im **sonstigen Gesamtergebnis** eingeschlossenen Sachverhalte, Veröffentlichung des **(Perioden-)Ergebnisses je Aktie** statt des Gesamtergebnisses je Aktie

5. Die Eigenkapitalveränderungsrechnung als Bestandteil des IFRS-Abschlusses

Gliederung

1. Stellung und Bedeutung der Eigenkapitalveränderungsrechnung innerhalb des IFRS-Abschlusses
2. Aufbau der Eigenkapitalveränderungsrechnung
   2.1 Komponenten des Eigenkapitals
   2.2 Bestandteile der Eigenkapitalveränderungsrechnung
   2.3 Aufstellung einer Mustergliederung für die Eigenkapitalveränderungsrechnung
   2.4 Anhangangaben
3. Materieller Inhalt ausgewählter Posten in der Eigenkapitalveränderungsrechnung
   3.1 Anpassungen der Gewinnrücklagen
      3.1.1 Eigenkapitaleffekt aus der Umstellung auf die IFRS-Rechnungslegung
      3.1.2 Retrospektive Korrektur wesentlicher Fehler
      3.1.3 Retrospektive Änderung von Bilanzierungs- und Bewertungsmethoden
      3.1.4 Umbuchung von Neubewertungsrücklage bei Abgang neubewerteter Vermögenswerte des Sachanlage- und immateriellen Vermögens
   3.2 Kapitalerhöhung und Eigenkapitalbeschaffungskosten
   3.3 Rückkauf und Wiederausgabe eigener Aktien
      3.2.1 Cost-Method
      3.2.2 Par-Value-Method

Erwartungshorizont

Zu 1:

▶ Eigenkapitalveränderungsrechnung als ein Bestandteil des IFRS-Abschlusses (IAS 1.10)

▶ **klare Trennung** zwischen **Gesamtergebnisrechnung** und **Eigenkapitalveränderungsrechnung**;

► **Eigenkapitalveränderungsrechnung** zeigt „nur" die Entwicklung der Eigenkapitalbestandteile auf und konzentriert sich auf die Darstellung der **„eigentümerbezogenen"
Eigenkapitalveränderungen** (z. B. Kapitalerhöhung, -rückzahlung, Erwerb und Ausgabe eigener Aktien, Dividenden)

Zu 2.1:

► Aufzählung der **Komponenten des Eigenkapitals** (bei ausreichender Zeitvorgabe in Abhängigkeit der Anwendung der Cost-Method oder der Par-Value-Method zur Abbildung
eigener Aktien)

Zu 2.2:

► **Pflichtinhalt der Eigenkapitalveränderungsrechnung** durch IAS 1.106 normiert: Gesamtergebnis, aufgeteilt nach dem auf die Anteilseigner des Mutterunternehmens entfallenden Anteil und dem Minderheitsanteil, Auswirkung von Änderungen der Bilanzierungs-
und Bewertungsmethoden und der Berichtigung wesentlicher Fehler (getrennt nach jeder Eigenkapitalkomponente), Kapitaltransaktionen mit Anteilseignern und Ausschüttungen an Anteilseigner sowie Überleitungsrechnung der Buchwerte jeder Kategorie des
gezeichneten Kapitals, des Agios und sämtlicher Rücklagen zu Beginn und am Ende der
Periode, die jede Bewegung gesondert angibt.

Zu 2.3:

► Darstellung einer **Muster-Eigenkapitalveränderungsrechnung** mit sämtlichen theoretisch vorstellbaren Positionen in **Matrix-Darstellung**

Zu 2.4:

► Angabe der **Steuereffekte** auf die ergebnisneutral verrechneten Positionen (falls nicht
aus Eigenkapitalveränderungsrechnung ersichtlich; vgl. IAS 12.81 a),

► **Dividenden je Aktie** (IAS 1.107)

Zu 3.1/3.2:

► Darstellung der einzelnen in der Eigenkapitalveränderungsrechnung erfassten Sachverhalte unter besonderer Berücksichtigung von **Abgrenzungsschwierigkeiten** (u. a. Fehler
vs. Schätzungsungenauigkeiten, Voraussetzungen für retrospektive Änderungen von Bi-
lanzierungs- und Bewertungsmethoden bzw. retrospektive Korrektur von Fehlern) und
Wahlrechten (z. B. Auflösung der Neubewertungsrücklage infolge der unklaren Regelung
zur Abschreibungsbasis neubewerteter Vermögenswerte)

Zu 3.3:

► Darstellung der **unterschiedlichen Methoden** zur Bilanzierung des Rückkaufs und der
Wiederausgabe **eigener Aktien** (bei ausreichender Zeitvorgabe anhand einfacher Bu-
chungsbeispiele)

6. Die Kapitalflussrechnung als Bestandteil des IFRS-Abschlusses

Gliederung

1. Einführung
2. Aufbau der Kapitalflussrechnung
     2.1   Cashflow aus betrieblicher Tätigkeit
     2.2   Cashflow aus Investitionstätigkeit
     2.3   Cashflow aus Finanzierungstätigkeit
     2.4   Fonds liquide Mittel
     2.5   Besonderheiten der Konzern-Kapitalflussrechnung
3. Methoden der Aufstellung der Kapitalflussrechnung
     3.1   Originäre Ableitung
     3.2   Derivative Ableitung
           3.2.1   Indirekte Methode
           3.2.2   Direkte Methode
     3.3   Additive Ableitung im Konzernabschluss
4. Bedeutung der Kapitalflussrechnung für die Jahresabschlussanalyse

Erwartungshorizont

Zu 1:

► Kapitalflussrechnung als eigenständiger Bestandteil des IFRS-Abschlusses (IAS 1.10),

► **Zweck** der Kapitalflussrechnung: Bereitstellung von Informationen über die **Finanzlage** des Unternehmens/Konzerns und **Abschätzung der Möglichkeiten** in **Zukunft Zahlungsmittel zu erwirtschaften**.

Zu 2.1-2.3:

► Aufzählung der jeweiligen **Komponenten der Cashflow-Bereiche**

► Zuordnungswahlrechte nach IAS 7.31 und 7.35

Zu 2.4:

► Abgrenzung bzw. Bestandteile des **Fonds Liquide Mittel**

Zu 2.5:

► **Währungseinflüsse** (Zustandekommen und separate Darstellung)

► **Änderungen des Konsolidierungskreises** (Inhalt der Position)

Zu 3.1-3.3:

► Darstellung der unterschiedlichen Methoden zur Ableitung der Kapitalflussrechnung

► Herausarbeitung der **Vor- und Nachteile der unterschiedlichen Methoden,** insbesondere unter Verwendung folgender Kriterien: **Arbeitsaufwand, Darstellungsform, Präzisionsgehalt und betriebswirtschaftliche Aussagefähigkeit**.

Zu 4:

► Bedeutung der Kapitalflussrechnung und der Cashflows für die **Liquiditätsanalyse**

► **Cashflow aus betrieblicher Tätigkeit**: Indikator gleichzeitig für **Liquiditäts- und Ertrags-analyse**

► **Cashflow-Kennzahlen zur Rentabilitätsanalyse**: z. B. Cashflow in % vom Umsatz oder Cashflow in % des investierten Kapitals

► **näherungsweise Schätzung von Segment-Cashflows** nach IFRS 8 (im Einzelnen IFRS 8.23 Satz 1 und Satz 3 c-f), Erkennen von Wachstumsschwerpunkten im Produkt-/Leistungs-portfolio (Portfolio-Analysen auf Ebene der Segmente möglich)

7. Erläutern Sie die Schritte zur Aufstellung eines IFRS-Konzernabschlusses

Gliederung

1. Einführung

　　1.1　Verpflichtung zur Aufstellung eines IFRS-Konzernabschlusses

　　1.2　Einheitstheorie als Grundlage

2. Vorbereitungsmaßnahmen zur Konsolidierung der IFRS-Einzelabschlüsse

　　2.1　Abgrenzung des Konsolidierungskreises

　　2.2　Vereinheitlichung der Abschlussstichtage und der Berichtsperioden

　　2.3　Anpassung der Bilanzierung und Bewertung der Konzernunternehmen

　　2.4　Währungsumrechnung im Konzernabschluss

3. Kapitalkonsolidierung

　　3.1　Einbeziehung von Tochterunternehmen

　　　　3.1.1　Erstkonsolidierung

　　　　3.1.2　Folgekonsolidierung

　　3.2　Einbeziehung von Gemeinschaftsunternehmen

　　3.3　Einbeziehung von assoziierten Unternehmen

4. Schuldenkonsolidierung

5. Zwischenergebniskonsolidierung

6. Aufwands- und Ertragskonsolidierung

7. Besonderheiten der Konzern-Kapitalflussrechnung und der Konzern-Eigenkapitalveränderungs-rechnung

Erwartungshorizont

Zu 1.1:

► allgemeine Voraussetzung für Konzernabschluss: Mutterunternehmen und ein Tochter-unternehmen, für welches kein Einbeziehungswahlrecht (vgl. 2.1) besteht.

► **keine größenabhängige Befreiung** für die Aufstellung eines Konzernabschlusses,

► **Befreiung nach dem Tannenbaumprinzip** (IAS 27.10),

► **Konzernrechnungslegung nach IFRS** für **deutsche Unternehmen** nach § 315 a Abs. 1-3 HGB.

Zu 1.2:

▶ Konzernabschluss ist derjenige Abschluss, in dem die Vermögens-, Finanz- und Ertragslage so abgebildet wird, als ob die selbstständigen Unternehmen eine **fiktive wirtschaftliche Einheit** bilden (IAS 27.4); sog. **Einheitstheorie**.

Zu 2.1:

▶ Konsolidierungskreis allgemein: Abgrenzung der Unternehmen, welche neben dem Mutterunternehmen in den Konzernabschluss einzubeziehen sind.

▶ Konsolidierungskreis im engeren Sinne: **Mutterunternehmen und alle Tochterunternehmen**; nach IAS 27.12: grundsätzlich alle in- und ausländischen Tochterunternehmen ("Weltabschlussprinzip"); Ausnahme: Einbeziehungswahlrechte bei untergeordneter Bedeutung (Framework.29) und im Einzelfall bei unverhältnismäßigen Kosten und Verzögerungen (Framework.43 f.).

▶ Konsolidierungskreis im weiteren Sinne: **Gemeinschaftsunternehmen und assoziierte Unternehmen**; Ausnahme von Konsolidierungspflicht analog Tochterunternehmen

Zu 2.2:

▶ Abschlüsse des Mutterunternehmens und der Tochterunternehmen sind grundsätzlich auf einen **einheitlichen Stichtag (Stichtag des Mutterunternehmens = Konzernabschlussstichtag)** aufzustellen (IAS 27.22 Satz 1).

▶ Ausnahme: Abschlussstichtag des Tochterunternehmens weicht um höchstens drei Monate vom Konzernabschlussstichtag ab: Möglichkeit der Einbeziehung des Tochterunternehmens mit abweichendem Abschlussstichtag; aber Anpassung um signifikante Transaktionen und Ereignisse zwischen Abschlussstichtag des Tochterunternehmens und des Mutterunternehmens (IAS 27.23)

Zu 2.3:

▶ **konzerneinheitliche Bilanzierung und Bewertung** zwingend erforderlich zwecks Erhalt eines **aussagefähigen Konzernabschlusses** (IAS 27.24)

Zu 2.4:

▶ Aufstellung des **Konzernabschlusses in Berichtswährung**

▶ Erstellung des Jahresabschlusses der Konzernunternehmen auf erster Stufe in **funktionaler Währung**; Definition der funktionalen Währung (IAS 21.9-21.14); **Umrechnung von Geschäftsvorfällen in funktionale Währung** (IAS 21.20-21.34),

▶ anschließend **Umrechnung in Berichtswährung** (IAS 21.38-21.43).

Zu 3:

▶ **allgemeiner Zweck** der Kapitalkonsolidierung: **Aufrechnung des Beteiligungsbuchwerts beim Mutterunternehmen gegen das erworbene Eigenkapital beim Tochterunternehmen**

Zu 3.1-3.3:

► Darstellung der Schritte der Kapitalkonsolidierung bei Erst- und Folgekonsolidierung (vgl. Wiederholungsfragen, Kapitel 4, Aufgaben 5, 8, 9 und 14)

► Aufteilung des **Goodwills** auf **zahlungsmittel-generierende Einheiten** zwecks späterer **Prüfung des Vorliegens eines Wertminderungsaufwands** (ausgenommen bei Anwendung der Equity-Bewertung; IAS 28.33)

Zu 4:

► Zweck: **Aufrechnung von Forderungen und Verbindlichkeiten innerhalb des Konzerns** (Einheitstheorie)

► Durchführung zwischen Mutter-, Tochter- und quotal konsolidierten Gemeinschaftsunternehmen; bei Forderungen und Verbindlichkeiten zwischen Konzern- und Gemeinschaftsunternehmen: Aufrechnung in Höhe des Konzernanteils

► echte und unechte **Aufrechnungsdifferenzen**: Wesen und Eliminierung

Zu 5:

► Zweck: **Eliminierung von Zwischenergebnissen** bei Transfers **innerhalb des Konzerns** (Einheitstheorie)

► anteilige Zwischenergebniskonsolidierung für Gemeinschafts- und assoziierte Unternehmen

Zu 6:

► Zweck: **Vermeidung von Doppelzählungen in der Konzernergebnisrechnung** (Einheitstheorie)

► sachlicher Gegenstand der Aufwands- und Ertragskonsolidierung

► anteilige Einbeziehung von quotal konsolidierten Gemeinschaftsunternehmen

Zu 7: (nur bei ausreichender Zeitvorgabe)

► Darstellung weiterer Instrumente des IFRS-Konzernabschlusses und deren Besonderheiten:

► **Konzerneigenkapitalveränderungsrechnung**: Translationsanpassung, Entwicklung der Eigenkapitalbestandteile des Konzerns (insbesondere Minderheitsanteile)

► **Konzern-Kapitalflussrechnung**: Ermittlungsmethoden (originäre, derivative und – spezifisch für Konzern – **additive Methode**)

► **Konzern-Anhang**: Angabepflichten für Beteiligungen an Tochterunternehmen, Gemeinschaftsunternehmen und assoziierte Unternehmen

8. Die Segmentberichterstattung als Basis eines kennzahlengestützten Bereichscontrollings

Gliederung

1.   Segmente in der Segmentberichterstattung nach IFRS 8
   1.1   Management Approach als Grundlage der Segmentberichterstattung

Erwartungshorizont

Zu 1.1:

► Grundgedanke des **Management Approachs**: Jahresabschlussadressaten erhalten dieselben Schlüsselgrößen und in derselben Abgrenzung wie die **zentralen Entscheidungsträger** der berichtenden Einheit präsentiert.

► Auswirkung des Management Approachs auf **Segmentierungskriterien**, **Segmentierung** sowie **Segmentberichtsgrößen** (inhaltliche Abgrenzung sowie Segmentbilanzierungs- und Segmentbewertungsmethoden)

Zu 1.2:

► Definition **Segment** (IFRS 8.5)

► Maßgeblichkeit der internen Finanzberichterstattung für die Abgrenzung der Segmente in der externen Segmentberichterstattung (**Management Approach**; vgl. 1.1)

► **Aggregation intern berichteter Segmente zu extern ausweispflichtigen Segmenten** (IFRS 8.13)

► Möglichkeiten der Darstellung von Segmenten **unterhalb der Größenkriterien des IFRS 8.13**

Zu 2:

► **Darstellung der Offenlegungspflichten**, z. B. strukturiert nach Angabepflichten, welche die Bilanz, GuV-Rechnung (bzw. Gesamtergebnisrechnung) und die Kapitalflussrechnung betreffen.

► Hervorhebung der **Bedeutung der Struktur der internen Finanzberichterstattung** für die externe Veröffentlichungspflicht (sowohl hinsichtlich der Art als auch des Inhalts der offen zu legenden Segmentgrößen; vgl. Management Approach 1.1)

► Erläuterung der Bedeutung der **Überleitungsrechnungen** und der **sonstigen Angabepflichten** als **Korrektiv zu den Freiheitsgraden** bei der nach dem **Management Approach erstellten Segmentberichterstattung**

Zu 3.1:

► **Definition und Zweck von Rentabilitätskennzahlen**,

► Aufzeigen der **mittels Segmentinformationen** (möglicherweise) **berechenbaren Rentabi-litätskennzahlen** (Umsatzrentabilität, Gesamtkapitalrentabilität, Eigenkapitalrentabili-tät, Rentabilität der Equity-Gesellschaften, Cashflow-Rendite vom Umsatz, Cashflow-Rendite des investierten Kapitals; beachte für Cashflow keine Offenlegungspflicht, son-dern nur näherungsweise ermittelbar)

► **Abhängigkeit** der **Ermittlungsfähigkeit** und des **exakten Gehalts** der Kennzahlen von der im Management Approach konkret gewählten **Ausgestaltung der Finanzberichterstat-tung** bzw. Segmentberichterstattung

Zu 3.2:

► **Definition und Zweck von Produktivitätskennzahlen**,

► Aufzeigen der **mittels Segmentinformationen** (möglicherweise) **berechenbaren Produkti-vitätskennzahlen** (Kapitalumschlag, Cashflow-Rendite des investierten Kapitals)

► **Abhängigkeit** der **Ermittlungsfähigkeit** und des **exakten Gehalts** der Kennzahlen von der im Management Approach konkret gewählten **Ausgestaltung der Finanzberichterstat-tung** bzw. Segmentberichterstattung

Zu 3.3:

► **Definition und Zweck von Wachstumskennzahlen**,

► Aufzeigen der **mittels Segmentinformationen** (möglicherweise) **berechenbaren Wachs-tumskennzahlen** (Nettoinvestitionen, Investitionen in % des Cashflows, Investitionen in % des Buchwerts des Segmentvermögens)

► **Abhängigkeit** der **Ermittlungsfähigkeit** und des **exakten Gehalts** der Kennzahlen von der im Management Approach konkret gewählten **Ausgestaltung der Finanzberichterstat-tung** bzw. Segmentberichterstattung

Zu 4.1:

► **Management Approach** mit **erheblichen Einschränkungen für einen unternehmensüber-greifenden Kennzahlenvergleich**, insbesondere **Grad und Prinzipien der Zuordnung von gemeinschaftlichen Vermögenswerten, Schulden, Erträgen und Aufwendungen** auf die Segmente, Anwendung von nicht IFRS-konformen **Segmentbilanzierungs- und Segment-bewertungsmethoden**, Möglichkeit **asymmetrischer Zuordnung von Bilanzposten und korrespondierenden Ergebnisrechnungsposten** (z. B. Zuordnung von Vermögenswerten auf die Segmente ohne Einbeziehung der Abschreibungen auf diese Vermögenswerte in das Segmentergebnis); daher Notwendigkeit der Berücksichtigung der Überleitungsrech-nung und sonstiger Angaben beim Unternehmensvergleich; vgl. 2)

► Verwendung der ermittelten bzw. ermittelbaren Kennzahlen zum **unternehmensinter-nen Vergleich der Segmente** (Management Approach); Problem: Fehlen externer Ver-gleichsmaßstäbe und unterschiedliche Geschäftsaktivitäten im unternehmensinternen Vergleich; insbesondere in Mischkonzernen

Zu 4.2.1:

▶ **Einschränkung** der Aussagefähigkeit des Rentabilitätsvergleichs bei **historischen Buchwerten** und **zeitlich unterschiedlichen Investitionsschwerpunkten** der Segmente (falls nicht in der internen Finanzberichterstattung eine Vereinheitlichung der Bewertung des Vermögens auf Basis von beizulegenden Zeitwerten erfolgt)

▶ **Abhängigkeit** der sinnvoll zu ermittelnden Rentabilitätszahlen vom Umfang des **extern berichteten Segmentergebnisses** (z. B. Ergebnis nach Steuern, Ergebnis vor Steuern, Betriebsergebnis, Deckungsbeitrag)

Zu 4.2.2:

▶ **keine Arbeitsproduktivitäten** ermittelbar

Zu 4.2.3:

▶ **Cashflow**: Abhängigkeit der nur näherungsweise ermittelbaren Kennzahl/-en vom Umfang des Segmentergebnisses (4.2.1) bzw. von der Ausgestaltung der internen Finanzberichterstattung

▶ **Nettoinvestitionen**: keine planmäßigen Abschreibungen für Goodwill und immaterielle Vermögenswerte mit unbestimmter Nutzungsdauer

9. Vergleichen Sie die latenten Steuern in der IFRS- und in der HGB-Rechnungslegung

Gliederung

1.   Einführung
2.   Latente Steuern in der Bilanz
       2.1   Bilanzierung latenter Steuern
             2.1.1   Temporäre vs. zeitliche Differenzen
             2.1.2   Abgrenzung steuerlicher Verlustvorträge
       2.2   Bewertung latenter Steuern
       2.3   Saldierung und Ausweis latenter Steuern
3.   Latente Steuern in der Gesamtergebnisrechnung
4.   Latente Steuern im Anhang

Erwartungshorizont

Zu 1:

▶ Aufgabe der latenten Steuerabgrenzung (u. a. Aufzeigen des künftigen Steuerminderungspotenzials sowie künftiger Steuerbelastungen)

Zu 2.1.1:

▶ Darstellung des **Abgrenzungskonzepts der latenten Steuern** nach **IFRS** (u. a. Differenzen zwischen Buchwerten der IFRS- und Steuerbilanz, Ausgleich der Differenz spätestens bis zur Liquidation, kein Vorliegen eines IFRS-spezifischen Abgrenzungsverbots); **Ansatzpflicht** sowohl für **aktive** als auch **passive Differenzen**

▶ Darstellung des **Abgrenzungskonzepts** der **HGB-Rechnungslegung** (Ergebnisunterschiede zwischen handelsrechtlicher und steuerrechtlicher Gewinnermittlung und Ausgleich in einer bestimmten Zeit, keine Abgrenzung quasi-permanenter Differenzen, aber DRS 10 mit unmittelbarer Geltung im Konzernabschluss); **Abgrenzungswahlrecht für aktive Differenzen**

Zu 2.1.2:

▶ **Abgrenzung** aktiver latenter Steuern auf **steuerliche Verlustvorträge** nach IAS 12.34; Prüfung der **Realisierungswahrscheinlichkeit** der künftigen Steuerersparnisse (Unterscheidung zeitlich begrenzten und unbegrenzten Verlustvortrag, uneinheitliche Meinungen in der Literatur zum Umfang der latenten Steuerabgrenzung im Falle eines zeitlich unbegrenzten Verlustvortrags wegen des im Allgemeinen zeitlich begrenzten Unternehmensplanungshorizonts)

▶ nach herrschender Meinung **keine Abgrenzung steuerlicher Verlustvorträge** wegen **Realisationsprinzip** in der HGB-Rechnungslegung, allerdings Ausgleich mit passiven Differenzen möglich, herrschende Meinung jedoch nicht unumstritten; Realisierung von Steuererstattungsansprüchen bei Verlusten und gleichzeitiger Verlustrücktragsmöglichkeit

▶ deutliche Annäherung des Abgrenzungskonzepts jedoch durch Bilanzrechtsmodernisierungsgesetz zu erwarten

Zu 2.2:

▶ Abgrenzung der latenten Steuern grundsätzlich mit dem für die **Zukunft gültigen Steuersatz**, wegen **Unsicherheit** über **künftige Steuersatzentwicklung Verwendung des aktuell gültigen Steuersatzes**

▶ bei Unterschied zwischen Steuersatz für Ausschüttungen und Thesaurierungen: **Verwendung des Thesaurierungssteuersatzes nach IAS 12.52 A** in der IFRS-Rechnungslegung; in der HGB-Rechnungslegung nicht explizit geregelt.

▶ **Abzinsungsverbot für aktive und passive Differenzen** nach IAS 12.53; HGB nicht geregelt (aber wohl kein Unterschied)

▶ **Wertminderungen** und **Wertaufholungen** auf **aktive latente Steuern** in der IFRS-Rechnungslegung; HGB-Rechnungslegung: nicht explizit geregelt (aktive latente Steuern sind keine Vermögensgegenstände, sondern Bilanzierungshilfen!), aber Anpassung des Buchwerts bei verminderter Werthaltigkeit

Zu 2.3:

▶ IFRS: Saldierung nur unter den **Voraussetzungen des IAS 12.74** (Differenzierung Einzel- und Konzernabschluss) und Ausweis unter den **langfristigen Vermögenswerten**

▶ HGB: Aufrechnung **aktiver und passiver Differenzen** auf Grund der **Gesamtdifferenzenbetrachtung** (entweder Bildung eines Aktiv- oder Passivpostens, Wahlrecht beim Aktivposten), Ausweis eines Aktivpostens als **Bilanzierungshilfe** bzw. Ausweis eines Passivpostens unter den **Rückstellungen**

Zu 3:

▶ IFRS: **erfolgswirksame Bildung und Auflösung latenter Steuern** in der GuV-Rechnung nur dann, wenn der **Grundsachverhalt**, auf den sich die Steuerabgrenzung bezieht, auch **erfolgswirksam verrechnet** wurde (IAS 12.61 A); Fälle, in denen **latente Steuern erfolgsneutral im sonstigen Gesamtergebnis** verrechnet werden (z. B. Neubewertung von Sachanlagen und immateriellen Vermögenswerten, Bewertung der zur Veräußerung verfügbaren finanziellen Vermögenswerte zu beizulegenden Zeitwerten, effektiver Teil eines Cashflow-Hedges, Translationsanpassung, unmittelbar im sonstigen Gesamtergebnis erfasste versicherungsmathematische Gewinne und Verluste); Fälle **ergebnisneutraler Verrechnung latenter Steuern** gegen das Eigenkapital (retrospektive Korrektur von Fehlern, Änderung von Bilanzierungs- und Bewertungsmethoden, Auswirkung der Umstellung der Rechnungslegung auf IFRS sowie Eigenkapitalbeschaffungskosten).

▶ HGB: **nur erfolgswirksame Bildung** und **Auflösung latenter Steuern in der GuV-Rechnung**

Zu 4:

▶ IFRS: **Aufgliederung des Steueraufwands** (IAS 12.79 i. V. m. 12.80), Untergliederung der aktiven und passiven **temporären Differenzen** sowie der aktivierten **steuerlichen Verlustvorträge nach Sachverhalten** gemäß IAS 12.81 g (i), Angabe der Steuereffekte für jede Komponente des sonstigen Gesamtergebnisses (einschließlich Reklassifizierungsbuchungen) gemäß IAS 1.82 g i. V. m. IAS 1.90 und 1.92, Angabe der mit dem **Eigenkapital verrechneten Steuereffekte** nach IAS 12.81 a, Angabe zu **nicht abgegrenzten temporären Steuereffekten** (IAS 12.81 e und f, IAS 12.82).

▶ HGB: keine spezifischen Anhangangaben

10. Erläutern Sie die Schritte der Umstellung von der HGB- auf die IFRS-Rechnungslegung.

Gliederung

1. Einführung
2. Identifikation von Bilanzierungs- und Bewertungsunterschieden
3. Ermittlung des Informationsbedarfs zur Erstellung der IFRS-Eröffnungsbilanz
4. Erstellung der IFRS-Eröffnungsbilanz
5. Generierung des laufenden Informationsbedarfs zur Erstellung der auf die IFRS-Eröffnungsbilanz folgenden Abschlüsse
    5.1 Methoden zur Erhebung des laufenden Informationsbedarfs
    5.2 Anforderungen an die Buchführung zur Abbildung der HGB- und IFRS-Rechnungslegung
    5.3 Erweiterungen des Kontenplans
    5.4 Besonderheiten im Konzern

Erwartungshorizont

Zu 1:

▶ Relevanz des Themas aus deutscher Sicht (§ 315a HGB), Aufstellungspflicht des Einzelabschlusses nach HGB sowie Erfüllung steuerlicher Anforderungen (Steuerbilanz)

► Aufzählen der Schritte der Umstellung

Zu 2:

► **Methodisches Vorgehen** (Ausgangspunkt: HGB-Abschluss und Informationen über – bei HGB – nicht bilanzwirksame Sachverhalte)

► **Schwerpunkte der Anpassungen in Bilanzierung und Bewertung** (z. B. Leasing, selbst geschaffene immaterielle Vermögenswerte, Bewertung von Finanzinvestitionen und Finanzinstrumenten, Pensionsrückstellungen, Eventualverbindlichkeiten, Latente Steuern)

Zu 3:

► Prüfung des Vorhandenseins der für die Erstellung der **IFRS-Eröffnungsbilanz notwendigen Informationen**, insbesondere über bislang nicht bilanzwirksam erfasste Posten und nicht benötigte Bewertungsmaßstäbe (mit Beispielen, wie Leasing, derivative Finanzinstrumente, selbst geschaffene immaterielle Vermögenswerte)

Zu 4:

► Grundsätze für die Aufstellung der IFRS-Eröffnungsbilanz (**retrospektive Anwendung** sowie **Stetigkeit der Bilanzierungs- und Bewertungsmethoden** für alle innerhalb des ersten IFRS-Abschlusses dargestellten Perioden)

► **Ausnahmen vom Grundsatz der retrospektiven Anwendung** und **Wahlrechte** (IFRS 1.13 ff.) aufführen, bei ausreichender Zeitvorgabe: exemplarisch einzelne Wahlrechte erläutern (empfohlen: IFRS 1.15 i. V. m. Appendix B)

► Erstellung der **IFRS-Eröffnungsbilanz** (Anpassung sämtlicher Bilanzposten ohne latente Steuern und Eigenkapital, anschließend latente Steuern aus temporären Differenzen durch Analyse der Differenzen zwischen IFRS- und Steuerbilanzwerten, gegebenenfalls latente Steuern aus Verlustvorträgen, Eigenkapital nach IFRS als verbleibender Saldo, anschließend Aufgliederung in Bestandteile)

Zu 5.1:

► **Methoden zur Generierung des Informationsbedarfs** für die IFRS-Rechnungslegung, insbesondere auch zur Erfüllung zusätzlicher Offenlegungspflichten (vgl. Wiederholungsfragen, Kapitel 10, Aufgabe 2).

Zu 5.2:

► Mindestanforderung: Aufzeigen der **organisatorischen Grundfragen** zur **parallelen Durchführung der HGB- und IFRS-Rechnungslegung** (originäre Buchführung nach HGB oder IFRS, Integration der steuerlichen Gewinnermittlung, Buchung von Originalwerten oder Differenzen, Verwendung einer Kontenklasse oder eines Buchungskreises als systemtechnische Möglichkeiten der Überleitung)

► bei ausreichender Zeitvorgabe: Diskussion der möglichen Lösungsalternativen der aufgezeigten Grundfragen

Zu 5.3:

► Mindestanforderung: Auflistung der **typischen Bereiche**, in denen **Kontenplanerweite-rungen** vorkommen können (z. B. Sachanlage- und immaterielles Vermögen zur Abbil-dung zusätzlicher Bewegungspositionen und Leasing, Finanzvermögen, Eigenkapital zur Ableitung der Eigenkapitalveränderungsrechnung, Rückstellungsspiegel, Untergliederung des Steueraufwands/-ertrags sowie der latenten Steuerbilanzpositionen)

► bei ausreichender Zeitvorgabe: Aufzeigen der typischen Erweiterungen anhand eines der oben genannten Bereiche

Zu 5.4:

► **Konzernkontenplan** oder **Konzernkontenrahmen** und parallel Erlass einer **Konzernkontie-rungsrichtlinie** zwecks **konzerneinheitlicher Bilanzierung und Bewertung** (IAS 27.24)

► Entscheidung über Konzernkontenplan oder -kontenrahmen mit Rückwirkung auf die un-ter Gliederungspunkt 5.2 erwähnten Grundfragen

11. Vergleichen Sie den Bilanzposten Sachanlagen in der IFRS- und der HGB-Rechnungslegung

Gliederung

1.   Abgrenzung der Sachanlagen in der HGB- und IFRS-Rechnungslegung
2.   Bewertung der Sachanlagen bei Zugang
3.   Folgebewertung der Sachanlagen
      3.1   Bewertung zu fortgeführten Anschaffungs- oder Herstellungskosten nach HGB und IFRS
            3.1.1   Planmäßige Abschreibungen
            3.1.2   Außerplanmäßige Abschreibungen und Wertminderungen
            3.1.3   Wertaufholung
            3.1.4   Nachträgliche Anschaffungs- oder Herstellungskosten
      3.2   Bewertung nach der Neubewertungsmethode in der IFRS-Rechnungslegung
      3.3   Bewertungswahlrecht für Finanzinvestitionen in der IFRS-Rechnungslegung
4.   Offenlegungsvorschriften nach HGB und IFRS

Erwartungshorizont

Zu 1:

► **Finanzinvestitionen** als eigenständiger Bilanzposten im IFRS-Bilanzgliederungsschema nach IAS 1.54 b (Erläuterung der Abgrenzung und Darstellung des Ermessensspielraums bei der Zuordnung)

► **Sachanlagen**, im Rahmen des **Finanzierungs-Leasing** dem **Leasingnehmer zugeordnet** (unterschiedliche Kriterien der Zuordnung nach IFRS und deutschem Steuerrecht, Zu-rechnungskriterien nach IFRS deutlich umfassender)

Zu 2:

► Anschaffungs- oder Herstellungskosten nach HGB und IFRS als grundsätzlicher Bewer-tungsmaßstab

► Mindestanforderung: Darstellung der Besonderheiten: Berücksichtigung von **künftigen Entsorgungsverpflichtungen** in den Anschaffungs- oder Herstellungskosten nach IFRS, **Fremdkapitalkosten**: Wahlrecht nach HGB und Aktivierungspflicht bei qualifizierten Vermögenswerten nach IFRS (ansonsten Aktivierungsverbot)

bei ausreichender Zeitvorgabe: Eingehen auf folgende Fälle: Berücksichtigung von öffentlichen Zuschüssen, Übertragung von § 6b-Rücklagen und R6.6-EStR-Rücklagen bei Ermittlung der Anschaffungs- oder Herstellungskosten im HGB, Bewertung von im Rahmen eines Finanzierungs-Leasing zugerechneten Vermögenswerten, Anschaffungs- oder Herstellungskosten bei **Tausch von Vermögenswerten**

► Ansatz von **geringwertigen Vermögenswerten** (Sofortabschreibung nach § 6 Abs. 2 EStG oder ein auf Framework.29 gestützter Verzicht der Aufnahme ins Sachanlagevermögen)

Zu 3.1.1:

► **Abschreibungsobjekt**: IFRS: **Komponentenansatz** (z. B. Flugzeuge), Zusammenfassung geringwertiger Vermögenswerte (z. B. Werkzeuge) und Abschreibung über mittlere Abschreibungsdauer; HGB: Zusammenfassung von Vermögenswerten des Sachanlagevermögens unter bestimmten Bedingungen zu einem Festwert sowie Zusammenfassung von Vermögenswerten nach § 6 Abs. 2a EStG („Poolabschreibung")

► Abschreibungsmethode: **Methodenvielfalt** sowohl bei HGB als auch IFRS

► Abschreibungsdauer: IFRS: Abschreibung über die wirtschaftliche Nutzungsdauer im Unternehmen; HGB: **wirtschaftliche Nutzungsdauer**, häufig aber **Anlehnung an steuerliche Abschreibungsdauern**

Zu 3.1.2:

► IFRS: Darstellung des **Asset-Impairment-Konzepts**, Bestimmung der Bezugseinheit für Wertminderung (**einzelner Vermögenswert vs. zahlungsmittel-generierende Einheiten**), Eingehen auf **Wertminderungsindikatoren**, Bestimmungsfaktoren des erzielbaren Betrags, Ermessensspielräume bei Schätzung des **Nutzungswerts**, Verteilung des Wertminderungsaufwands auf Vermögenswerte der zahlungsmittel-generierenden Einheit, **Abschreibungspflicht** auch bei **voraussichtlich** nur **vorübergehender Wertminderung**

► HGB: Abschreibung auf niedrigeren beizulegenden Wert (nach Kommentierung zumeist Wiederbeschaffungs- oder Wiederherstellungskosten), **Abschreibungsgebot** nur bei voraussichtlich dauerhafter Wertminderung, bei voraussichtlich vorübergehender Wertminderung: Abschreibungsverbot bei Kapitalgesellschaften und Abschreibungswahlrecht bei Einzelunternehmen und Personengesellschaften;

► HGB: **steuerliche Sonderabschreibungen** wegen **umgekehrter steuerlicher Maßgeblichkeit** (§§ 254, 273 HGB), z. B. § 6b-Abschreibungen, R 6.6-EStR-Rücklagen oder Abschreibungen nach Fördergebietsgesetz

Zu 3.1.3:

► IFRS: Prüfung des Vorliegens von **Wertaufholungsindikatoren; Pflicht zur Wertaufholung**, wenn erzielbarer Betrag den bisherigen fortgeführten Buchwert übersteigt

► HGB: **Pflicht zur Wertaufholung** bei Kapitalgesellschaften (§ 280 Abs. 1 HGB)

Zu 3.1.4:

▶ Kriterien für das Vorliegen **nachträglichen Herstellungsaufwands nach HGB** bzw. deutschem Steuerrecht; **IFRS: eigenständige Prüfung der Aktivierungskriterien** für nachträglich angefallene Ausgaben (IAS 16.13 i.V. m. 16.7).

Zu 3.2:

▶ **Darstellung der Neubewertungsmethode** als alternative Folgebewertung von Sachanlagen (unter anderem Umfang der von Neubewertung erfassten Vermögenswerte, Häufigkeit, Abgang neubewerteter Vermögenswerte)

▶ Herausarbeitung der Konsequenzen für planmäßige Abschreibungen, Wertminderung und Wertaufholung

Zu 3.3:

▶ Erläuterung des Wahlrechts zwischen **fortgeführten Anschaffungs- oder Herstellungskosten** (vgl. 3.1) und **Zeitwertansatz**

▶ Darstellung des Zeitwertansatzes als alternative Methode zur Folgebewertung von Finanzinvestitionen (unter anderem Regelmäßigkeit, Erfolgswirksamkeit der Zeitwertanpassung)

Zu 4:

▶ **IFRS: Anlagespiegel** (IAS 16.73 d und e), Angaben zu **Bilanzierungs- und Bewertungsmethoden,** unter anderem Angabe der Abschreibungsmethoden und Nutzungsdauern (IAS 16.73 a-c), spezielle Angaben im Falle der Anwendung der **Neubewertungsmethode** (IAS 16.77), dezidierte Angaben zu **Wertminderungen und Wertaufholungen** (IAS 36.126 ff.), zu **Finanzinvestitionen** (IAS 40.75 ff.) und zu **Vermögenswerten**, die **im Rahmen eines Finanzierungs-Leasing zugerechnet** werden (IAS 17.31).

▶ **HGB: Anlagespiegel** unter Angabe der **Entwicklungsposten** (§ 268 Abs. 2 Satz 2 HGB), ansonsten nur **Angaben zu Bilanzierungs- und Bewertungsmethoden** (§ 284 Abs. 2 Nr. 1 HGB).

12. Vergleichen Sie Ausweis, Bilanzierung und Bewertung der Rückstellungen in der IFRS- und der HGB-Rechnungslegung

Gliederung
1.   Einführung
2.   Pensionsrückstellungen und ähnliche Verpflichtungen
3.   Steuerrückstellungen und latente Steuern
      3.1   Effektive Steuerverpflichtungen
      3.2   Latente Steuerverpflichtungen
4.   Sonstige Rückstellungen
      4.1   Ansatzvoraussetzungen
      4.2   Bewertung

Erwartungshorizont

Zu 1:

▶ Abgrenzung der Rückstellungen in IFRS- und HGB-Rechnungslegung (Accruals, Latente Steuern)

Zu 2:

▶ Erläuterung der Grundzüge des **steuerlichen Teilwertverfahrens** (§ 6 a EStG) und seiner **Relevanz für die HGB-Rechnungslegung**, Herausarbeitung der verwendeten bzw. vorgegebenen **versicherungsmathematischen Parameter**, im Regelfall ergebniswirksame sofortige Erfassung versicherungsmathematischer Gewinne und Verluste, Ausnahme: neue Sterbetafeln (Möglichkeit der Verteilung auf drei Jahre); allerdings erhebliche Annäherung an die IFRS-Rechnungslegung durch Bilanzrechtsmodernisierungsgesetz geplant.

▶ Erläuterung der **Konzeption des IAS 19**, beitrags- vs. leistungsorientierte Pensionspläne, Herausarbeitung der verwendeten versicherungsmathematischen Parameter, Wahlrecht bei Behandlung versicherungsmathematischer Gewinne und Verluste

▶ ähnliche Verpflichtungen, z. B. **Jubiläumsverpflichtungen**: IFRS: ebenfalls Verwendung versicherungsmathematischer Parameter zur Kalkulation, aber sofortige erfolgswirksame Erfassung versicherungsmathematischer Gewinne und Verluste; HGB: Gültigkeit des Stichtagsprinzips, wie bei Pensionsrückstellungen (Annäherung durch Bilanzrechtsmodernisierungsgesetz geplant)

Zu 3.1:

▶ **Rückstellungen im Sinne der HGB-Rechnungslegung**, nach IFRS: im Regelfall keine Rückstellungen, sondern Ausweis unter Steuerverbindlichkeiten, Steuerrückstellungen bei Betriebsprüfungsrisiken möglich

Zu 3.2:

▶ Erläuterung der **unterschiedlichen Steuerabgrenzungskonzepte** der latenten Steuern in der IFRS- und der HGB-Rechnungslegung bezogen auf temporäre bzw. zeitliche Differenzen (IFRS: Unterschiede in den Bilanzansätzen von IFRS- und Steuerbilanz, Ausgleich spätestens bis zur Liquidation und kein Vorliegen eines IFRS-spezifischen Abgrenzungsverbots; HGB: Ergebnisunterschiede zwischen handels- und steuerrechtlicher Gewinnermittlung und Ausgleich in einer bestimmten Zeit, keine Abgrenzung quasi-permanenter Differenzen, aber DRS 10 mit unmittelbarer Geltung im Konzernabschluss); erhebliche Annäherung der HGB- an die IFRS-Rechnungslegung durch Bilanzrechtsmodernisierungsgesetz geplant

▶ **keine Diskontierung der latenten Steuerposten** (IAS 12.53), gleiche Auffassung nach überwiegender HGB-Kommentierung

Zu 4.1:

▶ Differenzierung zwischen **abgegrenzten Verbindlichkeiten (accruals) und Rückstellungen bei IFRS**, Beispiele: ausstehender Jahresurlaub, ausstehende Tantiemen

► **Verbot** der **Bildung von Aufwandsrückstellungen in der IFRS-Rechnungslegung, aber Restrukturierungsrückstellungen** (faktische Verpflichtung); Regelungen zu Aufwandsrückstellungen im HGB, allgemein § 249 Abs. 2 HGB (Wahlrecht; aber geplante Abschaffung durch Bilanzrechtsmodernisierungsgesetz), speziell Rückstellungen für unterlassene Instandhaltung (Nachholung innerhalb von drei Monaten: Pflicht; Nachholung zwischen dem vierten und zwölften Monat nach Ende des Geschäftsjahres: Wahlrecht).

► **Wahrscheinlichkeit** als Bedingung für **Ansatz einer Rückstellung** in der **IFRS-Rechnungslegung**, ansonsten Eventualverbindlichkeit mit Angabe im Anhang; HGB-Rechnungslegung: Rückstellungen auch aus **kaufmännischer Vorsicht** möglich.

Zu 4.2:

► HGB: Bewertung unter Beachtung des **Vorsichtsprinzips**

► IFRS: tendenziell **risikoneutrale Bewertung des Risikos**, grundsätzlich Erwartungswert der Verpflichtung bei einer Vielzahl von Positionen, die den gleichen Risikoursachen unterliegen, bei **Bewertung von Einzelrisiken** auch andere Bewertungsmaßstäbe möglich (Erfüllungsbetrag mit der **höchsten Eintrittswahrscheinlichkeit** oder **Medianwert der Verteilung**)

► **Abzinsung langfristiger Rückstellungsbeträge** nach IFRS und im Regelfall auch nach HGB (vgl. insbesondere steuerliche Regelung des § 6 Abs. 1 Nr. 3a Buchstabe e EStG)

► **Sachleistungsverpflichtungen: Stichtagsprinzip des HGB** verbietet Berücksichtigung von zukünftigen Preissteigerungen (geplante Änderung durch Bilanzrechtsmodernisierungsgesetz), **Berücksichtigung zukünftiger Preissteigerungen bei IFRS**

► **Entsorgungsverpflichtungen** im **Zusammenhang mit Sachanlagen**: in HGB-Rechnungslegung **Wahlrecht** zwischen sofortiger Rückstellung und Verteilung des künftigen Erfüllungsbetrags über die Laufzeit; **IFRS: diskontierter künftiger Erfüllungsbetrag** als **Bestandteil der Anschaffungs- oder Herstellungskosten** des Vermögenswerts und somit Bildung der **Entsorgungsrückstellung** in Höhe des **diskontierten künftigen Erfüllungsbetrags** bei Anschaffung oder Herstellung des Vermögenswerts, erfolgswirksame Verteilung des Aufwands für künftige Entsorgung über (erhöhte) Abschreibung der Sachanlage und Zinsaufwand.

13. Bilanzierung der Fertigungsaufträge in der deutschen und IFRS-Rechnungslegung

Gliederung

Erwartungshorizont

Zu 1:

► **Charakteristika von Fertigungsaufträgen**, insbesondere zeitliche Vorverlagerung des Absatzes, kundenspezifische Einzel- oder Variantenfertigung, Werk- oder Werklieferungsverträge, Preisbildung mit hohen Unsicherheiten und hohes Kalkulationsrisiko

Zu 2:

► allgemein: **nicht explizit im HGB geregelt**, daher verschiedene Auffassungen

Zu 2.1:

► **herrschende Meinung** in deutscher Rechnungslegung, gestützt auf **Realisationsprinzip** nach § 252 Abs. 1 Nr. 4 HGB,

► **Umfang der Herstellungskosten**: neben Material- und Fertigungskosten unter anderem Ausgaben, die der Auftragserlangung und der Fertigungsvorbereitung dienen, sowie Fremdfinanzierungskosten (§ 255 Abs. 3 HGB)

► wegen diskontinuierlichen Umsatz- und Ergebnisausweises: § 264 Abs. 2 Satz 2 HGB, Angabe des abzuwickelnden Auftragsvolumens, Höhe der Zwischenverluste und voraussichtlich noch zu realisierende Teilgewinne im Anhang

Zu 2.2:

► Darstellung der verschiedenen in der Literatur diskutierten Möglichkeiten der Teilgewinnrealisierung: **Selbstkostenaktivierung, Teilgewinnrealisierung durch echte Teilabnahmen** sowie **Teilgewinnrealisierung durch „kalkulatorische" Teilabrechnungen**

► Erläuterung der Schwierigkeiten der Vereinbarkeit dieser Ansätze mit der Systematik der deutschen Rechnungslegung, insbesondere bei Selbstkostenaktivierung und Teilgewinnrealisierung durch „kalkulatorische" Teilabrechnungen

Zu 2.3:

► Darstellung, unter welchen Voraussetzungen Teile der deutschen Kommentierung die Anwendung der Percentage-of-Completion-Methode und damit einen Verstoß gegen das Realisationsprinzip für vertretbar halten (z. B. Winnefeld: Bilanz-Handbuch, 4. Aufl., München 2006, S. 2034)

Zu 2.4:

► **sofortige Verlustrealisation** in voller Höhe (§ 252 Abs. 1 Nr. 4 Halbsatz 1 HGB)

▶ Ausweis als aktivische Wertkorrektur und bei Fehlen eines Aktivpostens für Fertigungsaufträge Ausweis als **Rückstellung für drohende Verluste aus schwebenden Geschäften** nach § 249 Abs. 1 Satz 1 HGB

Zu 2.5:

▶ Beachtung des **Realisationsprinzips**

▶ BFH: Teilgewinnrealisierung nur dann, wenn der auf die Teilerfüllung entfallende Anteil der Gegenleistung so gut wie sicher ist (z. B. **selbstständig abnehmbare Teilbauten** im Rahmen einer **qualifizierten Teilerfüllung**)

Zu 3.1:

▶ Bilanzierung von **Fertigungsaufträgen** und **Dienstleistungsaufträgen** im direkten **Zusammenhang mit Fertigungsaufträgen**

Zu 3.2.1:

▶ Differenzierung zwischen **Festpreis- und Kostenzuschlagsvertrag**

▶ Darstellung der **Voraussetzungen der Anwendung der Percentage-of-Completion-Methode** in **Abhängigkeit der Vertragstypen**

▶ Ermittlung des **Projektfertigstellungsgrads**

▶ nur bei ausreichender Zeitvorgabe: Methoden des Projekt-Controlling zur Ermittlung des Projektfertigstellungsgrads am Bilanzstichtag

Zu 3.2.2:

▶ Darstellung der **Bilanzierungsvorschriften** sowohl für Aufträge, aus denen ein **Gewinn erwartet wird**, als auch für **Verlustaufträge**

▶ Herausarbeitung des **Einflusses von Schätzungen und Prognosen** auf die Bewertung der Fertigungsaufträge

Zu 3.3:

▶ Darstellung der **Anwendungsvoraussetzungen** (IAS 11.32)

▶ **Umfang** der **zu aktivierenden Herstellungskosten** unter Berücksichtigung der **verlustfreien Bewertung**

Zu 3.4:

▶ bilanzieller Ausweis: Saldo zwischen Wert des Fertigungsauftrags (einschließlich Gewinn oder Verlust) und den erfolgten Teilabrechnungen; aktivischer oder passivischer Saldo

▶ herrschende Meinung für **Ausweis unter Forderungen** wegen IAS 11.42 („amount due from customers") bzw. **unter den Verbindlichkeiten**

▶ GuV-Rechnung: Ausweis der **Auftragserlöse** (auch bei Schätzung) als **Umsatzerlöse** und **Gegenüberstellung mit Auftragskosten** (Ausweis unter den Herstellungskosten bzw. unter den entsprechenden Aufwandsarten)

Zu 3.5:

► Offenlegungspflichten nach IAS 11.39, 11.40 und 11.42.

14. Konzeption und Gestaltungsspielräume der Asset Impairment Tests in der IFRS-Rechnungslegung

Gliederung

1. Bezugsobjekte und Stufen der Asset Impairment Tests

2. Konzeption der einzelnen Asset Impairment Tests

    2.1   Asset Impairment Test für Vermögenswerte und zahlungsmittel-generierende Einheiten ohne zugeordneten Goodwill

    2.2   Asset Impairment Test für zahlungsmittel-generierende Einheiten mit zugeordnetem Goodwill

3. Gestaltungsspielräume der Asset Impairment Tests

    3.1   Asset Impairment Test für Vermögenswerte und zahlungsmittel-generierende Einheiten ohne zugeordneten Goodwill

        3.1.1   Beurteilung des Vorliegens von Wertminderungsindikatoren

        3.1.2   Ermittlung des Nutzungswerts

            3.1.2.1   Cashflow-Prognosen

            3.1.2.2   Zinssatz

            3.1.2.3   Berücksichtigung mehrwertiger Erwartungen

    3.2   Asset Impairment Test für zahlungsmittel-generierende Einheiten mit zugeordnetem Goodwill

        3.2.1   Erstmalige Zuordnung des Goodwills

        3.2.2   Folgebewertung des Goodwills

Erwartungshorizont

Zu 1:

► Stufen der Wertprüfung: Abhängigkeit, ob **Goodwill** und/oder **Corporate Assets** auf Ebene der einzelnen Vemögenswerte **zugeordnet** sind

► **Wertminderungsobjekte: einzelne Vermögenswerte** und **zahlungsmittel-generierende Einheiten ohne zugeordneten Goodwill** sowie **zahlungsmittel-generierende Einheiten mit zugeordnetem Goodwill**

Zu 2.1:

► **Abgrenzung von zahlungsmittel-generierenden Einheiten** zur Überprüfung eines Asset Impairments

► Darstellung von **Wertminderungsindikatoren**, die Asset Impairment Test auslösen

► **Ausgestaltung des Asset Impairment Tests**

► Verteilung des Wertminderungsaufwands auf die einzelnen Vermögenswerte bei zahlungsmittel-generierenden Einheiten

Zu 2.2:

- ▶ **Aufteilung** von **erworbenen Goodwills** bei Unternehmenserwerben

- ▶ **jährliche Überprüfung** aller zahlungsmittel-generierenden Einheiten, denen ein Goodwill zugeordnet ist, auf eine **mögliche Wertminderung**.

- ▶ **Ausgestaltung des Asset Impairment Tests** (Differenzierung zwischen Full-Goodwill-Methode und Neubewertungsmethode)

- ▶ vorrangige Zuteilung des Wertminderungsaufwands auf den Goodwill, anschließend auf übrige der zahlungsmittel-generierenden Einheit zugeordnete Vermögenswerte

Zu 3.1.1:

- ▶ Darstellung der **subjektiven Beurteilungsspielräume** hinsichtlich des Vorliegens einzelner Wertminderungsindikatoren (z. B. IAS 36.12 f).

Zu 3.1.2.1:

- ▶ Ermessensspielräume bei der Prognose: Entwicklung der **Umsätze** und der wichtigsten **Kostenfaktoren**, Unterstellung eines **Trends, wirtschaftliche Lebensdauer** des potenziell wertgeminderten Vermögenswerts, **Zeitraum der Prognose** bei zahlungsmittel-generierenden Einheiten.

Zu 3.1.2.2:

- ▶ **Fristigkeit und Entwicklung** des Zinssatzes

Zu 3.1.2.3:

- ▶ große **Ermessensspielräume** bei der Beurteilung des Risikos

- ▶ Einfluss der **Risikopräferenz des Bewertenden**

- ▶ **Sicherheitsäquivalents- versus Risikozuschlagsmethode**

Zu 3.2.1:

- ▶ Abgrenzung der zahlungsmittel-generierenden Einheiten (insbesondere **Ebene, auf der die zahlungsmittel-generierenden Einheiten gebildet** werden).

- ▶ **Aufteilung des Kaufpreises** auf Vermögenswerte und Schulden sowie Goodwill,

- ▶ **Zuordnung von Vermögenswerten und Schulden** auf die zahlungsmittel-generierenden Einheiten

- ▶ bei Vorhandensein von Minderheiten und Anwendung der Full-Goodwill-Methode; Schätzung des **beizulegenden Zeitwerts von Minderheitsanteilen** bzw. Schätzung der **Beherrschungsprämie für kontrollierende Mehrheitsbeteiligung**

Zu 3.2.2:

- ▶ Ermessensspielräume bei **Verwendung des Discounted-Cashflow-Modells zur Ermittlung des Nutzungswerts**, u. a. Länge des Prognosehorizontes, Phasen des Prognosehorizontes, Schätzung der künftigen Cashflows (insbesondere Trends und mehrwertige Erwartungen) sowie Verdichtung mehrwertiger Erwartungen auf ein Sicherheitsäquivalent für die künftigen Cashflows bzw. auf einen Risikozuschlag zum Zinssatz.

▶ **Umstrukturierung zwischen zahlungsmittel-generierenden Einheiten** (beispielsweise Zusammenfassung potenziell wertminderungsgefährdeter zahlungsmittel-generierender Einheiten mit zahlungsmittel-generierenden Einheiten, welche einen hohen originären Goodwill aufweisen)

▶ **Bewertungsuntergrenze der Vermögenswerte** (IAS 36.105) mit direkter Auswirkung auf die Höhe des erfassten Wertminderungsaufwands innerhalb der zahlungsmittel-generierenden Einheit

▶ bei **Vorhandensein von Minderheiten** und **Anwendung der Full-Goodwill-Methode** (siehe 3.2.1)

15. Perspektiven der steuerlichen Maßgeblichkeit bei Internationalisierung der Rechnungslegung

Gliederung

1. Ziele der Rechnungslegungssysteme
   - 1.1 HGB-Rechnungslegung
   - 1.2 IFRS-Rechnungslegung
   - 1.3 Steuerliche Gewinnermittlung
2. Beibehaltung der Maßgeblichkeit der HGB-Rechnungslegung für die Steuerbilanz
3. Aufgabe der Maßgeblichkeit der HGB-Rechnungslegung für die Steuerbilanz
   - 3.1 Umsetzung
   - 3.2 Funktionen der einzelnen Rechnungslegungsinstrumente
   - 3.3 Würdigung
4. Maßgeblichkeit der IFRS-Rechnungslegung für die Steuerbilanz
   - 4.1 Umsetzung
   - 4.2 Funktionen der einzelnen Rechnungslegungsinstrumente
   - 4.3 Würdigung

Erwartungshorizont

Zu 1.1:

▶ Darstellung der **unterschiedlichen Ziele**, welche die HGB-Rechnungslegung nach Gesetz(en) und Kommentierung wahrnehmen soll (**Informationsfunktion** nach § 264 Abs. 2 HGB, **Steuerbemessungsfunktion** nach § 5 Abs. 1 EStG, **Ausschüttungsbemessungsfunktion** nach § 58 Abs. 2 AktG, **Gläubigerschutz**)

Zu 1.2:

▶ **Informationsfunktion** als dominierende Funktion (Rechenschaftslegungsfunktion als der Informationsfunktion nachgeordnet),

▶ Schwerpunkt: Erfüllung der **Informationsbedürfnisse der Anteilseigner** (Framework.10 Satz 2).

Zu 1.3:

► Besteuerung nach der **wirtschaftlichen Leistungsfähigkeit**,

► aber häufig Überlagerung durch **fiskal- und wirtschaftspolitische Ziele**

Zu 2:

► Beschreibung des Status Quo: **Parallelität von HGB- und IFRS-Rechnungslegung** für die handelsrechtliche Rechnungslegung, **Maßgeblichkeit der Handelsbilanz nach HGB für die Steuerbilanz** (§ 5 Abs. 1 EStG).

► Handelsbilanz nach HGB: Bemessungsgrundlage für die **Ausschüttung und Gläubigerschutz; Grundlage für die steuerliche Gewinnermittlung**; IFRS-Bilanz: **Informationsfunktion, insbesondere Konzernabschluss**; Steuerbilanz: **steuerliche Gewinnermittlung**

► Weiterentwicklung der HGB-Rechnungslegung über Fortentwicklung der Grundsätze ordnungsmäßiger Buchführung möglich, durch **zunehmende Verbreitung der IAS/IFRS-Standards im Konzernabschluss** (z. B. bereits gegenwärtig Diskussion um Gewinnrealisierung bei langfristiger Fertigung in der handelsrechtlichen Rechnungslegung nach HGB, aber auch durch das geplante Bilanzrechtsmodernisierungsgesetz); hierdurch materielle Annäherung von HGB- und IFRS-Rechnungslegung möglich, damit einhergehend: Verlust einer eigenständigen Bedeutung der HGB-Rechnungslegung

Zu 3.1:

► Aufhebung des § 5 Abs. 1 EStG

► (weitere) **Kodifizierung** von **ursprünglichen handelsrechtlichen Grundsätzen** ordnungsmäßiger Buchführung im **Steuerrecht** vorstellbar

Zu 3.2:

► Steuerbilanz: **„eigenständige", von der Handelsbilanz losgelöste steuerliche Gewinnermittlung**

► IFRS-Abschluss: **allgemeines Informationsinstrument** für Konzern- und (voraussichtlich) auch Einzelabschluss

► dem angelsächsischen Modell entsprechend

Zu 3.3:

► **Überlebensfähigkeit der HGB-Rechnungslegung fraglich**; Ausschüttungsbemessungsfunktion könnte auch durch IFRS-Rechnungslegung (gegebenenfalls mit Zusatzrechnungen, z. B. Solvency-Tests wie in Staaten mit angelsächsisch geprägtem Bilanzrecht üblich) erfüllt werden. Wegen des Wegfalls der Maßgeblichkeit: **Chance zu einer stärkeren Wahrnehmung der Informationsfunktion** (allerdings Domäne der IFRS-Rechnungslegung), Trennung zwischen Informationsfunktion im Einzel- und Konzernabschluss (Einzelabschluss: HGB-Rechnungslegung; Konzernabschluss: IFRS-Rechnungslegung) zwar möglich, aber zweifelhaft, ob dauerhaft tragfähig

Zu 4.1:

▶ Abschaffung der Maßgeblichkeit des HGB-Abschlusses für die Steuerbilanz zugunsten der Maßgeblichkeit des IFRS-Einzelabschlusses für die Besteuerung

▶ **Verankerung der Maßgeblichkeit** des IFRS-Einzelabschlusses für die Steuerbilanz **erforderlich**

▶ Zukunft von § 5 Abs. 6 EStG fraglich (**Vorbehalt des Fiskus** wahrscheinlich bei Umsetzung eines solchen Modells)

Zu 4.2:

▶ IFRS als Basis für Ausschüttungen: gegebenenfalls Sonderregelungen (entweder Solvency-Test oder Verankerung von Ausschüttungssperren für bestimmte unrealisierte Gewinne ähnlich der bereits existierenden Ausschüttungssperre für Bilanzierungshilfen

Zu 4.3:

▶ **Abhängigkeit der Steuereinnahmen** von **Beschlüssen eines privatrechtlichen Gremiums** (aber gegebenenfalls Vetorecht über Durchbrechung der Maßgeblichkeit; analog § 5 Abs. 6 EStG)

▶ IFRS-Rechnungslegung basiert in erheblichem Umfang **auf Schätzungen und Prognosen**; hohe Beeinflussbarkeit des Ergebnisses durch Schätzungen, kaum vereinbar mit **Prinzipien der Rechtsstaatlichkeit**

▶ **enges Anknüpfen des steuerlichen Ergebnisses an IFRS**: tendenziell wesentlich größere Gefahr stark schwankender Steuereinnahmen (insbesondere auf Grund der hohen Bedeutung der Zeitbewertung)

▶ in anglo-amerikanischen Staaten, in denen die Rechnungslegung tendenziell stärker an IFRS orientiert war: bislang keine Anwendung dieses Modells, inzwischen Ausnahme: Großbritannien)

▶ langfristige Realisierung dieses Modells dennoch vor dem Hintergrund der Schaffung einer europäisch harmonisierten Steuerbemessungsgrundlage für die Ertragsbesteuerung nicht ausgeschlossen (IFRS-Rechnungslegung – soweit durch **EU endorsed** – als europaweit **einheitliche Ertragsbesteuerungsgrundlage**)

16. Anforderungen an Kostenrechnung und Controlling durch die IFRS-Rechnungslegung

Gliederung
1. Einführung
2. Gegenwartsbezogene Informationen aus Kostenrechnung und Controlling
   2.1 Segmentberichterstattung
   2.2 Aufgegebene Geschäftsbereiche
   2.3 Anlagenrechnung
   2.4 Fertigungsaufträge
   2.5 Risikoberichterstattung
3. Zukunftsbezogene Informationen aus Kostenrechnung und Controlling
   3.1 Aktivierung selbst geschaffener immaterieller Vermögenswerte

3.2   Feststellung von Wertminderungsaufwendungen und Wertaufholungen

3.3   Angabe von Schätzungsunsicherheiten

Erwartungshorizont

Zu 1:

▶ Anforderungen aus internationalen Rechnungslegungsstandards zum großen Teil an das **interne Rechnungswesen** gerichtet, teilweise explizit ausgeführt (Management Approach bei der Segmentberichterstattung)

▶ im Gegensatz zur deutschen Rechnungslegung, bei der Kostenrechnung auch die Bilanzierung (z. B. Lieferung der Bilanzansätze für die Vorratsbestände) unterstützt, bei **IFRS** sowohl **gegenwarts- als auch zukunftsbezogene Informationen** benötigt

Zu 2.1:

▶ Einteilung des Unternehmens/Konzerns in **extern berichtspflichtige Segmente** nach der Einteilung in der internen Finanzberichterstattung (IFRS 8.5 ff.)

▶ Darstellung der intern an die zentralen Entscheidungsträger berichteten wesentlichen Segmentgrößen im externen Segmentbericht (IFRS 8.23 und 8.25)

▶ Verwendung der internen Segmentbilanzierungs- und Segmentbewertungsmethoden (u. a. Abgrenzung von Berichtsposten, Kostenzuordnungsprinzipien sowie Bilanzierungs- und Bewertungsmethoden) für die externe Segmentberichterstattung (IFRS 8.23-8.27)

▶ unmittelbares Anknüpfen der externen Segmentberichterstattung an die interne Finanzberichterstattung und damit die diese unterstützende Kostenrechnung

Zu 2.2:

▶ **Angabepflichten für aufgegebene Geschäftsbereiche**

▶ Notwendigkeit der Isolierbarkeit der für aufgegebene Geschäftsbereiche **offen zu legenden Informationen** für alle **Geschäftsbereiche** (wegen Restatement im Falle der Aufgabe von Geschäftsbereichen), z. B. Ermittlung der Cashflows nach IFRS 5.33c

Zu 2.3:

▶ **Anlagenrechnung nach IFRS und Landesrecht** („doppelte Anlagenbuchführung"), u. a. wegen unterschiedlichen Umfangs und Abgrenzung des Sachanlagevermögens, unterschiedlicher Bewertungsmaßstäbe (vgl. Ausführungen zu Klausurthema 11), unterschiedlichen Umfangs des immateriellen Vermögens (selbst geschaffene immaterielle Vermögenswerte)

Zu 2.4:

▶ Zuordnung der angefallenen Auftragskosten auf Projektkostenstellen

▶ **Projekt-Controlling** zur Ermittlung des **Projektfertigstellungsgrads** bei Festpreisverträgen; bei ausreichender Zeitvorgabe: Vertiefung der Anforderungen an das Projekt-Controlling in Abhängigkeit der zur Feststellung des Projektfertigstellungsgrads eingesetzten Methoden

Zu 2.5:

▶ Abgrenzung der Eventualschulden und Eventualforderungen über ein entsprechend ausgebautes **Risiko-Controlling**

▶ Risikoberichterstattung über **Finanzinstrumente** (IFRS 7)

Zu 3.1:

▶ **Aktivierungsvoraussetzungen** für selbst geschaffene immaterielle Vermögenswerte; IAS 38.57 f vergleichbar der Projektkostenrechnung bei Fertigungsaufträgen (vgl. 2.4)

▶ Nachweis des **künftigen ökonomischen Nutzens** als Aktivierungsvoraussetzung (IAS 38.57 d i.V.m. 38.60), Anforderungen an die **Prognoserechnung** mit Verweis auf IAS 36, beispielhafte Darstellung einer entsprechenden Cashflow-Prognose unter Herausarbeitung der **wesentlichen Einflussfaktoren der Planung**

Zu 3.2:

▶ **Aufbau einer Cashflow-Planung** für einen **einzelnen Vermögenswert bzw. eine zahlungsmittel-generierende Einheit**

▶ Ableitbarkeit aus dem internen Rechnungswesen bzw. der internen Planung, **Ergebnisrechnung für Geschäftsbereiche bei Asset Impairment für zahlungsmittel-generierende Einheit** als Ausgangspunkt und **Produktergebnisrechnung** häufig Ausgangspunkt für **Asset Impairment eines einzelnen Vermögenswerts** (Notwendigkeit der Zuordnung von Absatzprodukten zu Vermögenswerten).

▶ **Prognosezeitraum**: Restnutzungsdauer des einzelnen Vermögenswerts vs. Lebensdauer eines Bereichs (insbesondere bei eingeführten Marken)

▶ **Prognosemethode**: differenziert für einzelne Jahre bei einzelnem Vermögenswert mit begrenzter wirtschaftlicher Restnutzungsdauer vs. Cashflow-Prognosen für eine zahlungsmittel-generierende Einheit mit zugeordnetem Goodwill: häufig nur Phasenmodell und Unterstellung einer „ewigen" Cashflow-Rente in der letzten Phase des Prognosezeitraums möglich

Zu 3.3:

▶ **Simulationsrechnungen** auf Basis von **Cashflow-Prognose-Modellen** zur Angabe der **Hauptquellen von Schätzungsunsicherheiten** (IAS 1.125 i.V.m. 1.129)

17. Liquiditätsanalyse auf Basis eines IFRS-Abschlusses

Gliederung
1.   Zweck und Formen einer Liquiditätsanalyse
2.   Bestandsorientierte Liquiditätsanalyse
　　2.1   Gliederungs- und Ausweisvorschriften für die IFRS-Bilanz
　　2.2   Ermittlung und Aussagefähigkeit der Liquiditätsgrade
　　　2.2.1   Ermittlung der Kennzahlen
　　　2.2.2   Einfluss der IFRS-Bewertungsvorschriften auf die Aussagefähigkeit

Erwartungshorizont

Zu 1:

► Liquidität als **Randbedingung unternehmerischen Handelns** und der Unternehmensfortführung

► Bedeutung bei **Kreditvergabeentscheidung**

► **kapitalbezogene Berichterstattung** nach IAS 1.134-1.136

► Bestands- und stromgrößenorientierte Liquiditätsanalyse als Ausprägungen der Liquiditätsanalyse

Zu 2.1:

► Gliederung des Vermögens und des Kapitals der IFRS-Bilanz in **lang- und kurzfristige Posten** (Langfristigkeit: IAS 1.60 i.V. m. 1.61)

► Ergänzende Offenlegungsvorschriften zur Bilanz, die entweder im Anhang oder in der Bilanz erfüllt werden können

Zu 2.2.1:

► Ermittlung der gängigen Liquiditätsgrade und des Working Capital sowie Erläuterung der Aussagekraft

Zu 2.2.2:

► Herausarbeitung der Bewertungsmaßstäbe für die in den Liquiditätsgraden gegenüber gestellten Vermögens- und Fremdkapitalpositionen

► sowohl kurzfristiges Vermögen als auch kurzfristiges Fremdkapital: nahe an **beizulegenden Zeitwerten** bewertet bzw. Angabe von beizulegenden Zeitwerten im Anhang, daher hohe **Aussagefähigkeit der Liquiditätsgrade auf Basis aktueller Wertverhältnisse** (am Bilanzstichtag)

Zu 2.3.1:

► Ermittlung der gängigen Deckungsgrade sowie Erläuterung deren Aussagekraft

► Deckungsgrade zur Beurteilung der **strukturellen Finanzierungslage** eines Unternehmens

Zu 2.3.2:

► Herausarbeitung der Bewertungsmaßstäbe für die in den Deckungsgraden gegenüber gestellten Vermögens- und Kapitalpositionen

► deutlich schwächere Orientierung als bei den kurzfristigen Vermögenswerten an beizulegenden Zeitwerten, aber dennoch zum **großen Teil Orientierung an künftigen Ein- und Auszahlungen** und damit einhergehend **tendenziell höhere Aussagefähigkeit als Deckungsgrade in der HGB-Rechnungslegung** (dort deutliches Understatement der tatsächlichen Deckungsrelationen); aber Einfluss von Ermessensspielräumen bei Bilanzierung und Bewertung des langfristigen Vermögens

Zu 2.4:

► Darstellung der generellen Nachteile der bestandsorientierten Liquiditätsanalyse: **Vergangenheitsorientierung, Stichtags-** und damit **Zufallsbezogenheit, keine Berücksichtigung nicht beanspruchter Kreditzusagen, keine Berücksichtigung der künftigen Ertragslage** für die Liquiditätssituation, **nicht bilanzierte Rechtsgeschäfte** (allerdings bei IFRS deutlich geringeres Problem als bei HGB)

► positiv: Akzeptanz bei Kreditgebern, insbesondere Banken und daher auch Relevanz zur Sicherung künftiger Liquidität (self-fulfilling-prophecy), einfache Ermittlung

Zu 3.1:

► Aufzeigen der Zahlungsmittelströme aus den drei in der Kapitalflussrechnung unterschiedenen Bereichen

Zu 3.2:

► Cashflow aus betrieblicher Tätigkeit als **Indikator der Finanz- und Ertragskraft** eines Unternehmens

► Cashflow-Kennzahlen zur Liquiditätsanalyse: Cashflow aus betrieblicher Tätigkeit vom Umsatz und Cashflow aus betrieblicher Tätigkeit in % der Investitionen

► Cashflow-Kennzahlen zur Messung des Verschuldungsgrads und der wirtschaftlichen Verschuldungsfähigkeit

Zu 3.3:

► Gesamtanalyse der Finanzströme einer Periode möglich, aber auch **hohe Perioden- bzw. Vergangenheitsbezogenheit** der Betrachtung, insbesondere bei starken Schwankungen im Cashflow aus Investitions- und Finanzierungstätigkeit

► **Qualität** der stromgrößenorientierten Analyse von der **Art der Ermittlung** bzw. Ableitung der Kapitalflussrechnung abhängig

► Cashflow aus operativer Tätigkeit: zwar Indikator für Finanz- und Ertragslage, allerdings **nur bei Nachhaltigkeit Indikator für bereinigten Zahlungsmittelüberschuss**; ansonsten **Vergangenheitsbezug** der aus dem Jahresabschluss abgeleiteten Cashflows

18. Reporting Comprehensive Income Projekt – Stand und Auswirkung auf Bilanzpolitik und Bilanzanalyse

Gliederung

1.   Einführung
2.   Stand des IASB-Projekts „Reporting Comprehensive Income"
3.   Auswirkungen des Projekts „Reporting Comprehensive Income" auf die Bilanzpolitik
     3.1   Wahlrechte
     3.2   Ermessensspielräume
4.   Auswirkungen des Projekts „Reporting Comprehensive Income" auf die Bilanzanalyse
     4.1   Erfolgsstrukturanalyse
     4.2   Rentabilitätsanalyse
5.   Bewertung

Erwartungshorizont

Zu 1:

▶ Anliegen des Projekts „Reporting Comprehensive Income"

Zu 2:

▶ Vorschreiben einer **verbindlichen Gliederung für die GuV-Rechnung** (über den aktuell gültigen Mindestausweis in IAS 1.82 hinaus)

▶ **Aufgabe der Unterscheidung** zwischen den **erfolgswirksam über die GuV-Rechnung** und den **im sonstigen Gesamtergebnis erfassten Sachverhalten**

▶ Aufstellen der GuV-Rechnung in **Matrix-Struktur** statt Staffelrechnung

▶ Darstellung der IFRS-GuV-Rechnung mit Hauptbereichen (allgemeine Geschäftstätigkeit, Zinsaufwand, Ertragsteuern, Ergebnis aus aufgegebenen Geschäftsbereichen und Zeitwertänderungen aus Cashflow-Hedges) und den Spalten (Total; income before remeasurement und income from remeasurement)

Zu 3:

▶ Darstellung des Unterschieds zwischen echten Wahlrechten und den Ermessensspielräumen in der IFRS-Rechnungslegung

▶ Herausarbeitung der vergleichsweise großen **Bedeutung der Ermessensspielräume** in der IFRS-Rechnungslegung

Zu 3.1:

▶ **Auflistung** der **echten Wahlrechte** in der IFRS-Rechnungslegung und Nennung der korrespondierenden Angabepflichten (Neubewertung, Bewertungswahlrecht für Finanzinvestitionen, Bewertungswahlrecht für Beteiligungen im Einzelabschluss, Bewertung von Vorräten, Behandlung versicherungsmathematischer Gewinne und Verluste bei leistungsorientierten Pensionsplänen, Einstufung von Firm commitments, Auflösung von Cashflow-Hedges bei Absicherung eines nicht finanziellen Vermögenswerts oder Schuld, Full-

Goodwill-Methode versus Neubewertungsmethode zur Konsoldierung von Tochterunternehmen mit Minderheitsanteilen)

► **Auswirkung** des **„Reporting Comprehensive Income Projekts"** auf die Wahlrechte: kaum Auswirkungen, aber Wahlrechte können **Bedeutung verlieren**, da alternative Wertanpassungsmöglichkeiten künftig einheitlich in der GuV-Rechnung erfasst werden (z. B. Einstufung von Firm commitments sowie Bewertung von Beteiligungen im separaten Einzelabschluss als Available-for-sale financial assets oder Financial assets at fair value through profit or loss)

Zu 3.2:

► **Ermessensspielräume** bzw. verdeckte Wahlrechte bleiben bestehen; aber deren **Bedeutung** kann dadurch **abnehmen**, dass die **Effekte** der **„Bewertungsalternativen"** in der **gleichen oder einer ähnlichen Kategorie der GuV-Rechnung** gezeigt werden (insbesondere Einteilung von Finanzinstrumenten in die Kategorien, Hedge-Accounting, Abgrenzung von Finanzinvestitionen); bei ausreichender Zeitvorgabe: beispielhaftes Aufzeigen des Bedeutungsverlusts dieser bislang vorhandenen Ermessensspielräume

Zu 4.1:

► Aufzeigen der **Defizite der bisherigen Erfolgsstruktur**: nur **Mindestausweis** von auszuweisenden GuV-Positionen, **fehlende Präzisierung** der auszuweisenden Posten, **unscharfe Abgrenzung der Ergebnisebenen** (u. a. Aufgabe von Geschäftsbereichen, Korrektur von Fehlern), nicht abschließende Identifikation von Sondereffekten im Betriebs- und Finanzergebnis

► **Erfolgsstrukturanalyse** nach **„Reporting Comprehensive Income Projekt"**: größere Anzahl **von auszuweisenden Posten**, Vorgabe einer **differenzierteren Ergebnisstruktur**, Möglichkeit der **Trennung von Ergebniseffekten** in **Effekte aus dem Remeasurement** und **Effekte vor Remeasurement**; Gleichsetzung zwischen Remeasurement-Effekte mit nicht nachhaltigen Effekten jedoch nicht möglich (z. B. regelmäßige Zeitbewertung von Finanzinstrumenten und Finanzinvestitionen)

Zu 4.2:

► Zweck der Rentabilitätsanalyse (Aufschluss über Ertragslage und effiziente Mittelverwendung)

► Einbeziehung von Wertveränderungen aus Neubewertung, Bewertungsergebnissen aus Available-for-sale financial assets und Translationsanpassung sowie versicherungsmathematische Gewinne und Verluste in die GuV-Rechnung durch das „Reporting Comprehensive Income"; damit verbunden **Vermeidung von Inkonsistenzen** (**höhere Aussagekraft** der Rentabilitätsanalyse).

Zu 5:

► Zusammenfassende Bewertung (**verbleibende Spielräume, Einschränkungen in der Bilanzpolitik,** tendenziell **höhere Aussagekraft der Erfolgsstruktur- und Rentabilitätsanalyse**)

19. Bilanzpolitik nach dem ED-SME-Standard. Stellen Sie die bilanzpolitischen Möglichkeiten der ED-SME-Rechnungslegung dar und würdigen Sie diese aus Sicht des Bilanzerstellers

Gliederung

1. Einführung
2. Bilanzierungs- und Bewertungswahlrechte in der laufenden ED-SME-Rechnungslegung
   2.1 Bilanzierungs- und Bewertungswahlrechte
   2.2 Ermessensspielräume
3. Besondere Bilanzierungs- und Bewertungswahlrechte beim Übergang auf die ED-SME-Rechnungslegung
   3.1 Wahlrechte bei Aufstellung der SME-Eröffnungsbilanz
   3.2 Wahlrecht zum allmählichen Übergang auf die ED-SME-Rechnungslegung
4. Ziele und Beurteilungskriterien der Bilanzpolitik
5. Bilanzpolitische Beurteilung der Bilanzierungs- und Bewertungswahlrechte der ED-SME-Rechnungslegung
   5.1 Wirkungsbreite
   5.2 Wirkungsdauer
   5.3 Flexibilität
   5.4 Erkennbarkeit
   5.5 Nutzen und Kosten
6. Zusammenfassung und Bewertung der ED-SME-Rechnungslegung aus bilanzpolitischer Sicht

Erwartungshorizont

Zu 1:

► Definition SMEs

► Anwendungsbereich der ED-SME-Rechnungslegungsvorschriften

Zu 2.1:

► Übersicht der **Bilanzierungs- und Bewertungswahlrechte** in der **laufenden ED-SME-Rechnungslegung**: davon identisch mit IFRS-Bilanzierungs- und Bewertungswahlrechten: Folgebewertung für Sachanlagen und immaterielle Vermögenswerte, Folgebewertung für Finanzinvestitionen, Bewertungswahlrecht für austauschbare Vorräte, Bewertungswahlrecht für Beteiligungen an Tochterunternehmen, gemeinschaftlich geführten Unternehmen und assoziierten Unternehmen im separaten Einzelabschluss; davon **ED-SME-spezifische Bilanzierungs- und Bewertungswahlrechte**: Aktivierung von Fremdkapitalzinsen auf qualifizierte Vermögenswerte, Anwendung des ED-SME 11 oder der IFRS-Rechnungslegung für Finanzinstrumente, Bilanzierung von assoziierten Unternehmen im Konzernabschluss zu fortgeführten Anschaffungskosten, zum Equity-Buchwert oder erfolgswirksam zum beizulegenden Zeitwert, Bilanzierung von gemeinschaftlich geführten Unternehmen im Konzernabschluss zu fortgeführten Anschaffungskosten, zum quotal konsolidierten Wert, zum Equity-Buchwert oder erfolgswirksam zum beizulegenden Zeitwert, Aktivierungswahlrecht der in der Entwicklungsphase für einen selbst erstellten immateriellen Vermögenswert angefallenen Ausgaben, Anwendung des „IFRS for SMEs model" für öffentliche Zuwendungen.

Zu 2.2:

► **Charakteristikum von Ermessensspielräumen** im Vergleich zu Bilanzierungs- und Bewertungswahlrechten i. e. S.; Unterscheidung zwischen Verfahrens- und Individualspielräumen

► **Beispiele** für Ermessensspielräume in Bilanzierung (z. B. aktive latente Steuern, Aktivierung von Entwicklungskosten selbst geschaffener immaterieller Vermögenswerte) und Bewertung (z. B. Bewertung von Fertigungsaufträgen, Schätzung versicherungsmathematischer Parameter, Klassifizierung von Grundstücken und Gebäuden als Finanzinvestitionen).

► Ermessensspielräume als **Wesenselement der ED-SME-Rechnungslegung** (allerdings geringere Bedeutung im Vergleich zur IFRS-Rechnungslegung: z. B. kein Nutzungswert beim Asset Impairment in der ED-SME-Rechnungslegung oder geringere Ermessensspielräume bei Klassifizierung und Bewertung von Finanzinstrumenten)

Zu 3.1:

► Darstellung der Wahlrechte des ED-SME 38.8 im Vergleich zu den korrespondierenden Wahlrechten des IFRS 1; besondere Herausstellung der im Vergleich zu IFRS 1 weitergehenden Wahlrechte bei der **Bilanzierung von Unternehmenszusammenschlüssen** und bei **latenten Steuern**.

Zu 3.2:

► Darstellung des **Wahlrechts des ED-SME 38.9 Satz 1**, insbesondere Kombination aus Ermessensspielraum (Beurteilung der „**Impraktikabilität**") und echtem Bilanzierungs- und Bewertungswahlrecht

► Darstellung der **Freiheitsgrade des Wahlrechts** des ED-SME 38.9 Satz 1 (insbesondere Impraktikabilität für sämtliche oder einzelne Bilanzposten, Möglichkeit eines „allmählichen Übergangs" auf die ED-SME-Rechnungslegung).

Zu 4:

► allgemeines Ziel der Bilanzpolitik in SME-Abschlüssen: Gestaltung des Rohmaterials zwecks **Beeinflussung des Verhaltens** von Jahresabschlussadressaten (insbesondere Kreditgeber und Anteilseigner); jedoch **keine unmittelbare Auswirkung auf Zahlungsströme**

► Beurteilungskriterien (Nennung und Definition der Kriterien; siehe 5)

Zu 5.1:

► **keine formale Auswirkung** der ED-SME-Rechnungslegung auf **andere Rechnungslegungssysteme** (einschließlich Besteuerung)

► **faktische Auswirkungen bei Ermessensspielräumen** jedoch nicht vollständig auszuschließen (z. B. Schätzung von Abschreibungsdauern, Wertberichtigungen), insbesondere falls andere Rechnungslegungssysteme auf demselben Rechnungslegungskonzept basieren.

Zu 5.2:

▶ Einteilung bilanzpolitischer Instrumente nach zeitlicher Wirkung der Umkehrung: kurz-, mittel- oder langfristig

▶ **Aufhebbarkeit der typischen Zweischneidigkeit** durch Änderung von Bilanzierungs- oder Bewertungsmethoden sowie bei Aufstellung der SME-Eröffnungsbilanz

Zu 5.3:

▶ **Elemente der Flexibilität**: Bindungswirkung, Aufschiebbarkeit, Aufhebbarkeit und Teilbarkeit

▶ **Bindungswirkung**: Stetigkeit der Bilanzierungs- und Bewertungsmethoden (gleichwohl Änderung der Bilanzierungs- und Bewertungsmethoden unter bestimmten Voraussetzungen möglich)

▶ **Aufschiebbarkeit**: formal keine Möglichkeiten in der laufenden ED-SME-Rechnungslegung (allenfalls bei Ermessensspielräumen auf Grund des Informationsvorsprungs des Bilanzerstellers); große Möglichkeiten beim Übergang zur ED-SME-Rechnungslegung (Wahlrecht des ED-SME 38.9 Satz 1 sowie den folgenden Wahlrechten bei Aufstellung der SME-Eröffnungsbilanz: **Unternehmenszusammenschlüsse, kumulierte Umrechnungsdifferenzen, aktienbasierte Vergütung und Bilanzierung latenter Steuern**).

▶ **Aufhebbarkeit**: siehe Bindungswirkung

▶ **Teilbarkeit**: Möglichkeiten beim Übergang auf die ED-SME-Rechnungslegung (u. a. **Unternehmenszusammenschlüsse**, Wahlrecht zwischen **fortgeführten AHK und beizulegendem Zeitwert bzw. Neuwert** für **jeden einzelnen Gegenstand** des Sachanlagevermögens und des immateriellen Vermögens); laufende ED-SME-Rechnungslegung: **Nachweiswahlrechte** (u. a. Aktivierung von Entwicklungsausgaben selbst geschaffener immaterieller Vermögenswerte, Hedge-Accounting)

Zu 5.4:

▶ Erkennbarkeit in der laufenden ED-SME-Rechnungslegung: vergleichsweise gute Erkennbarkeit bei den auch in der IFRS-Rechnungslegung vorhandenen Wahlrechten; **schlechte Erkennbarkeit bei ED-SME-spezifischen Wahlrechten** und Ermessensspielräumen

▶ faktisch **keine Erkennbarkeit** des Einflusses der Wahlrechte in der **SME-Eröffnungsbilanz** (Anhaltspunkt: ED-SME 38.11)

Zu 5.5:

▶ **schwierige Bestimmung des Nutzens** (ausschließlich Informationsziel)

▶ **Kosten: intern** (Informations- und Dokumentationskosten) und **extern** (Inanspruchnahme Rechnungslegungsexpertise, Zeitwertgutachten)

Zu 6:

▶ vergleichsweise **großzügige Bilanzierungs- und Bewertungswahlrechte** in der ED-SME-Rechnungslegung, **insbesondere beim Übergang**

► Möglichkeiten einer **effizienten Bilanzpolitik** (u. a. dosierte Wirkungsbreite, schlechte Erkennbarkeit und insbesondere beim Übergang auf ED-SME-Rechnungslegung vergleichsweise hohes Maß an bilanzpolitischer Flexibilität)

► **Akzeptanz bei Jahresabschlussadressaten** auf Grund bilanzpolitischer Möglichkeiten **wahrscheinlich problematisch**

20. Bilanzpolitik in IFRS-Abschlüssen zur Optimierung des Betriebsausgabenabzugs nach der Zinsschrankenregelung des Unternehmensteuerreformgesetzes 2008

Gliederung

1. Einführung
2. Zinsschrankenregelung des Unternehmensteuerreformgesetzes 2008
   2.1 Allgemeine Systematik
   2.2 Eigenkapitalvergleich auf Basis des IFRS-Abschlusses
3. Verhältnis zwischen dem IFRS-Konzernabschluss und den für den Eigenkapitalvergleich heranzuziehenden IFRS-Abschlüssen
4. Bilanzpolitik durch Ausübung von Bilanzierungs- und Bewertungswahlrechten
   4.1 Bilanzierungs- und Bewertungswahlrechte in laufenden IFRS-Abschlüssen
   4.2 Bilanzierungs- und Bewertungswahlrechte in der IFRS-Eröffnungsbilanz
5. Bilanzpolitik durch Sachverhaltsgestaltungen
   5.1 (Re-)Strukturierung des Beteiligungsportfolios
   5.2 Finanzmanagement innerhalb des Konzerns
   5.3 Konzerninterne Veräußerungsgeschäfte

Erwartungshorizont

Zu 1:

► Aufgabe der IFRS-Rechnungslegung, insbesondere **Informationsfunktion** (IAS-Framework.12)

► **erste konkrete Auswirkung** der IFRS-Rechnungslegung **auf die Besteuerung** in Deutschland durch Verabschiedung der Zinsschrankenregelung

Zu 2.1:

► Erläuterung der Zinsschrankenregelung des § 4 h Abs. 1 EStG i. V. m. § 8 a KStG

► **Darstellung der Befreiungstatbestände** des § 4 h Abs. 2 EStG, insbesondere Escape-Klausel des § 4 h Abs. 2 Buchstabe c) EStG

Zu 2.2:

► Durchführung des **Eigenkapitalvergleichs** auf Basis **alternativer Rechnungslegungsstandards** (IFRS/ Handelsrecht eines Mitgliedstaates /US-GAAP)

► **Option** zur Durchführung des Eigenkapitalvergleichs auf Basis der IFRS bei **freiwilliger Aufstellung eines IFRS-Konzernabschlusses**

► Abgrenzung des Konsolidierungskreises (Konzern i. S. d. Zinsschrankenregelung)

► Anwendung ausschließlich der durch die **EU anerkannten IAS/IFRS**

Zu 3:

► Anwendung **identischer Bilanzierungs- und Bewertungsmaßstäbe** im Einzel- und Konzernabschluss; identische Wertansätze kritisch (nicht im Gesetzestext, sondern nur in Gesetzesbegründung; Einzelabschlüsse wären nicht testierfähig)

► **(außerbilanzielle) Korrekturen von Eigenkapital** und **Bilanzsumme** gemäß § 4 h Abs. 2 Satz 5-7 EStG

Zu 4.1:

► Beeinflussung des Eigenkapitalvergleichs mittels Bilanzierungs- und Bewertungswahlrechte i. e. S. wegen **paralleler Ausübung im Konzern- und Einzelabschlüssen** begrenzt; dennoch möglich, falls **relative Bedeutung** der infrage stehenden **Sachverhalte** bei einzelnen Konzernunternehmen **unterschiedlich** ist (z. B. Bilanzierung von Finanzinvestitionen), oder durch **gezielte Festlegung des sachlichen Anwendungsbereichs** von **Bilanzierungs- und Bewertungswahlrechten**

► „**Nachweiswahlrechte**", bei denen der Bilanzierende in Abhängigkeit des Führens bestimmter Dokumentationen entscheidet, welche bilanzielle Folgewirkung eintritt (z. B. Aktivierung von Entwicklungsausgaben selbst geschaffener immaterieller Vermögenswerte, Aktivierung latenter Steuern), sowie **Individualspielräume** (Wahl eines bestimmten Wertansatzes aus einer vertretbaren Bandbreite; z. B. Schätzung des Projektfertigstellungsgrads eines Fertigungsauftrags) zur gezielten Beeinflussung des Eigenkapitalvergleichs

► bei der Konsolidierung: zumindest **Ermessensspielraum zwischen Aufdeckung stiller Reserven** und Ausweis von **Goodwill** bei Unternehmenszusammenschlüssen (unterschiedliche Wirkung auf Grund der Zuordungsvorschrift des § 4 h Abs. 2 Satz 5 EStG); abweichende Auffassung nach BMF-Schreiben zur Zinsschranke von 04. 07. 2008 Rn. 73.

Zu 4.2:

► **Wahlrechte des IFRS 1 nicht** durch § 4 h Abs. 2 EStG **ausgeschlossen**

► **gezielte Ausnutzung** der Wahlrechte bei Aufstellung der IFRS-Eröffnungsbilanz, insbesondere bei **freiwilliger Erstellung** zwecks Durchführung des Eigenkapitalvergleichs auf Basis der IFRS-Rechnungslegung (vgl. 2.2)

► bedeutsame Wahlrechte des IFRS 1: Bilanzierung von Unternehmenszusammenschlüssen (IFRS 1.15 i.V. m. Appendix B), Bewertung von Sachanlagen, Finanzinvestitionen oder immateriellen Vermögenswerten entweder zu fortgeführten Anschaffungs- oder Herstellungskosten oder zu Neu- bzw. beizulegenden Zeitwerten (Wahlrecht für jeden einzelnen Vermögenswert gem. IFRS 1.19) und zeitlich späterer Übergang von Tochterunternehmen (im Vergleich zum Mutterunternehmen) zur IFRS-Rechnungslegung (IFRS 1.24)

Zu 5:

► **Sachverhaltsgestaltungen** als Teil der Bilanzpolitik im weiteren Sinne (Sachverhaltsgestaltungen vor dem Bilanzstichtag vs. Gewinnausschüttungs- oder Thesaurierungspolitik)

Zu 5.1:

▶ **optimale Ausgestaltung des Erwerbs von Tochterunternehmen** (z. B. Ausgabe neuer Aktien, Kreditaufnahme beim Mutterunternehmen, Übernahme „zusätzlich verschuldeter" Tochterunternehmen, Erwerb durch mehrere konzernzugehörige Unternehmen)

▶ **Ausgliederung hoch verschuldeter Tochterunternehmen** in Gemeinschaftsunternehmen oder assoziierte Unternehmen (aber Rückwirkung auf Konzerneigenkapitalquote beachten)

Zu 5.2:

▶ **Leg-ein-hol-zurück-Gestaltung**, jedoch unter Beachtung der **Missbrauchsregelung** in § 4 h Abs. 2 Satz 5 EStG

▶ effektives Instrument, insbesondere bei **Vorhandensein** einer ausreichend „**disponiblen Masse an Einlagen**", die in einem entsprechenden zeitlichen Abstand bei unterschiedlichen Tochterunternehmen gezielt eingesetzt werden.

Zu 5.3:

▶ konzerninterne Veräußerungsgeschäfte mit **Zwischengewinn beim Veräußerer** zwecks **gezielter Erhöhung der Eigenkapitalquote des Veräußerers** (allerdings beachte Diskussion unter 3)

▶ nur bei **langfristig konzernexterner Veräußerung geeignet**, da im Regelfall teures Instrument (führt regelmäßig zu effektiven Ertragsteuerzahlungen)